哈佛百年经典

伊丽莎白时期戏剧（卷Ⅰ）

爱德华二世/哈姆莱特/李尔王/麦克白/暴风雨

[英]克里斯托弗·马洛/[英]莎士比亚◎著

[美]查尔斯·艾略特◎主编

廖　红/朱生豪◎译

北京理工大学出版社

BEIJING INSTITUTE OF TECHNOLOGY PRESS

图书在版编目（CIP）数据

伊丽莎白时期戏剧. 第1卷/（英）马洛，（英）莎士比亚著；廖红，朱生豪译. —北京：北京理工大学出版社，2014.3（2019.9重印）
（哈佛百年经典）
ISBN 978-7-5640-7743-3

Ⅰ. ①伊… Ⅱ. ①马… ②莎… ③廖… ④朱… Ⅲ. ①戏剧文学－剧本－作品集－英国－中世纪 Ⅳ. ①I561.33

中国版本图书馆CIP数据核字（2013）第107023号

出版发行 / 北京理工大学出版社有限责任公司
社　　址 / 北京市海淀区中关村南大街 5 号
邮　　编 / 100081
电　　话 / (010) 68914775（总编室）
82562903（教材售后服务热线）
68948351（其他图书服务热线）
网　　址 / http://www.bitpress.com.cn
经　　销 / 全国各地新华书店
印　　刷 / 三河市金元印装有限公司
开　　本 / 700 毫米 × 1000 毫米　1/16
印　　张 / 27.25
字　　数 / 405千字
版　　次 / 2014 年 3 月第 1 版　2019 年 9 月第 2 次印刷
定　　价 / 74.00元

责任编辑 / 申玉琴
文案编辑 / 施胜娟
责任校对 / 周瑞红
责任印制 / 边心超

图书出现印装质量问题，请拨打售后服务热线，本社负责调换

出版前言

人类对知识的追求是永无止境的，从苏格拉底到亚里士多德，从孔子到释迦摩尼，人类先哲的思想闪烁着智慧的光芒。将这些优秀的文明汇编成书奉献给大家，是一件多么功德无量、造福人类的事情！1901年，哈佛大学第二任校长查尔斯·艾略特，联合哈佛大学及美国其他名校一百多位享誉全球的教授，历时四年整理推出了一系列这样的书——《Harvard Classics》。这套丛书一经推出即引起了西方教育界、文化界的广泛关注和热烈赞扬，并因其庞大的规模，被文化界人士称为The Five-foot Shelf of Books——五尺丛书。

关于这套丛书的出版，我们不得不谈一下与哈佛的渊源。当然，《Harvard Classics》与哈佛的渊源并不仅仅限于主编是哈佛大学的校长，《Harvard Classics》其实是哈佛精神传承的载体，是哈佛学子之所以优秀的底层基因。

哈佛，早已成为一个璀璨夺目的文化名词。就像两千多年前的雅典学院，或者山东曲阜的“杏坛”，哈佛大学已经取得了人类文化史上的“经典”地位。哈佛人以“先有哈佛，后有美国”而自豪。在1775—1783年美国独立战争中，几乎所有著名的革命者都是哈佛大学的毕业生。从1636年建校至今，哈佛大学已培养出了7位美国总统、40位诺贝尔奖得主和30位普利策奖获奖者。这是一个高不可攀的记录。它还培养了数不清的社会精英，其中包括政治家、科学家、企业家、作家、学者和卓有成就的新闻记者。哈佛是美国精神的代表，同时也是世界人文的奇迹。

而将哈佛的魅力承载起来的，正是这套《Harvard Classics》。在本丛书里，你会看到精英文化的本质：崇尚真理。正如哈佛大学的校训："与柏拉图为友，与亚里士多德为友，更与真理为友。"这种求真、求实的精神，正代表了现代文明的本质和方向。

哈佛人相信以柏拉图、亚里士多德为代表的希腊人文传统，相信在伟大的传统中有永恒的智慧，所以哈佛人从来不全盘反传统、反历史。哈佛人强调，追求真理是最高的原则，无论是世俗的权贵，还是神圣的权威都不能代替真理，都不能阻碍人对真理的追求。

对于这套承载着哈佛精神的丛书，丛书主编查尔斯·艾略特说："我选编《Harvard Classics》，旨在为认真、执著的读者提供文学养分，他们将可以从中大致了解人类从古代直至19世纪末观察、记录、发明以及想象的进程。"

"在这50卷书、约22000页的篇幅内，我试图为一个20世纪的文化人提供获取古代和现代知识的手段。"

"作为一个20世纪的文化人，他不仅理所当然的要有开明的理念或思维方法，而且还必须拥有一座人类从蛮荒发展到文明的进程中所积累起来的、有文字记载的关于发现、经历以及思索的宝藏。"

可以说，50卷的《Harvard Classics》忠实记录了人类文明的发展历程，传承了人类探索和发现的精神和勇气。而对于这类书籍的阅读，是每一个时代的人都不可错过的。

这套丛书内容极其丰富。从学科领域来看，涵盖了历史、传记、哲学、宗教、游记、自然科学、政府与政治、教育、评论、戏剧、叙事和抒情诗、散文等各大学科领域。从文化的代表性来看，既展现了希腊、罗马、法国、意大利、西班牙、英国、德国、美国等西方国家古代和近代文明的最优秀成果，也撷取了中国、印度、希伯来、阿拉伯、斯堪的纳维亚、爱尔兰文明最有代表性的作品。从年代来看，从最古老的宗教经典和作为西方文明起源的古希腊和罗马文化，到东方、意大利、法国、斯堪的纳维亚、爱尔兰、英国、德国、拉丁美洲的中世纪文化，其中包括意大利、法国、德国、英国、西班牙等国文艺复兴时期的思想，再到意大利、法国三个世纪、德国两个世纪、英格兰三个世纪和美国两个多世纪的现代文明。从特色来看，纳入了17、18、19世纪科学发展的最权威文献，收集了近代以来最有影响的随笔、历史文献、前言、后记，可为读者进入某一学科领域起到引导的作用。

这套丛书自1901年开始推出至今，已经影响西方百余年。然而，遗憾的是中文版本却因为各种各样的原因，始终未能面市。

2006年，万卷出版公司推出了《Harvard Classics》全套英文版本，这套经典著作才得以和国人见面。但是能够阅读英文著作的中国读者毕竟有限，于是2010年，我社开始酝酿推出这套经典著作的中文版本。

在确定这套丛书的中文出版系列名时，我们考虑到这套丛书已经诞生并畅销百余年，故选用了“哈佛百年经典”这个系列名，以向国内读者传达这套丛书的不朽地位。

同时，根据国情以及国人的阅读习惯，本次出版的中文版做了如下变动：

第一，因这套丛书的工程浩大，考虑到翻译、制作、印刷等各种环节的不可掌控因素，中文版的序号没有按照英文原书的序号排列。

第二，这套丛书原有50卷，由于种种原因，以下几卷暂不能出版：

英文原书第4卷：《弥尔顿诗集》

英文原书第6卷：《彭斯诗集》

英文原书第7卷：《圣奥古斯丁忏悔录 效法基督》

英文原书第27卷：《英国名家随笔》

英文原书第40卷：《英文诗集1：从乔叟到格雷》

英文原书第41卷：《英文诗集2：从科林斯到费兹杰拉德》

英文原书第42卷：《英文诗集3：从丁尼生到惠特曼》

英文原书第44卷：《圣书（卷Ⅰ）：孔子；希伯来书；基督圣经（Ⅰ）》

英文原书第45卷：《圣书（卷Ⅱ）：基督圣经（Ⅱ）；佛陀；印度教；穆罕默德》

英文原书第48卷：《帕斯卡尔文集》

这套丛书的出版，耗费了我社众多工作人员的心血。首先，翻译的工作就非常困难。为了保证译文的质量，我们向全国各大院校的数百位教授发出翻译邀请，从中择优选出了最能体现原书风范的译文。之后，我们又对译文进行了大量的勘校，以确保译文的准确和精炼。

由于这套丛书所使用的英语年代相对比较早，丛书中收录的作品很多还是由其他文字翻译成英文的，翻译的难度非常大。所以，我们的译文还可能存在艰涩、不准确等问题。感谢读者的谅解，同时也欢迎各界人士批评和指正。

我们期待这套丛书能为读者提供一个相对完善的中文读本，也期待这套承载着哈佛精神、影响西方百年的经典图书，可以拨动中国读者的心灵，影响人们的情感、性格、精神与灵魂。

目
Contents
录

爱德华二世

Edward The Second

〔英〕马洛

主编序言

有关克里斯托弗·马洛的生平及其著作的简介将会在他的剧本《浮士德博士》中谈到，《哈佛百年经典第21卷》中囊括了这部剧本，并且收录了歌德的《浮士德》。

关于《爱德华二世》的准确著作日期并不确定，但通常认为是在1590—1591年这段时间。马洛在Fabyan、Stow and Holinshed编年史，尤其是在Holinshed编年史中找到了故事情节的历史基础。从对待历史事实的角度来看，这是部在戏剧类领域被称为"纪事报的历史"的典型范例。"纪事报的历史"兴盛于16世纪的后二十年，在莎士比亚的《亨利四世》和《亨利五世》中达到顶峰。历史事件的顺序确定了戏剧中大部分连续的场景，为了达到戏剧性的效果，作者进行了压缩省略，详细阐述，重新整理，展现了爱德华的角色和他的弱点造成的后果。这次战役跨越了大概二十年的历史，尽管在戏剧中并没有提示。爱尔兰和苏格兰的军事行动，特别是班诺克本战役的提前发生是为了让它们同盖维斯特联系起来，因为事实上盖维斯特在这些战役还没爆发之前就离开人世了，而且剧中还安排斯宾塞立即效忠爱德华二世，但其实那是在爱德华二世前任去世几年以后的事了。

然而，通过灵活地运用细节，马洛成功地塑造出爱德华二世近乎真实且具有强有力影响的角色和命运的形象。这部戏剧是马洛最成熟最精湛的作品，在其对性格的描述、情节的设计和自由灵活地运用各种不同韵文方面达到了他早期作品所不能企及的高度，也没有其他的地方更能够体现他同他伟大的继承者莎士比亚旗鼓相当。

查尔斯·艾略特

剧中人物

爱德华二世
王子爱德华　爱德华二世的儿子，即后来的国王爱德华三世
肯特伯爵　国王爱德华二世的弟弟
盖维斯特
坎特伯雷大主教
考文垂主教
温彻斯特主教
沃里克
兰卡斯特
彭布罗克
阿伦德尔
莱斯特
贝克莱
老莫蒂默
小莫蒂默　老莫蒂默的侄子
老斯宾塞

小斯宾塞　老斯宾塞的儿子

鲍多克

博蒙特

特拉塞尔

古尔尼

马特维斯

莱特鲍恩

艾诺约翰公爵

莱文

瑞斯

阿博特　修道士　报信者　上议院　穷人

詹姆斯　割草人　战士　信使　士兵　侍从

王后伊莎贝拉　国王爱德华二世的妻子

爱德华二世的侄女　格洛斯特公爵的女儿

贵族小姐

第一幕

第一场

【盖维斯特出场，阅读从国王那里得到的信。

盖维斯特 “我的父王已逝，快来吧，盖维斯特，与你最挚爱的朋友共享此江山。”啊！多令人欣喜的话语！盖维斯特，有什么比与成为国王的最爱和与国王相处更幸福呢！甜美的王子，我来了；此般，汝等风流逼我早早游离法国，诚如利安得紧握海沙，而你却不愿将我紧抱怀中。在我放逐眼中的伦敦，一如灵魂重新进天堂般；我爱的并非是这座城市，或男人，而是这座城市拥抱着他，我会紧拥他入臂弯。再来会是屈服在高贵的君王下，世人仍怀有敌意。什么让北极的人们喜爱星光？太阳为了谁日夜发光？告别平民，屈尊于贵族气派的平辈！吾膝仅跪朝国王。民众只会爆出贫穷的火花；我会首先讨好风，让它亲吻我的嘴唇，将我的吻带给你。

【三个穷人出场。

盖维斯特 现在如何，这些人是谁？

穷人 希望能为阁下服务。

盖维斯特 你们能做什么？

第一个穷人　我会骑马。

盖维斯特　但是我没有马匹。你是做什么的?

第二个穷人　一名旅客。

盖维斯特　我想想，嗯……如果你做不好呢?你先到餐桌等，晚餐时间我们再聊。如果我喜欢听你讲话，我会留下你。你是谁?

第三个穷人　士兵，曾在服役时攻打过苏格兰。

盖维斯特　士兵?有专供你们的医院。我并无敌意，所以，走吧。

第三个穷人　走了，这在战争中毁坏的手，医院是不会照料的。

盖维斯特　他的这些话深深地感动了我，就好比一只天鹅甘愿扮演豪猪，拔下它的羽毛，想着刺穿我的胸部。但让人信服并不难;我会奉承他们，让他们活在希望之中。（旁白）你知道我刚从法国来，我还没有见到我的国王。如果赶得上的话，我会款待你们。

三人一起　我们感谢你，阁下。

盖维斯特　我还有事情，离开一会儿。

三人一起　我们在这儿等法院的消息。（下）

盖维斯特　他们并非我要的男人，我要的是诗文并茂的才子，我钟情乐师取悦王君的琴韵。诗词歌赋是他的喜好;夜晚时我要戴面具的意大利人，甜美的说书，喜剧，娱乐节目;白天，他将出现在大庭广众之前，我的青年侍从如森林女神般身披衣绸;我的子民，如萨蒂尔般吃草，他们的羊脚跳着滑稽的环舞。以前，一个沐浴着月色的可爱男孩儿，他的头发闪耀着如水波流动的光辉，他裸露的手臂有着小冠冕般的珍珠色，他充满趣味的手里有根橄榄树枝，藏着人们想看到的东西，他在温泉中沐浴，且在近处，一个喜欢在小树林偷窥的人，惹怒了女神，被变形了，像雄赤鹿一样地奔跑，被狂吠着的猎犬推翻，好像要死了——这些都能够最大限度地取悦他的国王，我的殿下。——国王和议会的贵族来了。我将在旁边站着。（离场）

【国王爱德华，兰卡斯特，老莫蒂默，小莫蒂默;埃德蒙·肯特伯爵；盖伊·沃里克伯爵和众侍从出场。

国王爱德华　兰卡斯特!

兰卡斯特　殿下。

盖维斯特　我痛恨那位兰卡斯特伯爵（旁白）

国王爱德华　你能不这样对我吗？——不论他们怎样，我将按照我自己的意愿来；这两个莫蒂默如此激怒我，要知道已让我不愉快了。（旁白）

老莫蒂默　若珍爱吾等，吾王，憎恨盖维斯特。

盖维斯特　那恶棍莫蒂默！我会因他而死。（旁白）

小莫蒂默　这些伯爵及我自己曾在先王仙逝时立誓，他将永不再踏入这片国土；吾王，你知道我打破了我的誓言，我的这把剑，在你需要时就刺杀你的敌人，或安静地待在剑鞘里，旗帜将会按照你的意愿前行，因为莫蒂默会遵从你。

盖维斯特　该死的莫蒂默！（旁白）

国王爱德华　莫蒂默，我会让你为你所做的这些事情后悔的，你这样对抗你的国王是对的吗？有抱负的兰卡斯特因此而皱眉吗？剑将磨平你眉间的皱纹，砍掉你长得如此呆板僵硬的膝盖。我要盖维斯特；你们将知道对立国王的危机。

盖维斯特　做得好，内德！（旁白）

兰卡斯特　吾王为何如此愤怒你的贵族？他们的天性是爱戴尊崇你。难道是因为他们憎恨盖维斯特？除了兰卡斯特，我还有四个伯爵爵位，德比、索尔斯伯里、林肯、莱斯特——我会把这些卖了发军饷，盖维斯特不能待在这片国土；因此，如果他来了，就直接驱逐他。

肯特　男爵和伯爵，我明白你们的骄傲，但是我要表明，我希望证明。我仍记得父王在世的时候，北方的珀西被毛伯利勇敢地给予国王提示而深深地感动了，但他的国王因此讨厌他，他本该丢掉他的头颅；但他对珀西勇敢无畏的精神而感到满足，他同毛伯利和解了；你们胆敢如此对国王直言？——王兄，快报复，让他们的头颅因多言而绞吊。

沃里克　吾等的头颅！

国王爱德华　唉，你们的；因此你们同意吧——

沃里克　温和的莫蒂默，抑制你的愤怒。

小莫蒂默　我不能，我也不会；我必须说出来。——堂兄，我希望我们能用自己的力量保住我们的性命，砍掉他用来威胁我们的东西。走吧，叔叔，让吾等舍离这昏君吧。今后谈判时我们将亮出我们的剑。

老莫蒂默　在威尔特有足够的人来保住我们的性命。

沃里克　因为我，所有的沃里克人都将爱他。（讽刺）

兰卡斯特　盖维斯特在北面有许多朋友。——再见，殿下；若不改变主意，你就要看着你座下的王座漂浮在鲜血中；并且看着这个卑劣的奴才把你荒唐的头颅扔掉。

【除爱德华、盖维斯特、肯特伯爵、侍从，其余的都下。

国王爱德华　我不能容忍他们傲慢的威胁。我是一国之王，怎能被他们践踏？——王弟，开始作战吧；我将换掉男爵和伯爵，除非我死，否则我不会和盖维斯特分开。

盖维斯特　我再也不愿和国王分离了。（走上前）

国王爱德华　哦，欢迎你归来，盖维斯特！——别亲我的手——抱我亦如我抱你般。你为何不跪？难道你不知道朕为何人？吾友，你自己，另一个盖维斯特！自从你被放逐，我比雨蛙哀悼大力神还难过。

盖维斯特　自从我走后，如深陷炼狱中的苦魂。比贫穷更痛苦。

国王爱德华　我知道。——兄弟，欢迎归来，吾友。让奸诈的莫蒂默和傲慢的兰卡斯特伯爵策划阴谋：因为我希望你会为你所见到的感到高兴；因此海水将在放逐你的船出现之前淹没我的国土。朕现创立宫内大臣，国务首长及我，康沃尔伯爵，男人的君王。

盖维斯特　吾王，这些头衔远超我所值。

肯特　王兄，最低微的头衔也强过盖维斯特。

国王爱德华　别说了，王弟，我不能容忍这些话。你是无价珍友，远胜朕之赠礼。因此，在接受之余，接受我的心吧。若你因这尊贵身份遭嫉恨，我会赐更多给你，爱德华对君王团满意。你怕一个人？你应该有个护卫，想要黄金吗？到我的财库去。难道你不该被爱戴和敬畏？接受我的印章；你可以依据你的喜好或厌恶以我们的名义保护或定罪。

盖维斯特　享有你的爱已绰绰有余，我所拥有的让我感觉自己像恺撒大帝一样伟大，在罗马的街道里骑着马车，国王被他凯旋的车队所迷住。

【考文垂主教上。

国王爱德华　考文垂主教你匆匆赶往哪里？

考文垂主教　为你父王的葬礼举行仪式。是那邪恶的盖维斯特回来了？

国王爱德华　是的，修士，是要报复你的人，唯一令他放逐的原因。

盖维斯特　是的，为了这些袍服的尊严，你必须赶快离开这个地方。我只是在做我必须做的，考文垂主教，除非你悔改，否则现在就好比当时我触怒议会一样，你将被遣返法国。说句不好听的话，你必须原谅我。

国王爱德华　扔弃他的黄金帽冠，扯破他的外袍，让他在海峡里受洗礼重生。

肯特　王兄，勿施暴于他！否则他会向宗教抱怨。

盖维斯特　让他去向该死的宗教抱怨吧；我因放逐而报复他。

国王爱德华　不，饶了他的命，但要扣押他的物品。做你自己的主教，你将接收他的一切佃租，让他如同教士般服侍你。朕将他交给你——随你任意处置。

盖维斯特　把他关入牢里，老死其中。

国王爱德华　把他押入楼塔或海湾，一切依你。

考文垂主教　因为这过错，你一定会遭天谴！

国王爱德华　人呢？护送这教士上楼塔。

考文垂主教　走吧，走吧。

国王爱德华　盖维斯特，走吧，在这期间将他的房子和物品都收了。嗨，跟我走，你将带着我的护卫，完事儿之后，能带你安全回返。

盖维斯特　一个教士怎么享用如此美丽的房屋？监狱才适合他的圣洁。

（下）

第二场　威斯敏斯特

【老莫蒂默和小莫蒂默从一边出场；沃里克和兰卡斯特从另一边出场。

沃里克　主教真的被关押在楼塔里，他所有的财产全转给了盖维斯特。

兰卡斯特　什么！难道他们要压迫教会？啊，邪恶的国王！可憎的盖维斯特！这国土，已经随着他的步伐而腐败，即将成为他们的坟墓。

小莫蒂默　让这撒娇的法国人守着他吧；除非把剑刺进他的胸膛，证明他将死。

老莫蒂默　那就现在吧！是什么让你消沉，兰卡斯特伯爵？

小莫蒂默　为什么盖伊·沃里克不满？

兰卡斯特　那个恶棍盖维斯特被封为伯爵了。

老莫蒂默　伯爵！

沃里克　唉，此外还是宫内大臣、首长、男人的君王。

老莫蒂默　我们不可能也不愿忍受这个。

小莫蒂默　为什么我们不从这里开始征兵？

兰卡斯特　现在人人张口就是“康沃尔伯爵”！接受他赐予的人都感到高兴，并脱帽致敬。国王就这样与他手挽着手前行，不仅如此，他统治下的侍卫在恭候着；并且所有的教廷也都开始恭维他。

沃里克　他靠吾王撑腰，他对路人或点头微笑或轻蔑嘲笑。

老莫蒂默　难道没人对这奴隶反感吗？

兰卡斯特　全都在容忍，不敢进诤言。

小莫蒂默　啊，那暴露了他们的卑鄙下贱，兰卡斯特！若所有的伯爵和男爵都和我同感，我们将他从国王的恩宠中拉开，在法庭门口绞死这农夫，他因野心和自傲引来怨恨，王国与吾等因他而毁。

【坎特伯雷大主教和一名侍从出场。

沃里克　我尊贵的坎特伯雷大主教来了。

兰卡斯特　他的表情表明了他的不快。

坎特伯雷　先扯破了他神圣的袍服，然后施暴于他；他就此入狱，财产亦被没收。为了证明罗马教皇——备马，出发。（侍从下）

兰卡斯特　阁下，你要拿起武器反抗国王吗？

坎特伯雷　我需要什么？当教堂遭暴，上帝满腔怒火。

小莫蒂默　那你愿意加入我们吗？以上帝的名义，驱逐盖维斯特或砍下他的头颅。

坎特伯雷　还有别的路吗，阁下？这让我很担忧；因为考文垂的主教辖区是他的。

【王后伊莎贝拉出场。

小莫蒂默　夫人，你匆匆前往何处？

伊莎贝拉　到森林去悲伤及怀恨不平，莫蒂默，目前吾王只宠爱盖维斯特而非我。他轻拍他脸颊并抚摸他脖颈，对他微笑，与他耳鬓私语；当我出现，他就皱眉，仿佛在说，“随卿所至，朕自有盖维斯特。”

老莫蒂默　这多奇怪，他是如此令人着迷？

小莫蒂默　夫人，重回法院。因这狡诈诱骗的暴发户，我们将遭驱逐或丧命；可在那天来临之前，王将丢掉他的王冠；因为我们有势力，也有勇气，彻底地报复。

伊莎贝拉　但不要把你们的剑朝向国王。

兰卡斯特　不会，但我们要将盖维斯特从这里赶走。

沃里克　那必须通过战争，否则他会保持原样。

伊莎贝拉　那就让王这样而不是被兵变所压迫，我将继续容忍这忧郁的生活，就让他和他的宠臣嬉戏欢乐吧。

坎特伯雷　阁下，停下来，听我说：——我们所有人都是他的顾问，我们达成一致，用我们的权力放逐他。

兰卡斯特　国王会阻挠我们的计划。

小莫蒂默　那我们可以合法地反抗他。

沃里克　那我们什么时候开会?

坎特伯雷　在新神庙吧。

小莫蒂默　好。

坎特伯雷　同时，我请求你们所有人到朗伯斯时要和我待在一起。

兰卡斯特　好的，那我们走吧。

小莫蒂默　夫人，再见!

伊莎贝拉　再见，甜美的莫蒂默；看在我的薄面上，不要起兵反抗国王。

小莫蒂默　如果言语有用我就不会起兵；如果没有，那我就起兵。（下）

第三场

【盖维斯特和肯特伯爵上。

盖维斯特　埃德蒙，伟大的兰卡斯特贵族的伯爵爵位很多，连驴子都载不起。并且还有两个优秀的莫蒂默和盖伊·沃里克，那个可怕的骑士，他们朝朗伯斯去了——让他们留下吧！（下）

第四场

【兰卡斯特、沃里克、彭布罗克、老莫蒂默、小莫蒂默、坎特伯雷大主教及随从上。

兰卡斯特　这是放逐盖维斯特的请愿书，请诸位签名。

坎特伯雷　把纸给我。

【他签了，后面的人也签了。

兰卡斯特　快，快，阁下；我等签名已许久。

沃里克　我早想放逐他了。

小莫蒂默　莫蒂默之名会让国王吃惊，除非国王放逐这卑贱的鄙夫。

【国王爱德华、盖维斯特和肯特伯爵上。

国王爱德华　什么，你恼怒盖维斯特坐这里？

兰卡斯特　我们乐意如此；随性而做。你的恩惠让他站在你旁边，因为在任何其他地方这个新伯爵都不会如此安全。

小莫蒂默　哪个贵族出身的人能容忍这景象？他们不会同意！看这鄙夫如此轻蔑的样子！

彭布鲁克　雄狮能向蚁虫示好吗？

沃里克　这卑鄙的封臣就像法厄同妄想驾驭太阳！

小莫蒂默　他们的末日即将到来，他们的势力即将瓦解；因此我们不会被嘲笑和鄙视。

国王爱德华　拿下叛徒莫蒂默！

小莫蒂默　拿下叛徒盖维斯特！

肯特伯爵　这就是你感激君王的职责？

沃里克　我们知道我们的职责——让他知道他的贵族。

国王爱德华　你们无论如何都容不下他吗？停下，否则你们将死。

小莫蒂默　我们不是叛徒；因此我们没有威胁。

盖维斯特　不，没有威胁，我的王，让他们离开！我若为王——

老莫蒂默　你这恶棍，胆敢如国王般说话，你这种出身能成为绅士吗？

国王爱德华　他虽曾为农，但作为我的宠臣，朕要让你们这些高傲众臣为之屈躬。

兰卡斯特　陛下，你不能如此蔑视我们。——快叫可憎的盖维斯特离开！

老莫蒂默　还有赞成他的肯特伯爵。

【侍从随着肯特伯爵和盖维斯特离开。

国王爱德华　施暴于你们的王！莫蒂默，来，坐爱德华的王座。沃里克、兰卡斯特戴我的王冠。有国王如我般被管吗？

兰卡斯特　那就学着更好地统治我们和这个王国。

小莫蒂默　不管我们做什么，我们始终忠于你。

沃里克　你想我们能容忍这暴发户的傲慢吗？

国王爱德华　狂暴愤怒中断我的话语。

坎特伯雷　你为什么愤怒？耐心点，陛下，看看你的顾问，我们做什么了。

小莫蒂默　诸位，下定决心吧，要么按我们的意愿来，要么丢掉性命。

国王爱德华　傲慢的贵族，为了满足你们，若我甜美的盖维斯特将离开我，这座岛将漂浮在大海上，漂到人迹罕至的印度。

坎特伯雷　你知道我是罗马教皇的使节。为了你效忠的罗马教廷，像我们一样，签字吧，放逐他。

小莫蒂默　他若反抗就诅咒他；然后就废黜他，另立国王。

国王爱德华　看吧！但我不会妥协的。诅咒我，罢黜我，做尽你们想做的恶事。

兰卡斯特　不要犹豫，陛下，签字吧。

坎特伯雷　要记得主教是怎么被虐待的！这是驱逐他的原因，或我将免除这些贵族对你的职责和忠心。

国王爱德华　我不受威胁；我必须和气地说。——罗马教皇的使节将服从。阁下，你将是这王国的大臣；兰卡斯特，你将是我们舰队的海军上将；小莫蒂默和他的叔叔将成为伯爵；你，沃里克贵族，北方的总统；还有你，威尔士。若这不能让你们满足，把这王国分成几个王国，你们平等地分享，那我就有方寸之地，可以与我亲爱的盖维斯特嬉戏。

坎特伯雷　我们已下定决心，什么都无法动摇。

兰卡斯特　来，签字吧。

小莫蒂默　你为什么爱一个全世界都憎恨的人？

国王爱德华　因为他比全世界的人都爱我。粗人才想毁掉我的盖维斯特；尊贵的各位应怜惜他。

沃里克　尊贵如王子的你更应摆脱他。为了羞愧签字，让盖维斯特远离。

老莫蒂默　阁下，催促他。

坎特伯雷　你同意将他放逐远离国疆吗？

国王爱德华　看来必须如此，只能同意。准备笔墨，我会含泪签下。（签字）

小莫蒂默　国王因思念他的宠臣茶饭不思。

国王爱德华　签完了，可憎的人，退下！

兰卡斯特　给我，我将把它张贴到街上。

小莫蒂默　我将看着他被放逐。

坎特伯雷　现在我心里舒畅了。

沃里克　我也是。

彭布罗克　这对百姓来说是好消息。

老莫蒂默　不管是与否，他不会在这儿了。

【除国王爱德华，其余下。

国王爱德华　他们那么快地把我的爱放逐！若真为我好，他们就不该干扰。国王为什么要向僧侣臣服？自负的罗马教会！在帝国养了这么一群仆人，你那迷信微弱的光，让这些人烧毁反基督的教会，我将烧毁你为之疯狂的教会，摧毁罗马教皇塔！屠杀教士填满台伯河海峡，让他们的坟墓堆得和堤岸同高！至于这些支持僧侣的贵族，我若为王，绝不会让他们中的任何一个活命。

【盖维斯特又上。

盖维斯特　吾王，四处传言我遭放逐，必须离开这国土。

国王爱德华　这是真的，亲爱的盖维斯特——若不是真的！罗马教皇的使节将让你离开，必须如此，否则我将被罢黜。我将掌权，报复他们；因此，亲爱的朋友，耐心地接受吧。住你想住的地方，我会给你足够的黄金；你只能停留片刻，你离开了，我也将追随你而去；我的爱将永无终止。

盖维斯特　我的希望全变成地狱般的悲伤。

国王爱德华　这刺耳的话让我的心也为之碎裂；你遭放逐，吾心亦遭放逐。

盖维斯特　看来我必须离开，别再为可怜的盖维斯特悲伤；离开你，没有那亲切的面容，任何地方都不能让盖维斯特感到幸福。

国王爱德华　只有这离别折磨着我可怜的灵魂，无论我情愿与否，你必须离开。代替我成为爱尔兰的统治者，你将忍受直到命运将你召回。拿着我的画像，我将穿着你的衣物。

【他们交换画像。

国王爱德华　若能将你留在这儿，我将多么幸福！但如今我如此痛苦！

盖维斯特　有时为王也是很可怜的。

国王爱德华　你不必这样——我要把你藏起来，盖维斯特。

盖维斯特　我会被找到，那我会更悲伤。

国王爱德华　动听的语言，贴心的谈话让我们更加感伤；因此，让我们静静地拥抱，然后分别吧。——留下来吧，盖维斯特，我不能没有你。

盖维斯特　我的爱，你的每一个眼神都让我流泪。鉴于我必须离开了，不要再悲伤了。

国王爱德华　你只能留一下，因此，离去前来填补我吧。来吧，亲爱的朋友，我将陪伴你上路。

盖维斯特　贵族会不高兴。

国王爱德华　我不在乎他们的怒火——来，我们走；我们会像这样返回。

【埃德蒙和伊莎贝拉王后进来。

伊莎贝拉　你要去哪儿，陛下？

国王爱德华　别奉承我，法国的娼妓！离开！

伊莎贝拉　除丈夫外我该奉承谁？

盖维斯特　对莫蒂默！和谁，卑贱的王后——
我不多说了。余下的，陛下来判断吧。

伊莎贝拉　这些话是在诽谤我，盖维斯特。你败坏我王还不够，你还像鸨母般投其所好，你定要如此质疑我的淑德？

盖维斯特　我并非这意思；夫人请原谅我。

国王爱德华　你与莫蒂默太亲密了，依卿意放逐了盖维斯特；我希望你能与上议院讲和，否则就别想与我复合。

伊莎贝拉　陛下明知我不敢说谎的。

国王爱德华　滚开！不要碰我。——走，盖维斯特。

伊莎贝拉　坏蛋！你夺走了我的王。

盖维斯特　夫人，是你夺走了我的王。

国王爱德华　不要同她说话；让她委靡憔悴。

伊莎贝拉　为什么，陛下，这些话是我应得的吗？看伊莎贝拉留下的眼泪，看这颗渴望你的心，碎裂了，亲爱的陛下，你怎么能这样对可怜的伊莎贝拉。

国王爱德华　看，是你让我深陷地狱！哭吧；除非撤销对我的盖维斯特的放逐，保证你自己不要出现在我的眼前。

【爱德华和盖维斯特下。

伊莎贝拉　噢，痛苦悲惨的王后！

当我离开亲爱的法国，在船上，那迷人的塞丝，踏浪逐波而来，已改变了我形体，或在结婚那天。婚姻之神盛满毒药的酒杯，或那些交缠我脖颈的臂膀使我透不过气，让我无法活着见证吾王。因此你放弃了我！像疯狂的朱诺，我的叹息和哭声将充满大地；他像宙斯钟情伽倪墨得斯一样迷恋该死的盖维斯特。但那将更加激怒他；我必须恳求他，必须礼貌地跟他说话，否则他决定要召回盖维斯特。届时，他将继续宠爱盖维斯特；而我将会一辈子悲惨。

【兰卡斯特、沃里克、彭布罗克、老莫蒂默和小莫蒂默又上。

兰卡斯特　看法王之妹紧拧双手，痛捶她胸！

沃里克　敬爱的王未善待她。

彭布罗克　如此伤害这么一颗圣洁的心。

小莫蒂默　我知道她哭泣的缘由是盖维斯特。

老莫蒂默　为什么？他已经走了。

小莫蒂默　夫人结果如何？

伊莎贝拉　莫蒂默，吾王恨意已经产生，他坦承不再爱我。

小莫蒂默　哭个够吧，夫人，别再爱他。

伊莎贝拉　不，我宁愿死一千次！

尽管我的爱是徒然的；——他不再爱我。

兰卡斯特　不要担心，夫人，他的宠臣已经离开，他荒唐的闹剧很快就将谢幕。

伊莎贝拉　不，永远也不会，兰卡斯特！我很高兴请你废除他；是国王的旨意，我也必须如此做，否则将在殿下面前放逐。

兰卡斯特　他的废除？夫人，他不会回来，除非海水将他遭遇海难的尸体冲回来。

沃里克　那真是赏心悦目的景象，这儿没有人，他会把马累死。

小莫蒂默　嗯，莫蒂默，因为他一朝被放逐，愤怒的国王已将我逐出上议院；因此若你爱我照顾我，成为我在贵族中的支持者。

什么！你让我为盖维斯特辩护？按国王的旨意为他辩护，我下定决心了。

兰卡斯特　我也是，阁下。劝阻王后。

伊莎贝拉　噢，兰卡斯特！让他劝阻国王，因为我不希望他回来。

沃里克　不要替他说话，让这鄙夫离开。

伊莎贝拉　我为我自己说话，不是为他。

彭布罗克　劝阻没用，就停止吧。

小莫蒂默　美丽的王后，等着鱼儿上钩吧。等他上钩了，再把他打死；我指的是邪恶肮脏的鱼雷，盖维斯特。

伊莎贝拉　甜美的莫蒂默，陪我坐一会儿，我会告诉你为什么你将同意他的废除很重要。那这样，除了我们俩没人能听到。

（叫小莫蒂默离开）

兰卡斯特　诸位，即使王后劝诱了莫蒂默，你们同我一样下定决心了吗？

老莫蒂默　不，我不支持我的侄子。

彭布鲁克　别担心，王后的话不会动摇他。

沃里克　不会吗？会的，她那么诚挚地恳求！

兰卡斯特　看他冷漠的表情表明他拒绝！

沃里克　她微笑了；现在我以我的性命担保他改变心意了！

兰卡斯特　我宁愿失去他的友谊也不要改变心意。

小莫蒂默　那只能如此了。诸位，我痛恨卑贱的盖维斯特，我希望你们相信，因此，即使我请求他的废除，也是为我们的利益，不是他的，也不是这个国家的或国王的利益。

兰卡斯特　呸，莫蒂默，你不要自己的名誉了？是真的吗，放逐他是对的吗？又召他回来是真的吗？多个缘由可使白变黑，黑夜变白日。

老莫蒂默　兰卡斯特阁下，请考虑一下。

兰卡斯特　不用考虑，不会发生的。

伊莎贝拉　阁下，听听他提出的理由。

沃里克　无论他说什么都没用；我们下定决心了。

小莫蒂默　你不希望盖维斯特死吗？

彭布罗克　我希望他死！

小莫蒂默　为什么，那么，让我去说。

老莫蒂默　但是，侄子，不要耍诡计。

小莫蒂默　我对改善陛下为国家做贡献充满热情。你不知道盖维斯特有很多黄金吗？这将为他在爱尔兰赢得很多朋友。他会用这股力量来对付我们。他一朝在世受宠，我们就很难推翻他。

沃里克　你说得很对，莫蒂默。

小莫蒂默　我讨厌他在这儿，很容易收买一些卑贱的奴隶在恭贺他的伯爵爵位时刺杀他，那我不会责怪他，会赞扬他的勇敢行为，会把他的名字载入编年史，感谢他为这个王国清除了这么讨厌的人！

彭布罗克　他说得对。

兰卡斯特　但在这之前，成功的概率大吗？

小莫蒂默　因为还没有考虑过，阁下。不，他什么时候知道是由我们决定的，要么放逐他，要么把他召回，压一下他的傲气，让他不敢冒犯最普通的贵族。

老莫蒂默　但他若不呢，侄子？

小莫蒂默　那我们可以拿起武器对抗他；因为不管怎样我们都把他驱逐出去了，对抗国王是叛国罪。因此我们应该有我们这边的人，一些看在先王的分上偏向国王，但是无法容忍像康沃尔伯爵一样长在黑夜的蘑菇，可能击败我们贵族。但是当平民和贵族团结起来，就算国王也无法保全盖维斯特；我们将他从强大的庇护中拉出来。诸位，若我做的有什么疏忽的，就让我成为同盖维斯特一样成卑贱的鄙夫吧。

兰卡斯特　出于那种情况，兰卡斯特不会袖手旁观的。

沃里克　我和彭布罗克也是。

老莫蒂默　我也是。

小莫蒂默　这样我就放心了，莫蒂默随时候命。

伊莎贝拉　伊莎贝拉不会忘记你们的厚爱，就让她被遗弃孤独地生活。——看，国王的幸福时刻即将来临，康沃尔伯爵已经在回来的路上，这个消息会让他欣喜若狂，但并没我高兴。因为我对他的爱比他对盖维斯特的深；若他能给予我他对盖维斯特一半的爱，我将深感上苍垂怜。

【国王爱德华又上，悲伤中。

国王爱德华　他走了，我为他的离去而忧伤。悲伤从未如此接近我的心，我如此渴望我甜美的盖维斯特；若我的王权能将盖维斯特带回来，我会毫不犹豫地给他的敌人，因为我已得到盖维斯特如此亲密的朋友。

伊莎贝拉　听！他如此念着他的宠臣。

国王爱德华　我的心如砧铁一般悲伤，每一次悸动都如同独眼巨人的铁锤，发出的声音让我昏眩，让我对我的盖维斯特更加痴狂。

来自地狱无情愤怒的玫瑰，我高贵的权杖让我陷入死亡，让我被迫离开我的盖维斯特！

兰卡斯特　暗黑破坏神！是什么样的激情驱使你如此？

伊莎贝拉　陛下，我给你带来了消息。

国王爱德华　你已同你的莫蒂默谈过了？

伊莎贝拉　陛下，盖维斯特可以撤返。

国王爱德华　撤返！这美好的消息是真的吗？

伊莎贝拉　若是真的你会爱我吗？

国王爱德华　若真如此，还有什么是爱德华不愿做的？

伊莎贝拉　为了盖维斯特，但并非为了伊莎贝拉。

国王爱德华　若你也爱他，朕将以金垂于你颈，看你如此顺和朕的心愿。

伊莎贝拉　没有任何珠宝比得上我脖颈上的，陛下，赐予我再多财富也比不上这宝库的。哦，这一吻便使可怜的伊莎贝拉苏醒！

国王爱德华　再次接纳我的手；让此成为你我的第二次婚盟。

伊莎贝拉　要证明比第一次还快乐！亲爱的陛下，善待你的贵族，他们等着为你效命，他们屈膝向你致敬。

国王爱德华　勇士兰卡斯特，信奉你的王！阳光将所有的隔阂照射得消失无踪，即使你对国王的微笑报之以敌意。在我身旁做我的同伴。

兰卡斯特　你的问候让我万分高兴。

国王爱德华　这些银发让我的法院熠熠生辉，不像华而不实的丝绸后昂贵的刺绣。如我走入歧路，请斥责我，亲爱的沃里克。

沃里克　陛下，杀了我，若我冒犯了你。

国王爱德华　无论是隆重的凯旋还是公共出席，彭布罗克将佩剑站在国王之前。

彭布罗克　彭布罗克将用这把剑为你而战。

国王爱德华　小莫蒂默为何走开？做我们皇家舰队的司令官；或者，若高傲的你不喜欢，我将让你成为这个王国的元帅。

让这片国土享有平静，保证你的安全。

国王爱德华　至于你，奇尔凯·莫蒂默，你在对外抗战中立下了不朽功勋，任何普通的职位和微小的奖赏都无法与你匹配，你就做征召矛兵的将军，现在请准备进攻苏格兰。

老莫蒂默　陛下已赐给我无上的荣耀，因我天性喜好战争。

伊莎贝拉　如今英国国王富裕强壮，还有追随他的名门贵族。

国王爱德华　唉，伊莎贝拉，我的心从未如此轻松。

皇室的办事员，把我们的委任状直接送到爱尔兰给盖维斯特。

【博蒙特带着委任状上。博蒙特像彩虹女神或朱庇特的墨丘利神。

博蒙特　陛下，我将完成任务。（下）

国王爱德华　莫蒂默，我留你下来掌管事务。现在大家进去，享受盛宴。

凡是反对我们的朋友康沃尔伯爵来的，我们将进行批判辩论赛和马上比武，然后我们将隆重庆祝他的婚姻。

你不知道我已同意他与格洛斯特伯爵的子嗣订婚？

兰卡斯特　我们听到了这种消息，陛下。

国王爱德华　那天，若不看在他的分上，就请看在我的分上，谁取得胜利就将是挑战者，不用花费什么；我们将替你赢得你的爱人。

沃里克　不论在哪方面，陛下都可以差遣我们。

国王爱德华　谢谢你，沃里克。来，我们进去狂欢。

【除了莫蒂默叔侄，其余的都下。

老莫蒂默　侄子，我必须去苏格兰了，你将留在这儿。你不要再和国王对抗。你看他天性是温和沉着的，并且看他如此迷恋盖维斯特，不要控制他，让他按他的意愿来。伟大的君主都有他们的宠臣：亚历山大国王爱赫费斯提安；征服者赫克托尔为许拉斯哭泣；坚定的阿基里斯为帕特洛克罗斯衰颓；并不只是国王如此，智者依然；罗马人塔利爱上了奥克塔维厄斯；庄严的苏格拉底，狂热的亚希比德，让他的青年时期享受自由，他的可塑性强，保证能像我们期许般，自由享用那愚昧的伯爵；成年后他会将这些玩具抛弃。

小莫蒂默　叔叔，他无节制的幽默并未使我不悦；但使我轻蔑，这个出身低贱的人仗着君王的恩宠而无礼。财库出状况，士兵因军饷叛变，他靠吾王撑腰挥霍，如麦得斯般出现在法庭吆喝，卑鄙的恶棍紧随着他，他的傲慢造成一切，如变幻的海神般出现。我从未看过短小精悍的杰克如此活跃轻快；他披着意大利式的短的带头巾的斗篷，上面镶嵌着珍珠，那托斯卡纳的帽子，有着比王冠还要珍贵的宝石。他与吾王在窗台嘲谑吾等，对吾等随从嗤之以鼻，更拿吾等服饰戏谑。叔叔，这使我不能忍受。

老莫蒂默　侄子，你看国王改变了。

小莫蒂默　那我也会改变，将执行他的命令：

但只要我有剑，有手，有心，我就绝不会对这样的暴发户妥协。你知道我的想法；走吧叔叔，我们离开。（下）

第二幕

第一场　格洛斯特大教堂

【小斯宾塞和鲍多克上。

鲍多克　斯宾塞，由于我们的格洛斯特伯爵已死，你觉得哪位贵族能够胜任？

小斯宾塞　不能是莫蒂默，或他那一边的人，因为他和国王是敌人。鲍多克，学我，一个爱捣乱的人不会给自己带来任何好处，更不会给我们带来什么好处；但是若他是国王喜爱的，我们在世时至少能帮我们说句好话。康沃尔伯爵就是一个例子，斯宾塞的希望都寄托在他的好运上。

鲍多克　什么，你的意思是你想做他的追随者？

小斯宾塞　不，他的朋友；因为他挺喜欢我的，也曾将我引见给陛下。

鲍多克　但他被驱逐了；寄予他的希望很小。

小斯宾塞　唉，暂时的；但是，鲍多克，这不能决定结果。我一个朋友秘密地告诉我，他是被驱逐了，但又被召回了；现在甚至从法院传来邮件，有国王给我们小姐的书信；她微笑着读着信，这让我想是关于她的情人盖维斯特。

鲍多克　很可能；因为自从他被放逐，她从未公开露面，也没见过她。

但我曾想比赛已经暂停，他的放逐已经改变了她的想法。

小斯宾塞　我们小姐的初恋并不是犹豫不决的；我以我的性命担保，她会拥有盖维斯特。

鲍多克　那我希望能通过她认识他，当她是个小孩子的时候曾读过他的信。

小斯宾塞　那么，鲍多克，你必须摆脱那个学者，学着像绅士一样献殷勤。这不是一件黑色外套，一个小乐队，一件带天鹅绒帽子的衣服，有着帽檐，或手里拿着餐巾，或在餐桌的末端说一长串感恩的话，或对贵族鞠躬，或谦卑地说："是的，劳烦阁下了。"
要得到大人物的喜爱，你必须骄傲、勇敢、可亲、果断，情况有利时就好好把握。

鲍多克　斯宾塞，你知道我讨厌这类正式的场合，利用他们仅有的伪善。我的旧主在世时，生活一丝不苟，他会对我的小动作反感，我将小心翼翼，否则他会责怪我的大意；这让我穿着如同助理牧师的服装，尽管我的内心足够放肆地倾向于任何邪恶的方面。我不是这些普通的书呆子。我，难道除了由于就不会说其他的了？

小斯宾塞　但没人说由于了吗？拥有构成动词的特殊天赋。

鲍多克　停止玩笑话，我的小姐来了。

【爱德华国王的侄女小姐上。

侄女　对他回家的喜悦远大于对他放逐的悲伤。这是我亲爱的盖维斯特的信：——亲爱的，你需要找什么借口来为自己申辩？我知道你不能来看我。（读）"除非我死了，否则我不会离开你太久。"这说出了阁下所有的爱；（读）"当我放弃你，死亡攫获我的心。"但是留在盖维斯特将死亡的地方。
（把信放在她的胸怀。）吾王的信。——他希望我整顿法院，见我的盖维斯特？鉴于他这样谈论我的婚嫁日子，我为何留下？
谁在那儿？鲍多克！保证我的马车准备好了，我要用。

鲍多克　会准备好的，夫人。

侄女　在公园的栅栏等我。（鲍多克下）

小斯宾塞　留下来陪伴我，因为我有好消息要告诉你。康沃尔伯爵马上要过来了，将会和我们一起到法院。我知道国王把他召回来了。

侄女　如果所有的事情按我希望的发展，我会考虑你的服侍，斯宾塞。

小斯宾塞　谢谢你的盛情。

侄女　来，带路。我很久没去过那儿了。（下）

第二场

【国王爱德华、王后伊莎贝拉、肯特、兰卡斯特、小莫蒂默、沃里克、彭布罗克和众侍从上。

国王爱德华　风是如此美妙，我存疑他为何滞留；我生怕他遭遇海难。

伊莎贝拉　看，兰卡斯特，他如此悲伤，他的心仍在他的宠臣身上！

兰卡斯特　陛下，——

国王爱德华　现在如何？有什么消息？盖维斯特到了吗？

小莫蒂默　只有盖维斯特！——陛下的意思是……你有更重要的事情有待考虑；法王进入诺曼底。

国王爱德华　小事一桩！我们愿意的话随时都可以把他驱逐。

但告诉我，莫蒂默，你采取什么战略让我们稳操胜券？

小莫蒂默　小事一桩，陛下，不值得一提。

国王爱德华　有什么要求尽管告诉我。

小莫蒂默　让你无限制地保有你的愿望，如此这是：一棵高傲的雪松树，枝繁叶茂，国王似的鹰栖息在树顶，伴着吠声，一条腐虫从我身上爬过，钻入所有最高的大树枝；格言是——度量公正。

国王爱德华　兰卡斯特，你的呢？

兰卡斯特　陛下，我的比莫蒂默的晦涩难懂。

普林尼说有一条飞鱼，所有其他的鱼都非常讨厌它，因此，被追踪，它逃出去了：不久它飞上天空，却被一只鸟抓住了。陛下，我忍受；格言是——四面楚歌。

国王爱德华　自负的莫蒂默！粗鲁的兰卡斯特！这就是你对你君主的爱？这就是你们商量的结果？你们的面具后面藏着你们深恶的恨意！是什么让你们私下污蔑康沃尔伯爵和我的兄弟？

伊莎贝拉　亲爱的丈夫，冷静，他们都爱你。

国王爱德华　他们非但不敬爱我，而且憎恶我的盖维斯特。我就是那棵雪松，老是被左右。你们这些鹰，无论飞多高，我的手中都握着拴着你们的带子，随时可以把你们拉下来；腐虫会为骄傲的英国贵族哀求。尽管你把他比作一条飞鱼，不管他在水里还是天空，都有死亡的威胁，这不是海中最大的怪物，也不是讨厌的鸟身女妖要吞没他。

小莫蒂默　若他离开时能为自己着想，那他出席干吗？

兰卡斯特　让我们静观其变。看，他来了。

【盖维斯特上。

国王爱德华　我的盖维斯特！欢迎来到泰恩茅斯！欢迎你的朋友！你的离开使我颓丧憔悴；如同达娜厄的情人，当她被关在黄铜塔内，对它的渴望越来越强烈以至于让人吃惊，这真是我的写照；但现在你的样子远比令我心啜泣痛苦离去时更甜美。

盖维斯特　亲爱的王，你先道出我的心声，欣喜无以比拟，如在冬日的狂风暴雨的牧人，无法在鲜丽的春天嬉戏，远比不上我思念见你的心。

国王爱德华　没人向我的盖维斯特致敬？

兰卡斯特　向他致敬？是的。欢迎宫内大臣！

小莫蒂默　欢迎康沃尔伯爵！

沃里克　欢迎男人之王！

彭布罗克　欢迎国务首长！

肯特　王兄，你听到了吗？

国王爱德华　这些达官贵人仍视我如昔。

盖维斯特　吾王，我不能忍受这些伤害。

伊莎贝拉　可怜的人，这些人都支持我，开始攻击你。（旁白）

国王爱德华　朕会令他们收回所说的话，我向你保证。

盖维斯特　卑贱沉闷的伯爵们，尔等以出身为荣，回去享用佃农上贡的牛肉；别在这儿嘲弄盖维斯特，在见到你们之后，他的想法从未如此迟缓。

兰卡斯特　我不鄙弃自己这样对你。

【拔剑刺盖维斯特。

国王爱德华　反了！反了！叛徒在哪儿？

彭布罗克　这儿！这儿！

国王爱德华　把盖维斯特带过来；他们要谋杀他。

盖维斯特　你的存在更显邪恶耻辱。

小莫蒂默　恶棍！拿命来，除非我错过目标。

【伤害盖维斯特。

伊莎贝拉　啊！愤怒的莫蒂默，你做了什么？

小莫蒂默　我的行动说明一切，杀死他。

【众侍从和盖维斯特下。

国王爱德华　是的，你已有足够的回答了，但他还活着。你已涉入这暴乱事件。从我面前离开！别进法庭。

小莫蒂默　我不会为盖维斯特上法庭。

兰卡斯特　我们将拉他的耳朵到街上。

国王爱德华　看好你们自己的头；他做得够过分了。

沃里克　守好你的王冠，若再支持他。

肯特　沃里克，德高望重的遗老才适合这样说。

国王爱德华　所有的人都图谋反对我；我若为王，以其人之道还治其人之身。走，埃德蒙，我们去征兵。
只有战争才能削减这些男爵的狂妄。

【国王爱德华、伊莎贝拉和肯特下。

沃里克　回我们的城堡，国王离开了。

小莫蒂默　他走了，在愤怒中毁灭！

兰卡斯特　堂兄，同他没什么好谈的了，他想用武力制止我们；

那让我们团结起来反抗，处死盖维斯特。

小莫蒂默　天啊，那卑鄙的恶棍不该活着！

沃里克　我要杀了他，或者死于其中。

彭布罗克　彭布罗克也立下此誓言。

兰卡斯特　兰卡斯特也是。现在把我们的信传达给国王，向他宣战；让人民发誓推翻他。

【信使上。

小莫蒂默　信？从哪里来的？

信使　苏格兰，阁下。（把信给莫蒂默）

兰卡斯特　为什么？现在如何？堂兄，我们的朋友怎么样了？

小莫蒂默　我的叔叔被苏格兰俘虏了。

兰卡斯特　我们会将他赎回；放心。

小莫蒂默　他们要求赎回的金额为五千英镑。除了国王谁来支付这笔钱？因为他在他的战争中人被俘虏了。我会传达给国王。

兰卡斯特　就这样做，堂兄，我会陪同你。

沃里克　其间，我和彭布罗克将去纽卡斯尔，集结军队。

小莫蒂默　我们处理完这件事后来找你。

兰卡斯特　要坚决果断，秘密行动。

沃里克　我向你担保。（同彭布罗克一起下）

小莫蒂默　堂弟，若他不赎回他，我会大声斥责他，没有一个国民这样对待他的国王。

兰卡斯特　冷静，我会做好我的分内之事——喂！谁在那儿？

【守卫上。

小莫蒂默　哎呀，真是，这样一个守卫会干好事的。

兰卡斯特　带路。

守卫　你们要去哪儿，阁下？

小莫蒂默　还有哪儿，去国王那儿。

守卫　陛下吩咐不准打扰他。

兰卡斯特　为何？他虽这样说，但我们有事情要禀告他。

守卫　你们不可以进去，阁下。

小莫蒂默　为什么？

【国王爱德华和肯特上。

国王爱德华　现在如何？什么声音？谁在那儿？不是你吗？（走）

小莫蒂默　请留步，陛下，我有消息带给你；我的叔叔被苏格兰俘虏了。

国王爱德华　那赎回他。

兰卡斯特　这是在你的战争中，你应该赎回他。

小莫蒂默　无论如何你要赎回他。

肯特　什么！莫蒂默，你这是在威胁他？

国王爱德华　你们给我安静，你将拿着印鉴，为赎回他在全国筹资。

兰卡斯特　你的宠臣盖维斯特教你这样的。

小莫蒂默　陛下，莫蒂默家族并没这么穷，但是他们会卖他们的封地，征集足够的兵力来激怒你。我们绝不乞求，但我们的劝告到此为止。

国王爱德华　我还会担忧这些吗？

小莫蒂默　不，既然你一个人在这儿，我要把我的想法说出来。

兰卡斯特　我也要，那之后，陛下，告辞。

小莫蒂默　闲散得胜，化装舞会淫乱的演出，挥霍的礼物赠与盖维斯特，会榨干你的财宝，并使你虚弱；百姓怨声载道，呼吁废除你。

兰卡斯特　叛变一触即发，为了罢免你。你的卫戍部队被逐出法国，跛足的，贫穷的，躺在关口呻吟。狂热的奥尼尔，带领着一大群爱尔兰步兵，在英国疆土内不受约束地活动。苏格兰已经兵临约克郡城墙，轻而易举地就带走了战利品。

小莫蒂默　傲慢自大的戴恩管辖着英吉利海峡和爱尔兰海，你的船舰在港口卸除船上索具。

兰卡斯特　哪位外国君王派遣大使来了？

小莫蒂默　谁会因稍许的奉承而爱上你？

兰卡斯特　温和的王后——瓦卢瓦王室唯一的公主，控诉你一直冷落他。

小莫蒂默　你的法院已被架空，失去了那些效忠国王、让国王的光芒洒满世界的臣子；我指的是贵族，你本该最亲近的人，却在街头巷尾散布着诋毁你的言论；唱着民谣和儿歌推翻你。

兰卡斯特 北方边境居民看着他们的房屋被烧毁，妻儿被杀死，来回奔跑，诅咒你和盖维斯特的名字。

小莫蒂默 你什么时候在战场上亲身作战过，哪怕只有一次？你的士兵像演员一样行军，穿着过分装饰的长袍而不是盔甲；还有你自己，满身俗气的金，骑着马嘲笑别人，你那闪闪发光的王冠跟着来回晃动，所到之处，妇女如影随形。

兰卡斯特 引来了苏格兰人的嘲弄，这是英国的耻辱，创造了吉格舞；英国的女郎，哀悼你的痛处——为了在战场上失去的心上人——叹息声，惊讶声！英国君王异想天开，想这么快打败苏格兰？

小莫蒂默 威格莫尔将飞去释放我的叔叔。

兰卡斯特 当它离开了，我们的剑会买更多的东西。若你生气，随你怎么复仇；看我们的旗随风飘扬。（同小莫蒂默下）

国王爱德华 我的心因狂怒而膨胀！我是如此被这些人激怒，不敢复仇，因他们势力太大！这些卷毛狗会畏惧狮王？爱德华，伸出你的爪子吧，让鲜血消弭愤怒的饥渴。我若残酷暴虐，就让他们现在先逍遥自在，再自食恶果吧。

肯特 陛下，你对盖维斯特的爱会毁了这个王朝和你，现在愤怒的贵族要发动战争，因此，王兄，永远地放逐他吧。

国王爱德华 你是我盖维斯特的敌人吗？

肯特 是，我对他从未有过好感。

国王爱德华 叛徒，走吧！与莫蒂默一同哀号。

肯特 我会的，而不是同盖维斯特。

国王爱德华 滚出我的视线，别再来烦我！

肯特 你如此轻蔑贵族令人惊讶，身为你的王弟，我拒绝接受你。

国王爱德华 滚！（肯特下）可怜的盖维斯特，除了我，没有别的朋友，随他们做什么，我们将住在泰恩茅斯，我将和他沿着城墙散步，即使伯爵把我们包围，我又有什么好在意的？——她这个罪魁祸首来了。

【王后伊莎贝拉、国王爱德华的侄女、两名贵族小姐和盖维斯特、鲍多克和年轻的斯宾塞上。

伊莎贝拉　陛下，据说伯爵们大动肝火。

国王爱德华　唉，你也支持他们。

伊莎贝拉　你仍毫无缘由地怀疑我。

侄女　亲爱的叔叔！对王后说话更亲切点儿。

盖维斯特　陛下，掩饰你的情绪，客气地对她说话。

国王爱德华　亲爱的，原谅我，我忘乎所以了。

伊莎贝拉　你很快地得到了伊莎贝拉的原谅。

国王爱德华　小莫蒂默变得如此大胆，胆敢在我面前扬言发动内战。

盖维斯特　为何你不将他监禁楼塔？

国王爱德华　我不敢，人们太爱戴他。

盖维斯特　为何？我们可以秘密地将他送走。

国王爱德华　兰卡斯特和他狂欢豪饮，将毒药灌注彼此的健康！还是让他们离开，告诉我他们是谁？

侄女　两个我父亲在世时的仆人——希望陛下你能款待他们。

国王爱德华　告诉我，你在哪儿出生？你的纹章是什么？

鲍多克　我是鲍多克，我的陛下，我在牛津出生，没有纹章。

国王爱德华　服侍我，我会满足你的需要。

鲍多克　感谢陛下的厚爱。

国王爱德华　你认识他吗，盖维斯特？

盖维斯特　是的，陛下；他叫斯宾塞，值得相信；看在我的面子上，请让他服侍陛下；你不会再找到比他的背景更清白的人了。

国王爱德华　斯宾塞，服侍我；凭我们的爱，很快就可以给予你一个更高的头衔。

小斯宾塞　没什么头衔能比得上陛下的宠爱更好！

国王爱德华　我的爱，今日是你的婚宴。盖维斯特，看我有多爱你，让你同我们的侄女结婚，已故格洛斯特伯爵唯一的继承人。

盖维斯特　我明白，陛下。很多人会憎恨我，但我尊重他们的喜好或反感。

国王爱德华　刚愎的男爵不该限制我；我推荐的他会很出色。走，我们离开；当婚宴结束时，攻击反叛者和他们的同谋者！（下）

第三场　泰恩茅斯教堂附近

【肯特、兰卡斯特、小莫蒂默、沃里克、彭布罗克和其他人上。

肯特　诸位，为了我们珍爱的国土，我来加入你们，并离开了国王；你们的怨言和王国的利益将是最重要的，值得献出生命。

兰卡斯特　我怕你会对我实行政策，因爱而毁了我们。

沃里克　毕竟他是你的王兄，我们有理由猜想最坏的方面，怀疑你的叛乱。

肯特　我以名誉担保，我所言非虚；如果这还不够，告辞，诸位。

小莫蒂默　留步，埃德蒙，金雀花王室从不食言，因此我们相信。

彭布罗克　是什么促使你离开他？

肯特　我已通知兰卡斯特伯爵。

兰卡斯特　足够了。诸位，要知道盖维斯特秘密回返了，现在正在泰恩茅斯与王作乐。让我们和我们的追随者越过城墙，给他们出其不意。

小莫蒂默　我来当先锋。

沃里克　我跟着你。

小莫蒂默　这些褴褛的旗帜来自我祖先出生入死赢得的莫蒂默之名，我将朝着这城墙前进。敲鼓，鸣警，将他们从嬉戏中惊醒，大声敲响盖维斯特的丧钟！

兰卡斯特　要接触国王是很不容易的；盖维斯特与他的朋友都不会宽恕你。（下）

第四场　泰恩茅斯教堂附近

【国王爱德华和年轻的斯宾塞上。

国王爱德华　噢，斯宾塞，告诉我盖维斯特在哪里？

斯宾塞　陛下，恐怕他被杀害了。

国王爱德华　不，他来了；让他们掠夺杀戮。

【王后伊莎贝拉、国王爱德华的侄女、盖维斯特和贵族上。

国王爱德华　远走高飞吧，诸位，伯爵仍大权在握；上船离开，去斯卡伯勒；斯宾塞和我将从陆路调离。

盖维斯特　噢，留下来，吾王，他们不会伤害你的。

国王爱德华　不要相信他们。盖维斯特，走吧！

盖维斯特　再会，吾王。

国王爱德华　吾爱，再见。

侄女　再见，亲爱的叔叔，待到重逢时。

国王爱德华　再见，亲爱的盖维斯特，再见侄女。

伊莎贝拉　怎么不和你的王后，可怜的伊莎贝拉道别？

国王爱德华　是的，看在你的情人，莫蒂默的分上。

【除伊莎贝拉，余人下。

伊莎贝拉　上天可见，我只爱你。他从我的拥抱中逃离。

噢，我的军队能把这个岛屿包围，那样我就可以依我所愿把他拉到我怀中！

或者从我眼中滴落的泪水能让他铁石一样的心变软，当我拥有他时，我们将永不分开。

【兰卡斯特、沃里克、小莫蒂默和其他人上（武装动员令）。

兰卡斯特　我想他已逃跑！

小莫蒂默　这是谁？王后！

伊莎贝拉　唉，莫蒂默，悲惨的皇后，痛楚在心，内心已枯萎，身体因哀痛香消玉殒：这双手已经厌倦了和盖维斯特争宠。

邪恶的盖维斯特，全是枉然的；当我温柔地同他说话时，他却转首，向他的奴才微笑。

小莫蒂默　停止悲叹，告诉我们国王在哪儿？

伊莎贝拉　你找国王干什么？你们是在追寻他吗？

兰卡斯特　不是，夫人，是那该死的盖维斯特。盖维斯特绝不想袭击他的君主。我们将把盖维斯特赶出这片国土；告诉我们他在哪儿，他将被杀死。

伊莎贝拉　他已乘船去斯卡伯勒；尽快追捕他，并让他无法逃脱；陛下已经离开他，随从亦减少了。

沃里克　不要耽搁了，亲爱的兰卡斯特；我们走。

小莫蒂默　国王为何与他分开？

伊莎贝拉　因为你兵分几路，力量削减，他可以快速聚集兵力，轻易地镇压；因此他们分开了。

小莫蒂默　这条江里有一艘弗兰德人的大平底船；我们都上船，全力地追赶他。

兰卡斯特　他逆风行驶，我们顺风而行；快，快上船，他们只航行了一小时。

小莫蒂默　夫人，待在这城堡里。

伊莎贝拉　不，莫蒂默，我要去吾王那里。

小莫蒂默　不，你不如同我们一起去斯卡伯勒。

伊莎贝拉　若国王知道我们交谈会起疑，我的淑德将遭质疑；因此亲爱的莫蒂默，走吧。

小莫蒂默　夫人，我不能停留答复你，但想想莫蒂默，若他值得。

【所有人都下，除了王后伊莎贝拉。

伊莎贝拉　你肯定值得，甜美的莫蒂默，伊莎贝拉愿和你永远在一起！我从爱德华那里寻求爱是徒然的，他的眼里只有盖维斯特；我不止一次地请求他，他冷漠地注视我的话语。我的儿子和我将去法国，向我的王兄国王抱怨，盖维斯特怎样从我这儿抢走他的爱：但我希望我的悲伤能终止，盖维斯特在这神圣的日子里将被杀死。（下）

第五场

【盖维斯特上，被追赶着。

盖维斯特　强壮的贵族们，我已逃离你们的掌控，你们的威胁，你们的警报，你们的紧随跟踪；从国王爱德华眼中离开，平台上的盖维斯特并不惊讶，呼吸着希望，他将重新掌权，不管你们的爪牙召集多少叛徒对抗国王。

【沃里克、兰卡斯特、彭布罗克、小莫蒂默、士兵们、詹姆斯和其他彭布罗克的侍从上。

沃里克　靠近他，士兵们，拿走他的武器。

小莫蒂默　你的骄傲扰乱了国家的秩序，因这些争吵而败坏吾王，卑鄙的奉承者，投降！苟无耻辱之心，士兵名字的耻辱和抹黑，我的武器所向之处，就是你的死亡，浸泡在你流出的血里。

兰卡斯特　人类中的怪物！就像希腊特洛伊的海伦，引起战争，血腥的战争。无数英勇的骑士不幸身亡，可怜虫，除了一死，别无选择！国王爱德华不在这儿保护你。

沃里克　兰卡斯特，你何必同这奴隶讲话！

来，士兵们，抓住他，他将死于我的剑下。盖维斯特，我警告你不要再孤注一掷了；为了我们的国家，我们将处死你，在大树枝上绞死你。

盖维斯特　大人——

沃里克　士兵们，带走他——因为你是国王的最爱，死在我们手中是你的无上荣幸——

盖维斯特　谢谢你的一切，大人，我已觉得，或为断头，或为绞死，终归是死。

【阿伦德尔伯爵上。

兰卡斯特　现在如何，兰卡斯特伯爵？

阿伦德尔　诸位，国王爱德华让我向你们致敬。

沃里克　阿伦德尔，说你的消息。

阿伦德尔　陛下听到你们已经抓住了盖维斯特，让我向你们请求，希望他能在他死前见他一面；至于原因，他说，带信给你，他知道他必须死；迄今为止若你还遵从他，他将记得你的好意。

沃里克　现在怎样？

盖维斯特　伟大的爱德华，你的名字使盖维斯特复活！

沃里克　不，不需要；阿伦德尔，我们会在其他事情上遵从他；他必须在这件事情上赦免我们。士兵们，带走他！

盖维斯特　为何，沃里克大人？这些耽搁会让我产生侥幸的心理，我知道的，诸位，这是你们毕生的目标所在，同意爱德华这点吧。

小莫蒂默　你指什么是我们必须同意的？士兵们，带走他！我们会遵从陛下：我们将把你的头颅寄给他；让他的泪留在上面，这是他所得到的盖维斯特的一切，否则他会变成行尸走肉。

兰卡斯特　不要这样，诸位，为了避免他花费超出他拥有的钱财来安葬他。

阿伦德尔　诸位，这是他的要求，以国王的名誉起誓，他只同他说话，并送他过来。

沃里克　什么时候？你能保证吗，阿伦德尔？不，我们不相信。他会关心他国家的恢复，他为了盖维斯特会把他的贵族逼到如此境地，若他一见到盖维斯特，他会为了拥有他违反任何承诺。

阿伦德尔　若你们不相信陛下他能遵守诺言，诸位，我向你们保证他会来的。

小莫蒂默　你提出的这些值得尊敬；因为我们知道你是一位绅士，我们不会让你这样的大丈夫成为贼。

盖维斯特　你到底要多吝啬，莫蒂默？太卑鄙可恶了。

小莫蒂默　走，鄙夫，偷走了国王的名誉！去问你的同伴和朋友吧。

彭布罗克　莫蒂默，还有你，诸位，每个人，满足国王的要求，关于遣送盖维斯特；因为陛下他这么诚挚地渴望能在这个人死前见他，我以我的名誉担保，带着他，并送他回来；条件是，阿伦德尔能同我一起。

沃里克　彭布罗克，你要做什么？引起更多的杀戮？我们把他带走还不够，带走他，因为“若早知如此”，还是让他走？

彭布罗克　诸位，我不强求你们能同意，但若你们愿意相信彭布罗克和这个犯人，我发誓一定将他带回来。

阿伦德尔　哎呀，我说，看在彭布罗克的诺言的分上，让他走。

彭布罗克　你呢，莫蒂默？

小莫蒂默　你怎么说，沃里克？

沃里克　不，按你说的来，我知道怎样证实。

彭布罗克　那把他交给我。

盖维斯特　甜美的君王，我来了，在死前让我能再见你。

沃里克　不无可能，如果沃里克的才智谋略成功的话。（旁白）

小莫蒂默　彭布罗克，我们把他交给你；以你的名誉担保送他回来。记住，走吧！

【除了彭布罗克、阿伦德尔，盖维斯特、詹姆斯和其他彭布罗克的侍从都下。

彭布罗克　阿伦德尔，你该和我一起走。我的家离这儿不远，有点儿偏僻，但我们的人将前进。我们这儿有漂亮的村姑，我们的妻子，先生，不要爱得这么近，小心碰到你的嘴唇。

阿伦德尔　谢谢你的好意，彭布罗克；你拥有吸引一个国王的强大力量。

彭布罗克　确实如此，陛下。过来詹姆斯，我把盖维斯特交给你，你看守他一晚上；到早上我来替你。走吧。

盖维斯特　沉郁的盖维斯特，现在你要去哪里？同詹姆斯和其他侍从下。

马夫　大人，我们尽快赶到科伯汉姆。（下）

第三幕

第一场

【哀伤的盖维斯特、詹姆斯和其他彭布罗克的侍从上。

盖维斯特　噢，奸诈的沃里克！诽谤你的朋友。

詹姆斯　我看这些人要你的命。

盖维斯特　难道手无寸铁的我只能任人宰割，死于法庭？噢！难道今天就是我的忌日？我所有的天赐之福！作为一个男人，快点到国王身边。

沃里克　彭布罗克的人，你别再抗争了——我会带着盖维斯特。

詹姆斯　你不履行诺言，诽谤我们的大人——你值得尊敬的朋友。

沃里克　不，詹姆斯，我是为了我的国家。去，带走这个恶棍；士兵们——离开。我们要快一点。请代我向你的主人，我的朋友致意，我会好好看着他。来，让影子去和爱德华谈判。

盖维斯特　奸诈的伯爵，我不能见国王了吗？

沃里克　天堂的国王，也许，没有别的国王。走！

【沃里克和押着盖维斯特的士兵下。

詹姆斯　来，伙伴们，并非我们不尽力。我们赶快通知我们的大人。（下）

第二场

【国王爱德华、年轻的斯宾塞、鲍多克，站在国王一边的贵族们和敲着鼓吹着横笛的士兵上。

国王爱德华　我渴望听到男爵们的答复。触碰到我的朋友，我最亲爱的盖维斯特。啊！斯宾塞，王室的财宝赎不回盖维斯特！他必定得死！我知道莫蒂默的怨恨，粗暴的沃里克，无情的兰卡斯特，我将再也见不到我可爱的皮尔斯，我的盖维斯特！男爵们用他们的骄傲来压服我。

小斯宾塞　我若是爱德华王，英国的最高统治者，可亲的西班牙埃莉诺的后裔，伟大的爱德华隆璇克子嗣，我必须容忍这些勇夫，这愤怒，容忍在太岁头上动土，老虎顶上拔毛的男爵！恕听我谏言，陛下，保持你父王的宽宏大量，重视你的名誉，为声誉反击，你将不会痛苦。砍掉他们的脑袋，悬挂出来！让他们吸取杀一儆百的教训，他们因讲道而有利可图，学会服从他们的国王并忠心耿耿。

国王爱德华　是的，温柔的斯宾塞，我们是太温顺太仁慈地对待他们了；但现在要拔出我们的剑，若他们不把盖维斯特给我送回来，我们会打得他们丢盔弃甲，落荒而逃。

鲍多克　陛下变得如此勇敢果断，不再被他们的感情所左右，就好像陛下你仍是一名男学童一样，必须被看管得像个小孩子一样。

【老斯宾塞拄着权杖同士兵们上。

斯宾塞　吾王万岁，尊贵的爱德华，和平胜利，战场上的幸运儿。

国王爱德华　欢迎，老头子，你们是来帮助爱德华的吗？那告诉你们的国王你们是谁。

斯宾塞　瞧，一队弓箭手，银色的钩镰枪，持矛者，四百名强壮的勇士，誓死捍卫国王爱德华的王权，我亲自来到陛下身旁，斯宾塞，小斯宾塞的父亲，一定会永远地陪在陛下你的身边，愿你宠爱他，也宠爱我。

国王爱德华　你父亲，斯宾塞？

小斯宾塞　是的，他倾慕陛下，想要倾吐爱慕您的情思，他愿穷尽毕生只为匍匐于您高贵的脚下。

国王爱德华　再次衷心地欢迎你，老头子。斯宾塞，你对国王的这份爱和善意，表明了你那高贵的心灵和性情。斯宾塞，此时我将创立韦尔特郡伯爵，我的爱将与日俱增，就如同阳光将你照耀。除此，还有更多能证明我们的爱，因为我听说布罗斯卖了他的封地，莫蒂默父子也正在筹划，你将看到我们的王冠在战场上出价高于男爵。斯宾塞，不要饶恕他们，狠狠地打击。将士们，非常欢迎你们！

小斯宾塞　陛下，王后来了。

【王后伊莎贝拉，爱德华二世的儿子王子爱德华和莱文，一个法国人上。

国王爱德华　夫人，有什么消息？

伊莎贝拉　有损名誉的消息，陛下，还有不满的。我们忠实的，全心全意信任我们的朋友——莱文。通过信件，我们的兄弟——法王瓦卢瓦，告诉我们，因你的不敬，他已占领了诺曼底。这些是信件，这是信使。

国王爱德华　欢迎你兄弟，莱文，若这是瓦卢瓦所要求的，那我们将再次成为朋友。——但是我的盖维斯特；我再也见不到他，再也无法注视你。——夫人，我们将派遣你和王子去处理这件事，你将去同法王谈判。——孩子，期待你勇敢地面对国王，威严地传达消息。

王子爱德华　不要把超出一个小孩子能力范围的事情交给我这样年幼的王子去做。父王，你也不必担心，大梁扛在阿特拉斯肩上是再安全不过了。

伊莎贝拉　啊，孩子！你的意向让你母亲担忧。你来到这个世上不久。

国王爱德华　夫人，我们会让船快速地送你和儿子去，莱文将同你一起；我将尽我们所能快速地把他送到那里。挑选贵族陪伴你，平安地离开；让我们留在这充满战火硝烟的家里。

伊莎贝拉 残酷的战争，这些人挑衅他们的国王；愿上帝结束他们的生命吧！诸位，我先行告退，做好去法国的准备。

（同王子爱德华下）

【阿伦德尔上。

国王爱德华 什么，阿伦德尔，你一个人来的吗？

阿伦德尔 是的，吾王，因为盖维斯特死了。

国王爱德华 啊，叛徒！他们把我的朋友处死了？

告诉我，阿伦德尔，他死前你就回来了，还是你看见他死了？

阿伦德尔 都不是，陛下；当他被捕，被武器和敌人包围时，我把陛下你的消息带给了他们；要求他们把他给我，甚至恳求，并以我的名誉起誓，我会把他带到陛下你这里，并把他带回来。

国王爱德华 那告诉我，叛徒们拒绝了我这个要求吗？

小斯宾塞 狂妄的叛徒！

国王爱德华 是的，斯宾塞，都是叛徒。

阿伦德尔 最初我觉得他们无情；沃里克伯爵根本不听，莫蒂默也不听；彭布罗克和兰卡斯特不说话。当他们断然拒绝，拒绝接受我对他的承诺，彭布罗克伯爵这样温和地约定："诸位，因我们的君主召唤他，承诺他将安全返回。我同意把他交给你，看着他把他重新交给你。"

国王爱德华 好吧，那是什么让他无法来？

小斯宾塞 不忠或邪恶是缘由。

阿伦德尔 沃里克伯爵在路上把他带走了；因为已被转交给彭布罗克的人，他们的主人骑马回家了，认为他的囚犯是安全的；但他到之前，沃里克伏击并势必要他的命；在这一战壕里他砍掉了他的脑袋，并前去露营。

小斯宾塞 血腥的画面，完全违反了法律！

国王爱德华 噢，我要说话，或叹息或去死！

小斯宾塞　陛下，拔出你的剑，对那些男爵复仇吧；激励你的人，报复他们谋害你的朋友！提高你的实战水平，爱德华，在第一场战役中打死他们。

国王爱德华　后土在下，吾等的根源，皇天在上，所有其中转移的天体，凭我父王的宝剑和这右手，以及我皇冠的荣誉，我将为统领这许多采邑而活，城堡、城市以及楼塔！（起身）奸诈的沃里克！背叛的莫蒂默！若我为英王，你的无头躯体将躺在深红凝血中，被我拖走，尽情畅饮你的血，同时给我的王旗着色，血腥的颜色将作为我复仇的永久纪念。你们这些可憎的叛徒的子孙，你这恶棍残杀了我的盖维斯特！凭此地的荣誉和信任，斯宾塞，甜美的斯宾塞，在此我接受你：凭借我们的爱，我让你成为格洛斯特伯爵，宫内大臣，不顾时机，不管敌人。

小斯宾塞　陛下，这是给男爵们送信的信使。想要到陛下这儿来。

国王爱德华　让他来。

【佩戴着盾徽的传信者上。

传信者　愿陛下万岁万万岁！

国王爱德华　他们可不这样想，我知道，是谁把你派到这里的。
你是莫蒂默和他的同谋者，而不是叛徒暴动的士兵。念吧。

传信者　伯爵们已因我振鼓备战。愿陛下万岁长乐！容我坦率地向陛下说，若血不流，忧患不能除，自你王子般的人。除掉盖维斯顿，如同腐烂的树枝，使皇室葡萄藤枯萎，而金叶子刺穿你高贵的头，皇冠光芒使为患的暴发户暗淡，他们向陛下进谏，珍惜品德和高贵的身份，广纳受尊敬的上议院议员，而除去其中隐藏的谄媚者。若你同意，我们发誓愿把我们的荣誉和生命都奉献给你。

小斯宾塞　叛徒！他们仍傲慢如昔吗？

国王爱德华　离开，别等回信，退下！叛徒，他们指定国王的运动，他的朋友和欢娱，还要指定伴侣吗？是的，在你走之前，看我如何与斯宾塞分离。——现在回你主人那里，告诉他们，我要惩罚他们谋杀盖维斯特；快走，快离开！爱德华将用武力紧随你后。（传信者下）诸位，你们看这些叛徒如何嚣张！将士们，善良的人们，捍卫你们君王的权力！此刻，当下，我们进军让他们屈服。走！（下）

【武装动员令，出击，一场大战和一次撤退。

第三场　约克郡战场

【国王爱德华、斯宾塞父子、站在国王一边的贵族上。

国王爱德华　你们为何撤收命令？诸位，攻向他们！今日我将拔出我的剑，向这些狂妄的愤怒的叛徒报仇。反抗他们的王。

小斯宾塞　我不怀疑，陛下，正义终将胜利。

老斯宾塞　过得去，陛下，我们轮流休息；我们的人，因汗水和灰尘而近乎窒息，因高温而头晕；让马休息和让人放松。

小斯宾塞　反叛者来了。

【小莫蒂默、兰卡斯特、沃里克、彭布罗克和其他人上。

小莫蒂默　看，爱德华和他的谄媚者在那边。

兰卡斯特　让他待在那儿，直到他为他们的嬉戏付出昂贵的代价。

沃里克　会的，除非沃里克的剑打击无效。

国王爱德华　什么？叛徒！你要畏缩撤退了？

小莫蒂默　不，爱德华，绝不；你的谄媚者吓得腿软想逃了。

兰卡斯特　他们最好及时放弃你和他们的阴谋，他们会背叛你，他们才是叛徒。

小斯宾塞　你这个叛徒，造反的兰卡斯特！

彭布罗克　滚，卑贱的暴发户，竟敢如此对贵族？

老斯宾塞　这是一个贵族企图做的，值得尊敬的行为吗？
不，我不认为，聚集兵力对抗你的王！

国王爱德华　不久他们的头将平息被他们冒犯的国王的怒火。

小莫蒂默　那么，爱德华，你会一战到底，你宁愿让你的剑沾染将士们的鲜血，也不愿驱逐那邪恶的陪同？

国王爱德华　都是叛徒，宁可叛变，让英国的城镇堆满石头，打算猛撞我的宫殿。

沃里克　绝望而不近人情的决定！警告！准备开战！圣佐治拥护英格兰，拥护男爵的权力！

国王爱德华　圣佐治拥护英格兰，拥护爱德华的王权！

【警报、两方各自下。

第四场

【国王爱德华和他的随从，男爵和肯特，俘虏又上。

国王爱德华　贪婪的人们，战争并不是偶然，是出于争论和因由，削弱你的骄傲；我想绞死他们，我们要攻打他们，叛徒。现在正是向你们狂徒报仇雪恨的时刻，为了被你们谋杀的我最亲爱的朋友，你们会明白我们的灵魂结合得多完美，皮尔斯·盖维斯特，我最亲爱的。啊，叛徒！懦夫！你们让他离开了。

肯特　王兄，他们是为了你和王国，才把谄媚者赶出你的王座。

国王爱德华　那么，阁下，你已经发言了；走开，不要出现在我们的面前。（肯特下）该死的卑鄙的人，若真是为了我们，当我们派遣信使提出要求，他就该不遗余力地来同我们谈，彭布罗克承诺他的返回，但是你——狂妄的沃里克，监视着囚犯；可怜的皮尔斯，被违法地砍掉了脑袋，你本该傲视别人，你比别人更有权愤怒。

沃里克　暴君，我不屑你的威胁恐吓；你的伤痛只是暂时的。

兰卡斯特　最坏莫过于死，总比活在这样一个声名狼藉的国王统治下强。

国王爱德华　带着他们走开，温彻斯特大人！这些贪婪的领袖，沃里克和兰卡斯特，我严厉地命令你——砍掉他们的脑袋！走！

沃里克　再见，空虚的世界！

兰卡斯特　再见，亲爱的莫蒂默。

小莫蒂默　英格兰，无情地对待你的贵族，悲伤抱怨，看你如何被弄残废！

国王爱德华　把这傲慢的莫蒂默关押塔内，看着他自生自灭；至于其他的人，迅速地把他们都处死。走开！

小莫蒂默　什么，莫蒂默！这粗糙无情的石墙能阻隔你那向往天堂的美德？不，爱德华——英格兰苦难的根源，不会的；莫蒂默的希望一直以来都幸运地克服一切。

【俘虏的男爵被带上来。

国王爱德华　击鼓鸣号！与我同行，朋友们？爱德华今日将重新登基。

【除小斯宾塞、莱文和鲍多克，其余的都下。

小斯宾塞　莱文，我们信任、依靠你，安静地离开国王爱德华的国土。带着忠告和献给法国大人们的珍宝快速地离开，随着你所有的如同被施魔法的守卫，着魔的朱庇特送阵雨一样多的黄金给达娜厄，让伊莎贝拉所有的援助都被拒绝，王后现在在法国结交朋友，同她年幼的儿子漂洋过海，进入他父亲的统治范围。

莱文　这是这些男爵和卑微的王后一直谋划的。

鲍多克　是的。但是，莱文，你看这些男爵的头都悬挂在木头上；
无论他们策划什么，刽子手都将他们的阴谋抹杀得干干净净。

莱文　不要怀疑，诸位，我将用英格兰的黄金好好收买法国的贵族，
伊莎贝拉的诉苦都将是枉然的，法国对她的眼泪将无动于衷。

小斯宾塞　全速地前往法国——莱文，走！宣告爱德华的战争和胜利。
（下）

第四幕

第一场　伦敦塔附近

【肯特上。

肯特　美好的风为法国吹动；吹动温柔的风，直到埃德蒙为了英国的利益来到！问上苍为何给我的国家带来这些。王兄？不，一个屠杀你朋友的屠夫！骄傲的爱德华，你不让我出现在你的面前，我将前往法国，鼓舞受委屈的王后，证明爱德华的冷漠。无情的国王！屠杀贵族珍惜谄媚者！莫蒂默，我等待着亲爱的你的逃脱：忍受这昏暗的夜晚，因他的策略。

【小莫蒂默上，掩饰着。

小莫蒂默　喂！谁在那儿？是你吗，阁下？

肯特　莫蒂默，是我；你偷偷摸摸地过来还这么高兴？

小莫蒂默　是的，大人；守卫都睡着了，感谢他们，让我能安静地过来。您要乘船前往法国吗？

肯特　恐怕不。（下）

第二场　巴黎

【王后伊莎贝拉和爱德华王子上。

伊莎贝拉　啊，孩子！法国的朋友舍弃了我们。这些贵族真残酷，国王无情；我们怎么办？

王子爱德华　夫人，返回英格兰，好好取悦我的父王，留在法国讨好我叔叔所有的朋友是没多少价值的；我向你保证，我会很快赢得陛下的好感；会比爱千个斯宾塞还要爱我。

伊莎贝拉　啊，孩子，你被欺骗了，至少在这事上，想我们能达成一致；不，不，我们分歧太大了。无情的瓦卢瓦！悲惨的伊莎贝拉！当法国拒绝，到哪里，哦！你要朝哪里前进？

【约翰·艾诺上。

约翰　夫人，近况如何？

伊莎贝拉　从未如此忧郁伤心。

约翰　亲爱的夫人，我听说了国王的无情；但别消沉，夫人；你高贵的心灵不屑绝望。你要同我前去艾诺，在那儿待着，时间上是对你和你儿子有利的。你怎么看，殿下？你会同你的朋友一起去，同样地摆脱我们的命运吗？

王子爱德华　取悦王后——我母亲吧，我喜欢。
英国之王，法国法院，都不会把我从母亲身边带走，直到我强大到能够攻破城池；就可以取傲慢的斯宾塞的项上人头。

约翰　说得好，殿下。

伊莎贝拉　噢，我的心肝宝贝，我怎么会抱怨你的过失？
我们的胜利全靠你，我的幸福！
啊，亲爱的约翰！即使到达欧洲的边缘，或者塔内斯海滨，我们要和你一起去艾诺吗——我们要去——侯爵是位贵族绅士；他——我妄自推测，他将欢迎我。但是这些人是谁？

【肯特和小莫蒂默上。

肯特　夫人，千岁，比你在英国的朋友过得开心！

伊莎贝拉　埃德蒙和莫蒂默长寿！欢迎到法国来！这儿消息是这样的，阁下。听说你死了，或九死一生。

小莫蒂默　夫人，最后一个是正确的；但莫蒂默，保留更好的机会，已摆脱了塔的束缚，小莫蒂默托您的福，我的殿下。

王子爱德华　你什么意思？若非国王——我的父亲，活着？不，莫蒂默，我不相信。

伊莎贝拉　不，儿子！为何不？我希望它没有这么糟糕。

但是，温柔的诸位，我们在法国孤立无援。

小莫蒂默　高贵的绅士，你们的一个高贵的朋友告诉我们，我们来了，所有的消息：贵族有多冷酷，国王表现得有多无情；但是，夫人为想要的武器留点空间吧；尽管很多朋友已匆忙离开，像沃里克、兰卡斯特，还有我们这方的其他人和其他派的；我们的朋友都会为你在英格兰欢欣鼓舞，看着我们为我们的敌人武装。

肯特　我们都准备好了，爱德华会为英国的荣誉、和平、宁静抗议。

小莫蒂默　以这把剑，我的殿下，它肯定值得；国王永远不会放弃他的奉承者。

约翰　英国的殿下，之前法王拒绝对他痛苦的王后妹妹提供军事上的帮助，同她一起去艾诺。不要怀疑，我们将寻求到安慰、金钱、人力和朋友。不久就将给英王一个挑战。怎样，王子？这个决定怎样？

王子爱德华　我想国王爱德华会超过我们所有人。

伊莎贝拉　不，儿子，不是这样；不要让你的朋友失望。

肯特　约翰·艾诺，原谅我们，我请求你将这些安慰给悲伤的王后，我们愿受你的仁慈约束，听你差遣。

伊莎贝拉　是的，温柔的王弟，上帝会保佑你巧妙的行动，好约翰。

小莫蒂默　这位高贵的绅士，武装向前，我看是上天赐予我们的坚实的后盾。约翰·艾诺，你不负你之名，英国的王后和贵族身陷困境，幸得你的帮助和安慰。

约翰　夫人，还有诸位，同我一起，艾诺欢迎英格兰的贵族。（下）

第三场

【国王爱德华、阿伦德尔、斯宾塞父子和其他人上。

国王爱德华　经历了许多威胁，充满愤怒的战争，胜利属于英王爱德华和他的朋友；爱德华和他的朋友是不受人摆布的！格洛斯特大人，你听到消息了吗？

小斯宾塞　什么消息，陛下？

国王爱德华　没有吗，亲爱的？他们说全国要有一场大清理；阿伦德尔，你有消息，对吧？

阿伦德尔　来自管理塔的助理人员，陛下。

国王爱德华　我希望能让我们看一下。（拿着便条）来看看写的什么？读一下，斯宾塞。（把便条递给小斯宾塞，斯宾塞念了名字。）为何如此；他们已离开一个月了：现在，我以生命立誓，他们再也不会乱叫咬人。现在，先生们，从法国传来的消息，格洛斯特，我认为法国的贵族很喜欢英国的黄金，因此伊莎贝拉没有从法国得到任何帮助。现在还有什么遗留的？陛下你决定付给他们报酬把莫蒂默带回来吗？

小斯宾塞　陛下，我们答应；若他在英格兰，所有的一切都可以在短期内办到，我毫不怀疑。

国王爱德华　若按你说的，斯宾塞，他真的在英国的土地上；我们的议员不会对国王的决定这么不关心的。（信使上）

现在如何，你带来什么消息了？这些是从何处来的？

信使　信件，陛下，从法国来的消息；——给你的，格洛斯特大人，莱文写的。（把信件给小斯宾塞）

国王爱德华　读。

小斯宾塞　（念）

出于我对你的职责的前提，我已按照你的指令同法王和法国的贵族交涉并让王后感到不满意和不适，她就走了；若你要问她去哪里了，和约翰·艾诺——侯爵的兄弟去佛兰德斯了。同他们一起的还有埃德蒙、莫蒂默以及别国的人。据可靠消息，他们打算向英国的爱德华发动进攻，很快他就能见到他们。这就是国外所有的消息。随时候命，莱文。

国王爱德华　啊，恶棍！那个莫蒂默逃跑了？埃德蒙同他一起走了？约翰·艾诺带头？欢迎，以上帝之名，夫人和令郎；英国将迎接你们和你们的暴动。如福波斯飞速划过天空，穿过黑夜，乘着生锈的铁车，你们都在缩短时间，我愿，我们最渴望的那天快速到来，我们在战场上同叛徒会面。啊，没有什么让我悲伤，只有我的小男孩儿被误导支持他们的叛乱。朋友来布里斯托尔，那是让我们强大的地方；风能把他们带来，受害的你们将阻挡他们的前进！（下）

第四场　哈尔威治附近

【王后伊莎贝拉、爱德华王子、肯特、小莫蒂默和约翰·艾诺上。

伊莎贝拉　现在，诸位，我们忠诚的朋友和同胞，欢迎你们到英格兰，伴着繁荣的风！把我们亲爱的朋友留在比利时，帮助家里的朋友；严重的情况当武力对抗时，内战让同族和国民自相残杀！但是有什么补救办法呢？行恶的国王引起这一切痛苦；爱德华，你就是其中一员，你自己的散漫背叛了你并导致你的王国毁灭，使人民鲜血溢满海峡。你本该保护你的子民，但你——

小莫蒂默　不，夫人，若你是个战士，你的演讲不会如此振奋人心。

诸位，之前我们通过了上天的考验到达了，武装站在王子这边，为了国家的利益，我们发誓义无反顾地效忠他，尊敬他；爱德华对我们和他的王后公然的伤害和对国家所做的错事，我们随时准备用剑反抗；英国女王的在天之灵将收回国王身上的尊严与荣誉；我们也将赶走国王身边的谄媚者，破坏英国的财富。

约翰　鸣鼓，大人，我们前进。爱德华会认为我们是来奉承他的。

肯特我再也不奉承他了！（下）

第五场　布里斯托尔附近

【国王爱德华、鲍多克和小斯宾塞在台上飞来飞去。

小斯宾塞　飞吧，飞吧，陛下！王后太强大了；她的朋友在增加，你的在减少。改变航向去爱尔兰，到那儿松口气。

国王爱德华　什么！难道我天生注定逃跑，把莫蒂默和反叛者留在后面？马给我，强化我们的军队；我的头，享有这最后的荣耀。

鲍多克　噢，不，陛下，这高贵的决定并不在合适的时间；走！我们被追赶了。（下）

【肯特带着剑和靶子上

肯特　他从这个方向逃走了，我来迟了。爱德华，唉，我为你心软。傲慢的叛徒——莫蒂默，你为何拿剑追赶你的国王，你的君主？可怜虫！为何你如此冷酷，对你的王兄——你的王发动战争？让报复的阵雨冲刷我该死的脑袋，公正的上帝，惩罚这个无情的叛徒！爱德华，莫蒂默势必要取你的性命！噢，让他快逃吧！但是，埃德蒙，平息怒火，掩饰怒火，否则你将死亡；因莫蒂默同伊莎贝拉亲吻密谋；她轻蔑爱情的面孔，唾弃爱情只会孕育死亡和憎恨！

埃德蒙　逃吧！插上翅膀。别因怀疑被单独找到；傲慢的莫蒂默逼近你了。

【王后伊莎贝拉、王子爱德华、小莫蒂默和约翰·艾诺上。

伊莎贝拉　众神之王只会让那些为正义而战且敬畏他的愤怒的人获得战争的胜利。从那时起我们就已经胜利了，感谢上苍的造化，你，我们会走得更远，我的贵族们，我们让我们受人爱戴的儿子内心充满爱和对他贵族的关怀，这个王国的主宰，命运已让他的父王如此不幸，我的诸位贵族们，你们的才智足以胜任一切。

肯特　夫人，请你不要生气，我想问，爱德华失败后，你将如何处置他？

王子爱德华　告诉我，好王叔，你指的是哪个爱德华？

肯特　侄儿，是你的父亲；我不敢叫他国王。

小莫蒂默　肯特伯爵，这些问题有什么意义？这既不是她，也不是我们能控制的，是王国和议会所决定的，因此你的王兄将被处决。——我不喜欢对埃德蒙怀有任何慈悲心肠。夫人，最好及时找到他。（对伊莎贝拉私语）

伊莎贝拉　陛下，布里斯托尔的市长明白我们的想法。

小莫蒂默　是的，夫人，他们不是那么轻易就能从那里逃脱的。

伊莎贝拉　鲍多克同国王在一起。他是个漂亮的大臣，不是吗，大人？

约翰　斯宾塞父子也是。

肯特　这个爱德华毁灭王国。

【瑞斯，布里斯托尔的市长和犯人老斯宾塞，侍从上。

瑞斯　天佑伊莎贝拉王后和王子！夫人，布里斯托尔的市长和市民，出席以表示对你的爱戴和尊敬，我把这个国家的叛徒带来，斯宾塞——那个荒唐的斯宾塞的父亲，就像罗马的喀提林一样目无法律，挥霍英国的财富。

伊莎贝拉　我们感谢你们。

小莫蒂默　你爱的关怀值得慷慨的帮助和报答。国王和另一个斯宾塞逃到哪儿去了？

瑞斯　小斯宾塞，被封为格洛斯特伯爵，同那油嘴滑舌的学究鲍多克还有国王一起乘船走了，晚点儿到爱尔兰。

小莫蒂默　愿旋风把他们刮回来或让他们都沉入海底！
（旁白）他们从那里启程，毫无疑问。

王子爱德华　我还见不到我的父王吗？

肯特　悲惨的爱德华，被追逐出了英国的边境。（旁白）

约翰　夫人，是什么让你停留？你为何伫立沉思？

伊莎贝拉　我为我王的悲惨命运感到悲伤；但，唉！出于对国家的忧虑我不得不发动这场战争。

小莫蒂默 夫人，忧虑与悲伤地抱怨起不了作用；你的王毁了你的国家和他自己，我们必须尽我们所能地把它恢复过来。与此同时，您不能给你的私人情感特权，老斯宾塞他才是叛徒，对抗他的国王；因此不要为了他们而战，为爱德华而战。

小莫蒂默 带他下去，胡扯！

【众侍从和老斯宾塞下。

瑞斯 你应尽力效忠于王后，在你的国家听从命令，追赶这群背叛者。夫人，与此同时，我们应征求意见，在找到鲍多克、斯宾塞和他们的同谋时怎样处置他们。（下）

第六场　内思修道院

【阿博特、修道士、国王爱德华、小斯宾塞和鲍多克上。（后面三个藏匿起来）

阿博特 你不要怀疑，陛下；不要害怕；我们会小心谨慎、保密，同我们在一起能保证高贵的你的安全，摆脱嫌疑犯和侵略者的追踪，你自己同那些你选择的同伴，在这危险动荡的时段需要这些。

国王爱德华 神父，任何谎言在你面前都无处遁形。噢！若你是一位国王，你的心，被我的悲痛情绪深深打动，只会同情我的情形。居住在富丽堂皇的宫殿，纵情享乐，手握重权，但是他统治帝国，却不能掌控自己的生死，变得悲惨。来，斯宾塞；来，鲍多克，过来，坐在我身边；审判哲学，你在我们美好的艺术温床里，从柏拉图和亚里士多德那里吸取。神父，这沉思的生活是天堂。噢，我本应平静地领导！但我们，唉！被追逐；你们，我的朋友，他们想要你们的命，让我身败名裂。温柔的僧侣，你们不会为了金银财宝背叛我们和我们的同伴。

僧侣 您可以安心地住下，我们中没有一个人会泄露您的住处。

小斯宾塞 没有一个活着；我怀疑一个悲伤的同伴在下面的草地里。他看我们好长一段时间了，陛下；现在整个大陆的人都满腔怒火，对我们深恶痛绝，拿起武器追杀我们。

鲍多克　我们乘船去爱尔兰，可怜的我们！逆着风，迎着指向海岸的风暴，被对莫蒂默和他的共谋者的恐惧折磨着。

国王爱德华　莫蒂默！谁在谈论莫蒂默？谁用那残忍的人，莫蒂默这个名字来伤害我？善良的神父，我的头枕在你的膝盖上，内心充满太多的忧虑。噢，我再也不睁开双眼！再也不抬起低垂的头！再也不唤醒这垂死的心！

小斯宾塞　向上看，陛下。——鲍多克，睡意招致祸害；在这儿我们都被背叛了。

【瑞斯带着铰链，割草人和莱斯特上。

割草人　我敢断言，这就是你们要找的人。

瑞斯　伙计，好了。——陛下，原谅我的唐突，我们被委任这样做。

莱斯特　是王后的委任状，被莫蒂默怂恿；英勇的莫蒂默同王后在一起什么不能做呢？唉！看他坐在那里，希望在不被发现的情况下从他们手里救下他。这是不可能的，黎明昂首，夜晚匍匐。但，莱斯特，交托给你，变得如此激情洋溢。斯宾塞和鲍多克，再也没有像你们俩的人，在此，我以叛国罪逮捕你们。不要反抗，接受逮捕；这是以王后伊莎贝拉的名义。陛下，您为何如此委靡？

国王爱德华　噢，这是我在世上最后一天的欢乐！所有不幸的来源！噢，群星，你们为何对国王皱眉？来吧，莱斯特，以伊莎贝拉的名义取走我的性命，把我的同伴带离我的身边。撕碎我的胸部，把我的心脏拿去换我朋友的性命！

瑞斯　带走他们！

小斯宾塞　是你让我们同他告别。

阿博特　看到这一幕，我的心深受感动——一个国王能承受这些话语和傲慢的命令。（旁白）

国王爱德华　斯宾塞，啊，甜美的斯宾塞，我们不得不分别了吗？

小斯宾塞　是的，陛下，愤怒的诸天也是。

国王爱德华　不，地狱和残忍的莫蒂默才是；温柔的诸天对此无能为力。

鲍多克　陛下，愤怒和伤心是无用的。在此，我们不得不与您告别；我们的命运已经注定；我害怕我自己，你也是。

国王爱德华　我们可以在天上相聚，尽管我们在尘世无法在一起：

莱斯特，告诉我，我们将面临什么？

莱斯特　陛下您必须去基尼沃斯？

国王爱德华　是的！这在一定程度上有点儿困难，当国王必须走时。

莱斯特　这儿已为您备好了轿子，在等候着您，天快黑了。

瑞斯　最好现在出发，再不走天就黑了。

国王爱德华　你给我准备了轿子？让我躺在棺材里吧，到地狱之门时把我送进去；让冥王的铃响起我的丧钟声，女巫在冥府渡神的岸边为我的死亡号哭，因爱德华的朋友只有他们，但这些人不得不死在一个暴君的剑下。

瑞斯　陛下，走了；不要管这些人，因为我们马上就可以看到他们人头落地了。

国王爱德华　好吧，会的，会的；我们必须分开！甜美的斯宾塞，温柔的鲍多克，我们不得不分开！造假的是丧服！真实的是我的悲伤；（抛下他的伪装）再见，神父！莱斯特，你为我留下来，我却必须走了。生命同我的朋友一起，再见。

【国王爱德华和莱斯特下。

小斯宾塞　噢，他走了吗？尊贵的爱德华走了吗？自此一别，再无相见之期了吗？强行撕开天际！火，放弃你的天体！泥土，融化成空气！我的君王离开了，离开了，离开了，唉！再也不回来了。

鲍多克　斯宾塞，我看见了我们灵魂的消亡；我们被剥夺了生命中的阳光，走向新生，伙伴；放飞你的视线、心灵、双手，上天不朽的王权；满怀喜悦偿还自然的债务；把我们所有的经验教训浓缩成精华。赴死吧，亲爱的斯宾塞，我们都在世上走过一遭了；斯宾塞，人活着终有一死，太阳升起终会落山。

瑞斯　走了，走了，把你的长篇大论留到目的地再说吧。你，还有你们，在英国也干了聪明的事情。你们的权利没有了吗？

割草人　记得你，伙伴！还有别的吗？随我去城镇。（下）

第五幕

第一场 肯尼沃思城堡的一个房间里

【国王爱德华、莱斯特、温彻斯特大主教和特拉塞尔上。

莱斯特 耐心点儿，我的好陛下，不要悲伤。想象肯尼沃思城堡是你的法院，您在这里纵情享乐，没有强迫和限制。

国王爱德华 莱斯特，若温柔的话语能安慰我，早在之前你的话语就该减轻了我的伤痛；你一直如此仁慈、忠诚。普通人的悲伤很快就能消失，但不是国王的。森林中的鹿被打伤时，找草药自己疗伤；但当狮子被刺伤时，它用它愤怒的爪子撕碎一切，高傲地藐视卑贱的土地，饮它的血，蒸发到空气中。我同它一样，有无畏的心，野心勃勃的莫蒂默力图控制我，和那无情的王后——虚伪的伊莎贝拉，把我关在监狱里；狂暴的愤怒充斥着我的灵魂，插上敌意和蔑视的翅膀，我将飞上苍穹，拥护上帝，对抗他们。但当我回想起我是一个国王，我以为我应该为我所受的委屈进行报复，为莫蒂默和伊莎贝拉对我所做的。但国王是什么，当权力没有了，只是阳光的完美影子？我的贵族们掌权，我只是徒有国王之名；我戴着王冠，但被他们控制，莫蒂默和我善变的王后；让我的婚床声名狼藉；我被谨慎地关在洞穴里，我悲伤的肘部陪伴我哀伤的心灵，同我一起为这陌生的交换滴血，告诉我，我必须放弃我的王冠，让篡权夺位的莫蒂默为王吗？

温彻斯特大主教　陛下，您误解了；这是为了英国的利益，我们站在高贵的爱德华这边，恳求这王冠。

国王爱德华　不，这是为了莫蒂默，不是为了爱德华；因他只是个羊羔，被狼群包围，他的生命立刻被结束。但若骄傲的莫蒂默戴上这王冠，上天把它变成无法扑灭的熊熊烈火！或如提西福涅弯曲的花冠，缠绕着他讨厌的寺庙；因此英国的藤条枯萎，但爱德华之名将流传于世，他死了。

莱斯特　陛下，为何把您的时间浪费了？他们在等着您的回答；您会放弃王冠吗？

国王爱德华　啊，莱斯特，我难以忍受无缘由地丧失王冠与江山；给予野心勃勃的莫蒂默我的权力，就好比是一座大山压在我的身上，扼杀了我的一切快乐。但这是上天的安排，我必须遵从！拿走我的王冠，也取走爱德华的性命吧；（摘下王冠）英国不能同立二王。但等着，让我做王到深夜。让我凝视这闪耀的皇冠；让我双眼接受这最后的光辉，我的头，享有这最后的荣耀，再一同施出他们的权力。继续吧，你如天上的朝阳，寂静之夜不会影响气候：你静下来看这些要素，所有季节与时间使你停止，爱德华也许是不错的英王！但是白日的光辉很快就消失，我必须放弃我想要的王冠。没人性的动物！喝虎奶长大的！你为何蓄谋推翻你的君王？我指的是我的王权和无辜人的性命。等着瞧，怪物们，我还要戴上我的王冠！（他戴上王冠）你不怕触犯王的逆鳞？倒霉的爱德华，你被可笑地操纵了；他们并不在乎你迟迟不同意，他们意图新选一位国王；这让我心中充满陌生和绝望的念头，被永无止境的绝望所折磨在这无止境的绝望里我找不到一丝安慰，我感觉到我头顶上的王冠；就让我再戴一会儿吧。

特拉塞尔　陛下，议会现在就要答案，也就是说，您是要放弃还是不？

（国王愤怒）

国王爱德华　我不会放弃，我只要活着就是国王。叛徒，滚开，同莫蒂默一起吧！选举，密谋，任命，做尽你们想做的；——他们同你们的血液将封印这些背叛行为！

温彻斯特　我们带着这消息回去，再见。

【同特拉塞尔一起走了。

莱斯特　再一次传召他们，陛下，彬彬有礼地同他们说话；因为他们一走，王子将失势。

国王爱德华　你去传召他们吧，我没有说话的权利。

莱斯特　大人，国王愿意退位。

温彻斯特　若他不愿，让他自己选择。

国王爱德华　我想吗？但是天上人间共谋让我痛苦！来接受我的王冠；接受它？不，我无辜的双手不该沾染这肮脏的罪恶。他是你们中最渴望我鲜血的人，被叫作国王的谋杀者，拿着。怎么，你被感动了？同情我了？那就召唤无情的莫蒂默和伊莎贝拉，他们的眼睛，变成钢铁，很快就会燃烧起来，而不会留下一滴眼泪。还是待在这儿吧，我一眼也不想看见他们，这儿，这儿！（给王冠）现在，亲切的上帝，让我轻视短暂的浮华，让我在天国永远地坐享王权！来吧，死亡，用你的手指合上我的双眼，或让我活着，忘了我自己。

温彻斯特　陛下——

国王爱德华　不要再叫我陛下；走吧——不要在我的视线里出现！啊，原谅我？悲伤使我疯狂！不要让那个莫蒂默保护我的儿子；在老虎的爪子里更安全些，比在他的怀抱里安全。把这个传达给王后，泪打湿了它，叹息吹干了它。（给了一张手帕）若她看了这个没有感动，就拿回来浸在我的血液里。

请代我向我儿子问好，吩咐他把这个国家管理得比我在位时好。但我已酿下大错，除非上苍足够宽容。

特拉塞尔　那请允许我们先行退下。

国王爱德华　再见。（温彻斯特大主教和特拉塞尔下）我知道他们带来的下一个消息就是朕的死讯；欢迎之至。对无耻之徒而言，死亡是幸福的。

【伯克利上（给莱斯特一张纸）。

莱斯特　另一封邮件！他带来了什么消息？

国王爱德华　如我所料的消息——来吧，伯克利，拿来，把你的消息告诉我直率的心胸。

伯克利　陛下，想象不到一个贵族出身的人竟有如此恶毒的想法。愿为陛下效力，只要能将陛下从敌人手中拯救出来，伯克利愿意去死。

莱斯特　陛下，委员会的王后命令我放弃我的控告。

国王爱德华　谁现在坚持看守我？是你吗，大人？

伯克利　唉，是的，我最敬爱的王；指令是如此的。

国王爱德华　（拿着指令）是莫蒂默，名字写在这儿的！我要撕碎他的名字，他意图撕碎我的心！（撕了它）这小小的报复让我心底舒畅点儿了。愿他的四肢被撕裂，像这张纸一样！不朽的朱庇特，听到我的祈愿吧，实现它吧！

伯克利　陛下您必须立刻同我一起去伯克利。

国王爱德华　无论您去哪里，所有的地方都一样，每寸土地都适合安葬。

莱斯特　答应他吧，大人，这取决于你。

伯克利　利用他我也深感不安。

国王爱德华　我的敌人对我的身份表示同情，这就是我现在被罢黜的原因。

伯克利　那您认为伯克利残忍吗？

国王爱德华　我不知道；但关于此我是确定的，死亡会终结一切，我能立刻赴死。莱斯特，永别了！

莱斯特　还没有，陛下；我会陪伴着你上路。（下）

第二场　皇家宫殿

【王后伊莎贝拉和小莫蒂默上。

小莫蒂默　美丽的伊莎贝拉，我们的愿望已达成；自傲堕落的昏君，将向高傲的绞刑台效忠。爱德华已被囚禁，被我统治，我们将统治整个王国。无论如何要留意到幼稚的恐惧，我们现在正揪着一只老狼的耳朵，若他失足，将抓住我们俩，绞痛伤处，作困兽之斗。因此考虑一下吧，夫人，这迫使我们不得不尽快让你的儿子继位，我会成为他的保护者；为了我们俩的利益，我们将共同统治，然而文书上只能写一个国王的名字。

伊莎贝拉　甜美的莫蒂默——伊莎贝拉的生命，你要相信我爱你，因此保证王子——我儿子的安全，我珍惜他如同我的双眼一样，同他的父王谈判，你会妥协，我自己也愿意签署。

小莫蒂默　首先，我要听到他被废黜的消息，让我自己来处理他。（信使上）信件！从哪儿来的？

信使　从肯尼沃思，大人。

伊莎贝拉　国王怎么样？

信使　身体健康，夫人，但一直在沉思。

伊莎贝拉　唉，可怜的人，我能消除他的悲伤吗？（温彻斯特大主教带着王冠上）谢谢，温柔的温彻斯特。（对信使）小子走吧。

【信使下。

温彻斯特　国王已愿意放弃他的王权。

伊莎贝拉　噢，让人高兴的消息！把王冠给我的儿子——王子，送去。

温彻斯特　还有，这封信密封着的，伯克利来了，他现在正从肯尼沃思过来。

大主教　我们听说埃德蒙策划让他的兄弟自由，没别的消息了。伯克利同曾主管他的莱斯特一样可怜。

伊莎贝拉　那就派些人做他的守护者吧。

小莫蒂默　请允许我离开，这是御玺。（温彻斯特大主教下）谁在那儿？——叫戈尔林和马特维斯到这儿来。（众侍从上）

撞击愚蠢的埃德蒙的竹筏，伯克利将被免职，国王也会被废黜，但我们要知道他在哪儿。

伊莎贝拉　但，莫蒂默，他或者我们的安全，或我儿子的安全怎么保障？

小莫蒂默　实说吧，他不久就会被废黜处死。

伊莎贝拉　我希望如此，并不是我做的。

【戈尔林和马特维斯上。

小莫蒂默　够了。——马特维斯，现在以我们的名义写封信给伯克利，叫他把国王交给你和戈尔林；写完后，我们会签上名字。

马特维斯　会完成的，大人。（写）

小莫蒂默　戈尔林。

戈尔林　大人。

小莫蒂默　若你愿凭借莫蒂默而高升，现在他可以随心所欲地让命运之轮旋转，尽你所能地让他消沉，不要给他好脸色，不要好言好语地对他讲话。

戈尔林　我向你保证，大人。

小莫蒂默　最重要的是，因为我们听说埃德蒙策划放他自由，趁着夜色把他移往各地，直到他来到肯尼沃思，然后又把他送回伯克利；在途中，让他越来越焦躁，对他恶语相向，无论如何不要让人安慰他；若他哭泣，说更难听的话让他更痛苦。

马特维斯　不要担心，大人。我们按你的吩咐做。

小莫蒂默　那现在走吧；快速赶往那边。

伊莎贝拉　这封信给谁？给国王陛下吗？请替我向他问候，告诉他我无法减轻他的悲伤，对放他自由无能为力；把这个给他作为我们爱的见证。（给戒指）

马特维斯　我会的，夫人。（同戈尔林一起下）

【王子爱德华同肯特交谈着上。

小莫蒂默　这样就可以完美地掩盖了，甜美的王后。

【小王子和肯特伯爵来了。

伊莎贝拉　他对小王子耳语。

小莫蒂默　若他同王子太亲近，我们的策略和计谋很快就会破灭。

伊莎贝拉　对待埃德蒙亲切友善点儿，让他感觉好像一切都好。

小莫蒂默　尊敬的肯特伯爵，你怎么样？

肯特　身体健康，亲爱的莫蒂默。你们怎么样？

伊莎贝拉　若你的王兄被释放就好了。

肯特　我最近听说他自我放逐。

伊莎贝拉　这让我很悲伤。

小莫蒂默　我也是。

肯特　啊，他们在掩饰！（旁白）

伊莎贝拉　乖儿子，到这儿来，我必须同你谈谈。

小莫蒂默　你作为他的王叔，他最亲的血脉，被寄望作为王子的保护者。

肯特　不是我，大人；谁来保护儿子，当然是给予他生命的她？我指的是王后。

王子爱德华　母亲，原谅我不戴王冠：让他当国王——我太小了不能统治。

伊莎贝拉　满足他，这是你父王的乐趣。

王子爱德华　先让我见父王，我才愿意。

肯特　唉，好的，亲爱的侄子。

伊莎贝拉　亲王，你明知这是不可能的。

王子爱德华　为什么，他死了吗？

伊莎贝拉　不，不是的！

肯特　希望这是你的肺腑之言。

小莫蒂默　善变的埃德蒙，若你支持他，难道不是你让他被监禁？

肯特　我现在正做更多事来弥补。

小莫蒂默　（对伊莎贝拉私语）我告诉过你，见这个人是错误的，会让王子改变方向。——殿下，他背叛了他的王兄，别相信他。

王子爱德华　但他对此感到后悔并为之神伤。

伊莎贝拉　来，太子，随我俩一同走吧。

小莫蒂默　怎么，年轻人，你避莫蒂默如蛇蝎吗？我会强压你走的。

王子爱德华　肯特王叔！莫蒂默会对我不利。

伊莎贝拉　埃德蒙王兄，不要抗争；我们是他的朋友；伊莎贝拉比肯特伯爵更亲近。

肯特　妹妹，爱德华是我的监护人，救他。

伊莎贝拉　爱德华是我的儿子，我会保护他。

肯特　莫蒂默将知道他已惹怒我！——我将马上赶往肯尼沃思城堡，把国王爱德华从敌人中拯救出来，报复莫蒂默和你。（旁白　下）

【王后伊莎贝拉、王子爱德华和小莫蒂默在一边，肯特在另一边。

第三场　肯尼沃思城堡

【马特维斯、戈尔林、士兵和国王爱德华上。

马特维斯　陛下，不要悲伤，我们是你的朋友；
世人注定活在痛苦中，因此——嬉戏让我们生活陷入危机。

国王爱德华　朋友，悲伤的爱德华将必须前往哪里？可憎的莫蒂默没允许休息吗？我不得不焦急如夜间的鸟儿，它的出现让所有的飞行的鸟儿憎恶？他心中的狂怒什么时候才能平息？鲜血什么时候才能让他的心得到满足？如果我可以，就直接刺在这个胸部，把我的心给伊莎贝拉和他；这才是他们最重要的目标。

戈尔林　不是这样的，我的陛下，王后已经下达命令保证您的安全；
您的痛苦让您更加悲伤。

国王爱德华　这个惯例让我更加悲伤。我呼吸的时间是否会延长，当我的所有感觉被臭气骚扰？英王被关押在一个人的地牢里，在这儿我因饥饿渴求食物。我终日所为尽是撕心裂肺的哭泣，几乎把我的心房填满。老爱德华的生命没有人来拯救，必须死亡，尽管很多人表示同情。噢，水，亲爱的朋友，缓解我的干渴，清洗我体内污秽的粪便！

马特维斯　这排水沟里有水，我们受命如此。坐下，我们来为您理发。

国王爱德华　叛徒，滚开！怎么，你要谋杀我，或用排水沟里的水呛死你的君王？

戈尔林　不，只是洗您的脸，剃您的胡须，让您能被认出来，才能获救。

马特维斯　您为何抗争？您再挣扎也是枉然！

国王爱德华　鹧鸪反抗狮子的暴力，但一切都是徒劳的：因此我徒劳地企图从暴君手里寻求宽恕。他们用水坑里的水洗他，把他的胡须剃了。不朽的力量！我可怜痛苦的灵魂等待着你细心的关心，把你所有的目光都投向这些胆大包天的人，无理地对待他们的君王——英国之王！噢，盖维斯特，是我害了你，你和斯宾塞都因我而死！我对你干尽了坏事！斯宾塞的幽灵，在他们停留的地方，为我祈愿；然而，呸，我将因他们而死。

马特维斯　你和他们之间不该有敌意。走，离开，把火熄灭，我们将在黑暗中前往肯尼沃思。

【肯特上。

戈尔林　现在如何，谁来了？

马特维斯　看好国王，是肯特伯爵。

国王爱德华　噢，亲爱的王弟，来救我！

马特维斯　不要让他们见面；国王闯进来了。

肯特　士兵们，就让我同他说句话。

戈尔林　抓住伯爵，防止他的攻击。

肯特　放下你们的武器，叛徒！放了国王！

马特维斯　埃德蒙，你还是放了自己吧，不然你会死。

肯特　卑鄙的恶棍，你们为何抓我？

戈尔林　把他绑起来，送到法庭。

肯特　法庭不是就在这儿？国王在这儿；我要见他；为什么不让我见？

马特维斯　有莫蒂默在的地方才是法庭；你将走向死亡；永别了。

【马特维斯、戈尔林和国王爱德华上。

肯特　噢，悲惨的国家，贵族们控制着法庭，而国王却被关在牢里！

索尔　我们为何停留于此？走，先生们，去法庭！

肯特　唉！随便你们把我带到哪儿，即使是死亡。因我的王兄无法被释放。（下）

第四场　皇家宫殿

【小莫蒂默上。

小莫蒂默　国王必须死，不然莫蒂默会垮台；现在平民开始同情他。但他就是爱德华的死因，当他的儿子成年的时候会偿还的；因此我必须巧妙地做这件事情。这封信，是我们的一个朋友写的，谈到了他的死亡，吩咐他们救他。（读）“赶快杀死爱德华，拿出勇气来，不要害怕杀死国王，他死了最好。”但是这样读，就有另一个意思：“杀死爱德华，匆忙杀死国王，最好考虑下后果。”没有被委任如此，那就这样办，他死了，若被发现，就由马特维斯和其余的人来承担责任，否则我们会被罢黜，因为是我们造成了他的死亡。这个房间里关押着的信使会传达，并执行余下的；他知道这个秘密，事后就把他杀了。——莱特鲍恩，出来！（莱特鲍恩上）

你真的如你想象的这般果断吗？

莱特鲍恩　还有什么怀疑的？大人，比你想得还要果断。

小莫蒂默　你计划好如何完成了吗？

莱特鲍恩　唉，唉，没有人知道他死于什么。

小莫蒂默　但看到他的样子，你会心软的，莱特鲍恩。

莱特鲍恩　心软？哈哈！我怎么会心软？

小莫蒂默　好，勇敢地去做，保密。

莱特鲍恩　你不需要给予指令。我不是第一次杀人了。我在那不勒斯学会了如何以花下毒，以麻在咽喉用力绞扯，以针头刺穿气管，或趁某人睡着时拿羽毛和粉末吹气到他的耳朵里或撬开他的嘴灌入水银。但我还有比这更厉害的方法。

小莫蒂默　是什么？

莱特鲍恩　原谅我，除我之外无人知晓死因。

小莫蒂默　我不管用什么方法，只要不被发现。把这个给戈尔林和马特维斯送去。（给信）你骑马以每小时十英里的速度送信去。拿着这个；（给钱）走！不要再来见我。

戈尔林　不！

小莫蒂默　不，除非你带来爱德华死亡的消息。

莱特鲍恩　我会尽快办到的。再见，大人。（下）

小莫蒂默　我统治着王子，王后听从我的命令，当我经过时，骄傲的贵族们将向我致敬，彻底地低声下气地告辞；我印章，我取消，我做我想做的。敬畏多于爱戴；——让我被敬畏，当我皱眉，法庭所有的人都吓得脸色发白。我用阿里斯塔克的眼睛看王子，他的表情就如同男孩子的马的屁股带。他们把我推向摄政的职位，请求我坐上我想坐的位置。在委员会桌旁，足够严肃，不要不像一个害羞的清教徒，我抱怨愚钝，这是个重担，直到被我的朋友打断，如他们所料，既然我已接任这个位置；现在，我是摄政王。现在一切都已确定：王后和莫蒂默将共同统治江山，而没人能统治我们。我将折磨我的敌人，让我的朋友高升；我之所命，谁敢违抗？我们经历多少坎坷才能享有这么美好的命运。今天是加冕日，我很开心，伊莎贝拉是王后。（传来了喇叭声）鼓已鸣响，我必须去代替他的位置。

【年轻的国王、王后伊莎贝拉、坎特伯雷大主教、战士和贵族上。

坎特伯雷　国王爱德华万岁，天佑英王爱尔兰之主！

战士　若有任何的基督徒、异教徒、土耳其人和犹太人，胆敢质疑爱德华是国王的真实性，我会用剑向他证明，我是战士将与他搏斗。

小莫蒂默　没人来，鸣鼓。（鼓声响起来）

爱德华三世　战士，给你。（给钱包）

伊莎贝拉　莫蒂默，把他交到你的名下，你管理。

【士兵们带着囚犯肯特上。

小莫蒂默　看看我们这儿被刀架着的叛徒是谁啊？

索尔　埃德蒙·肯特伯爵。

爱德华三世　他做了什么？

索尔　在我们把国王带到肯尼沃思的途中，他打算强行把国王带走。

小莫蒂默　你还有什么要狡辩的？埃德蒙，说。

肯特　莫蒂默，我承认；他是我们的王，你强迫王子戴上王冠。

小莫蒂默　砍掉他的脑袋！卑鄙的叛徒，我藐视你！

爱德华三世　大人，他是我的王叔，不能死。

小莫蒂默　陛下，他是你的敌人，必须死。

肯特　住嘴，恶棍！

爱德华三世　亲爱的母亲，若我不能赦免他，恳求我的守护者饶他一命。

伊莎贝拉　儿子，不要要求太多；我不敢发言。

爱德华三世　我也不能，我还以为我能够施令；但，看来我不能，我会恳求他——大人，若你能让我的王叔活着，当我成人时我会报答你的。

小莫蒂默　这是为了陛下您好，为了这个江山社稷好。——我要给您讲多少次您才能杀了他？

肯特　你是国王吗？我必须死在你的指令下吗？

小莫蒂默　是我们的指令——赶他出去。

肯特　让我留下来说；我不走。只有我王兄和他的儿子才是国王，他们都不愿埃德蒙淌血：因此，士兵们，你们要将我带到哪里？士兵们拖着肯特下去，斩首。

爱德华三世　我还指望从他那里寻求庇护，但我的王叔马上就这样被谋杀了。

伊莎贝拉　不要怕，好孩子，我会保护你不被敌人危害；
若埃德蒙活着，他只会带来你的死亡。
来，儿子，我们去公园里狩猎。

爱德华三世　我的王叔会同我们一起吗？

伊莎贝拉　他是叛徒；不要想他；走。（下）

第五场　伯克利城堡

【马特维斯和戈尔林上。

马特维斯　戈尔林，我怀疑国王并未死，而是被关在一个水过膝盖的地下室，英吉利海峡从城堡流过，那儿有湿气不断地涌出，这足以毒死任何人，更不用说金枝玉叶的国王了。

戈尔林　我也是这样认为的，马特维斯，昨晚我开门扔肉给他，都几乎被那味道给弄窒息了。

马特维斯　我们对他的伤害他都能承受下来，因此我们接下来就攻击他的精神。

戈尔林　把他叫出来，我要激怒他。

马特维斯　等一下，这是谁？

【莱特鲍恩上。

莱特鲍恩　摄政王向你问好。（给信）

戈尔林　这儿是什么意思？我不知道怎么翻译。

马特维斯　戈尔林，暂且没有什么特别的意思；"趁早杀死爱德华"，这就是他的意思。

莱特鲍恩　知道这个令牌吧？必须把国王交给我。（给令牌）

马特维斯　唉，稍等一下，你马上就会知道答案。
这个恶棍被派来杀死国王。（旁白）

戈尔林　我仔细考虑下。（旁白）

马特维斯　当他谋杀完后，他定会因这件事被处决的。让这个人死吧！
把国王交给他吧。（旁白）还有什么要求不？这是钥匙，这是锁。你按照大人吩咐的去做吧。

莱特鲍恩　我知道我必须做的。你们走开。但不要走太远了，我会需要你们的帮助；看我在那个房间生火了，给我加点儿火，让它燃烧得更猛烈些。

马特维斯　没问题。

戈尔林　除此之外，你还需要什么吗？

莱特鲍恩　还有什么？一张桌子和一张垫着毛的床。

戈尔林　就这些？

莱特鲍恩　唉，唉！就这些了，我叫你们，你们就把它拿进来。

马特维斯　你不必担心。

戈尔林　这是灯，进入地牢照明用。

【给了一盏灯，同马特维斯一同下。

莱特鲍恩　现在我必须办好这件事；没有任何一个人能同这位国王一样如此小心翼翼地不让任何人发现地被处决。就在这个地方，我将全心全意地去办这件事！

国王爱德华　谁在那儿？这是什么光？你为何到来？

莱特鲍恩　来安慰您，给您带来了令人高兴的消息。

国王爱德华　从你的表情我看不到一丁点儿对爱德华的安慰。恶棍，我知道你是来杀我的。

莱特鲍恩　来杀您，我最尊贵的王！我怎么会对您有任何伤害？王后派我来看您怎么样了，她想为您减轻痛苦：谁能忍住不哭泣，看到国王处于如此可怜的境地？

国王爱德华　你为我哭泣了吗？让我想想，你的心若和戈尔林一样，或同马特维斯一样，从高加索山脉削下来，若能融化，我宁愿是我的想象。这关押我的地牢是污槽，王堡中所有的污秽都聚集于此。

莱特鲍恩　哦，恶棍！

国王爱德华　朕伫立在泥泞水坑里。这十天中，我应养足睡眠，为迎接战鼓声后的举动。他们仅供给面包和水，身为一个国王；为了想睡眠，为了想维持，我的心已经一片混乱，我的身体已经麻痹，是否我遭分尸，我知道不会。哦，我的血是否已经流溢四散？这水是源自这刺绣的袍服。告诉伊莎贝拉王后，我看起来并不好，为了她，我全速赶往法国，推翻了克莱门特公爵。

莱特鲍恩　不要再说了，陛下！这太伤我的心。躺在这张床上休息一下吧。

国王爱德华　你的表情说明了只有死亡没有庇护：我从你的眉间看到了我的

悲剧。先等一会儿，克制一下你沾满鲜血的手，让我在死亡来临之前尝试一下，即使会丢掉我的性命，更加坚定不移我对上帝的心。

莱特鲍恩　是什么让陛下你这样不相信我？

国王爱德华　又是什么让你对我这样掩饰？

莱特鲍恩　这双手从不沾染无辜之人的鲜血，更不会沾染上一个国王的鲜血。

国王爱德华　原谅我有这样的想法。我这儿留了珠宝，你收下它。（给珠宝）我仍然无缘由地感到害怕，我给你的时候每个连接处都在颤抖。噢，若你心里打算杀了我，让这个礼物改变你的心意，拯救你的灵魂！知道我是国王：噢，这个称谓让我感觉到了地狱般的悲伤！我的王冠在哪里？没有了，没有了！我还活着？

莱特鲍恩　您太紧张了，陛下；躺下休息吧。

国王爱德华　但这悲伤让我保持清醒，我应该睡觉；因为这十天眼睛就没合上过。现在我谈到他们要来，仍然带着恐惧，又睁开眼睛。噢，你为何坐在这儿？

莱特鲍恩　若您不信任我，我会走开，陛下。

国王爱德华　不，不，若你不想杀我，他们马上就会再回来，因此留下来吧。（睡觉）

莱特鲍恩　他睡觉了。

国王爱德华　（挣扎）噢，不要让我死！噢，留下来！

莱特鲍恩　现在怎么样，陛下？

国王爱德华　我耳边依然有嗡嗡叫的声音，告诉我，若我睡了就永远醒不来了；这种恐惧让我战栗。因此告诉我你来这儿的原因。

莱特鲍恩　来取你的命。——马特维斯，来！

【马特维斯和戈尔林上。

国王爱德华　我虚弱无力，无法反抗——帮助我，亲爱的上帝，接待我的灵魂！

莱特鲍恩　快去搬桌子。

国王爱德华　噢，饶恕我，快点儿放开我。（马特维斯搬来了一张桌子）

莱特鲍恩　把桌子放下，踩在上面，不要太用力，不然你会弄伤他的身体。（国王爱德华被谋杀了）

马特维斯　我怕这叫声会惊醒这个镇上的人，因此我们快纵马离开。

莱特鲍恩　告诉我，先生们，是不是很勇敢地完成了？

戈尔林　棒极了，拿着你的报酬。戈尔林刺杀莱特鲍恩（他死了）来，我们把尸体抛到壕沟里，把爱德华的死向我们的大人莫蒂默报告。走！（带着尸体下）

第六场　伦敦皇家宫殿

【小莫蒂默和马特维斯上。

小莫蒂默　完成了，马特维斯，凶手死了吗？

马特维斯　是的，大人；我希望没有完成！

小莫蒂默　马特维斯，若你能耐心点儿，我将是聆听你忏悔的神父；因此选择吧，要么你保守这个秘密，否则你将死于莫蒂默之手。

马特维斯　大人，戈尔林已逃，我怕他会背叛我们俩，因此请让我去追赶他。

小莫蒂默　去追那野蛮人！

马特维斯　非常感谢你大人。（下）

小莫蒂默　至于我自己，站如朱庇特的巨树，其他人之于我好比灌木一样。他们闻我的名而战栗，我不怕任何人；看看谁敢因他的死弹劾我！

【王后伊莎贝拉上。

伊莎贝拉　啊，莫蒂默，国王，我的儿子有消息说他的父王死了，是我们谋杀的！

小莫蒂默　他有消息又怎样？国王只是个孩子。

伊莎贝拉　啊，但他扯他的头发，紧拧他的双手，发誓必将向我们报仇。他已去会议室，恳求得到他的拥护者的帮助。
唉，我！看，他来了，他们随同他一起。现在，莫蒂默，我们的悲剧开始了。

【国王爱德华三世、上议员和侍从上。

第一位议员　不要怕，陛下，要知道现在您是国王。

爱德华三世　恶棍！——

小莫蒂默　现在怎样，陛下？

爱德华三世　不要妄想我会害怕你的话！我的父王被你这叛徒谋杀；你必须死，在他令人悲痛的灵车前，你这可憎的该死的人必须死，让世人做证，因为你，他高贵的身体匆忙入土。

伊莎贝拉　不要哭泣，亲爱的儿子。

爱德华三世　不要阻止我哭；他是我的父亲；若你对他的爱有我的一半多，你不会如此从容地接受他的死亡。我怕是你和莫蒂默共同密谋。

第一位议员　你为何不回国王的话？

小莫蒂默　我想轻蔑应受到谴责，谁敢说是我谋杀他的？

爱德华三世　叛徒！是我慈爱的父亲说的，明白地告诉我，是你谋杀他的。

小莫蒂默　陛下您没别的证据了吗？

爱德华三世　有，这恐怕是出自莫蒂默之手。（展出信件）

小莫蒂默　虚伪的戈尔林背叛了我和他自己。（旁白）

伊莎贝拉　恐怕如此；谋杀不能被掩盖。（旁白）

小莫蒂默　是我写的？凭此您就说是我？

爱德华三世　你派了凶手到那儿。

小莫蒂默　什么凶手？把我派的人带来。

爱德华三世　啊，莫蒂默，你知道他被杀死了；你也会的。——为什么还让他站在这儿？不要磨蹭，快把他拖下去；绞死他，我命令，把他五马分尸；然后把他的头给我带来。

伊莎贝拉　看在我的分儿上，好儿子，可怜的莫蒂默！

小莫蒂默　夫人，不要恳求，我情愿死，也不要向一个卑微的男孩儿乞求饶命。

爱德华三世　带走这叛徒！还有谋杀者！

小莫蒂默　卑微的命运，在您的齿轮下。我现在明白了一点，人当立志，他们的头向前摔倒：我现在就是这样，既然没有更高的可上升的地方，我又为何为我的下降感到悲伤？——永别了，美丽的王后；不要为莫蒂默而哭泣，不然会为世人所耻笑；作为一名旅客，去发现未知的国家。

爱德华三世　什么！你们让这叛徒磨蹭什么？

【小莫蒂默被第一位议员和侍从带走了。

伊莎贝拉　取走我的性命吧，不要让温柔的莫蒂默的鲜血溢出！

爱德华三世　若不是你让我父王的鲜血溢出，就不要为莫蒂默求情。

伊莎贝拉　我让他的鲜血溢出？不是的。

爱德华三世　唉，夫人，是你；谣言是这样传的。

伊莎贝拉　这谣言不是真实的；亲爱的，要相信可怜的伊莎贝拉的话。

爱德华三世　我不相信她如此无情。

第二位议员　陛下，我恐怕这再真实不过了。

爱德华三世　母后，你涉嫌他的死亡，因此我们要把你关押在楼塔，直到父亲的死因被证实；若你是有罪的，尽管我是你的儿子，不要奢望我会宽恕同情你。

伊莎贝拉　不，我得死，我活得太久了，然而我的儿子要削减我活着的天数。

爱德华三世　带她离开，她的话语让我留下泪水，她若再说，我会可怜她。

伊莎贝拉　难道我不为我的挚爱悼念，同其余的陪伴他的人一起？

第二位议员　夫人，国王才是你该悼念的人。

伊莎贝拉　他早就忘了我；留下来，我是他的母亲。

第二位议员　这恐怕不行；因此，走吧，夫人。

伊莎贝拉　那来吧，亲爱的死神，让我在这悲伤中解脱。（下）

【第一位议员上，带着小莫蒂默的脑袋。

第一位议员　陛下，这是莫蒂默的首级。

爱德华三世　去把我父亲的棺材带来，它应该放在那儿；把我的葬礼长袍拿来。（侍从下）该死的首级，我能统治你，正如我现在做的一样。你不该策划这场巨大的叛变！——棺材来了；同我一起哀悼，诸位。（侍从带着棺材和葬礼长袍上）亲爱的父亲，您的英灵在上。我取来了这邪恶的叛徒的首级；让这些泪水，从我的眼中蒸发，见证我的悲伤和无罪。（下）

哈姆莱特

The Tragedy Of Hamlet Prince Of Denmark

〔英〕莎士比亚

主编序言

作为最负盛名的英国戏剧，《哈姆莱特》是根据《丹麦人的历史》这部传奇故事创作而成，而《丹麦人的历史》的作者是公元1200年的格拉玛提库斯。这部著作由法国人传至英国，在莎士比亚重新改编之前，已经有了一个基本成形的版本，目前这个版本已经失传。而最早的戏剧版本早在公元1602年已经创作完成，于1603年完成非正式版本的排版印刷。较为正式的版本出现在1604年；公元1623年，版本有了进一步更新，并出现在莎士比亚的第一部戏剧合集中。作者似乎重新创作了该部作品，而对其所进行的大量反复修订，也超过了自己的其他话剧。

这出悲剧的主要场景也回归到散文故事中。从前有一位国王被弟弟杀害，而这个弟弟曾经引诱过王后，又娶王后为妻；老国王的儿子意欲复仇，装疯卖傻得以保全，免于死难，后终于复仇成功。剧中波洛涅斯的原型在偷盗时被杀害，但其性格与莎士比亚的宫务大臣些许相似；奥菲莉娅和霍拉旭仅一笔带过；而雷欧提斯、福丁布拉斯、盗墓人以及奥斯里克等几个小角色均未出现。哈姆莱特初到英国，并未受到海盗的干扰，却亲眼目睹两个同伴的死亡，返回后杀死了国王以及所有朝臣；后又再次返回英国，娶了两任妻子，其中一个妻子在其死亡时背叛了他。

悲剧的其他部分并非出自莎士比亚之手，而是从当时《复仇悲剧》的研究资料中收集而来。至于这样的新增部分哪些是由莎士比亚完成，又有哪些是出自失传著作的作者之笔，现已无从考证。至于让《哈姆莱特》达到文学史上其他著作难以企及高度的地方，并不难一一列举，比如诗歌描绘的壮丽画面，心理学方面令人称奇的真相与精妙之处，以及悲剧所特有的炽烈情感。

查尔斯·艾略特

剧中人物

克劳狄斯　丹麦国王

哈姆莱特　前王之子今王之侄

福丁布拉斯　挪威王子

霍拉旭　哈姆莱特之友

波洛涅斯　御前大臣

雷欧提斯　波洛涅斯之子

伏提曼德

考尼律斯

罗森格兰兹

吉尔登斯吞

奥斯里克

马西勒斯

勃那多

弗兰西斯科　兵士

雷奈尔多　波洛涅斯之仆

英国使臣

众伶人

二小丑　掘坟墓者

葛特露　丹麦王后，哈姆莱特之母

奥菲利娅　波洛涅斯之女

贵族、贵妇、军官、兵士、教士、水手、使者及侍从等

哈姆莱特父亲的鬼魂

地点

丹麦城堡厄耳锡诺

第一幕

第一场　厄耳锡诺　城堡前的露台

【守望者勃那多和弗兰西斯科相遇。

勃那多　那边是谁？

弗兰西斯科　不，你先回答我。站住，告诉我你是什么人。

勃那多　国王万岁！

弗兰西斯科　勃那多吗？

勃那多　正是。

弗兰西斯科　你来得很准时。

勃那多　现在已经打过十二点钟，你去睡吧，弗兰西斯科。

弗兰西斯科　谢谢你来替我。天冷得厉害，我心里也老大不舒服。

勃那多　你守在这儿，一切都很安静吗？

弗兰西斯科　一只小老鼠也不见走动。

勃那多　好，晚安！要是你碰见霍拉旭和马西勒斯——我的守夜的伙伴们，就叫他们赶紧过来。

弗兰西斯科　我想我听见他们的声音了。喂，站住！那边是谁？

【霍拉旭及马西勒斯上。

霍拉旭　都是自己人。

马西勒斯　丹麦王的臣民。

弗兰西斯科　祝你们晚安！

马西勒斯　啊！再会，正直的军人！谁替了你？

弗兰西斯科　勃那多接我的班。祝你们晚安！（下）

马西勒斯　喂！勃那多！

勃那多　喂——啊！霍拉旭也来了吗？

霍拉旭　这儿有一个他。

勃那多　欢迎，霍拉旭！欢迎，好马西勒斯！

马西勒斯　什么！这东西今晚又出现过了吗？

勃那多　我还没有瞧见什么。

马西勒斯　霍拉旭说那不过是我们的幻想，我告诉他我们已经两次看见这个可怕的怪象，他总是不肯相信。所以我请他今晚也来陪我们守一夜，要是这鬼魂再出来，就可以证明我们并没有看错，还可以叫他对它说几句话。

霍拉旭　嘿，嘿，它不会出现的。

勃那多　请先坐下。虽然你一定不肯相信我们的故事，我们还是要把我们这两夜来所看见的情形再向你絮叨一遍。

霍拉旭　好，我们坐下来，听听勃那多怎么说。

勃那多　昨天晚上，当那照耀在北斗西端天空的明星正在向它现在吐射光辉的地方运行的时候，马西勒斯跟我两个人，那时候钟刚敲了一点——

马西勒斯　停！不要说下去，瞧，它又来了！

【鬼魂上。

勃那多　正像已故国王的模样。

马西勒斯　你是有学问的人，对它说话去，霍拉旭。

勃那多　它的样子不像已故的国王吗？看好，霍拉旭。

霍拉旭　像得很。它使我心里充满了恐怖和惊奇。

勃那多　它希望我们对它说话。

马西勒斯　你去问它，霍拉旭。

霍拉旭　你是什么鬼怪，胆敢僭窃丹麦先王出征时的神武雄姿，在这样深夜的时分出现？以上天的名义，我命令你说话！

马西勒斯　它生气了。

勃那多　瞧，它昂然不顾地走了！

霍拉旭　不要走！说呀，说呀！我命令你，快说！（鬼魂下）

马西勒斯　它走了，不愿回答我们。

勃那多　怎么了，霍拉旭！你在发抖，你的脸色这样惨白。
这不是幻觉吧？你有什么高见？

霍拉旭　当着上帝起誓，倘不是我自己的眼睛向我证明，我再也不会相信这样的怪事。

马西勒斯　它不像我们的国王吗？

霍拉旭　正像你就是你自己一样。它身上的那副战铠，就是他讨伐野心的挪威王的时候所穿的；它脸上的那副怒容，活像他有一次在一场激烈的争辩中把那些乘雪橇的波兰人打倒在冰上那时候的神气。怪事怪事！

马西勒斯　前两次他也是这样不早不晚地在这个静寂的时辰，用军人的步态走过我们的眼前。

霍拉旭　我不知道究竟应该怎样想，可是我有一种大致的感觉，这恐怕预兆着我们国内将要有一番非常的变故。

马西勒斯　好吧，坐下来。谁要是知道的话，请告诉我，为什么我们要有这样森严的戒备，使全国的军民每夜不得安息；为什么每天都在制造铜炮，还要向国外购买战具；为什么赶造这许多船只，连星期日也不停止工作；这样夜以继日地辛苦忙碌，究竟将要有什么事情发生呢？谁能够告诉我？

霍拉旭　我可以告诉你，至少一般人都是这样传说。刚才他的形象还向我们出现的那位已故的王上，你们知道，曾经接受骄矜好胜的挪威的福丁布拉斯的挑战。在那一次决斗中，我们的勇武的哈姆莱特——他的英名是举世称颂的——把福丁布拉斯杀死了；按照双方根据法律和骑士精神所订立的协定，福丁布拉斯要是战败了，除了他自己的生命以外，必须把他所有的一切土地拨归胜利的一方；同时我们的王上也提出相当的土地作为赌注，要是福丁布拉斯得胜了，就归他没收占有，正像在同一协定上所规定的，他失败了，哈姆莱特可以把他的土地没收占有一样。现在要说起那位福丁布拉斯的儿子，他生得一副烈火似的性格，已经在挪威的四境招集了一群无赖之徒，供给他们衣食，驱策他们去干冒险的勾当；他唯一的目的我们的当局看得很清楚，无非是要用武力和强迫性的条件，夺回他父亲所丧失的土地。照我所知道的，这就是我们做种种准备的主要动机，我们这样戒备的唯一原因，也是全国所以这样慌忙骚乱的缘故。

勃那多　我想正是为了这一个缘故。我们那位王上在过去和目前的战乱中间，都是一个主要的角色，所以无怪他的武装的形象要向我们出现警示了。

霍拉旭　那是扰乱我们心灵之眼的一点微尘。从前在富强繁盛的罗马，当那雄才大略的裘利斯·恺撒遇害前不久，披着殓衾的死人都从坟墓里出来，在街道上啾啾鬼语，星辰拖着火尾，露水带血，太阳变色，支配潮汐的月亮被吞蚀得像一个没有起色的病人；这一类预报重大变故的征兆，在我们国内也已经屡次出现了。

【鬼魂重上。

霍拉旭　可是不要响！瞧！瞧！它又来了！（鬼魂张开双臂）我要挡住它的去路，即使它会害我。不要走，鬼魂！要是你能开口，对我说话吧；要是我有可以为你效劳之处，使你的灵魂得到安息，那么对我说话吧；要是你能预知祖国的命运，靠着你的指示，也许可以及时避免未来的灾祸，那么对我说话吧！或者你在生前曾经把你搜刮得来的财宝埋藏在地下，我听见人家说，鬼魂往往在他们藏金的地方徘徊不散，（鸡啼）要是有这样的事，你也对我说吧；不要走，说呀！拦住它，马西勒斯。

马西勒斯　要不要用我的戟刺它？

霍拉旭　好的，要是它不肯站定。

勃那多　它在这儿！

霍拉旭　它在这儿！

马西勒斯　它走了！（鬼魂下）我们不该用暴力对待这样一个尊严的亡魂；因为它是像空气一样不可侵害的，我们无益的打击不过是恶意的徒劳。

勃那多　它正要说话的时候，鸡就啼了。

霍拉旭　于是它就像一个罪犯听到了可怕的召唤似的惊跳起来。我听人家说，报晓的雄鸡用它高亢的啼声，唤醒了白昼之神，一听到它的警告，那些在海里、火里、地下、空中，到处浪游的有罪的灵魂，就一个个钻回各自的巢穴里去；这句话现在已经被证实了。

马西勒斯　它在鸡啼的时候隐去。有人说我们的救主将要诞生以前，这报晓的鸟儿彻夜长鸣；那时候，他们说，没有一个鬼魂可以外出行走，夜间的空气非常清净，没有一颗星用毒光射人，没有一个神仙用法术迷人，妖巫的符咒也失去了力量，一切都是圣洁而美好的。

霍拉旭　我也听人家这样说过，倒有几分相信。可是瞧，清晨披着赤褐色的外衣，已经踏着那边东方高山上的露水走过来了。我们也可以下岗了。照我的意思，我们应该把我们今夜看见的事情告诉年轻的哈姆莱特；因为凭着我的生命起誓，这一个鬼魂虽然对我们不发一言，见了他一定有话要说。你们以为按着我们的交情和责任说起来，是不是应当让他知道这件事情？

马西勒斯　很好，我们决定去告诉他。我知道今天在什么地方最容易找到他。（同下）

第二场　城堡中的大厅

【国王、王后、哈姆莱特、波洛涅斯、雷欧提斯、伏提曼德、考尼律斯、群臣、侍从等上。

国王　虽然我们亲爱的兄长哈姆莱特王新丧未久，我们的心里应当充满了悲痛，我们全国都应当表示一致的哀悼，可是我们凛于后死者责任的重大，不能不违情逆性，一方面固然要用适度的悲哀纪念他，一方面也要为自身的利害着想；所以在一种悲喜交集的情绪下，让幸福和忧郁分据我的两眼，殡葬的挽歌和结婚的笙乐同时并奏，用盛大的喜乐抵消沉重的不幸，我已经和我旧日的长嫂，当今的王后，这个尚武之国的共同的统治者，结为夫妇；这次婚姻事先曾经征求各位的意见，多承你们诚意的赞助，这是我必须向大家致谢的。现在我要告诉你们，年轻的福丁布拉斯看轻了我们的实力，也许他以为自从我们亲爱的王兄崩逝以后，我们的国势已经瓦解，所以挟着他的从中取利的梦想，不断向我们书面要求把他的父亲依法割让给我们英勇王兄的土地归还。这是他一方面的话。现在要讲到我们的态度和今天召集各位来此的目的。我们的对策是这样的：我这儿已经写好了一封信给挪威国王，年轻的福丁布拉斯的叔父，他因为卧病在床，不曾与闻他侄子的企图，在这里我请他注意他的侄子擅自在国内征募壮丁，训练士卒，积极进行各种准备的事实，要求他从速制止他的进一步的行动。现在我就派遣你，考尼律斯，还有你，伏提曼德，替我把这封信送去给挪威老王，除了训令上所规定的条件以外，你们不得僭用你们的权力和挪威成立逾越范围的妥协。（交一份文书）你们赶紧去吧，再会！

考尼律斯
伏提曼斯　我们定当尽力执行陛下的旨意。

国王　我相信你们的忠心，再会！（伏提曼斯、考尼律斯同下）现在，雷欧提斯，你有什么话说？你对我说你有一个请求，是什么请求，雷欧提斯？只要是合理的事情，你向丹麦王说了，他总不会不答应你。你有什么要求，雷欧提斯，我不是在你没有开口以前就自动许给了你？丹麦王室和你父亲的关系，正像头脑之与心灵一样密切；丹麦国王乐意为你父亲效劳，正像双手乐意为嘴效劳。你要些什么，雷欧提斯？

雷欧提斯　陛下，我要请求您允许我回到法国去。这一次我回国参加陛下加冕的盛典，略尽臣子的微忱，实在是莫大的荣幸；可是现在我的任务已尽，我的心愿又向法国飞驰，但求陛下开恩允许。

国王　你父亲已经答应你了吗？波洛涅斯怎么说？

波洛涅斯　陛下，我却不过他几次三番的恳求，已经勉强答应他了。请陛下放他去了吧。

国王　好好利用你的时间，雷欧提斯，尽情发挥你的才能吧！可是，来，我的侄儿哈姆莱特，我的孩子——

哈姆莱特　（旁白）超乎寻常的亲族，漠不相干的路人。

国王　为什么愁云依旧笼罩在你的身上？

哈姆莱特　不，陛下，我已经在太阳里晒得太久了。

王后　好，哈姆莱特，脱下你的黑衣，对你的父王应该和颜悦色一点；不要老是垂下眼皮，在泥土之中找寻你高贵的父亲。你知道这是一件很普通的事情，活着的人谁都要死去，从生存的空间踏进永久的宁静。

哈姆莱特　嗯，母亲，这是一件很普通的事情。

王后　既然是很普通的，那么你为什么瞧上去好像老是这样郁郁于心呢？

哈姆莱特　“好像”，母亲！不，是这样就是这样，我不知道什么“好像”不“好像”。好妈妈，我的墨黑的外套，礼俗上规定的丧服，勉强吐出来的叹气，像滚滚江流一样的眼泪，悲苦沮丧的脸色以及一切仪式、外表和忧伤的流露，都不能表示出我真实的情绪。这些才真是给人瞧的，因为谁都可以做作成这种样子。它们不过是悲哀的装饰和衣服；可是我的郁结的心事却是无法表现出来的。

国王　哈姆莱特，你这样孝思不匮，原是你天性中纯笃过人之处；可是你要知道，你的父亲也曾失去过一个父亲，那失去的父亲自己也失去过父亲。那后死的儿子为了尽他的孝道起见，必须有一个时期服丧守制，然而固执不变的哀伤，却是一种逆天悖理的愚行，不是堂堂男子所应有的举止；它表现出一个不肯安于天命的意志，一颗经不起艰难痛苦的心，一个缺少忍耐的头脑和一个简单愚昧的理性。既然我们知道那是无可避免的事，无论谁都要遭遇到同样的经验，那么我们为什么要这样固执地把它介于怀呢？嘿！那是对上天的罪戾，对死者的罪戾，也是违反人情的罪戾；在理智上它是完全荒谬的，因为从第一个死了的父亲起，直到今天死去的最后一个父亲为止，理智永远在呼喊，“这是无可避免的”。我请你抛弃了这种无益的悲伤，把我当作你的父亲；因为我要让全世界知道，你是王位的直接的继承者，我要给你尊荣和恩宠，不亚于一个最慈爱的父亲之于他的儿子。至于你要回到威登堡去继续求学的意思，那是完全违反我们的愿望的；请你听从我的劝告，不要离开这里，在朝廷上领袖群臣，做我们最密近的国亲和王子，使我们因为每天能够看见你而感到欢欣。

王后　不要让你母亲的祈求全归无用，哈姆莱特，请你不要离开我们，不要到威登堡去。

哈姆莱特　我将要勉力服从您的意志，母亲。

国王　啊，那才是一句有孝心的答复；你将在丹麦享有和我同等的尊荣。御妻，来。哈姆莱特这一种自动的顺从使我非常高兴；为了表示庆祝起见，今天丹麦王每一次举杯祝饮的时候，都要放一响高入云霄的礼炮，让上天应和着地上的雷鸣，发出欢乐的回声。来。（除哈姆莱特外均下）

哈姆莱特　啊，但愿这一个太坚实的肉体会融解消散，化成一片露水！或者那永生的真神不曾制定禁止自杀的律法！上帝啊！上帝啊！

人世间的一切在我看来是多么可厌、陈腐、乏味而无聊！哼！哼！那是一个荒芜不治的花园，长满了恶毒的莠草。想不到居然会有这种事情！刚死了两个月！不，两个月还不满！那样好的一个国王，比起这一个来，简直一个是天神一个丑怪；那样爱我的母亲，甚至不愿让天风吹痛她的脸庞。天和地啊！我必须记着吗？嘿，她会偎依在他的身旁，好像吃了美味的食物，格外促进了食欲一般；可是，只有一个月的时间，我不能再想下去了！脆弱啊，你的名字就是女人！短短的一个月以前她哭得像个泪人儿似的，送我那可怜的父亲下葬；她在送葬的时候所穿的那双鞋子现在还没有破旧，她就，她就——上帝啊！一头没有理性的畜生也要悲伤得长久一些——她就嫁给了我的叔父——我的父亲的弟弟，可是他一点不像我的父亲，正像我一点不像赫拉克勒斯一样。只有一个月的时间，她那流着虚伪之泪的眼睛还没有消去它们的红肿，她就嫁了人了。啊，罪恶的仓促，这样迫不及待地钻进了乱伦的衾被！那不是好事，也不会有好结果；可是碎了吧，我的心，因为我必须噤住我的嘴！

【霍拉旭、马西勒斯、勃那多同上。

霍拉旭　祝福，殿下！

哈姆莱特　我很高兴看见你身体康健，霍拉旭。

霍拉旭　我也是这样，殿下，我永远是您卑微的仆人。

哈姆莱特　不，你是我的好朋友，我愿意和你以朋友相称。你怎么不在威登堡，霍拉旭！马西勒斯！

马西勒斯　殿下——

哈姆莱特　我很高兴看见你。（向勃那多）午安，朋友。——可是你究竟为什么离开威登堡？

霍拉旭　无非是偷闲躲懒罢了，殿下。

哈姆莱特　我不愿听见你的仇敌说这样的话，你也不能用这样的话刺痛我的耳朵，使它相信你对你自己所作的诽谤；我知道你不是一个偷闲躲懒的人。可是你在厄耳锡诺有什么事？趁着你未去之前，我们要陪你痛饮几杯哩。

霍拉旭　殿下，我是来参加您父王的葬礼的。

哈姆莱特　请你不要取笑，我的同学，我想你是来参加我母后的婚礼的。

霍拉旭　真的，殿下，这两件事情间隔得太近了。

哈姆莱特　这是一举两便的办法，霍拉旭！葬礼中剩下来的残羹冷炙，正好宴请婚筵上的宾客。霍拉旭，我宁愿在天上遇见我最痛恨的仇人，也不愿看到那样的一天！我的父亲，我仿佛看见了我的父亲。

霍拉旭　啊，在什么地方，殿下？

哈姆莱特　在我的心灵的眼睛里，霍拉旭。

霍拉旭　我曾经见过他一次。他是一位很好的君王。

哈姆莱特　他是一个堂堂男子。整个儿说起来，我再也见不到像他那样的人了。

霍拉旭　殿下，我想我昨天晚上看见过他。

哈姆莱特　看见谁？

霍拉旭　殿下，我看见您的父王。

哈姆莱特　我的父王！

霍拉旭　不要吃惊，请您静静地听我把这件奇事告诉您，这两位可以替我作见证。

哈姆莱特　看在上帝的分上，讲给我听。

霍拉旭　这两位朋友，马西勒斯和勃那多，在万籁俱寂的午夜守望的时候，曾经连续两次看见一个自顶至踵全身甲胄像您父亲一样的人形，在他们的面前出现，用庄严而缓慢的步伐走过他们的身边。在他们惊奇骇愕的眼前，他三次走过去，他手里所握的鞭杖几乎可以碰到他们的身上；他们吓得几乎浑身都瘫痪了，只是呆立着不动，一句话也没有对他说。怀着惴惧的心情，他们把这件事悄悄地告诉了我，我就在第三夜陪着他们一起守望；正像他们所说的一样，那鬼魂又出现了，出现的时间和他的形状，证实了他们的每一个字都是正确的。我认识您的父亲，那鬼魂是那样酷肖他的生前，我这两手也不及他们彼此的相似。

哈姆莱特　可是这是在什么地方？

马西勒斯　殿下，就在我们守望的露台上。

哈姆莱特　你有没有对它说话？

霍拉旭　殿下，我说了，可是它没有回答我；不过有一次我觉得它好像抬起头来，像要开口说话似的，可是就在那时候，晨鸡高声啼了起来，它一听见鸡叫声，就很快地隐去不见了。

哈姆莱特　这很奇怪。

霍拉旭　凭着我的生命起誓，殿下，这是真的。我们认为按着我们的责任，应该让您知道这件事。

哈姆莱特　对，是的，朋友们，可是这件事情很使我迷惑。你们今晚仍旧要去守望吗？

马西勒斯
勃那多　是，殿下。

哈姆莱特　你们说他穿着甲胄吗？

马西勒斯
勃那多　是，殿下。

哈姆莱特　从头到脚？

马西勒斯
勃那多　从头到脚，殿下。

哈姆莱特　那么你们没有看见他的脸吗？

霍拉旭　啊，看见了，殿下，他的脸甲是掀起的。

哈姆莱特　怎么，他瞧上去像在发怒吗？

霍拉旭　他的脸上悲哀多于愤怒。

哈姆莱特　他的脸色是惨白的还是红红的？

霍拉旭　非常惨白。

哈姆莱特　他的眼睛注视着你吗？

霍拉旭　他直盯着我瞧。

哈姆莱特　我真希望当时我也在场。

霍拉旭　那一定会使您惊愕万分。

哈姆莱特　多半会的，多半会的。它停留得长久吗？

霍拉旭　大概有一个人用不快不慢的速度从一数到一百那样长。

马西勒斯
勃那多　还要长一些，还要长一些。

霍拉旭　我看见他的时候，不过是这么长。

哈姆莱特　他的胡须是斑白的吗？

霍拉旭　是的，正像我在他生前看见的那样，乌黑的胡须里略有几根变成白色。

哈姆莱特　我今晚也要守夜去。也许它还会出来。

霍拉旭　我可以担保它一定会出来。

哈姆莱特　要是它借着我父王的形貌出现，即使地狱张开嘴来，叫我不要做声，我也一定要对它说话。要是你们到现在还没有把你们所看见的告诉别人，那么我要请求你们大家继续保持沉默；无论今夜发生什么事情，都请放在心里，不要在口舌之间泄露出来。我一定会报答你们的忠诚。好，再会。今晚十一点钟到十二点钟之间，我要到露台上来看你们。

众人　我们愿意为殿下尽忠。

哈姆莱特　让我们彼此保持着不渝的交情，再会！（霍拉旭、马西勒斯、勃那多同下）我父亲的灵魂披着甲胄！事情有些不妙，我恐怕这里面有奸人的恶计。但愿黑夜早点到来！静静地等着吧，我的灵魂；罪恶的行为总有一天会被发现，虽然地上所有的泥土已把它们遮掩。（下）

第三场　波洛涅斯家中一室

【雷欧提斯及奥菲利娅上。

雷欧提斯　我需要的物件已经装在船上，再会了，妹妹；在好风给人方便，又有船只往来的时候，不要贪睡，让我听见你的消息。

奥菲利娅　你还不相信我吗？

雷欧提斯　对于哈姆莱特和他的调情献媚，你必须把它认作年轻人一时的感情冲动，一朵初春的紫罗兰早熟而易凋，馥郁而不能持久，一分钟的芬芳和喜悦，如此而已。

奥菲利娅　不过是如此吗?

雷欧提斯　不过如此。因为像新月一样逐渐饱满的人生，不仅是肌肉和体格的成长，而且随着身体的发展，精神和心灵也同时扩大。也许他现在爱你，他真诚的意志是纯洁而不带欺诈的；可是你必须留心，他有这样高的地位，他的意志并不属于他自己，因为他自己也要被他的血统所支配；他不能像一般庶民一样为自己选择，因为他的决定足以影响到整个国本的安危，他是全身的首脑，他的选择必须得到各部分肢体的同意；所以要是他说，他爱你，你应当想一想，以他王子之尊究竟能做到几分，那是必须以丹麦的公意给他的赞同为限的。你再想一想，要是你用过于轻信的耳朵倾听他的歌曲，让他攫走了你的心，在他狂妄的渎求之下打开了你宝贵的童贞，那时候你的名誉将要蒙受多大的损失。留心，奥菲利娅，留心，我亲爱的妹妹，不要放纵你的爱情，不要让欲望的利箭把你射中。一个自爱的女郎不应该向月亮显露她的美貌；圣贤也不能逃避谗口的中伤；春天的草木往往还没有吐放它们的蓓蕾，就被蛀虫蠹蚀；朝露一样晶莹的青春，常常会受到罡风的吹打。所以留心吧，戒惧是最安全的方策；即使没有旁人的诱惑，少年的血气也要向他自己叛变。

奥菲利娅　我将要记住你这段很好的教训，让它看守着我的心。可是，我的好哥哥，你不要像有些坏牧师一样，指点给我上天去的险峻的荆棘之途，自己却在花街柳巷流连忘返，忘记了自己的箴言。

雷欧提斯　啊！不要为我担心。我耽搁得太久了，可是父亲来了。

【波洛涅斯上。

雷欧提斯　两度祝福是双倍福分；第二次的告别是格外可喜的。

波洛涅斯　还在这儿，雷欧提斯！上船去，上船去，真好意思！风息在帆顶上，人家都在等着你哩。好，我为你祝福！还有几句教训，希望你铭刻在记忆之中：不要想到什么就说什么，凡事必须三思而行。对人要和气，可是不要过分狎昵。相知有素的朋友，应该用钢圈箍在你的灵魂上，可是不要对每一个泛泛的新知滥施你的交情。留心避免和人家争吵，可是万一争端已起，就应该让对方知道你不是可以轻侮的。倾听每一个人的意见，但要只对极少数人发表你自己的看法；接纳每一个人的批评，但要保留你自己的判断。尽你的财力购置贵重的衣服，可是不要炫新立异，必须富丽而不浮艳，因为服装往往可以表现人格；法国的名流要人，在这一点上是特别注重的。不要向人告贷，也不要借钱给人，因为债款放了出去，往往不但丢了本钱，而且还失去了朋友；向人告贷的结果，是容易养成因循懒惰的习惯。尤其要紧的，你必须对你自己忠实；正像有了白昼才有黑夜一样，对自己忠实，才不会对别人欺诈。再会，愿我的祝福使这一番话在你的行事中实践。

雷欧提斯　父亲，我告别了。

波洛涅斯　时候不早了，去吧，你的仆人都在等着。

雷欧提斯　再会，奥菲利娅，记住我对你说的话。

奥菲利娅　你的话已经锁在我的记忆里，那钥匙你替我保管着吧。

雷欧提斯　再会！（下）

波洛涅斯　奥菲利娅，他对你说了些什么话？

奥菲利娅　回父亲的话，我们刚才谈起哈姆莱特殿下的事情。

波洛涅斯　嗯，这是应该考虑一下的。听说他近来常常跟你在一起，你也从来不拒绝他的求见；要是果然有这种事——人家这样告诉我，也无非是叫我注意的意思——那么我必须对你说，你还没有懂得你做了我的女儿，按照你的身份，应该怎样留心你自己的行动。究竟在你们两人之间有些什么关系？老实告诉我。

奥菲利娅　父亲，他最近曾经屡次向我表示他的爱情。

波洛涅斯　爱情！呸！你讲的话完全像是一个不曾经历过这种危险的不懂事的女孩子。你相信他的表示吗？

奥菲利娅　父亲，我不知道我应该怎样想才好。

波洛涅斯　好，让我来教你。你应该这样想，你是一个小孩子，把这些假钞当作了真金。你应该把你自己的价值抬高一些，否则——实话实说——你会叫我大大地出丑。

奥菲利娅　父亲，他向我求爱的态度是很光明正大的。

波洛涅斯　嗯，他的态度，很好，很好。

奥菲利娅　而且，父亲，他差不多用尽一切指天誓日的神圣的盟约，证实他的言语。

波洛涅斯　嗯，这些都是捕捉愚蠢的山鹬的圈套。我知道在热情燃烧的时候，一个人无论什么盟誓都会说出口来；这些火焰，女儿，是光多于热的，一下子就会光消焰灭，因为它们本来是虚幻的，你不能把它们当作真火看待。从现在起，你还是少露一些你的女儿家的脸；你应该抬高身价，不要让人家以为你是可以随意召呼的。对于哈姆莱特殿下，你应该这样想，他是个年轻的王子，他比你在行动上有更大的自由。总而言之，奥菲利娅，不要相信他的盟誓，因为它们都是诱人堕落的淫媒，用庄严神圣的辞令，掩饰淫邪险恶的居心。我的言尽于此，简单一句话，从现在起，我不许你跟哈姆莱特殿下谈一句话。你留点儿神吧。进去。

奥菲利娅　我一定听从您的话，父亲。（同下）

第四场　露台

【哈姆莱特、霍拉旭及马西勒斯上。

哈姆莱特　风吹得人怪痛的，这天气真冷。

霍拉旭　是很凛冽的寒风。

哈姆莱特　现在是什么时候了？

霍拉旭　我想还不到十二点。

马西勒斯　不，已经打过了。

霍拉旭　真的？我没有听见。那么鬼魂出现的时候快要到了。

（内喇叭奏花腔及鸣炮声）这是什么意思，殿下？

哈姆莱特　王上今晚大宴群臣，作通宵的醉舞；每次他喝下了一杯葡萄美酒，铜鼓和喇叭便吹打起来，欢祝万寿。

霍拉旭　这是向来的风俗吗？

哈姆莱特　嗯，是的。可是我虽然从小就熟悉这种风俗，却也知道这不是常常举行的。这一种酗酒纵乐的风俗，使我们在东西各国受到许多非议；他们称我们为酒徒醉汉，用下流的污名加在我们头上，使我们各项伟大的成就都因此而大为减色。在个人方面也常常是这样，有些人因为身体上长了丑陋的黑痣——这本来是天生的缺陷，不是他们自己的过失——或者生就一种令人侧目的怪癖，虽然他们此外还有许多纯洁优美的品性，可是为了这一个缺点，往往会受到世人的歧视。一点点恶癖往往遮盖了高贵的品性，败坏了一个人的声誉。

【鬼魂上。

霍拉旭　瞧，殿下，它来了！

哈姆莱特　天使保佑我们！不管你是一个善良的灵魂或是万恶的妖魔，不管你带来了天上的和风或是地狱中的罡风，不管你的来意好坏，因为你的形状是这样可疑，我要对你说话；我要叫你哈姆莱特君王，父亲！尊严的丹麦先王，啊，回答我！不要让我在无知的蒙昧里抱恨终天；告诉我为什么你长眠的骸骨不安墓穴，为什么安葬着你遗体的坟茔张开它沉重的大理石的两颚，把你重新吐放出来。你这已死的尸体这样全身甲胄，出现在月光之下，使黑夜变得这样阴森，使我们这些为造化所玩弄的愚人充满了不可思议的恐怖，究竟是什么意思呢？说，这是为了什么？你要我们怎样？（鬼魂向哈姆莱特招手）

霍拉旭　它招手叫您跟着它去，好像它有什么话要对您一个人说似的。

马西勒斯　瞧，它用很有礼貌的举动，招呼您到一个僻远的所在去；可是别跟它走。

霍拉旭　千万不要跟它去。

哈姆莱特　它不肯说话。我还是得跟它去。

霍拉旭　不要去，殿下。

哈姆莱特　嗨，怕什么呢？我把我的生命看得不值一枚针；至于我的灵魂，那是跟它自己同样永生不灭的，它能够加害它吗？它又在招手叫我前去了。我要跟它去。

霍拉旭　殿下，要是它把您诱到潮水里去，或者把您领到下临大海的峻峭的悬崖之巅，在那边它现出了狰狞的面貌，吓得您丧失理智，变成疯狂，那可怎么好呢？您想，无论什么人一到了那样的地方，望着下面千仞的峭壁，听见海水奔腾的怒吼，即使没有别的原因，也会怪念迭起。

哈姆莱特　它还是在向我招手。去吧，我跟着你。

马西勒斯　您不能去，殿下。

哈姆莱特　放下你们的手！

霍拉旭　听我们的劝告，不要去。

哈姆莱特　我的命运在高声呼喊，使我全身每一根微细的血管都变得像怒狮的筋骨一样坚硬。（鬼魂招手）它仍旧在招我去。放开我，朋友们，凭着上天起誓，谁要是拉住了我，我要叫他变成一个鬼！走开！去吧，我跟着你。（鬼魂及哈姆莱特同下）

霍拉旭　幻想占据了他的头脑，使他不顾一切。

马西勒斯　让我们跟上去，我们不应该服从他的话。

霍拉旭　那么跟上去吧。这种事情会引出些什么结果来呢？

马西勒斯　丹麦国里恐怕有些不可告人的坏事。

霍拉旭　上天的旨意支配一切。

马西勒斯　得了，我们还是跟上去吧。（同下）

第五场　露台另一处

【鬼魂及哈姆莱特上。

哈姆莱特　你要领我到什么地方去？说！我不愿再前进了。

鬼魂　听我说。

哈姆莱特　我在听着。

鬼魂　我的时间快要到了，我必须再回到硫黄的烈火里去受煎熬的痛苦。

哈姆莱特　唉，可怜的亡魂！

鬼魂　不要可怜我，你只需留心听着我将要告诉你的话。

哈姆莱特　说吧，我在这儿听着。

鬼魂　你听了以后，必须替我报仇。

哈姆莱特　什么？

鬼魂　我是你父亲的灵魂，因为生前孽障未尽，被判在晚间游行于地上，白昼忍受火焰的烧灼，必须经过相当的时期，等生前的过失被火焰净化以后，方才可以脱罪。若不是因为我不能违犯禁令，泄露我的狱室中的秘密，我可以告诉你一点事，最轻微的一句话，都可以使你魂飞魄散，使你年轻的血液凝冻成冰，使你的双眼像脱了轨道的星球一样向前突出，使你纠结的鬈发根根分开，像愤怒的豪猪身上的刺毛一样森然耸立；可是这一种永恒的神秘，是不能向血肉的凡耳宣示的。听着，听着，啊，听着！要是你曾经爱过你亲爱的父亲——

哈姆莱特　上帝啊！

鬼魂　你必须替他报复那逆伦惨恶的杀身的仇恨。

哈姆莱特　杀身的仇恨！

鬼魂　杀人是重大的罪恶；可是这一件谋杀的惨案，更是最骇人听闻而逆天害理的罪行。

哈姆莱特　赶快告诉我知道，让我驾着像思想和爱情一样迅速的翅膀，飞去把仇人杀死。

鬼魂　我的话果然刺激了你；要是你听见了这种事情而漠然无动于衷，那你除非比舒散在忘河之滨的蔓草还要冥顽不灵。现在，哈姆莱特，听我说。一般人都以为我在花园里睡觉的时候，一条蛇来把我螫死了，这一个虚构的死状，把丹麦全国的人都骗过了；可是你要知道，好孩子，那毒害你父亲的蛇，头上戴着王冠呢。

哈姆莱特 啊，我的预感果然是真的！我的叔父？

鬼魂 嗯，那个乱伦的奸淫的畜生，他有的是过人的诡诈，天赋的奸恶，凭着他的阴险的手段，诱惑了我的外表上似乎非常贞淑的王后，满足他那无耻的兽欲。啊，哈姆莱特，那是多么卑鄙无耻的背叛！我的爱情是那样纯洁真诚，始终信守着我在结婚的时候对她所作的盟誓；她却会对一个天赋和才德远不如我的恶人降心相从！可是正像一个贞洁的女子，虽然淫欲罩上神圣的外表也不能把她煽动一样，一个淫妇虽然和光明的天使为偶，也会有一天厌倦于天上的唱随之乐，而宁愿搂抱人间的朽骨。可是且慢！我仿佛嗅到了清晨的空气。让我把话说得简短一些。当我按照每天午后的惯例，在花园里睡觉的时候，你的叔父趁我不备，悄悄溜了进来，拿着一个盛着毒草汁的小瓶，把一种使人麻痹的药水注入我的耳腔之内，那药性发作起来，会像水银一样很快地流过全身的大小血管，像酸液滴进牛乳般地把淡薄而健全的血液凝结起来；它一进入我的身体里，我全身光滑的皮肤上便立刻长出无数疱疹，像害着癞病似的满布着可憎的鳞片。这样，我在睡梦之中，被一个兄弟同时夺去了我的生命、我的王冠和我的王后；甚至于不给我一个忏罪的机会，使我在没有领到圣餐也没有受过临终涂膏礼以前，就一无准备地负着我的全部罪恶去对簿阴曹。可怕啊，可怕！要是你有天性之情，不要默尔而息，不要让丹麦的御寝变成了藏奸养逆的卧榻；可是无论你怎样进行复仇，你的行事必须光明磊落，更不可对你的母亲有什么不利的图谋，她自会受上天的裁判和她自己内心中的荆棘的刺戳。现在我必须去了！萤火的微光已经开始暗淡下去，清晨快要到来了。再会，再会！哈姆莱特，记着我。（下）

哈姆莱特 天上的神明啊！地啊！再有什么呢？我还要向地狱呼喊吗？啊，呸！忍着吧，忍着吧，我的心！我全身的筋骨，不要一下子就衰老，支持着我的身体呀！记着你！是的，你可怜的亡魂，当记忆不曾从我这混乱的头脑里消失的时候，我会记着你的。记着你！是的，我要从我记忆的碑板上拭去一切琐碎愚蠢的记录、一切书本上的格言、一切陈言套语、一切过去的印象、我少年的阅历所留下的痕迹，只让你的命令留在我的脑筋的书卷里，不掺杂一点下贱的废料；是的，上天为我作证！啊，最恶毒的妇人！啊，奸贼，奸贼，脸上堆着笑的万恶的奸贼！我的记事板呢？我必须把它记下来：一个人尽管满面都是笑，骨子里却是杀人的奸贼；至少我相信在丹麦是这样的。（写字）好，叔父，我把你写下来了。现在我要记下我的话，那是，“再会，再会！记着我。”我已经发过誓了。

霍拉旭 （在内）殿下！殿下！

马西勒斯 （在内）哈姆莱特殿下！

【霍拉旭及马西勒斯上。

霍拉旭 上天保佑他！

哈姆莱特 但愿如此！

霍拉旭 喂，呵，呵，殿下！

哈姆莱特 喂，呵，呵，孩儿！来，鸟儿，来。

马西勒斯 怎样，殿下？

霍拉旭 有什么事，殿下？

马西勒斯 怎么一回事？

哈姆莱特 啊，奇怪！

霍拉旭 好殿下，告诉我们。

哈姆莱特 不，你们会泄露出去的。

霍拉旭 不，殿下，凭着上天起誓，我一定不泄露。

马西勒斯 我也一定不泄露，殿下。

哈姆莱特 那么你们说，哪一个人会想得到有这种事？可是你们能够保守秘密吗？

霍拉旭
马西勒斯　是，上天为我们作证，殿下。

哈姆莱特　在全丹麦从来不曾有哪一个奸贼——不是一个十足的坏人。

霍拉旭　殿下，这样一句话是用不着什么鬼魂从坟墓里出来告诉我们的。

哈姆莱特　啊，对了，你说得有理。所以，我们还是不必多说废话，大家握握手分开吧。你们可以去照你们自己的意思干——因为各人都有各人的意思和事——至于我自己，那么我对你们说我是要去祈祷去的。

霍拉旭　殿下，您这些话好像有些疯疯癫癫似的。

哈姆莱特　我的话冒犯了你，真是非常抱歉。是的，我从心底里抱歉。

霍拉旭　哪儿的话，殿下。

哈姆莱特　不，凭着圣伯特力克的名义，霍拉旭，我真是极大地冒犯了你。讲到这一个幽灵，那么让我告诉你们，它是一个诚实的亡魂；你们要是想知道它对我说了些什么话，我只好请你们暂时不必动问。现在，好朋友们，你们都是我的朋友，都是学者和军人，请你们允许我提一个卑微的要求。

霍拉旭　是什么要求，殿下？我们一定允许您。

哈姆莱特　永远不要把你们今晚所见的事情告诉别人。

霍拉旭
马西勒斯　殿下，我们一定不告诉别人。

哈姆莱特　不，你们必须宣誓。

霍拉旭　凭着良心起誓，殿下，我绝不告诉别人。

马西勒斯　凭着良心起誓，殿下，我也绝不告诉别人。

哈姆莱特　把手按在我的剑上宣誓。

马西勒斯　殿下，我们已经宣誓过了。

哈姆莱特　那不算，把手按在我的剑上。

鬼魂　（在台板下）宣誓！

哈姆莱特　啊哈！孩儿！你也这样说吗？你在那儿吗，好家伙？来，你们没听见这个地窖里的人怎么说吗？宣誓吧。

霍拉旭　请您教我们怎样宣誓，殿下。

哈姆莱特　永不向人提起你们所看见的这一切。把手按在我的剑上宣誓。

鬼魂　（在下）宣誓！

哈姆莱特　你到处跟着我们吗？那么我们换一个地方。过来，朋友们。把你们的手按在我的剑上，宣誓永不向人提起你们所听见的这一切。

鬼魂　（在下）宣誓！

哈姆莱特　说得好，老鼹鼠！你能够在地底钻得这么快吗？好一个开路的先锋！好朋友们，我们再来换一个地方。

霍拉旭　哎哟，真是不可思议的怪事！

哈姆莱特　那么你还是用见怪不怪的态度对待它吧。霍拉旭，天地之间有许多事情，是科学所没有梦想到的呢。可是，来，上帝的慈悲保佑你们，你们必须再作一次宣誓。我今后也许有时候要故意装出一副疯疯癫癫的样子，你们要是在那时候看见了我有古怪的举动，切不可像这样交叉着手臂，或者这样摇头摆脑地，或者嘴里说一些吞吞吐吐的词句，例如"呃，呃，我们知道"，或是"只要我们高兴，我们就可以"，或是"要是我们愿意说出来的话"，或是"有人要是怎么怎么"，诸如此类的含糊其辞的话语，表示你们知道我有些什么秘密；你们必须答应我避免这一类言辞，上帝的恩惠和慈悲保佑着你们，宣誓吧。

鬼魂　（在下）宣誓！（众宣誓）

哈姆莱特　安息吧，安息吧，受难的灵魂！好，朋友们，我用全心的真情，信赖着你们两位；要是在哈姆莱特微弱的能力以内，能够有可以向你们表示他的友情之处，上帝在上，我一定不会有负你们。让我们一同进去；请你们记着在无论什么时候都要守口如瓶。这是一个颠倒混乱的时代，唉，倒霉的我却要负起重整乾坤的责任！来，我们一块儿去吧。（同下）

第二幕

第一场　波洛涅斯家中一室

【老波洛涅斯及家仆雷奈尔多上。

波洛涅斯　把这些钱和这封信交给他，雷奈尔多。

雷奈尔多　是，老爷。

波洛涅斯　好雷奈尔多，你在没有去看他以前，最好先探听探听他的行为。

雷奈尔多　老爷，我本来就有这个意思。

波洛涅斯　很好，很好，好得很。你先给我调查调查有些什么丹麦人在巴黎，他们是干什么的，叫什么名字，有没有钱，住在什么地方，跟哪些人做伴，用度大不大；用这种转弯抹角的方法，要是你打听到他们也认识我的儿子，你就可以更进一步，表示你对他也有相当的认识；你可以这样说："我知道他的父亲和他的朋友，对他也略为有点认识。"你听着没有，雷奈尔多？

雷奈尔多　是，我在留心听着，老爷。

波洛涅斯　"对他也略为有点认识，可是，"你可以说，"不怎么熟悉；不过假如果然是他的话，那么他是个很放浪的人，有些怎么怎么的坏习惯。"说到这里，你就可以随便捏造一些关于他的坏话；当然啰，你不能把他说得太不成样子，那是会损害他的名誉的，这一点你必须注意；可是你不妨举出一些纨绔子弟所犯的最普通的浪荡行为。

雷奈尔多　譬如赌钱，老爷。

波洛涅斯　对了，或是喝酒、斗剑、赌咒、吵嘴、嫖妓之类，你都可以说。

雷奈尔多　老爷，那是会损害他的名誉的。

波洛涅斯　不，不，你可以在言语之间说得轻淡一些。可不能多糟践他。你不能说他公然纵欲，那可不是我的意思；可是你要把他的过失讲得非常巧妙，让人家听着好像那不过是行为上的小小的不检，一个血气方刚的小伙子的一时胡闹，一般公子哥儿难免的放浪行为。

雷奈尔多　可是老爷——

波洛涅斯　为什么叫你做这种事？

雷奈尔多　是的，老爷，请您告诉我。

波洛涅斯　呃，我的用意是这样的，我相信其中自有妙处：你这样轻描淡写地说了我儿子的一些坏话，就像你提起一件略有污损的东西似的，听着，要是跟你谈话的那个人，也就是你向他探询的那个人，果然看见过你所说起的那个少年犯了你刚才所列举的那些罪恶，他一定会用这样的话对你表示同意："好先生——"也许他会称你"朋友"、"仁兄"，按照着各人的身份和各国的习惯。

雷奈尔多　很好，老爷。

波洛涅斯　然后他就——他就——我刚才要说一句什么话？哎哟，我正要说一句什么话，我说到什么地方啦？

雷奈尔多　您刚才说到"用这样的话表示同意"。

波洛涅斯　说到"用这样的话表示同意"，嗯，对了，他会用这样的话对你表示同意："我认识这位绅士，昨天我还看见过他，或许是前天，或许是什么什么时候，跟什么什么人在一起，正像您所说的，他在什么地方赌钱，在什么地方喝得酩酊大醉，在什么地方因为打网球而跟人家打起架来"；也许他还会说，"我看见他走进一家什么什么生意人家去”，那就是说窑子或是诸如此类的所在。你瞧，你用说谎的钓饵，就可以把事实的真相诱上你的钓钩；我们有智慧有见识的人，往往能用这种旁敲侧击的方法，间接达到我们的目的；你也可以照着我上面所说的那一番话，探听出我的儿子的行为。你懂得我的意思没有？

雷奈尔多 老爷，我懂得了。

波洛涅斯 上帝和你同在，再会！

雷奈尔多 那么我去了，老爷。

波洛涅斯 你自己也得留心观察他的举止。

雷奈尔多 是，老爷。

波洛涅斯 叫他用心学习音乐。

雷奈尔多 是，老爷。

波洛涅斯 你去吧！（雷奈尔多下）

【奥菲利娅上。

波洛涅斯 啊，奥菲利娅！什么事？

奥菲利娅 哎哟，父亲，我吓死了！

波洛涅斯 凭着上帝的名义，怕什么？

奥菲利娅 父亲，我正在房间里缝纫的时候，哈姆莱特殿下跑了进来，走到我的面前；他上身的衣服完全没有扣上纽子，头上也不戴帽子，他的袜子上沾着污泥，没有袜带，一直垂到脚踝上；他的脸色像他的衬衫一样白，他的膝盖互相碰撞，他的神情是那样凄惨，好像他刚从地狱里逃出来，要向人讲述它的恐怖一样。

波洛涅斯 他因为不能得到你的爱而发疯了吗？

奥菲利娅 父亲，我不知道，可是我想也许是的。

波洛涅斯 他怎么说？

奥菲利娅 他握着我的手腕紧紧不放，拉直了手臂向后退立，用他的另一只手这样遮在他的额角上，一眼不眨地瞧着我的脸，好像要把它临摹下来似的。这样经过了好久的时间，然后他轻轻地摇动一下我的手臂，他的头上上下下点了三次，于是他发出了一声非常惨痛而深长的叹息，好像他的整个胸部都要爆裂，他的生命就要在这一声叹息中间完毕似的。然后他放松了我，转过他的身体，他的头还是向后回顾，好像他不用眼睛的帮助也能够找到他的路，因为直到他走出了门外，他的两眼还是注视在我的身上。

波洛涅斯　跟我来，我要见王上去。这正是恋爱不遂的疯狂；一个人受到这种剧烈的刺激，什么不顾一切的事情都会干得出来。我真后悔。怎么，你最近对他说过什么使他难堪的话没有？

奥菲利娅　没有，父亲，可是我已经遵从您的命令，拒绝他的来信，并且不允许他来见我。

波洛涅斯　这就是使他疯狂的原因。我很后悔看错了人。我以为他不过把你玩弄玩弄，恐怕贻误你的终身；可是我不该这样多疑！正像年轻人干起事来，往往不知道瞻前顾后一样，我们这种上了年纪的人，总是免不了思虑过多。来，我们见王上去。这种事情是不能蒙蔽起来的，要是隐讳不报，也许会闹出乱子来。来。（同下）

第二场　城堡中一室

【喇叭奏花腔。国王、王后、罗森格兰兹、吉尔登斯吞及侍从等上。

国王　欢迎，亲爱的罗森格兰兹和吉尔登斯吞！这次匆匆召请你们两位前来，一方面是因为我非常思念你们，一方面也是因为我有需要你们帮忙的地方。你们大概已经听到哈姆莱特的变化；我把它称为变化，因为无论在外表上或是精神上，他已经和从前大不相同。除了他父亲的死以外，究竟还有些什么原因，把他激成了这种疯疯癫癫的样子，我实在无从猜测。你们从小便跟他在一起长大，素来知道他的脾气，所以我特地请你们到我们宫廷里来盘桓几天，陪伴陪伴他，替他解解愁闷，同时趁机窥探他究竟有些什么秘密的心事，为我们所不知道的，也许一旦公开之后，我们就可以对症下药。

王后　他常常讲起你们两位，我相信世上没有哪两个人比你们更为他所亲信了。你们要是不嫌怠慢，答应在我们这儿小作逗留，帮助我们实现我们的希望，那么你们的盛情雅意，一定会受到丹麦王室隆重的礼谢的。

罗森格兰兹　我们是两位陛下的臣子，两位陛下有什么旨意，尽管命令我们，像这样言重的话，倒使我们置身无地了。

吉尔登斯吞　我们愿意投身在两位陛下的足下，两位陛下无论有什么命令，我们都愿意尽力奉行。

国王　谢谢你们，罗森格兰兹和善良的吉尔登斯吞。

王后　谢谢你们，吉尔登斯吞和善良的罗森格兰兹。现在我就要请你们立刻去看看我大大变了样子的儿子。

来人，领这两位绅士到哈姆莱特的地方去。

吉尔登斯吞　但愿上天保佑，使我们能够得到他的欢心，帮助他恢复常态！

王后　阿门！（罗森格兰兹、吉尔登斯吞及若干侍从下）

【波洛涅斯上。

波洛涅斯　启禀陛下，我们派往挪威去的两位钦使已经喜气洋洋地回来了。

国王　你总是带着好消息来报告我们。

波洛涅斯　真的吗，陛下？不瞒陛下说，我把我对于我的上帝和我宽仁厚德的王上的责任，看得跟我的灵魂一样重呢。要是我的脑筋还没有出毛病，没有想到了岔路上去，那么我想我已经发现了哈姆莱特发疯的原因。

国王　啊！你说吧，我急着要听呢。

波洛涅斯　请陛下先接见了钦使；我的消息留作为茶余饭后的话题吧。

国王　那么有劳你去迎接他们进来。（波洛涅斯下）我的亲爱的王后，他对我说他已经发现了你的儿子心神不定的原因。

王后　我想主要的原因还是他父亲的死和我们过于迅速的结婚。

国王　好，等我们仔细问问。

【波洛涅斯率大使伏提曼德及考尼律斯重上。

国王 欢迎，我的好朋友们！伏提曼德，我们的挪威王兄怎么说？

伏提曼德 他叫我们向陛下转达他友好的问候。他听到了我们的要求，就立刻传谕他的侄儿停止征兵；本来他以为这种举动是准备对付波兰人的，可是一经调查，才知道它的对象原来是陛下；他知道此事以后，痛心自己因为年老多病，受人欺罔，震怒之下，传令把福丁布拉斯逮捕；福丁布拉斯并未反抗，受到了挪威王一番申斥，最后就在他的叔父面前立誓决不兴兵侵犯陛下。老王看见他诚心悔过，非常欢喜，当下就给他三千克朗的年俸，并且委任他统率他所征募的那些兵士，去向波兰人征伐；同时他叫我把这封信呈上陛下，（以书信呈上）请求陛下允许他的军队借道通过陛下的领土，他已经在信里提出若干条件，保证决不扰乱地方的安宁。

国王 这样很好，等我们有空的时候，还要仔细考虑一下，然后答复。你们远道跋涉，不辱使命，很是劳苦了，先去休息休息，今天晚上我们还要在一起欢宴。欢迎你们同来！

（二使节及侍从下）

波洛涅斯 这件事情总算圆满结束了。王上、王后，要是我向你们长篇大论地解释君上的尊严、臣下的名分、白昼何以为白昼、黑夜何以为黑夜、时间何以为时间，那不过徒然浪费了昼夜的时间；所以，既然简洁是智慧的灵魂，冗长是肤浅的藻饰，我还是把话说得简单一些吧。你们的那位殿下是疯了；我说他疯了，因为假如要说明什么才是真疯，那么除了说他疯了以外，还有什么话好说呢？可是那也不用说了。

王后 多谈些实际，少弄些玄虚。

波洛涅斯 王后，我发誓我一点不弄玄虚。他疯了，这是真的；唯其是真的，所以才可叹，它的可叹也是真的——蠢话少说，因为我不愿故弄玄虚。好，让我们同意他已经疯了；现在我们就应该求出这一个结果的原因，或者不如说，这是一种病态的原因，因为这个病态的结果不是无因而至的。这就是我们现在要做的一步工作。我们来想一想吧。我有一个女儿——当她还不过是我的女儿的时候，她是属于我的——难得她一片孝心，把这封信给了我；现在请猜一猜这里面说了些什么话。（读信）“给那天仙化人的、我的灵魂的偶像，最美丽的奥菲利娅——”这是一句恶劣的句子，下流的句子，“美丽的”也是很下流的字眼儿。可是你们听下去吧：“让这几行诗句留在她皎洁的胸中——”

王后 这是哈姆莱特写给她的吗？

波洛涅斯 好王后，等一等，听我念下去。（读信）

“你可以疑心星星是火把；你可以疑心太阳会移转；你可以疑心真理是谎话；可是我的爱永不会改变。亲爱的奥菲利娅啊！我的诗写得太坏。我不会用诗句来抒写我的愁怀；可是相信我，最好的人儿啊！我最爱的是你。再会！最亲爱的小姐，只要我一息尚存，我就永远是你的，哈姆莱特。”这一封信是我的女儿出于孝顺之心拿来给我看的；此外，她又把他一次次求爱的情形，在什么时候，用什么方法，在什么处所，全都讲给我听了。

国王 可是她对于他的爱情抱着怎样的态度呢？

波洛涅斯 陛下以为我是怎么样的一个人？

国王 一个忠心正直的人。

波洛涅斯 但愿我能够证明自己是这样一个人。可是假如我看见这场热烈的恋爱正在进行——不瞒陛下说，在我的女儿没有告诉我以前，我就早已看出来了——假如我知道有了这么一回事，却在暗中玉成他们的好事，或者故意视若无睹，假作痴聋，一切不闻不问，那时候陛下的心里会觉得怎样？我的好王后，您这位王后陛下的心里又将觉得怎样？不，我一点儿也不敢懈怠我的责任，立刻就对我那位小姐说：“哈姆莱特殿下是一位王子，不是你可以仰望的；这种事情不能让它继续下去。”于是我把她教训一番，叫她深居简出，不要和他见面，不要接纳他的来使，也不要收受他的礼物；她听了这番话，就照着我的意思实行起来。说来话短，他受到拒绝以后，心里就郁郁不快，于是饭也吃不下了，觉也睡不着了，他的身体一天憔悴过一天，他的精神一天恍惚于一天，这样一步步发展下去，就变成了现在他这一种为我们大家所悲痛的疯狂。

国王 你认为是这个原因吗？

王后 这是很可能的。

波洛涅斯 我倒很想知道知道，哪一次我肯定地说过了"这件事情是这样的"，结果却并不是这样？

国王 照我所知道的，那倒是没有。

波洛涅斯 要是我说错了话，把这个东西从这上面拿下来吧。（指自己的头及肩）只要有线索可寻，我总会找出事情的真相，即使那真相一直藏在地球的中心。

国王 我们怎么可以进一步试验试验？

波洛涅斯 您知道，有时候他会接连几个钟头在这个走廊里踱来踱去。

王后 他真的常常这样踱来踱去。

波洛涅斯 趁他踱来踱去的时候，我就放我的女儿去见他，你我可以躲在帷幕后面注视他们相会的情形；要是他不爱她，他的理智不是因为恋爱而丧失，那么不要叫我襄理国家的政务，让我去做个耕田的农夫吧。

国王 我们要试一试。

【哈姆莱特读着书上。

王后 可是，瞧，这可怜的孩子忧忧愁愁地念着一本书来了。

波洛涅斯 请两位陛下避一避，让我上前招呼他。（国王、王后及侍从等下）

波洛涅斯 啊，恕我冒昧。您好，哈姆莱特殿下。

哈姆莱特 呃，上帝怜悯世人！

波洛涅斯 您认识我吗，殿下？

哈姆莱特 认识认识，你是一个卖鱼的贩子。

波洛涅斯 我不是，殿下。

哈姆莱特　那么，我但愿你是一个鱼贩一样的老实人。

波洛涅斯　老实，殿下？

哈姆莱特　嗯，先生，在这世界上，一万个人中间只不过有一个老实人。

波洛涅斯　这句话说得很对，殿下。

哈姆莱特　要是太阳在一头大可亲吻的死狗尸体上孵育蛆虫——你有一个女儿吗？

波洛涅斯　我有，殿下。

哈姆莱特　不要让她在太阳光底下行走。怀孕是一种幸福，可是你的女儿要是怀了孕，那可糟了。朋友，留心啊。

波洛涅斯　（旁白）你们瞧，他念念不忘地提到我的女儿，可是最初他不认识我，他说我是一个卖鱼的贩子。他的疯病已经很深了，很深了。说句老实话，我在年轻的时候，为了恋爱也曾大发其疯，那样子也跟他差不多哩。让我再去对他说话。——您在读些什么，殿下？

哈姆莱特　都是些空话，空话，空话。

波洛涅斯　讲些什么事情，殿下？

哈姆莱特　谁和谁啊？

波洛涅斯　殿下，我问的是你书里的事情。

哈姆莱特　一派诽谤，先生。这个专爱把人讥笑的坏蛋在这儿说着，老年人长着灰白的胡须，他们的脸上满是皱纹，他们的眼睛里沾满了眼屎，他们的头脑是空空洞洞的，他们的两腿是摇摇摆摆的；这些话，先生，虽然我十分相信，可是照这样写在书上，总有些伤厚道；因为就拿您先生自己来说，要是您能够像一只蟹一样向后倒退，那么您应该也跟我差不多老了。

波洛涅斯　（旁白）这些虽然是疯话，却有深意在内。——您要走到避风的地方去吗，殿下？

哈姆莱特　走进我的坟里去？

波洛涅斯　那可真是一个避风的地方。（旁白）他的回答有时候是多么深刻！疯狂的人往往能够说出理智清明的人所说不出来的话。我要离开他，立刻就去想法让他跟我的女儿见面。——殿下，我要向您告别了。

哈姆莱特　先生，那是再好不过的事；但愿我也能够向我的生命告别，但愿我也能够向我的生命告别，但愿我也能够向我的生命告别。

波洛涅斯　再会，殿下。

哈姆莱特　这些讨厌的老傻瓜！

【罗森格兰兹及吉尔登斯吞上。

波洛涅斯　你们要去找哈姆莱特殿下，那边就是。

罗森格兰兹　上帝保佑您，大人！（波洛涅斯下）

吉尔登斯吞　我尊贵的殿下！

罗森格兰兹　我最亲爱的殿下！

哈姆莱特　我的好朋友们！你好，吉尔登斯吞？啊，罗森格兰兹！好孩子们，你们两人都好？

罗森格兰兹　不过像一般庸庸碌碌之辈，在这世上虚度时光而已。

吉尔登斯吞　无荣无辱便是我们的幸福，我们不是命运女神帽上的纽扣。

哈姆莱特　也不是她鞋子的底吗？

罗森格兰兹　也不是，殿下。

哈姆莱特　那么你们是在她的腰上，或是在她的怀抱之中吗？

吉尔登斯吞　说老实话，我们是在她的私处。

哈姆莱特　在命运身上秘密的那部分吗？啊，对了，她本来是一个娼妓。你们听到什么消息没有？

罗森格兰兹　没有，殿下，我们只知道这世界变得老实起来了。

哈姆莱特　那么世界末日快要到了；可是你们的消息是假的。让我再问你们一些私人的问题，我的好朋友们，你们在命运手里犯了什么案子，她把你们送到这座牢狱里来了？

吉尔登斯吞　牢狱，殿下？

哈姆莱特　丹麦是一所牢狱。

罗森格兰兹　那么世界也是一所牢狱。

哈姆莱特　一所很大的牢狱，里面有许多监房、囚室、地牢；丹麦是其中最坏的一间。

罗森格兰兹　我们倒不这样想，殿下。

哈姆莱特　啊，那是因为对于你们它并不是牢狱；因为世上的事情本来没有善恶，都是各人的思想把它们分别出来的。对于我，它是一所牢狱。

罗森格兰兹　啊，那是因为您的梦想太大，丹麦是个狭小的地方，不够给您发展，所以您把它看成一所牢狱啦。

哈姆莱特　上帝啊！倘不是因为我有了噩梦，那么即使把我关在一个果壳里，我也会把自己当作一个拥有着无限空间的君王的。

吉尔登斯吞　那种噩梦便是您的野心；因为野心家本身的存在，也不过是一个梦的影子。

哈姆莱特　一个梦的本身便是一个影子？

罗森格兰兹　不错，因为野心是那么空虚轻浮的东西，所以我认为它不过是影子的影子。

哈姆莱特　那么我们的乞丐是实体，我们的帝王和大言不惭的英雄却是乞丐的影子了。我们进宫去好不好？因为我实在不能陪着你们谈玄说理。

罗森格兰兹
吉尔登斯吞　我们愿意伺候殿下。

哈姆莱特　没有的事，我不愿把你们当作我的仆人一样看待；老实对你们说吧，在我旁边伺候我的人太多啦。可是，凭着我们多年的交情，老实告诉我，你们到厄耳锡诺来有什么贵干？

罗森格兰兹　我们是来拜访您的，殿下，没有别的原因。

哈姆莱特　像我这样一个叫花子，我的感谢也是不值钱的，可是我谢谢你们。我想，亲爱的朋友们，你们专程而来，只换到我的一声不值半文钱的谢谢，未免太不值得了。不是有人叫你们来的吗？果然是你们自己的意思吗？真的是自动的访问吗？来，不要骗我。来，来，快说。

吉尔登斯吞　叫我们说些什么话呢，殿下？

哈姆莱特　无论什么话都行，只要不是废话。你们是奉命而来的；瞧，你们掩饰不了你们良心上的惭愧，已经从你们的脸色上招供出来了。我知道是我们这位好国王和好王后叫你们来的。罗森格兰兹——为了什么目的呢，殿下？

哈姆莱特　那可要请你们指教我了。可是凭着我们朋友间的道义，凭着我们少年时候亲密的情谊，凭着我们始终不渝的友好的精神，凭着其他一切更有力量的理由，让我要求你们开诚布公，告诉我究竟你们是不是奉命而来的？

罗森格兰兹　（向吉尔登斯吞旁白）你怎么说？

哈姆莱特　（旁白）好，那么我看透你们的行动了。——要是你们爱我，别再抵赖了吧。

吉尔登斯吞　殿下，我们是奉命而来的。

哈姆莱特　让我代你们说明来意，免得你们泄露了自己的秘密，有负国王和王后的付托。我近来不知为了什么缘故，一点兴致都提不起来，什么游乐的事都懒得过问；在这一种抑郁的心境之下，仿佛负载万物的大地，这一座美好的框架，只是一个不毛的荒岬；覆盖众生的穹苍，这一顶壮丽的帐幕，这一个点缀着金黄色的火球的庄严的屋宇，只是一大堆污浊的瘴气的集合。人类是一件多么了不得的杰作！多么高贵的理性！多么伟大的力量！多么优美的仪表！多么文雅的举动！在行为上多么像一个天使！在智慧上多么像一个天神！宇宙的精华！万物的灵长！可是在我看来，这一个泥土塑成的生命算得什么？人类不能使我发生兴趣；不，女人也不能使我发生兴趣，虽然从你的微笑之中，我可以看到你们持有异议。

罗森格兰兹　殿下，我心里并没有这样的思想。

哈姆莱特　那么当我说"人类不能使我发生兴趣"的时候，你为什么笑起来？

罗森格兰兹　我想，殿下，要是人类不能使您发生兴趣，那么那班戏子们恐怕要来自讨一场没趣了；我们在路上追上他们，他们是要到这儿来向您献技的。

哈姆莱特　扮演国王的那个人将要得到我的欢迎，我要在他的御座之前致献我的敬礼；冒险的骑士可以挥舞他的剑盾；情人的叹息不会没有酬报；躁急易怒的角色可以平安下场；小丑将要使那班善笑的观众捧腹；我们的女主角可以坦白诉说她的心事，不用担心那无韵的诗行将脱去板眼。他们是一班什么戏子？

罗森格兰兹　就是您向来所喜欢的那一个戏班子，在城里专演悲剧的。

哈姆莱特　他们怎么走起江湖来了呢？固定在一个地方演戏，在名誉和收益上都要好得多哩。

罗森格兰兹　我想他们不能在一个地方立足，是为了时势的变化。

哈姆莱特　他们的名誉还是跟我在城里那时候一样吗？他们的观众还是那么多吗？

罗森格兰兹　不，他们现在已经今非昔比了。

哈姆莱特　怎么会这样的？他们的演技退步了吗？

罗森格兰兹　不，他们还是跟从前一样努力；可是，殿下，他们的地位已经被一群羽毛未丰的黄口小儿占夺了去。这些娃娃的嘶叫博得了台下疯狂的喝彩，他们是目前流行的宠儿，他们的声势压倒了所谓的普通戏班，以至于许多佩剑绅士都因为惧怕那些专为童伶写戏的剧作家的鹅毛笔的威力，而不敢去那里看戏了。

哈姆莱特　什么！是一些童伶吗？谁维持他们的生活？他们的薪工是怎么计算的？他们一到不能唱歌的年龄，就不再继续他们的本行了吗？要是他们攒不了多少钱，长大后多半还是要做普通戏子的，那时候他们不是要抱怨他们的批评家们不该在从前把他们捧得那么高，结果反而妨碍了他们自己的前途吗？

罗森格兰兹　真的，两方面闹过不少的纠纷，全国的人都站在旁边恬不为意地呐喊助威，怂恿他们互相争斗。曾经有一个时期，一部脚本非到编剧家和演员争吵得动起武来，是没有人愿意出钱购买的。

哈姆莱特　有这等事？

吉尔登斯吞　啊！两边曾大动干戈呢。

哈姆莱特　结果是孩子们大获全胜？

罗森格兰兹　正是这样，殿下，他们连“环球剧场”也一并席卷了去。

哈姆莱特　那也没有什么稀奇。我的叔父是丹麦的国王，当我父亲在世的时候对他扮鬼脸的那些人，现在都愿意拿出二十、四十、五十、一百块金洋来买他的一幅小照。哼，这里面有些不是常理可解的地方，要是哲学能够把它推究出来的话。

（内喇叭奏花腔）

吉尔登斯吞　这班戏子们来了。

哈姆莱特　两位先生，欢迎你们到厄耳锡诺来。把你们的手给我；按照通行的礼节，我应该向你们表示欢迎。让我不要对你们失礼，因为这些戏子来了以后，我不能不敷衍他们一番，也许你们见了会发生误会，以为我招待你们还不及招待他们殷勤。我欢迎你们；可是我的叔父、父亲和婶母、母亲可弄错啦。

吉尔登斯吞　弄错了什么，我的好殿下？

哈姆莱特　天上刮着西北风，我才是发疯的；风从南方吹来的时候，我不会把一头鹰当作一头鹭鸶。

【波洛涅斯重上。

波洛涅斯　祝福你们，两位先生！

哈姆莱特　（对二人旁白）听着，吉尔登斯吞，你也听着，两人站在我的两边，听我说：你们看见的那个大孩子，还在襁褓之中，没有学会走路哩。

罗森格兰兹　也许他是第二次裹在襁褓里，因为人家说，一个老年人是第二次做婴孩儿。

哈姆莱特　我可以预言他是来报告我戏子们来了的消息。听好：（故意大声）你说得不错，在星期一早上，正是，正是。

波洛涅斯　殿下，我有消息要来向您报告。

哈姆莱特　大人，我也有消息要向您报告。当罗歇斯在罗马演戏的时候——

波洛涅斯　那班戏子们已经到这儿来了，殿下。

哈姆莱特　嗤，嗤！

波洛涅斯　凭着我的名誉起誓——

哈姆莱特　那时每一个伶人都骑着驴子而来——

波洛涅斯　他们是全世界最好的伶人，无论悲剧、喜剧、历史剧、田园剧、田园喜剧、田园史剧、历史悲剧、历史田园悲喜剧、不分场的古典剧，或是近代的自由诗剧，他们无不拿手；塞内加的悲剧不嫌其太沉重，普劳图斯的喜剧不嫌其太轻浮。无论在规矩的或是即兴的演出方面，他们都是无可替代的演员。

哈姆莱特　以色列的士师耶弗他啊，你有一件怎样的宝贝！

波洛涅斯　他有什么宝贝，殿下？

哈姆莱特　嗨，他有一个独生娇女，爱她胜过掌上明珠。

波洛涅斯　（旁白）还在提我的女儿。

哈姆莱特　我念得对不对，耶弗他老头儿？

波洛涅斯　要是您叫我耶弗他，殿下，那么我有一个爱如掌珠的娇女。

哈姆莱特　不，下面不是这样的。

波洛涅斯　那么应当是怎样的呢，殿下？

哈姆莱特　啊，“命中注定，老天知道”，接下去你知道，“且说那一日”。你去查那首圣经歌谣的第一节吧。瞧，有人来打断我的谈话了。

【优伶四五人上。

哈姆莱特　欢迎，各位朋友，欢迎欢迎！我很高兴看见你们都是这样健康。啊，我的老朋友！你的脸上比我上次看见你的时候，多长了几根胡子，格外显得威武啊；你是要到丹麦来向我挑战吗？啊，我年轻的姑娘！凭着圣母起誓，您穿上了一双高底木靴，比我上次看见您的时候更苗条得多啦；求求上帝，但愿您的喉咙不要沙哑得像一面破碎的铜锣才好！各位朋友，欢迎欢迎！我们要像法国的猎鹰一样，看见什么就飞扑上去；让我们立刻就来念一段剧词。来，试一试你们的本领，来一段激昂慷慨的剧词。

伶甲　殿下要听的是哪一段？

哈姆莱特　我曾经听见你向我背诵过一段台词，可是它从来没有上演过；即使上演，也不会有一次以上，因为我记得这部戏并不受大众的欢迎。它是不合一般人口味的鱼子酱；可是照我的意思看来，还有其他在这方面比我更有权威的人也抱着同样的见解，它是一本绝妙的戏剧，场面支配得很是适当，文字质朴而富于技巧。我记得有人这样批评它，说是没有哗众取宠的笑料，也不见矫揉造作的痕迹；他把它称为一种老老实实的写法，喜人又健康，漂亮但不招摇。其中有一段话是我最喜爱的，那就是埃涅阿斯对狄多讲述的故事，尤其是讲到普里阿摩斯被杀的那一节。要是你们还没有把它忘记，请从这一行念起；让我想想，让我想想——

野蛮的皮洛斯像猛虎一样——

不，不是这样；但是的确是从皮洛斯开始的——

野蛮的皮洛斯蹲伏在木马之中，
黝黑的手臂和他的决心一样，像黑夜一般阴森而恐怖；
在这黑暗狰狞的肌肤之上，
现在更染上令人惊怖的纹章，
从头到脚，他全身一片殷红，
溅满了父母子女们无辜的血。
那些燃烧着融融烈火的街道，
发出残忍而惨恶的凶光，
照亮敌人去肆行他们的杀戮，
也焙干了到处横流的血泊；
冒着火焰的熏炙，像恶魔一般，
全身胶粘着凝结的血块，
圆睁着两颗血红的眼睛，
来往寻找普里阿摩斯老王的踪迹。
你接下去吧。

波洛涅斯　上帝在上，殿下，您念得好极了，真是抑扬顿挫，曲尽其妙。

伶甲　那老王正在气喘吁吁，

在希腊人的重围中苦战，
一点不听他手臂的指挥，
他的古老的剑锵然落地；
皮洛斯瞧他孤弱可欺，
疯狂似的向他猛力攻击，
凶恶的剑锋上下四方挥舞，
把那心胆俱丧的老翁吓倒。
这一下有如天崩地裂，
惊动了没有感觉的伊利昂，
冒着火焰的屋顶霎时坍下，
那轰然的巨响像一个霹雳，
震聋了皮洛斯的耳朵；瞧！
他的剑还没有砍下普里阿摩斯
白发的头颅，却已在空中停住；
像画中的暴君，
将行未行，兀立不动。
在一场暴风雨未来以前，
天上往往有片刻的宁寂，
一块块乌云静悬在空中，
狂风悄悄地收起它的声息，
死样的沉默笼罩整个大地；
可是就在这片刻之内，
可怕的雷鸣震裂了天空。
经过暂时的休止，杀人的暴念
重新激起了皮洛斯的精神；
库克罗普斯为战神铸造甲胄，
那巨力的锤击，还不及皮洛斯
流血的剑向普里阿摩斯身上劈下
那样凶狠无情。

去，去，你娼妇一样的命运！
天上的诸神啊！剥去她的权力，
不要让她僭窃神明的宝座；
拆毁她的车轮，把它滚下神山，
直到地狱的深渊。

波洛涅斯　这一段太长啦。

哈姆莱特　它应当跟你的胡子一起到理发匠那儿去剪一剪。念下去吧。他只爱听俚俗的歌曲和淫秽的故事，否则他就要瞌睡的。念下去，下面要讲到赫卡柏了。

伶甲　可是啊！谁看见那蒙脸的王后——

哈姆莱特　“那蒙脸的王后”？

波洛涅斯　那很好，“蒙脸的王后”是很好的句子。

伶甲　满面流泪，在火焰中赤脚奔走，
一块布覆在失去宝冕的头上，
也没有一件蔽体的衣服，
只有在惊惶中抓到的一幅毡巾，
裹住她瘦削而多产的腰身；
谁见了这样伤心惨目的景象，
不要向残酷的命运申申毒詈？
她看见皮洛斯以杀人为戏，
正在把她丈夫的肢体脔割，
忍不住大放哀声，那凄凉的号叫——
除非人间的哀乐不能感动天庭——
即使光明的日月也会陪她流泪，
诸神的心中都要充满悲愤。

波洛涅斯　瞧，他的脸色都变了，他的眼睛里已经含着眼泪！不要念下去了吧。

哈姆莱特　很好，其余的部分等会儿再念给我听吧。大人，请您去找一处上好的地方安顿这一班伶人。听着，他们是不可怠慢的，因为他们是这个时代的缩影；宁可在死后得到一篇恶劣的墓铭，不要在生前受他们一场刻毒的讥讽。

波洛涅斯　殿下，我按着他们应得的名分对待他们就是了。

哈姆莱特　哎哟，朋友，还要客气得多哩！要是照每一个应得的名分对待他，那么谁逃得了一顿鞭子？照你自己的名誉地位对待他们；他们越是不配受这样的待遇，越可以显出你的谦虚有礼。领他们进去。

波洛涅斯　来，各位朋友。

哈姆莱特　跟他去，朋友们，明天我们要听你们唱一本戏。（波洛涅斯偕众伶下，伶甲独留）听着，老朋友，你会演《贡扎古之死》吗？

伶甲　会演的，殿下。

哈姆莱特　那么我们明天晚上就把它上演。也许我因为必要的理由，要另外写下约莫有十几行句子的一段剧词插进去，你能够把它预先背熟吗？

伶甲　可以，殿下。

哈姆莱特　很好。跟着那位老爷去，留心不要取笑他。

（伶甲下后向罗森格兰兹、吉尔登斯吞）我的两位好朋友，我们今天晚上再见；欢迎你们到厄耳锡诺来！

吉尔登斯吞　再会，殿下！（罗森格兰兹、吉尔登斯吞同下）

哈姆莱特　好，上帝和你们同在！现在我只剩一个人了。啊，我是一个多么不中用的蠢材！这一个伶人不过在一本虚构的故事，一场激昂的幻梦之中，却能够使他的灵魂融化在他的意象里，在它的影响之下，他整个的脸色变成惨白，他的眼中溢满热泪，他的神情流露着仓皇，他的声音是这么呜咽凄凉，他的全部动作都表现得和他的意象一致，这不是很不可思议的吗？而且一点也不为了什么！为了赫卡柏！赫卡柏对他有什么相干，他对赫卡柏又有什么相干，他却要为她流泪？要是他也有了像我所有的那样使人痛心的理由，他将要怎样呢？他一定会让眼泪淹没了舞台，用可怖的字句震裂了听众的耳朵，使有罪的人发狂，使无罪的人惊骇，使愚昧无知的人张皇失措，使所有的耳目迷乱了它们的功能。可是我，一个糊涂颟顸的家伙，垂头丧气，一天到晚像在做梦似的，忘记了杀父的大仇；虽然一个国王给人家用万恶的手段掠夺了他的权位，杀害了他最宝贵的生命，我却始终哼不出一句话来。我是一个懦夫吗？谁骂我恶人？谁敲破我的脑壳？谁拔去我的胡子，把它吹在我的脸上？谁扭我的鼻子？谁当面指斥我胡说？谁对我做这种事？嘿！我应该忍受这样的侮辱，因为我是一个没有心肝逆来顺受的怯汉，否则我早已用这奴才的尸肉，喂肥了满天盘旋的乌鸢了。嗜血的荒淫的恶贼！狠心的、奸诈的、淫邪的、悖逆的恶贼！啊！复仇！——嗨，我真是个蠢材！我亲爱的父亲被人谋杀了，鬼神都在鞭策我复仇，我这做儿子的却像一个下流女人似的，只会用空言发发牢骚，学起泼妇骂街的样子来，在我已经是了不得的了！呸！呸！活动起来吧，我的脑筋！我听人家说，犯罪的人在看戏的时候，因为台上表演的巧妙，有时会激发出天良，当场供认他们的罪恶；因为暗杀的事情无论干得怎样秘密，总会借着神奇的喉舌泄露出来。我要叫这班伶人在我的叔父面前表演一本跟我的父亲惨死的情节相仿的戏剧，我就在一旁窥察他的神色；我要探视到他灵魂的深处，要是他稍露惊骇不安之态，我就知道我应该怎么办。我所看见的幽灵也许是魔鬼的化身，借着一个美好的形状出现，魔鬼是有这一种本领的；对于柔弱忧郁的灵魂，他最容易发挥他的力量；也许他看准了我的柔弱和忧郁，才来向我作祟，要把我引诱到沉沦的路上。我要先得到一些比这更切实的证据；凭着这一本戏，我可以发掘国王内心的隐秘。（下）

第三幕

第一场 城堡中一室

【国王、王后、波洛涅斯、奥菲莉娅、罗森格兰兹及吉尔登斯吞上。

国王 你们不能用迂回婉转的方法，探出他为什么这样神思颠倒，让紊乱而危险的疯狂困扰他的安静的生活吗？

罗森格兰兹 他承认他自己有些神经迷惘，可是绝口不肯说为了什么缘故。

吉尔登斯吞 他也不肯虚心接受我们的探问；当我们想要从他嘴里知道他自己的一些真相的时候，他总是用假作痴呆的神气回避不答。

王后 他对待你们还客气吗？

罗森格兰兹 很有礼貌。

吉尔登斯吞 可是不大自然。

罗森格兰兹 不大说话，但对我们的问题倒是回答得十分详细。

王后 你们有没有劝诱他找些什么消遣？

罗森格兰兹 王后，我们来的时候，刚巧有一班戏子也要到这儿来，给我们赶上了；我们把这消息告诉了他，他听了好像很高兴。现在他们已经到了宫里，我想他今晚就要看他们表演的。

波洛涅斯 一点不错，他还叫我来请两位陛下同去看看他们演得怎样哩。

国王　那好极了，我非常高兴听见他对这方面感兴趣。请你们两位还要更进一步鼓起他的兴味，把他的心思移转到这种娱乐上面。

罗森格兰兹　是，陛下。（罗森格兰兹、吉尔登斯吞同下）

国王　亲爱的葛特露，你也暂时离开我们；因为我们已经暗中差人去唤哈姆莱特到这儿来，让他和奥菲利娅见见面，就像是他们偶然相遇的一般。她的父亲跟我两人将要权充一下密探，躲在可以看见他们却不能被他们看见的地方，注意他们会面的情形，从他的行为上判断他的疯病究竟是不是因为恋爱上的苦闷。

王后　我愿意服从您的意旨。奥菲利娅，但愿你的美貌果然是哈姆莱特疯狂的原因；更愿你的美德能够帮助他恢复原状，使你们两人都能安享尊荣。

奥菲利娅　王后，但愿如此。（王后下）

波洛涅斯　奥菲利娅，你在这儿走走。陛下，我们就去躲起来吧。（向奥菲利娅）你拿这本书去读，他看见你这样用功，就不会疑心你为什么一个人在这儿了。人们往往用至诚的外表和虔敬的行动，掩饰一颗魔鬼般的内心，这样的例子实在太多了。

国王　（旁白）啊，这句话是太真实了！它在我的良心上抽了多么重的一鞭！涂脂抹粉的娼妇的脸，还不及掩藏在虚伪言辞后面的我的行为丑恶。难堪的重负啊！

波洛涅斯　我听见他来了。我们退下去吧，陛下。（国王及波洛涅斯下）

【哈姆莱特上。

哈姆莱特　生存还是毁灭，这是一个值得考虑的问题；默然忍受命运的暴虐的毒箭，或是挺身反抗人世的无涯的苦难，在奋斗中扫清那一切，这两种行为，哪一种更高贵？死了，睡去了，什么都完了；要是在这一种睡眠之中，我们心头的创痛，以及其他无数血肉之躯所不能避免的打击，都可以从此消失，那正是我们求之不得的结局。死了，睡去了；睡去了也许还会做梦。嗯，阻碍就在这儿：因为当我们摆脱了这一具朽腐的皮囊以后，在那死的睡眠里，究竟将要做些什么梦，那不能不使我们踌躇顾虑。人们甘心久困于患难之中，也就是为了这一个缘故。谁愿意忍受人世的鞭挞和讥嘲，压迫者的凌辱，傲慢者的冷眼，被轻蔑的爱情的惨痛，法律的迁延，官吏的横暴和俊杰大才费尽辛勤所换来的得势小人的鄙视，要是他只需一柄小小的刀子，就可以清算他自己的一生，谁愿意负着这样的重担，在烦劳的生命的压迫下呻吟流汗，倘不是因为惧怕不可知的死后，惧怕那从来不曾有一个旅人回来过的神秘之国，是它迷惑了我们的意志，使我们宁愿忍受目前的折磨，却不敢向我们所不知道的痛苦飞去？这样，重重的顾虑使我们全变成了懦夫，决心的赤热的光彩，被审慎的思维盖上了一层灰色，伟大的事业在这一种考虑之下，也会逆流而退，失去了行动的意义。且慢！美丽的奥菲利娅！——女神，在你的祈祷之中，不要忘记替我忏悔我的罪孽。

奥菲利娅　我的好殿下，您这许多天来贵体安好吗？

哈姆莱特　谢谢你，很好，很好，很好。

奥菲利娅　殿下，我有几件您送给我的纪念品，我早就想把它们还给您，请您现在收回去吧。

哈姆莱特　不，我不要，我从来没有给你什么东西。

奥菲利娅　殿下，我记得很清楚，您把它们送给我，那时候您还向我说了许多甜蜜的言语，使这些东西格外显得贵重；现在它们的芳香已经消散，请您拿回去吧，因为送礼的人要是变了心，礼物虽贵，也会失去价值。拿去吧，殿下。

哈姆利娅　哈哈！你贞洁吗？

奥菲利娅　殿下……

哈姆莱特　你美丽吗？

奥菲利娅　殿下是什么意思？

哈姆莱特　要是你既贞洁又美丽，那么顶好不要让你的贞洁跟你的美丽来往。

奥菲利娅　殿下，美丽跟贞洁相交，那不是再好没有的吗？

哈姆莱特　嗯，真的，因为美丽可以使贞洁变成淫荡，贞洁却未必能使美丽受它自己的感化；这句话从前听起来像是怪诞之谈，可是现在的时世已经把它证实了。我的确曾经爱过你。

奥菲利娅 真的，殿下，您曾经使我相信您爱我。

哈姆莱特 你当初就不应该相信我，因为美德不能熏陶我们罪恶的本性。我没有爱过你。

奥菲利娅 那么我真是受了骗了。

哈姆莱特 进尼姑庵去吧！为什么你要生养一群罪人出来呢？我自己还不算是一个顶坏的人，可是我可以指出我的许多过失；一个人有了那些过失，他的母亲还是不要生下他来得好。我很骄傲、使气、不安分，还有那么多的罪恶，连我的思想里也容纳不下，我的想象也不能给它们形象，甚至于我没有充分的时间可以把它们实行出来。像我这样的家伙，匍匐于天地之间，有什么用处呢？我们都是些十足的坏人，一个也不要相信我们。进尼姑庵去吧。你的父亲呢？

奥菲利娅 在家里，殿下。

哈姆莱特 把他关起来，让他只好在家里发发傻劲。再会！

奥菲利娅 哎哟，天啊！救救他！

哈姆莱特 要是你一定要嫁人，我就把这一个诅咒送给你做嫁妆：尽管你像冰一样坚贞，像雪一样纯洁，你还是逃不过谗人的诽谤。进尼姑庵去吧，去！再会！或者要是你必须嫁人的话，就去嫁一个傻瓜吧；因为聪明人都明白你们会叫他们变成怎样的怪物。进尼姑庵去吧，去！越快越好。再会！

奥菲利娅 天上的神明啊，让他清醒过来吧！

哈姆莱特 我也知道你们会怎样涂脂抹粉；上帝给了你们一张脸，你们又替自己另外造了一张。你们烟行媚视，淫声浪气，替上帝造下的生物乱取名字，卖弄你们不懂事的风骚。算了吧，我再也不敢领教了，它已经使我发了狂。我说，我们以后再不要结什么婚了；已经结过婚的，除了一个人以外，都可以让他们活下去；没有结婚的不准再结婚，进尼姑庵去吧，去。（下）

奥菲利娅 啊，一颗多么高贵的心就这样陨落了！朝臣的眼睛、学者的辩舌、军人的利剑、国家所瞩望的一朵娇花；时流的明镜、人伦的雅范、举世瞩目的中心，都这样无可挽回地陨落了！我是一切妇女中间最伤心而不幸的，我曾经从他音乐一般的盟誓中吮吸芬芳的甘蜜，现在却眼看着他高贵无上的理智，像一串美妙的银铃失去了谐和的音调，无比的青春美貌，在疯狂中凋谢！啊！我好苦，谁料过去的繁华，变作今朝的泥土！（退后）

【国王及波洛涅斯重上。

国王 恋爱！他的精神错乱不像是为了恋爱；他说的话虽然有些颠倒，也不像是疯狂。他有些什么心事盘踞在他的灵魂里，我怕它也许会产生危险的结果。为了防免万一起见，我已经当机立断，决定了一个办法：他必须立刻到英国去，向他们追索延宕未纳的贡物；也许他到海外各国游历一趟以后，时时变换的环境，可以替他排解去这一桩使他神思恍惚的心事。你看怎么样？

波洛涅斯 那很好，可是我相信他烦闷的根本原因，还是为了恋爱上的失意。啊，（奥菲莉娅趋前）奥菲利娅！你不用告诉我们哈姆莱特殿下说了些什么话，我们全都听见了。陛下，照您的意思办吧；可是您要是认为可以的话，不妨在戏剧终场以后，让他的母后独自一人跟他在一起，恳求他向她吐露他的心事；她必须很坦白地跟他谈谈，我就找一个所在听他们说些什么。要是她也探听不出他的秘密来，您就叫他到英国去，或者凭着您的高见，把他关禁在一个适当的地方。

国王 就是这样吧。大人物的疯狂是不能听其自然的。（同下）

第二场 城堡中的厅堂

【哈姆莱特及三位伶人上。

哈姆莱特 请你念这段剧词的时候，要照我刚才读给你听的那样子，一个字一个字打舌头上很轻快地吐出来；要是你也像多数的伶人一样，只会拉开了喉咙嘶叫，那么我宁愿叫那传宣告示的公差念我这几行词句，也不要老是把你的手在空中这么摇挥；一切动作都要温文，因为就是在洪水暴风一样的感情激发之中，你也必须取得一种节制，免得流于过火。啊！我顶不愿意听见一个披着满头假发的家伙在台上乱嚷乱叫，把一段感情片片撕碎，让那些只爱凑热闹的下层观众听得出了神，他们中间的大部分是除了欣赏一些莫名其妙的哑剧和喧嚣以外，什么都不懂得的。我可以把这种家伙抓起来抽一顿鞭子，因为他把妥玛刚特形容得过分了，希律王的凶暴也要对他甘拜下风。请你留心避免才好。

伶甲　我留心着就是了，殿下。

哈姆莱特　可是太平淡了也不对，你应该接受你自己的常识的指导，把动作和言语互相配合起来；特别要注意到这一点：你不能越过人情的常道；因为不近情理的过分描写，是和演剧的原意相反的，自有戏剧以来，它的目的始终是反映人生，显示善恶的本来面目，给它的时代看一看它自己演变发展的模型。要是表演得过分了或者太懈怠了，虽然可以博外行的观众一笑，明眼之士却要因此而皱眉；你必须看重这样一个卓识者的批评甚于满场观众盲目的毁誉。啊！我曾经看见有几个伶人演戏，而且也听见有人把他们极口捧场，说一句并不过分的话，他们既不会说基督徒的语言，又不会学着人的样子走路，瞧他们在台上大摇大摆，使劲叫喊的样子，我心里就想一定是什么造化的雇工把他们造了下来，才造得这样拙劣，以至于全然失去了人类的面目。

伶甲　我希望我们在这方面已经有了相当的纠正。

哈姆莱特　啊！你们必须彻底纠正这一种弊病。还有你们那些扮演小丑的，除了剧本上专为他们写下的台词以外，不要让他们临时编造一些话儿加上去。往往有许多小丑爱用自己的笑声，引起台下一些无知的观众的哄笑，虽然那时候全场的注意力应当集中于其他更重要的问题上；这种行为是不可恕的，它表现出那丑

角的可鄙的野心。去，准备起来吧。（伶人等同下）

【波洛涅斯、罗森格兰兹及吉尔登斯吞上。

哈姆莱特　啊，大人，王上愿意来听这一本戏吗？

波洛涅斯　他跟王后就要来了。

哈姆莱特　叫那些戏子赶紧点儿。（波洛涅斯下）你们两人也去帮着催催他们。

罗森格兰兹　是，殿下。（罗森格兰兹、吉尔登斯吞下）

哈姆莱特　喂！霍拉旭！

【霍拉旭上。

霍拉旭　有，殿下。

哈姆莱特　霍拉旭，你是在我所交往的人中最正直的一个。

霍拉旭　啊！殿下——

哈姆莱特　不，不要以为我在恭维你；你除了你善良的精神以外，身无长物，我恭维了你又有什么好处呢？为什么要向穷人恭维？不，让蜜糖一样的嘴唇去吮舐愚妄的荣华，在有利可图的所在弯下他们生财有道的膝盖来吧。听着，自从我能够辨别是非、察择贤愚以后，你就是我灵魂里选中的一个人，因为你虽然经历一切的颠沛，却不曾受到一点伤害，命运的虐待和恩宠，你都是受之泰然；能够把感情和理智调整得那么适当，命运不能把他玩弄于股掌之间，那样的人是有福的。给我一个不为感情所奴役的人，我愿意把他珍藏在我的心坎、我的灵魂的深处，正像我对你一样。这些话现在也不必多说了。今晚我们要在国王面前表演一本戏剧，其中有一场的情节跟我告诉过你的我的父亲的死状颇相仿佛；当那幕戏正在串演的时候，我要请你集中你的全副精神，注视我的叔父，要是在听到了那一段剧词以后，他的隐藏的罪恶还是不露出一丝痕迹来，那么我们所看见的那个鬼魂一定是个恶魔，我的幻想也就像铁匠的砧石那样漆黑一团了。留心看好他，我也要把我的眼睛看定他的脸上；过后我们再把各人观察到的结果综合起来，替他下一个判断。

霍拉旭　很好，殿下，在这本戏表演的时候，要是他在容色举止之间有什么地方逃过了我们的注意，请您唯我是问。

【喇叭吹花腔，奏丹麦进行曲。国王、王后、波洛涅斯、奥菲利娅、罗森格兰兹、吉尔登斯吞及其他贵族上；国王侍卫持火炬上。

哈姆莱特　他们来看戏了。我必须装作无所事事的神气。
你去拣一个地方坐下。

国王　你好吗，哈姆莱特贤侄？

哈姆莱特　很好，好极了。我吃的是变色蜥蜴的肉，喝的是充满着甜言蜜语的空气，你们的肥鸡还没有这样的味道哩。

国王　你这种话真是答非所问，哈姆莱特，我不是那个意思。

哈姆莱特　不，我现在也没有那个意思。（向波洛涅斯）大人，您说您在大学里念书的时候，曾经演过一回戏吗？

波洛涅斯　是的，殿下，他们都赞我是一个很好的演员哩。

哈姆莱特　您扮演什么角色呢？

波洛涅斯　我扮的是裘利斯·恺撒，勃鲁托斯在朱庇特神殿里把我杀死。

哈姆莱特　他在神殿里杀死了那么好的一头小牛，真太残忍了。那班戏子已经预备好了吗？

罗森格兰兹　是，殿下，他们在等候您的旨意。

王后　过来，我的好哈姆莱特，坐在我的旁边。

哈姆莱特　不，好妈妈，这儿有一个更迷人的东西哩。
（在奥菲利娅脚边躺下）

波洛涅斯　（向国王）啊哈！您看见吗？

哈姆莱特　小姐，我可以睡在您的怀里吗？

奥菲利娅　不，殿下。

哈姆莱特　我的意思是说，我可以把我的头枕在您的膝上吗？

奥菲利娅　嗯，殿下。

哈姆莱特　您以为我在转着下流的念头吗？

奥菲利娅　我没有想到，殿下。

哈姆莱特　睡在姑娘大腿的中间，想起来倒是很有趣的。

奥菲利娅　什么，殿下？

哈姆莱特　没有什么。

奥菲利娅　您在开玩笑哩，殿下。

哈姆莱特　谁，我吗？

奥菲利娅　嗯，殿下。

哈姆莱特　上帝啊！我不过是给您消遣消遣的。一个人为什么不说说笑笑呢？您瞧，我的母亲多么高兴，我的父亲还不过死了两个钟头。

奥菲利娅　不，已经两个月了，殿下。

哈姆莱特　这么久了吗？哎哟，那么让魔鬼去穿孝服吧，我可要去做一身貂皮的新衣啦。天啊！死了两个月，还没有把他忘记吗？那么也许一个大人物死了以后，他的记忆还可以保持半年之久；可是凭着圣母起誓，他必须造下几所教堂，否则他就要跟那被遗弃的木马一样，没有人再会想念他了。

【高音笛奏乐，哑剧登场。

一国王及一王后上，状极亲热，互相拥抱。王后跪地，向国王做宣誓状。国王扶王后起，俯首王后颈上。国王就花坪上睡下；王后见国王睡熟后离去。另一人上，自国王头上取冠，吻冠，注毒药于国王耳，下。王后重上，见国王死，做哀恸状。下毒者率其他三四人重上，佯作陪王后悲哭状。从者舁国王尸下。下毒者以礼物赠王后，向其乞爱；王后先做憎恶不愿状，卒允其请。同下。

奥菲利娅　这是什么意思，殿下？

哈姆莱特　呃，这是阴谋诡计的意思。

奥菲利娅　大概这一场哑剧就是全剧的精华了。

【致开场词者上。

哈姆莱特　这家伙可以告诉我们一切。演戏的都不能保守秘密，他们什么话都会说出来。

奥菲利娅　他讲得出他们表演的是什么吗？

哈姆莱特　讲得出，你给他演什么，他就讲得出什么；你有脸演，他就有脸讲。

奥菲利娅　殿下真坏，殿下真坏！我要看戏了。

致开场词者　这悲剧要是演不好，
要请各位原谅指教，
小的在这厢有礼了。（下）

哈姆莱特　这算开场词呢，还是指环上的诗铭？

奥菲利娅　它很短，殿下。

哈姆莱特　正像女人的爱情一样。

【二伶人扮国王和王后上。

伶王　日轮已经盘绕三十春秋，
那茫茫海水和滚滚地球，
月亮吐耀着借来的晶光，
三百六十回向大地环航，
自从爱把我们缔结良姻，
许门替我们证下了鸳盟。

伶后　愿日月继续他们的周游，
让我们再厮守三十春秋！
可是诶，你近来这样多病，
郁郁寡欢，失去旧时高兴，
好叫我满心里为你忧惧。
可是，我的主，你不必疑虑；
女人的忧伤像她的爱一样，
不是太少，就是超过分量；
你知道我爱你是多么深，
所以才会有如此的忧心。
越是相爱，越是挂肚牵肠；
不这样哪显得你我情浓？

伶王　爱人，我不久必须离开你，

我的全身将要失去生机；
留下你在这繁华的世界
安享尊荣，受人们的敬爱；
也许再嫁一位如意郎君——

伶后　啊！我断不是那样薄情人；
我倘忘旧迎新，难邀天恕，
再嫁的除非是杀夫淫妇。

哈姆莱特　（旁白）苦恼，苦恼！

伶后　妇人失节大半贪慕荣华，
多情女子决不另抱琵琶；
我要是与他人共枕同衾，
怎么对得起地下的先灵！

伶王　我相信你的话发自心田，
可是我们往往自食前言。
志愿不过是记忆的奴隶，
总是有始无终，虎头蛇尾，
像未熟的果子密布树梢，
一朝红烂就会离去枝条。
我们对自己所负的债务，
最好把它丢在脑后不顾；
一时的热情中发下誓愿，
心冷了，那意志也随云散。
过分的喜乐，剧烈的哀伤，
反会毁害了感情的本常。
人世间的哀乐变幻无端，
痛哭一转瞬早换了狂欢。
世界也会有毁灭的一天，
何怪爱情要随境遇变迁；
有谁能解答这一个哑谜，

是境由爱造？是爱逐境移？
失财势的伟人举目无亲；
走时运的穷酸仇敌逢迎。
这炎凉的世态古今一辙：
富有的门庭挤满了宾客；
要是你在穷途向人求助，
即使知交也要情同陌路。
把我们的谈话拉回本题，
意志命运往往背道而驰，
决心到最后会全部推倒，
事实的结果总难符预料。
你以为你自己不会再嫁，
只怕我一死你就要变卦。

伶后 地不要养我，天不要亮我！
昼不得游乐，夜不得安卧！
毁灭了我的希望和信心；
铁锁囚门把我监禁终身！
每一种恼人的飞来横逆，
把我一重重的心愿摧折！
我倘死了丈夫再作新人，
让我生前死后永陷沉沦！

哈姆莱特 要是她现在背了誓！

伶王 难为你发这样重的誓愿。
爱人，你且去；我神思昏倦，
想要小睡片刻。（睡）

伶后 愿你安睡；
上天保佑我俩永无灾悔！（下）

哈姆莱特 母亲，您觉得这出戏怎样？

王后 我觉得那女主人公发誓太多。

哈姆莱特　啊，可是她会守约的。

国王　这出戏是怎么一个情节？里面没有什么要不得的地方吗？

哈姆莱特　不，不，他们不过开玩笑毒死了一个人，没有什么要不得的。

国王　戏名叫什么？

哈姆莱特　《捕鼠机》。呃，怎么？这是一个象征的名字。戏中的故事影射着维也纳的一件谋杀案。贡扎古是那公爵的名字；他的妻子叫作巴普蒂斯塔。您看下去就知道是怎么一回事了。这是一本很恶劣的作品，可是那有什么关系？它不会对陛下您跟我们这些灵魂清白的人有什么相干；让那被鞍子磨伤的马儿去惊跳退缩吧，我们的肩背都是好好儿的。

【一伶人扮琉西安纳斯上。

哈姆莱特　这个人叫作琉西安纳斯，是那国王的侄子。

奥菲利娅　您很会解释剧情，殿下。

哈姆莱特　要是我看见傀儡戏扮演您跟您爱人的故事，我也会替你们解释的。

奥菲利娅　殿下，您太尖刻了。

哈姆莱特　想磨掉我这尖儿，你非得哼哼不可。动手吧，凶手！浑账东西，别扮鬼脸了，动手吧！来，哇哇的乌鸦发出复仇的啼声。

琉西安纳斯　黑心快手，遇到妙药良机：
趁着没人看见，事不宜迟。
你夜半采来的毒草炼成，
赫卡忒的咒语念上三巡，
赶快发挥你凶恶的魔力，
让他的生命速归于幻灭。（以毒药注入睡者耳中）

哈姆莱特　他为了觊觎权位，在花园里把他毒死。他的名字叫贡扎古；那故事的原文还存在，是用很好的意大利文写成的。下面就要演到那凶手怎样得到贡扎古的妻子的爱了。

奥菲利娅　王上起来了！

哈姆莱特　什么！给一响空枪吓坏了？

王后　陛下怎么啦？

波洛涅斯　不要演下去了！

国王　给我点起火把来！去！

普洛涅斯　火把！火把！火把！（除哈姆莱特、霍拉旭外，均下）

哈姆莱特　嗨，让那中箭的母鹿掉泪，

没有伤的公鹿自去游玩；

有的人失眠，有的人酣睡，

世界就是这样循环轮转。

老兄，要是我的命运跟我作起对来，凭着我这样的本领，再插上满头的羽毛，开缝的靴子上缀上两朵绢花，你想我能不能在戏班子里插足？

霍拉旭　也许他们可以让您领半额包银。

哈姆莱特　我可要领全额的。

因为你知道，亲爱的台芒，

这一个荒凉破碎的国土

原来是乔武统治的雄邦，

而今王位上却坐着——孔雀。

霍拉旭　您该把它押了韵才是。

哈姆莱特　啊，好霍拉旭！那鬼魂真的没有骗我。你看见了吗？

霍拉旭　看见了，殿下。

哈姆莱特　当那演戏的一提到毒药的时候？

霍拉旭　我看得他很清楚。

哈姆莱特　啊哈！来，奏乐！来，那吹笛子的呢？

要是国王不爱这出喜剧，

那么他多半是不能赏识。

来，奏乐！

【罗森格兰兹及吉尔登斯吞重上。

吉尔登斯吞　殿下，请允许我跟您说句话。

哈姆莱特　好，你对我讲全部历史都可以。

吉尔登斯吞　殿下，王上——

哈姆莱特　嗯，王上怎么样？

吉尔登斯吞　他回去以后，非常不舒服。

哈姆莱特　喝醉酒了吗？

吉尔登斯吞　不，殿下，他在发脾气。

哈姆莱特　你应该把这件事告诉他的医生才算你聪明，因为叫我去替他诊视，恐怕反而更会激动他的脾气的。

吉尔登斯吞　好殿下，请您说话检点些，别这样拉扯开去。

哈姆莱特　好，我是听话的，你说吧。

吉尔登斯吞　您的母后心里很难过，所以叫我来。

哈姆莱特　欢迎得很。

吉尔登斯吞　不，殿下，这一种礼貌是用不着的。要是您愿意给我一个好好的回答，我就把您母亲的意旨向您传达；不然的话，请您原谅我，让我就这么回去，我的事情就算完了。

哈姆莱特　我不能。

吉尔登斯吞　您不能什么，殿下？

哈姆莱特　我不能给你一个好好的回答，因为我的脑子已经坏了；可是我所能够给你的回答，你——我应该说我的母亲——可以要多少有多少。所以别说废话，言归正传吧。你说我的母亲——

罗森格兰兹　她这样说：您的行为使她非常吃惊。

哈姆莱特　啊，好儿子，居然会叫一个母亲吃惊！可是在这母亲吃惊的后面，还有些什么话呢？说吧。

罗森格兰兹　她请您在就寝以前，到她房间里去跟她谈谈。

哈姆莱特　即使她提十次，我也一定服从她。你还有什么别的事情？

罗森格兰兹　殿下，我曾经蒙您错爱。

哈姆莱特　凭着我这双扒儿手起誓，我现在还是欢喜你的。

罗森格兰兹　好殿下，您心里这样不痛快，究竟是为了什么原因？要是您不肯把您的心事告诉您的朋友，那恐怕会累您自己失去自由的。

哈姆莱特　我不满足我现在的地位。

罗森格兰兹　怎么！王上自己已经亲口把您立为王位的继承者了，您还不能满足吗？

哈姆莱特　嗯，可是“要等草儿青青——”这句老话也有点儿发了霉啦。

【乐工等持笛子上。

哈姆莱特　啊！笛子来了，拿一支给我。咱们退后一步说话。为什么你们这样千方百计地窥探我的隐私，好像一定要把我逼进你们的圈套？

吉尔登斯吞　啊！殿下，要是我有太冒昧放肆的地方，那都是因为我对您的敬爱太深了。

哈姆莱特　我不大懂得你的话。你愿意吹吹这笛子吗？

吉尔登斯吞　殿下，我不会吹。

哈姆莱特　请你吹一吹。

吉尔登斯吞　我真的不会吹。

哈姆莱特　请你不要客气。

吉尔登斯吞　我真的一点都不会，殿下。

哈姆莱特　那是跟说谎一样容易的。你只要用你的手指按着这些笛孔，把你的嘴放在上面一吹，它就会发出最好听的音乐来，瞧，这些是音栓。

吉尔登斯吞　可是我不会从它里面吹出和谐的曲调来。我不懂得那技巧。

哈姆莱特　哼，你把我看成了什么东西！你会玩弄我；你自以为摸得到我的心窍；你想要探出我内心的秘密；你会从我的最低音试到我的最高音；可是在这支小小的乐器之内，藏着绝妙的音乐，你却不会使它发出声音来。哼，你以为玩弄我比玩弄一支笛子容易吗？无论你把我叫作什么乐器，你也只能拨动我，不能玩弄我。

【波洛涅斯重上。

哈姆莱特　上帝祝福你，先生！

波洛涅斯　殿下，王后请您立刻就去见她说话。

哈姆莱特　你看见那片像骆驼一样的云了吗？

波洛涅斯　哎哟，它真的像一头骆驼。

哈姆莱特　我想它还是像一头鼬鼠。

波洛涅斯　它拱起了背，正像是一头鼬鼠。

哈姆莱特　还像一条鲸鱼吧？

波洛涅斯　很像一条鲸鱼。

哈姆莱特　那么等一会儿我就去见我的母亲。（旁白）我给他们愚弄得再也忍不住了。（高声）我等一会儿就来。

波洛涅斯　我就去这么说。（下）

哈姆莱特　等一会儿是很容易说的。离开我，朋友们。（除哈姆莱特外均下）现在是一夜之中最阴森的时候，鬼魂都在此刻从坟墓里出来，地狱也要向人世吐放疠气；现在我可以痛饮热腾腾的鲜血，干那白昼所不敢正视的残忍的行为。且慢！我还要到我母亲那儿去一趟。心啊！不要失去你的天性之情，永远不要让尼禄的灵魂潜入我这坚定的胸怀；让我做一个凶徒，可是不要做一个逆子。我要用利剑一样的话刺痛她的心，可是决不伤害她身体上一根毛发；我的舌头和灵魂要在这一次学学伪善者的样子，无论在言语上给她多么严厉的谴责，在行动上却要做得丝毫不让人家指摘。（下）

第三场　城堡中一室

【国王、罗森格兰兹及吉尔登斯吞上。

国王　我不欢喜他；纵容他这样疯闹下去，对于我是一个很大的威胁。所以你们快去准备起来吧；我马上叫人办好你们要递送的文书，同时打发他跟你们一块儿到英国去。就我的地位而论，他的疯狂每小时都可以危害我的安全，我不能让他留在我的近旁。

吉尔登斯吞　我们就去准备起来。许多人的安危都寄托在陛下身上，这一种顾虑是最圣明不过的。

罗森格兰兹　每一个庶民都知道怎样远祸全身，一身负天下重寄的人，尤其应该时刻不懈地防备危害的袭击。君主的薨逝不仅是个人的死亡，它像一个旋涡一样，凡是在它近旁的东西，都要被它卷去同归于尽；又像一个矗立在最高山峰上的巨轮，它的轮辐上连附着无数的小物件，当巨轮轰然崩裂的时候，那些小物件也跟着它一齐粉碎。国王的一声叹息，总是随着全国的呻吟。

国王　请你们准备立刻出发，因为我们必须及早制止这一种公然的威胁。

罗森格兰兹
吉尔登斯吞　我们就去赶紧预备。（罗森格兰兹、吉尔登斯吞同下）

【波洛涅斯上。

波洛涅斯　陛下，他到他母亲房间里去了。我现在就去躲在帷幕后面，听他们怎么说。我可以断定她一定会把他好好教训一顿。您说得很不错，母亲对于儿子总有几分偏心，所以最好有一个第三者躲在旁边偷听他们的谈话。再会，陛下，在您未睡以前，我还要来看您一次，把我所探听到的事情告诉您。

国王　谢谢你，贤卿。（波洛涅斯下）啊！我罪恶的戾气已经上达于天；我的灵魂上负着一个元始以来最初的诅咒，杀害兄弟的暴行！我不能祈祷，虽然我的愿望像决心一样强烈；我的更坚强的罪恶击败了我的坚强的意愿。像一个人同时要做两件事情，我因为不知道应该先从什么地方下手而徘徊歧途，结果反弄得一事无成。要是这一只可诅咒的手上染满了一层比它本身还厚的兄弟的血，难道天上所有的甘霖都不能把它洗涤得像雪一样洁白吗？慈悲的使命，不就是宽宥罪恶吗？祈祷的目的，不是一方面预防我们的堕落，一方面救拔我们于已堕落之后吗？那么我要仰望上天；我的过失已经犯下了。可是诶！哪一种祈祷才是我所适用的呢？“求上帝赦免我的杀人重罪”吗？那不可能，因为我现在还占有着那些引起我犯罪动机的目的物，我的王冠、我的野心和我的王后。非分攫取的利益还在手里，就可以幸邀宽恕吗？在这黑暗的人世，罪恶的镀金的手也许可以把公道推开不顾，暴徒的赃物往往就是枉法的贿赂；可是天上却不是这样的，在那边一切都无可遁避，任何行动都要显现它的真相，我们必须当面为我们自己的罪恶作证。那么怎么办呢？还有什么法子好想呢？试一试忏悔的力量吧。什么事情是忏悔所不能做到的？可是对于一个不能忏悔的人，它又有什么用呢？啊，不幸的处境！啊，像死亡一样黑暗的心胸！啊，越是挣扎，越是不能脱身的胶着了的灵魂！救救我，天使们！试一试吧：弯下来，顽强的膝盖；钢丝一样的心弦，变得像新生之婴的筋肉一样柔嫩吧！但愿一切转祸为福！（跪祷）

【哈姆莱特上。

哈姆莱特　他现在正在祈祷，我正好动手；我决定现在就干，让他上天堂去，也算报了仇了。不，那还要考虑一下：一个恶人杀死我的父亲；我，他的独生子，却把这个恶人送上天堂。啊，这简直是以恩报怨了。他用卑鄙的手段，在我父亲满心俗念罪孽正重的时候趁其不备把他杀死；虽然谁也不知道在上帝面前他生前的善恶如何相抵，可是照我们一般的推想，他的孽债多半是很重的。现在他正在洗涤他的灵魂，要是我在这时候结果了他的性命，那么天国的路是为他开放着，这样还算是复仇吗？不！收起来，我的剑，等候一个更残酷的机会吧；当他在酒醉以后，在愤怒之中，或是在荒淫纵欲的时候，在赌博、咒骂或是其他邪恶行为的中间，我就要叫他颠踬在我的脚下，让他幽深黑暗不见天日的灵魂永堕地狱。我的母亲在等我。这一副续命的药剂不过延长了你临死的痛苦。（下）

【国王起立。

国王　我的言语高高飞起，我的思想滞留地下；没有思想的言语永远不会上升天界。（下）

第四场　王后寝宫

【王后及波洛涅斯上。

波洛涅斯　他就要来了。请您把他着实教训一顿，对他说他这种狂妄的态度，实在叫人忍无可忍，倘没有您王后替他居中回护，王上早已对他大发雷霆了。我就悄悄地躲在这儿。请您对他讲得着力一点。

王后　都包在我身上，你放心吧。退下去，我听见他来了。

（波洛涅斯匿帏后）

【哈姆莱特上。

哈姆莱特　母亲，您叫我有什么事？

王后　哈姆莱特，你已经大大得罪了你的父亲啦。

哈姆莱特　母亲，您已经大大得罪了我的父亲啦。

王后　来，来，不要用这种胡说八道的话回答我。

哈姆莱特　去，去，不要用这种胡说八道的话问我。

王后　啊，怎么，哈姆莱特！

哈姆莱特　现在又是什么事？

王后　你忘记我了吗？

哈姆莱特　不，凭着十字架起誓，我没有忘记你。你是王后，你的丈夫的兄弟的妻子，你又是我的母亲——但愿你不是！

王后　哎哟，那么我要去叫那些会说话的人来跟你谈谈了。

哈姆莱特　来，来，坐下来，不要动；我要把一面镜子放在你的面前，让你看一看你自己的灵魂。

王后　你要干什么呀？你不是要杀我吧？救命！救命呀！

波洛涅斯　（在帏后）喂！救命！

哈姆莱特　（拔剑）怎么！是哪一个鼠贼？要钱不要命吗？我来结果你。（以剑刺穿帷幕）

波洛涅斯　（在帏后）啊！我死了！

王后　哎哟！你干了什么事啦？

哈姆莱特　我也不知道；那不是国王吗？

王后　啊，多么鲁莽残酷的行为！

哈姆莱特　残酷的行为！好妈妈，简直就跟杀了一个国王，再去嫁给他的兄弟一样坏。

王后　杀了一个国王！

哈姆莱特　嗯，母亲，我正是这样说。（揭帷见波洛涅斯）你这倒运的、粗心的、爱管闲事的傻瓜，再会！我还以为是一个在你上面的人哩。也是你命不该活；现在你可知道爱管闲事的危险了。——别尽扭着你的手。静一静，坐下来，让我扭你的心；你的心倘不是铁石打成的，万恶的习惯倘不曾把它硬化得透不进一点感情，那么我的话一定可以把它刺痛。

王后　我干了些什么错事，你才敢这样肆无忌惮地向我摇唇弄舌？

哈姆莱特　你的行为可以使贞节蒙污，使美德得到伪善的名称；从纯洁恋情的额上取下娇艳的蔷薇，替它盖上一个烙印；使婚姻的盟约变成博徒的誓言一样虚伪。啊！这样一种行为，简直使盟约成为一个没有灵魂的躯壳，神圣的婚礼变成了一串谵妄的狂言；苍天的脸上也为它带上羞色，大地因为痛心这样的行为，也罩上满面的愁容，好像世界末日就要到来一般。

王后　唉！究竟是什么极恶重罪，你把它说得这样惊人呢？

哈姆莱特　瞧这一幅图画，再瞧这一幅；这是两个兄弟的肖像。你看这一个的相貌是多么高雅优美：太阳神的鬈发，天神的前额，战神一样威风凛凛的眼睛，像降落在高吻穹苍的山巅的神使一样矫健的姿态；这一个完善卓越的仪表，真像每一个天神都曾在那上面打下印记，向世间证明这是一个男子的典型。这是你从前的丈夫。现在你再看这一个：这是你现在的丈夫，像一株霉烂的禾穗，损害了他的健硕的兄弟。你有眼睛吗？你甘心离开这一座大好的高山，靠着这荒野生活吗？嘿！你有眼睛吗？你不能说那是爱情，因为在你这个年纪，热情已经冷淡下来，它必须等候理智的判断；什么理智愿意从这么高的地方，降落到这么低的所在呢？知觉你当然是有的，否则你就不会有行动；可是你那知觉也一定已经麻木了；因为就是疯人也不会犯那样的错误，无论怎样丧心病狂，总不会连这样悬殊的差异都分辨不出来。那么是什么魔鬼蒙住了你的眼睛，把你这样欺骗呢？你的视觉、听觉、触觉、嗅觉，全都失去了交相为用的功能了吗？因为单单一个感官有了毛病，绝不会使人愚蠢到这步田地的。羞啊！你不觉得惭愧吗？要是地狱中的孽火可以在一个中年妇人的骨髓里煽起了蠢动，那么在青春的烈焰中，让贞操像蜡一样熔化了吧。因为少年情欲的驱动而失身，又有什么可耻呢？霜雪都会自动燃烧，理智都会做性欲的奴隶呢。

王后　啊，哈姆莱特！不要说下去了！你使我的眼睛看进了我自己灵魂的深处，看见我灵魂里那些洗拭不去的黑色的污点。

哈姆莱特　嘿，生活在汗臭垢腻的眠床上，让淫邪熏没了心窍，在污秽的猪圈里调情弄爱——

王后　啊，不要再对我说下去了！这些话像刀子一样戳进我的耳朵里；不要说下去了，亲爱的哈姆莱特！

哈姆莱特　一个杀人犯，一个恶徒，一个不及你前夫二百分之一的庸奴，一个冒充国王的丑角，一个盗国窃位的扒手，从架子上偷下那顶珍贵的王冠，塞在自己的腰包里！

王后　别说了！

哈姆莱特　一个身着斑斓彩衣的下流国王——

【鬼魂着睡衣上。

哈姆莱特　天上的神明啊，救救我，用你们的翅膀覆盖我的头顶！——陛下。英灵不昧，有什么见教？

王后　哎哟，他疯了！

哈姆莱特　您不是来责备您的儿子不该浪费他的时间和感情，把您皇皇的命令搁在一旁，耽误了应该做的大事了吗？啊，说吧！

鬼魂　不要忘记。我现在是来磨砺你快要蹉跎下去的决心。可是瞧！你的母亲那惊愕的表情。啊，快去安慰安慰她的正在交战中的灵魂吧！最柔弱的人最容易受幻想的激动。对她说话去，哈姆莱特。

哈姆莱特　您怎么啦，母亲？

王后　唉！你怎么啦？为什么你把眼睛睁视着虚无，向空中喃喃说话？你的眼睛里射出狂乱的神情；像熟睡的兵士突然听到警号一般，你整齐的头发一根根都像有了生命似的竖立起来。啊，好儿子！在你的疯狂的热焰上，浇洒一些清凉的镇静剂吧！你在瞧什么？

哈姆莱特　他，他！您瞧，他的脸色多么惨淡！看见了他这一种形状，要是再知道他所负的沉冤，即使石块也会感动的。——不要瞧着我，因为那不过徒然勾起我的哀感，也许反会妨碍我冷酷的决心；也许我会因此而失去勇气，让挥泪代替了流血。

王后　你这番话是对谁说的？

哈姆莱特　您没有看见什么吗？

王后　什么也没有。要是有什么东西在那边，我不会看不见的。

哈姆莱特　您也没有听见什么吗？

王后　不，除了我们两人说的话以外，我什么也没有听见。

哈姆莱特　啊，您瞧！瞧，它悄悄儿去了！我的父亲，穿着他生前所穿的衣服！瞧！他就在这一刻，从门口走出去了！（鬼魂下）

王后　这是你脑中虚构的意象；一个人在心神恍惚的状态中，最容易发生这种幻妄的错觉。

哈姆莱特　心神恍惚！我的脉搏跟您的一样，在按着正常的节奏跳动哩。我所说的并不是疯话；要是您不信，我可以把我刚才说过的话一字不漏地复述一遍，一个疯人是不会记忆得那样清楚的。母亲，为了上帝的慈悲，不要自己安慰自己，以为我这一番说话，只是出于疯狂，不是真的对您的过失而发；那样的思想不过是骗人的油膏，只能使您溃烂的良心上结起一层薄膜，那内部的毒疮却在底下愈长愈大。向上天承认您的罪恶吧，忏悔过去，警戒未来；不要把肥料浇在莠草上，使它们格外蔓延起来。原谅我这一番正义的劝告吧；因为在这种万恶的时世，正义必须向罪恶乞恕，它必须俯首屈膝，要求人家接纳他善意的箴规。

王后　啊，哈姆莱特！你把我的心劈为两半了！

哈姆莱特　啊！把那坏的一半丢掉，保留那另外的一半，让您的灵魂清净一些。晚安！可是不要上我叔父的床；即使您已经失节，也得勉力学做一个贞节妇人的样子。习惯虽然是一个可以使人失去羞耻的魔鬼，但是它也可以做一个天使，对于勉力为善的人，它会用潜移默化的手段，使他弃恶从善。您要是今天晚上自加抑制，下一次就会觉得这一种自制的功夫并不怎样为难，慢慢儿就可以习以为常了；因为习惯简直有一种改变气质的神奇力量，它可以使魔鬼主宰人类的灵魂，也可以把他从人们心里驱逐出去。让我再向您道一次晚安；当您希望得到上天祝福的时候，我将求您祝福我。至于这一位老人家（指波洛涅斯），我很后悔自己一时鲁莽把他杀死；可是这是上天的意思，要借着他的死惩罚我，同时借着我的手惩罚他，使我一方面自己受到天谴，一方面又成为代天行刑的使者。我现在先去把他的尸体安顿好了，再来承担这一个杀人的过咎。晚安！为了顾全母子的恩慈，我不得不忍情暴戾；不幸已经开始，更大的灾祸还在接踵而至。再有一句话，母亲……

王后　我应该怎么做？

哈姆莱特　我不能禁止您不再让那骄淫的僭王引诱您和他同床，让他拧您的脸，叫您做他的小耗子；我也不能禁止您因为他给了您一两个恶臭的吻，或是用他万恶的手指抚摸您的颈项，就把您所知道的事情一起说了出来，告诉他我实在是装疯，不是真疯。您应该让他知道；因为哪一个聪明懂事的王后愿意隐藏这样重大的消息，不去告诉一只蛤蟆、一只蝙蝠、一只老雄猫知道呢？不，虽然理性警告您保守秘密，您尽管学那寓言中的猴子，因为受了好奇心的驱使，到屋顶上去开了笼门，把鸟儿放出，自己钻进笼里去，结果连笼子一起掉下来跌死吧。

王后　你放心吧，要是言语是从呼吸里吐出来的，我绝不会让我的呼吸泄露了你对我所说的话。

哈姆莱特　我必须到英国去，您知道吗？

王后　唉！我忘了，这事情已经这样决定了。

哈姆莱特　公文已经封好，打算交给我那两个同学带去。对这两个家伙，我要像对待两条咬人的毒蛇一样随时提防；他们将要做我的先驱，引导我钻进什么圈套里去。我倒要瞧瞧他们的能耐。开炮的要是给炮轰了，也是一件好玩的事；他们会埋地雷，我要比他们埋得更深，把他们轰到月亮里去。啊！用诡计对付诡计，不是顶有趣的吗？这家伙一死，多半会提早了我的行期；让我把这尸体拖到隔壁去。母亲，晚安！这一位大臣生前是个愚蠢饶舌的家伙，现在却变成非常严谨庄重的人了。来，老先生，让我把您拖下您的坟墓里去。晚安，母亲！（各下后哈姆莱特拖波洛涅斯尸体入内）

第四幕

第一场　城堡中一室

【国王、王后、罗森格兰兹及吉尔登斯吞上。

国王　这些长吁短叹之中，都含着深长的意义，我们必须设法探索出来。你的儿子呢？

王后　（向罗森格兰兹、吉尔登斯吞）请你们暂时退开。（罗森格兰兹、吉尔登斯吞下）啊，陛下！今晚我看见了多么惊人的事情！

国王　什么，葛特露？哈姆莱特怎么啦？

王后　疯狂得像彼此争强斗胜的天风和海浪一样。在他野性发作的时候，他听见帷幕后面有什么东西爬动的声音，就拔出剑来，嚷着，“有耗子！有耗子！”于是在一阵疯狂的恐惧之中，把那躲在幕后的好老人家杀死了。

国王　啊，罪过罪过！要是我在那儿，我也会照样死在他手里的；放任他这样胡作非为，对于你，对于我，对于每一个人，都是极大的威胁。唉！这一件流血的暴行应当由谁负责呢？我们是不能辞其咎的，因为我们早该防患于未然，把这个发疯的孩子关禁起来，不让他到处乱走；可是我们太爱他了，以至于不愿想一个适当的方策，正像一个害着恶疮的人，因为不让它出毒的缘故，弄到毒气攻心，无法救治一样。他到哪儿去了？

王后　拖着那个被他杀死的尸体出去了。像一堆下贱的铅铁掩不了真金的光彩一样，他知道他自己做错了事，他纯良的本性就从他的疯狂里透露出来，他哭了。

国王　啊，葛特露！来！太阳一到了山上，我们必须赶紧让他登船出发。对于这一件罪恶的行为，我们必须用最严正的态度最巧妙的措辞，决定一个执法原情的处置。喂！吉尔登斯吞！

【罗森格兰兹及吉尔登斯吞重上。

国王　两位朋友，我们还要借重你们一下。哈姆莱特在疯狂之中，已经把波洛涅斯杀死；他现在把那尸体从他母亲的房间里拖出去了。你们去找他来，对他说话要和气一点；再把那尸体搬到教堂里去。请你们快去把这件事情办好。（罗森格兰兹、吉尔登斯吞下）来，葛特露，我们要去召集我们那些最有见识的朋友，把我们的决定和这一件意外的变故告诉他们，免得外边无稽的谰言牵涉到我们身上，那些毒箭从低声的密语中间散放出去，是像弹丸从炮口里射出去一样每发必中的。

啊，来吧！我的灵魂里充满着混乱和惊愕。（同下）

第二场　城堡中另一室

【哈姆莱特上。

哈姆莱特　藏好了。

罗森格兰兹
吉尔登斯吞　（在内）哈姆莱特！哈姆莱特殿下！

哈姆莱特　什么声音？谁在叫哈姆莱特？啊，他们来了。

【罗森格兰兹及吉尔登斯吞上。

罗森格兰兹　殿下，您把那尸体怎么样啦？

哈姆莱特　它本来就是泥土，我仍旧让它回到泥土里去。

罗森格兰兹　告诉我们它在什么地方，让我们把它搬到教堂里去。

哈姆莱特　不要相信。

罗森格兰兹　不要相信什么？

哈姆莱特　不要相信我会放弃我自己的意见来听你的话。而且，一块海绵也敢问起我来！一个堂堂王子应该用什么话去回答它呢？

罗森格兰兹　您把我当作一块海绵吗，殿下？

哈姆莱特　嗯，先生，一块吸收君王的恩宠、利禄和官爵的海绵。可是这样的官员要到最后才会显出他们最大的用处来；像猴子吃硬壳果一般，他们的君王先把他们含在嘴里舐弄了好久，然后再一口咽了下去。当他需要被你们所吸收去的东西的时候，他只要把你们一挤，于是，海绵，你又是一块干巴巴的海绵了。

罗森格兰兹　我不懂您的话，殿下。

哈姆莱特　那很好，一句下流的话睡在一个傻瓜的耳朵里。

罗森格兰兹　殿下，您必须告诉我们那尸体在什么地方，然后跟我们见王上去。

哈姆莱特　他的身体和国王同在，可是那国王并不和他的身体同在。国王是一件东西——

吉尔登斯吞　一件东西，殿下！

哈姆莱特　一件虚无的东西。带我去见他。狐狸躲起来，大家追上去。（同下）

第三场　城堡中另一室

【国王上，侍从随后。

国王　我已经叫他们找他去了，并且叫他们把那尸体寻出来。让这家伙任意胡闹，是一件多么危险的事情！可是我们又不能把严刑峻法加在他的身上，他是为糊涂的群众所喜爱的，他们欢喜一个人，只凭眼睛，不凭理智；我要是处罚了他，他们只会看见我的刑罚的苛酷，却不会想到他犯的是什么重罪。为了顾全各方面的关系，叫他迅速离国，不失为一种适宜的策略。应付非常的变故，必须用非常的手段。

【罗森格兰兹上。

国王　啊！事情怎么样啦？

罗森格兰兹　陛下，他不肯告诉我们那尸体在什么地方。

国王　可是他呢？

罗森格兰兹　在外面，陛下，我们把他看起来了，等候您的旨意。

国王　带他来见我。

罗森格兰兹　喂，吉尔登斯吞！带殿下进来。

【哈姆莱特及吉尔登斯吞上。

国王　啊，哈姆莱特，波洛涅斯呢？

哈姆莱特　吃饭去了。

国王　吃饭去了！到什么地方？

哈姆莱特　不是在他吃饭的地方，是在人家吃他的地方；有一群精明的蛆虫正在他身上大吃特吃哩。蛆虫是全世界最大的饕餮家；我们喂肥了各种的牲畜给自己受用，再喂肥了自己去给蛆虫受用。胖胖的国王跟瘦瘦的乞丐是一个桌子上两道不同的菜——不过是这么一回事。

国王　唉！唉！

哈姆莱特　一个人可以拿一条吃过一个国王的蛆虫去钓鱼，再吃那条吃过蛆虫的鱼。

国王　你这句话是什么意思？

哈姆莱特　没有什么意思，我只不过是告诉你一个国王可以在一个乞丐的脏腑里出巡呢。

国王　波洛涅斯呢？

哈姆莱特　在天上。你差人到那边去找他吧。要是你的使者在天上找不到他，那么你可以自己到另外一个所在去找他。如果你们在这一个月里找不到他的话，只要跑上走廊的阶石，也就可以闻到他的气味了。

国王　（向若干侍从）去到走廊里找一找。

哈姆莱特　他在等着你们哩。（侍从等下）

国王　哈姆莱特，你干出这种事来，使我非常痛心。为了你自身的安全起见，你必须火速离开国境；所以快去给自己预备预备：船已经整装待发，风势也很顺利，同行的人都在等着你，一切都已经准备好向英国出发。

哈姆莱特　到英国去！

国王　是的，哈姆莱特。

哈姆莱特　好。

国王　要是你明白我的用意，你应该知道这是为了你好。

哈姆莱特　我看见一个明白你用意的天使。好的，到英国去！再会，亲爱的母亲！

国王　我是你慈爱的父亲，哈姆莱特。

哈姆莱特　我的母亲。父亲和母亲是夫妇两个，夫妇是一体之亲；所以再会吧，我的母亲！来，到英国去！（下）

国王　跟在他的后面，劝诱他赶快上船，不要耽误；我要叫他在今晚离开国境。去！这件事情一解决，什么问题都没有了。请你们赶快一点。（罗森格兰兹、吉尔登斯吞下）英格兰王啊，丹麦的宝剑在你的国土上还留着鲜明的创痕，你向我们纳款输诚的敬礼至今未减，要是你畏惧我的威力，重视我的友谊，你就不能忽视我的旨意；我已经在公函里要求你把哈姆莱特立即处死，照着我的意思做吧，英格兰王，因为他像是我深入膏肓的痼疾，一定要借你的手把我医好。我必须知道他已经不在人世，脸上才会有笑容浮起。（下）

第四场　丹麦原野

【福丁布拉斯率列队兵士上。

福丁布拉斯　队长，你去替我问候丹麦国王，告诉他说福丁布拉斯因为得到他的允许，已经按照约定，率领一支军队通过他的国境。你知道我们在什么地方集合。要是丹麦王有什么话要跟我当面说的，我也可以入朝晋谒。你就这样对他说吧。

队长　是，主将。

福丁布拉斯　慢步前进。（福丁布拉斯及兵士等下，队长留后）

【哈姆莱特、罗森格兰兹、吉尔登斯吞等同上。

哈姆莱特　官长，这些是什么人的军队？

队长　他们都是挪威的军队，先生。

哈姆莱特　请问他们是开到什么地方去的？

队长　到波兰的某一部分去。

哈姆莱特　谁是领兵的主将？

队长　挪威老王的侄儿福丁布拉斯。

哈姆莱特　他们是要向波兰本土进攻呢，还是去袭击边疆？

队长　不瞒您说，我们是要去夺一小块只有空名毫无实利的土地。叫我出五块钱去把它租赁下来，我也不要；无论挪威人、波兰人，要是把它标卖起来，谁也不会付出比这大一点的价钱把它买下来的。

哈姆莱特　啊，那么波兰人一定不会防卫它的了。

队长　不，他们早已布防好了。

哈姆莱特　为了这么一点鸡毛蒜皮，竟浪掷两千条活生生的性命和两万块金圆！这完全是因为国家太富足升平了，晏安的积毒蕴蓄于内，虽然已经到了溃烂的程度，外表上却还一点看不出将死的征象来。谢谢您，官长。

队长　上帝和您同在，先生。（下）

罗森格兰兹　我们去吧，殿下。

哈姆莱特　我就来，你们先走一步。（除哈姆莱特外均下）我所见到听到的一切，都好像在对我谴责，鞭策我赶快进行我蹉跎未就的复仇大愿！一个人要是在他生命的盛年，只知道吃吃睡睡，他还算是个什么东西？简直不过是一头畜生！上帝造下我们来，使我们能够这样高谈阔论，瞻前顾后，当然要我们利用他所赋予我们的这一种能力和灵明的理智，不让它们白白废掉。现在我明明有理由，有决心，有力量，有方法，可以动手干我所要干的事，可是我还是在说一些空话，比如“我要怎么怎么干”，而始终不曾在行动上表现出来；我不知道这是为了鹿豕一般的健忘呢，还是为了三分懦怯一分智慧的过于审慎的顾虑。像大地一样显明的榜样都在鼓励我；瞧这一支勇猛的大军，领队的是一个娇养的少年王子，勃勃的雄心振起了他的精神，使他蔑视不可知的结果，为了区区弹丸大小的一块不毛之地，拼着血肉之躯，去向命运、死亡和危险挑战。真正的伟大不是轻举妄动，而是在荣誉遭遇危险的时候，即使为了一根稻秆之微，也要慷慨力争。可是我的父亲给人惨杀，我的母亲给人污辱，我的理智和感情都被这种不共戴天的大仇所激动，我却因循隐忍，一切听其自然，看着这两万个人为了博取一个空虚的名声，走下坟墓竟如躺上眠床，目的只是争夺一方还不够作为他们的战场和埋骨之所的土地，相形之下，我将何地自容呢？啊！从这一刻起，让我屏除一切的疑虑妄念，把流血的思想充满在我的脑际！（下）

第五场　厄耳锡诺　城堡中一室

【王后、霍拉旭及一侍臣上。

王后　我不愿意跟她说话。

侍臣　她一定要见您。她的神气疯疯癫癫，瞧着怪可怜的。

王后　她要什么？

侍臣　她不断提起他的父亲；她说她听见这世上到处是诡计；一边呻吟，一边捶她的心，对一些琐琐屑屑的事情痛骂，讲的都是些很玄妙的话，好像有意思又好像没有意思。她的话虽然不知所云，可是却能使听见的人心中发生反应而企图从它里面找出意义来；他们妄加猜测，把她的话断章取义，用自己的思想附会上去；当她讲那些话的时候，有时眨眼，有时点头，做着种种的手势，的确使人相信在她的言语之间，含蓄着什么意思，虽然不能确定，却似乎隐藏着不祥之兆。

霍拉旭　最好有什么人跟她谈谈，因为也许她会在愚妄的脑筋里散布一些危险的猜测。

王后　让她进来。（侍臣下）

我负疚的灵魂惴惴惊惶，
琐琐细事也像预兆灾殃；
罪恶是这样充满了疑猜，
越小心越容易流露鬼胎。

【奥菲利娅披头散发、精神恍惚，弹鲁特琴上。

奥菲利娅　丹麦的美丽的王后陛下呢？

王后　啊，奥菲利娅！

奥菲利娅　（唱）为寻真爱满街走，
谁是知心郎？
毡帽在头杖在手，
草鞋穿一双。

王后　唉！好姑娘，这支歌是什么意思呢？

奥菲利娅　您说？请您听好了。（唱）
姑娘，姑娘，他死了，
一去不复来；
头上盖着青青草，
脚下石生苔。
嗬呵！

王后　哎，可是，奥菲利娅——

奥菲利娅　请您听好了。（唱）
殓衾遮体白如雪——

【国王上。

王后　唉！陛下，您瞧。

奥菲利娅　鲜花红似雨；

花上盈盈有泪滴，

伴郎坟墓去。

国王　你好，美丽的姑娘？

奥菲利娅　好，上帝保佑您！他们说猫头鹰是一个面包师的女儿变成的。主啊！我们谁也不知道自己将来会变成什么。愿上帝和您同席！

国王　她父亲的死激成了她这种幻想。

奥菲利娅　对不起，我们以后再别提这件事了。要是有人问您这是什么意思，您就这样对他说：（唱）

情人佳节就在明天，

我要一早起身，

梳洗齐整到你窗前，

来做你的恋人。

他下了床披了衣裳，

他开开了房门；

她进去时是个女郎，

出来变了妇人。

国王　美丽的奥菲利娅！

奥菲利娅　真的，不用发誓，我会把它唱完：（唱）

凭着神圣慈悲名字，

这种事太丢脸！

少年男子不知羞耻，

一味无赖纠缠。

你曾答应婚娶，

然后再同枕席；

谁料如今被你欺诈，

懊悔万千无及！

国王　她这个样子已经多久了？

奥菲利娅　我希望一切转祸为福！我们必须忍耐；可是一想到他们把他放

到寒冷的泥土里去，我就禁不住掉泪。我的哥哥必须知道这件事。谢谢你们很好的劝告。来，我的马车！晚安，太太们；晚安，可爱的小姐们；晚安，晚安。（下）

国王 紧紧跟着她，留心不要让她闹出乱子来。（霍拉旭下）啊！深心的忧伤把她害成了这样子；这完全是为了她父亲的死。啊，葛特露，葛特露！不幸的事情总是接踵而来：第一是她父亲的被杀；然后是你儿子的远别，他闯了这样大的祸，不得不亡命异国，也是自取其咎。人民对于善良的波洛涅斯的暴亡，已经群疑蜂起，议论纷纷；我们这样匆匆忙忙地把他秘密安葬，更加引起了外界的疑窦；可怜的奥菲利娅也因此而悲伤得失去了她正常的理智。我们人类没有了理智，不过是画上的图形，是无知的禽兽。最后，跟这些事情同样使我不安的，是她的哥哥已经从法国秘密回来，行动诡异，居心莫测；他的耳中所听到的，都是那些播弄是非的人所散播的关于他父亲死状的恶意的谣言，少不了会牵涉到我们身上。啊，我亲爱的葛特露！这种消息像一尊杀人的巨炮，到处都在危害我的生命。（内喧呼声）

王后 哎哟！这是什么声音？

【一侍臣上。

国王 来人呢！我的瑞士卫队呢？叫他们把守宫门。什么事？

侍臣 赶快避一避吧，陛下，比大洋中的怒潮冲决堤岸还要汹汹其势，年轻的雷欧提斯带领着一队叛军，打败了您的卫士，冲进宫里来了。这一群暴徒把他称为主上；就像世界还不过刚刚才开始一般，他们推翻了一切的传统和习惯，那应当核准我们言语的尺度，他们全抛到脑后，只顾高喊：“我们推举雷欧提斯做国王！”他们掷帽举手，吆呼的声音响彻云霄，“让雷欧提斯做国王，让雷欧提斯做国王！”

王后 他们这样兴高采烈，却不知道已经误入歧途！啊，你们干了错事了，你们这些不忠的丹麦狗！

【雷欧提斯率众上。

国王　宫门都已打破了。

雷欧提斯　国王在哪儿？弟兄们，大家站在外面。

众人　不，让我们进来。

雷欧提斯　对不起，请你们让我一个人在这儿。

众人　好，好。（众人下）

雷欧提斯　谢谢你们。把门看守好了。啊，你这万恶的奸王！还我的父亲来！

王后　安静一点，好雷欧提斯。

雷欧提斯　我身上要是有一点血安静下来，我就是个野生的杂种，我的父亲是个王八，我母亲贞洁的额角上，也要雕上娼妓的恶名。

国王　雷欧提斯，你这样大张声势，兴兵犯上，究竟为了什么原因？——放了他，葛特露，不要担心他会伤害我的身体，一个君王是有神灵呵护的，他的威焰可以吓退叛逆。——告诉我，雷欧提斯，你有什么气恼不平的事？——放了他，葛特露。——你说吧。

雷欧提斯　我的父亲呢？

国王　死了。

王后　但是并不是他杀死的。

国王　让他问下去。

雷欧提斯　他怎么会死的？我可不能受人家的愚弄。忠心，到地狱里去吧！让最黑暗的魔鬼把一切誓言抓了去！什么良心，什么礼貌，都给我滚下无底的深穴里去！我要向永劫挑战。我的立场已经坚决：死也好，活也好，我什么都不管，只要痛痛快快地为我的父亲复仇。

国王　谁可以阻止你？

雷欧提斯　除了我自己的意志以外，全世界也不能阻止我；不费多大力气，我的目的都一定要达到。

国王　好雷欧提斯，要是你想知道你的亲爱的父亲究竟是怎样死去的话，难道你的复仇是把朋友和敌人搅在一起，把赢家和输家都一扫而光？

雷欧提斯 我只要找我父亲的敌人算账。

国王 那么你要知道谁是他的敌人吗？

雷欧提斯 对于他的好朋友，我愿意张开我的手臂拥抱他们，像舍身哺养幼雏的塘鹅一样，把我的血供他们喝饮。

国王 啊，现在你才说得像一个孝顺的儿子和真正的绅士。我不但对于令尊的死不曾有分，而且为他也感觉到非常的悲痛；这一个事实将会透过你的心，正像白昼的阳光照射你的眼睛一样。

众人 （内喧哗声）放她进去！

雷欧提斯 怎么！那是什么声音？

【奥菲利娅重上。

雷欧提斯 啊，赤热的烈焰，炙枯了我的脑浆吧！七倍辛酸的眼泪，灼伤了我的视觉吧！天日在上，我一定要叫那害你疯狂的仇人重重地抵偿他的罪恶。啊，五月的玫瑰！亲爱的女郎，好妹妹，奥菲利娅！天啊！一个少女的理智，也会像一个老人的生命一样受不起打击吗？人的性情因为热爱会变得格外敏感，这敏感的性情又常常把自己最珍贵的部分献给所爱。

奥菲利娅 （唱）他们把他抬上柩架；
哎呀，哎呀，哎哎呀；
在他坟上泪如雨下。
再会，我的鸽子！

雷欧提斯 要是你没有发疯，你会激励我复仇，你的言语也不会比你现在这样子更使我感动了。

奥菲利娅 你该唱“当啊当”，你该唱“你叫他当啊当”。啊！这迭唱多好听！唱的是黑心的管家，把主人的女儿拐了去了。

雷欧提斯 这一种无意识的话，比正言危论还要有力得多。

奥菲利娅 这是表示记忆的迷迭香；爱人，请你记着吧：这是表示相思的三色堇。

雷欧提斯　疯话里有教训，相思和记忆总是相伴相依。

奥菲利娅　（向克劳狄斯）这是给您的谄媚人的茴香和忠诚的漏斗花；（向葛特露）这是给您的表示悔恨的芸香，这儿还留着一些给我自己；遇到礼拜天，我们可以叫它慈悲草。啊！您可以把您的芸香插戴得别致点儿。这儿是一枝骗人的雏菊；我想要给您几朵忠贞的紫罗兰，可是我父亲一死，它们全都谢了；他们说他落了一个善终——（唱）

可爱的罗宾是我的宝贝。

雷欧提斯　忧愁、痛苦、悲哀和地狱中的磨难，在她身上都变成了可怜可爱。

奥菲利娅　（唱）他会不会再回来？

他会不会再回来？
不，不，他死了；
你的命难保，
他再也不会回来。
他的胡须像白银，
满头黄发乱纷纷。
人死不能活，
且把悲声歇；
上帝饶赦他灵魂！

求上帝饶赦一切基督徒的灵魂！上帝和你们同在！（下）

雷欧提斯　上帝啊，你看见过这种惨事吗？

国王　雷欧提斯，我必须跟你详细谈谈关于你所遭逢的不幸；你不能拒绝我这一个权利。你不妨先去选择几个你最有见识的朋友，请他们在你我两人之间做公证人：要是他们评断的结果，认为是我主动或同谋杀害的，我愿意放弃我的国土、我的王冠、我的生命以及我所有的一切，作为对你的补偿；可是假如他们认为我是无罪的，那么你必须答应助我一臂之力，让我们两人开诚合作，定出一个惩凶的方策来。

雷欧提斯　就这样吧。他死得这样不明不白，他的下葬又是这样偷偷摸摸的，他的尸体上没有一些战士的荣饰，也不曾为他举行一些哀祭的仪式，从天上到地下都在发出愤懑不平的呼声，我不能不问一个明白。

国王　你可以明白一切；谁是真有罪的，让斧钺加在他的头上吧。请你跟我来。（同下）

第六场　城堡中另一室

【霍拉旭及数人上。

霍拉旭　要来见我说话的是些什么人？

一绅士　是几个水手，先生。他们说他们有信要交给您。

霍拉旭　叫他们进来。（绅士下）倘不是哈姆莱特殿下差来的人，我不知道在这世上的哪一部分会有人来看我。

【水手等上。

水手甲　上帝祝福您，先生！

霍拉旭　愿他也祝福你。

水手乙　他要是高兴，先生，他会祝福我们的。这儿有一封信给您，先生——它是从那位到英国去的钦使寄来的——要是您的名字果然是霍拉旭的话。

霍拉旭　（读信）"霍拉旭，你把这封信看过以后，请把来人领去见一见国王；他们还有信要交给他。我们在海上的第二天，就有一艘很凶猛的海盗船向我们追击。我们因为行船太慢，只好勉力迎敌；在彼此相持的时候，我跳上了海盗船，他们就立刻抛下我们的船，扬帆而去，剩下我一个人做他们的俘虏。他们对待我很是有礼，也知道这样做对他们有利；我还要重谢他们哩。把我给国王的信交给他以后，请你就像逃命一般火速来见我。我有一些可以使你听了张口结舌的话要在你的耳边说；可是事实本身比这些话还要严重得多。来人可以把你带到我现在所在的地方。罗森格兰兹和吉尔登斯吞到英国去了；关于他们我还有许多话要告诉你。再会。你的哈姆莱特。”来，让我立刻就带你们去把你们的信送出，然后请你们领我到信中要我去的地方。（同下）

第七场 城堡中另一室

【国王及雷欧提斯上。

国王 你已经用你同情的耳朵，听见我告诉你那杀死令尊的人也在图谋我的生命；现在你必须明白我的无罪，并且把我当作你的一个心腹的友人了。

雷欧提斯 听您所说，果然像是真的；可是告诉我，为了您自己的安全起见，为什么您对于这样罪大恶极的暴行，不采取严厉的手段呢？

国王 啊！那是因为有两个理由，也许在你看来是不成其为理由的，可是对于我却有很大的关系。王后，他的母亲，差不多一天不看见他就不能生活；至于我自己，那么不管它是我的好处或是我致命的弱点，我的生命和灵魂是这样跟她连接在一起，正像星球不能跳出轨道一样，我也不能没有她而生活。而且我之所以不能把这件案子公开，还有一个重要的顾虑：一般民众对他都有很大的好感，他们盲目的崇拜像一股使树木变成石块的魔泉一样，把他所有的错处都变成了优点；我的箭太轻太没有力了，遇到这样的狂风，一定不能射中目的，反而会给吹了回来。

雷欧提斯 那么难道我的一个高贵的父亲就是这样白白死去，一个好好的妹妹就是这样白白疯了不成？她完美超卓的姿容才德，是可以傲视一世，睥睨古今的。可是我报仇的机会总有一天会到来。

国王 不要让这件事扰乱了你的睡眠；你不要以为我是这样一个麻木不仁的人，会让人家揪着我的胡须，还以为不过是开开玩笑。不久你就可以听到消息。我爱你父亲，我也爱我自己；那我希望可以使你想到——

【一使者携信件上。

国王　啊！什么消息？

使者　启禀陛下，是哈姆莱特寄来的信；这一封是给陛下的，这一封是给王后的。

国王　哈姆莱特寄来的！谁把它们送到这儿来的？

使者　他们说是几个水手，陛下，我没有看见他们；这两封信是克劳狄奥交给我的，来人把信交到了他手里。

国王　雷欧提斯，你可以听一听这封信。出去！（使者下后读信）"陛下，我已经光着身子回到您的国土上来了。明天我就要请您允许我拜见御容。让我先向您禀告我的不召而返之罪，然后再禀告您我这次突然而意外回国的原因。哈姆莱特敬上。"这是什么意思？同去的人也都一起回来了吗？还是什么人在捣鬼，其实并没有这么一回事？

雷欧提斯　您认识这笔迹吗？

国王　这确是哈姆莱特的亲笔。"光着身子！"这儿还附着一笔，说是"一个人回来"。你看他是什么用意？

雷欧提斯　我可弄不懂，陛下。可是他来得正好；我凉透了的心也陡然热了起来，因为我知道我会好好活着并对他说："当初你就是这样杀死我爹爹的！"

国王　要是他真的回来了——这怎么可能，可这又确实是真的——雷欧提斯，你愿意听我的吩咐吗？

雷欧提斯　愿意，陛下，只要您不勉强我跟他和解。

国王　我是要使你自己心里得到平安。要是他现在中途而返，不预备再作这样的航行，那么我已经想好了一个计策，促使他去干一件事情，一定可以叫他自投罗网；而且他死了以后，谁也不能讲一句闲话，即使他的母亲也不能觉察我们的计策，只好认为是一件意外的灾祸。

雷欧提斯　陛下，我愿意服从您的指挥，最好请您设法让他死在我的手里。

国王　我正是这样计划的。自从你到国外游学以后，人家常常说起你有一种特殊的本领，这种话哈姆莱特也是早就听到过的；虽然在我的意见之中，这不过是你所有才艺中间最不足道的一种，可是你的一切才艺的总和，都不及这一种本领更能挑起他的妒忌。

雷欧提斯　是什么本领呢，陛下？

国王　它虽然不过是装饰在少年人帽上的一条缎带，但也是少不了的；因为年轻人应该装束得华丽潇洒一些，以用来表示他的健康活泼，正像老年人应该装束得朴素大方一些，表示他的矜严庄重一样。两个月以前，这儿来了一个诺曼底的绅士；我自己曾经和法国人在马上比过武艺，他们都是很精于骑术的；可是这位好汉简直有不可思议的魔力，他骑在马上，好像和他的坐骑化成了一体似的，随意驰骤，无不出神入化。他的技术是那样远超我的预料，无论我杜撰一些怎样夸大的词句，都不够形容它的奇妙。

雷欧提斯　是个诺曼人吗？

国王　是诺曼人。

雷欧提斯　那么一定是拉摩德了。

国王　正是他。

雷欧提斯　我认识他。他的确是全国知名的勇士。

国王　他承认你的武艺很是了得，对于你的剑术尤其极口称赞，说是倘有人能够和你对敌，那一定大有可观；他发誓说他们国里的剑士要是跟你交起手来，一定会眼花缭乱，全然失去招架之功。他对你的一番夸奖，使哈姆莱特妒恼交集，一心希望你快些回来，跟他比试一下。从这一点上——

雷欧提斯　从这一点上怎么，陛下？

国王　雷欧提斯，你真爱你的父亲吗？还是不过是做作出来的悲哀，只有表面没有真心？

雷欧提斯　您为什么这样问我？

国王　我不是以为你不爱你的父亲；可是我知道爱不过是起于一时感

情的冲动，经验告诉我，经过了相当时间，它是会逐渐冷淡下去的。爱像是一盏油灯，灯芯烧枯以后，它的火焰也会由微暗乃至于消灭。一切事情都不能永远保持良好，因为过度的善反会摧毁它的本身，正像一个人因充血而死去一样。想做的，想到了就该做，因为旁人弄舌插足，老天节外生枝，这些都会消磨延宕想做的愿望和行动；该做的事情一经耽搁就像那声声感慨，越是长吁短叹越会销蚀人的精力和志气。可是回到事情的症结上来吧。哈姆莱特回来了，你预备怎样用行动代替言语，表明你自己的确是你父亲的孝子呢？

雷欧提斯　我要在教堂里割断他的喉咙。

国王　无论什么所在都不能庇护一个杀人的凶手；报仇雪恨不应受任何拘束。可是，好雷欧提斯，你要是真的志在复仇，还是住在自己家里不要出来。哈姆莱特回来以后，我们可以让他知道你也已经回来，叫几个人在他的面前夸奖你的本领，把你说得比那法国人所讲的还要了得，怂恿他和你作一次比赛。他是个粗心的人，一点不想到人家在算计他，一定不会仔细检视比赛用的刀剑的利钝；你只要预先把一柄利剑混杂在里面，趁他没有注意的时候，不动声色地自己拿了，在比赛之际，看准他的要害刺了过去，就可以替你的父亲报仇了。

雷欧提斯　我愿意这样做。为了达到复仇的目的，我还要在我的剑上涂一些毒药。我已经从一个卖药人手里买到一种致命的药油，只要在剑头上沾一滴，刺到人身上，它一碰到血，即使只是擦破了一些皮肤，也会毒性发作，无论什么灵丹仙草，都不能挽救他的性命。这药油我就涂一点在我的剑头上，管保一丁点擦伤就让他送命。

国王　让我们再考虑考虑，看时间和机会能够给我们什么方便。要是这一个计策会失败，要是我们在行动之间露出了破绽，那么还是不要尝试的好。为了预防失败起见，我们应该另外再想一个万全之计。且慢！让我想来：我们可以对你们两人的胜负打赌。啊，有了：你在跟他交手的时候，必须使出你全副的精神，使他疲于奔命，等他口干舌燥要讨水喝的当儿，我就为他预备好一杯毒酒，万一他逃过了你的毒剑，也逃不过我们这一招。且慢！什么声音？

【王后上。

王后　一桩祸事刚刚到来，又有一桩接踵而至。雷欧提斯，你的妹妹掉在水里淹死了。

雷欧提斯　淹死了！啊！在哪儿？

王后　在小溪之旁，斜生着一株杨柳，它毵毵的枝叶倒映在明镜一样的水流之中：她编了几个奇异的花环来到这里，用的是毛茛、荨麻、雏菊和长颈兰——那长颈兰正派姑娘叫它“死人指”，粗鲁的羊倌给它起了一个不雅的名字——她爬上一根横垂的树枝，想要把她的花冠挂在上面；就在这时候，一根心怀恶意的树枝折断了，她就连人带花一起落下呜咽的溪水里。她的衣服四散展开，使她暂时像人鱼一样漂浮水上；她嘴里还断断续续唱着古老的谣曲，好像一点感觉不到处境的险恶，又好像她本来就是生长在水中的一般。可是不多一会儿，她的衣服给水浸得重起来了，这可怜的人儿歌还没有唱完，就已经沉到了泥里。

雷欧提斯　唉！那么她是淹死了吗？

王后　淹死了，淹死了！

雷欧提斯　太多的水淹没了你的身体，可怜的奥菲利娅，所以我必须忍住我的眼泪。可是人类的常情是不能遏阻的，我掩饰不了心中的悲哀，只好顾不得惭愧了；当我们的眼泪干了以后，我们的妇人之仁也是会随着消灭的。再会，陛下！我有一段炎炎欲焚的烈火般的话，可是我傻气的眼泪把它浇熄了。（下）

国王　让我们跟上去，葛特露，我好容易才把他的怒气平息了一下，现在我怕又要把它挑起来了。快让我们跟上去吧。（同下）

第五幕

第一场　墓地

【二小丑携锄、锹等上。

小丑甲　她存心自己脱离人世，却要照基督徒的仪式下葬吗？

小丑乙　我对你说是的，所以你赶快把她的坟掘好吧；验尸官已经验明她的死状，宣布应该按照基督徒的仪式把她下葬。

小丑甲　这可奇了，难道她是因为自卫而跳下水里的吗？

小丑乙　他们验明是这样的。

小丑甲　那一定是“自取灭亡”了，不会有别的原因。因为问题是这样的：要是我有意投水自杀，那必须成立一个行为；一个行为可以分三部分，那就是干、行、做；所以，她是有意投水自杀的。

小丑乙　哎，你听我说——

小丑甲　让我说完。这儿是水，好。这儿站着人，好。要是这个人跑到这个水里，把他自己淹死了，那么，不管他自己愿不愿意，总是他自己跑下去的；你听好了没有？可是要是那水漫到他的身上把他淹死了，那就不是他自己把自己淹死。所以，对于他自己的死无罪的人，并没有杀害他自己的生命。

小丑乙　法律上是这样说的吗？

小丑甲　嗯，是的，这是验尸官的验尸法。

小丑乙　说一句老实话，要是这死的不是一位贵家女子，他们绝不会按照基督徒的仪式把她下葬的。

小丑甲　对了，你说得有理。有财有势的人，就是要投河上吊，比起他们同教的基督徒来也可以格外通融，世上的事情真是太不公平！来，我的锄头。要论家世久远，谁也比不上种地的、挖沟的和掘墓的。他们都是亚当的传人。

小丑乙　亚当难道也是世家？

小丑甲　他是天下第一个造起族徽来的。

小丑乙　哪有这样的事！他从来没造过什么族徽。

小丑甲　你难道是异教徒，你是怎么读的《圣经》？《圣经》里面说亚当种地，地都能种，族徽还造不了吗？一个问题，要是你回答得不对，那么你就承认你自己——

小丑乙　你问吧。

小丑甲　谁造出的东西比泥水匠、船匠或是木匠造得更坚固？

小丑乙　造绞架的人。因为一千个在它上面悬挂过的人都已经先后死去，它还是站在那儿动都不动。

小丑甲　我很欢喜你的聪明，真的。绞架是很合适的，可是它怎么是合适的？它对于那些有罪的人是合适的。你说绞架造得比教堂还坚固，说这样的话是罪过的；所以，绞架对于你是合适的。来，重新说过。

小丑乙　谁造出的东西比泥水匠、船匠或是木匠造得更坚固？

小丑甲　嗯，你回答了这个问题，我就让你下工。

小丑乙　呃，现在我知道了。

小丑甲　说吧。

小丑乙　真的，我可回答不出来。

【哈姆莱特及霍拉旭上，立远处。

小丑甲　别绞尽你的脑汁了，懒驴子是打死也走不快的；下回有人问你这个问题的时候，你就对他说，“掘坟的人”，因为他造的房子是可以一直住到世界末日的。去，到“老约翰”酒店里去给我倒一杯酒来。（小丑乙下后小丑甲且掘且歌）

年轻时候最爱偷情，
觉得那事很有趣味；
规规矩矩学做好人，
在我看来太无意义。

哈姆莱特　这家伙难道对于他的工作一点没有什么感觉，在掘坟的时候还会唱歌吗？

霍拉旭　他做惯了这种事，所以不以为意。

哈姆莱特　正是。不大劳动的手，它的感觉要比较灵敏一些。

小丑甲　（唱）谁料如今岁月潜移，
老景催人急于星火，
两脚挺直，一命归西，
世上原来不曾有我。（掷起一骷髅）

哈姆莱特　那个骷髅里面曾经有一条舌头，它也会唱歌哩；瞧这家伙把它摔在地上，好像它是第一个杀人凶手该隐的颚骨似的！它也许是一个政客的头颅，现在却让这蠢货把它丢来踢去；也许他生前是个偷天换日的好手，你看是不是？

霍拉旭　也许是的，殿下。

哈姆莱特　也许是一个朝臣，他会说：“早安，大人！您好，大人！”也许他就是某大人，嘴里称赞某大人的马好，心里却想把它讨了来，你看是不是？

霍拉旭　是，殿下。

哈姆莱特　啊，正是。现在却让蛆虫伴寝，他的下巴也掉了，一柄工役的锄头可以在他头上敲来敲去。从这种变化上，我们大可看透生命的无常。难道这些枯骨生前受了那么多的教养，死后却只好给人家当木块一般抛着玩吗？想起来我的骨头都痛了。

小丑甲　（唱）锄头一柄，铁铲一把，

殓衾一方掩面遮身；

挖松泥土深深掘下，

掘了个坑招待客人。（掷起另一骷髅）

哈姆莱特　又是一个。谁知道那会不会是一个律师的骷髅？他舞弄刀笔的手段，颠倒黑白的雄辩，现在都到哪儿去了？为什么他让这个放肆的家伙用肮脏的铁铲敲他的脑壳，不去控告他一个殴打罪？哼！这家伙生前也许曾经买下许多的地产，开口闭口用那些条文、具结、罚款、证据、赔偿一类的名词吓人；现在他的脑壳里塞满了泥土，这就算是他所取得的罚款和最后的赔偿了吗？他的保证书、他的双重保证人就不能保他再多买些土地，到头来只给他剩下一份契约大小的一抔黄土吗？这只小木匣，原来连他所有的地契都装不下，现在地主本人难道就不能再多一点伸伸胳膊的地方？哈！

霍拉旭　不能比这再多一点了，殿下。

哈姆莱特　契约纸不是用羊皮做的吗？

霍拉旭　是的，殿下，也有用牛皮做的。

哈姆莱特　我看痴心指望着那些玩意儿的人，比牲口聪明不了多少。我要去跟这家伙谈谈。喂，这是谁的坟墓？

小丑甲　我的，先生——

挖松泥土深深掘下，

掘了个坑招待客人。

哈姆莱特　我看也是你的，因为你在里头胡闹。

小丑甲　您在外头也不老实，先生，所以这坟不是您的；至于说我，我倒没有在里头胡闹，可是这坟的确是我的。

哈姆莱特　你在里头，又说是你的，这就是“在里头胡闹”。因为挖坟是为死人，不是为会蹦会跳的活人，所以说你胡闹。

小丑甲　这套胡闹的话果然会蹦会跳，先生，等会儿又该从我这里跳到您那里去了。

哈姆莱特　你给什么人掘这坟墓？是个男人吗？

小丑甲　不是男人，先生。

哈姆莱特　那么是个女人？

小丑甲　也不是女人。

哈姆莱特　不是男人，也不是女人，那么谁葬在这里面？

小丑甲　先生，她本来是一个女人，可是，让她的灵魂安息吧，她已经死了。

哈姆莱特　这浑蛋倒会分辨得这样清楚！我们讲话可得明白仔细，含糊其辞就会自找没趣。凭着上帝发誓，霍拉旭，我觉得这三年来，时世变得越发不成样子了，庄稼汉的脚指头已经挨着朝廷贵人的脚后跟，都能磨破那上面的冻疮了。——你做这掘墓的营生有多久了？

小丑甲　我开始干这营生，是在我们的老王爷哈姆莱特打败了福丁布拉斯那一天。

哈姆莱特　那是多久以前的事？

小丑甲　你不知道吗？每一个傻子都知道的：那正是小哈姆莱特出世的那一天，就是那个发了疯给他们送到英国去的。

哈姆莱特　嗯，对了。为什么他们叫他到英国去？

小丑甲　就是因为他发了疯呀。他到了英国去，他的疯病就会好的，即使疯病不会好，在那边也没有什么关系。

哈姆莱特　为什么？

小丑甲　英国人不会把他当作疯子；他们都是跟他一样疯的。

哈姆莱特　他怎么会发疯？

小丑甲　人家说得很奇怪。

哈姆莱特　怎么奇怪？

小丑甲　他们说他脑子来了毛病。

哈姆莱特　从哪里来的？

小丑甲　还不就是丹麦本地来的。我在本地干这掘墓的营生，从小到大，一共有三十年了。

哈姆莱特　一个人埋在地下，要经过多少时候才会腐烂？

小丑甲　假如他不是在未死以前就已经腐烂——现在多得是害杨梅疮死去的尸体，简直抬都抬不下去——他大概可以过八九年；一个硝皮匠在九年以内不会腐烂。

哈姆莱特　为什么他要比别人长久一些？

小丑甲　因为，先生，他的皮生得比人家的硬，可以长久不透水；尸体一碰到水，是最会腐烂的。这儿又是一个骷髅；这骷髅已经埋在地下二十三年了。

哈姆莱特　它是谁的骷髅？

小丑甲　是个婊子养的疯小子。你猜是谁？

哈姆莱特　不，我猜不出。

小丑甲　这个遭瘟的疯小子！他有一次把一瓶葡萄酒倒在我的头上。这一个骷髅，先生，是国王的弄人郁利克的骷髅。

哈姆莱特　这就是他！

小丑甲　正是他。

哈姆莱特　让我看。（取骷髅）唉，可怜的郁利克！霍拉旭，我认识他。他是一个最会开玩笑，非常富于想象力的家伙。他曾经把我负在背上一千次；现在我一想起来，却忍不住心头作呕。这儿本来有两片嘴唇，我不知吻过它们多少次。——现在你还会把人挖苦吗？你还会蹦蹦跳跳，逗人发笑吗？你还会唱歌吗？你还会随口编造一些笑话，说得满座捧腹吗？你没有留下一个笑话，讥笑你自己吗？这样垂头丧气了吗？现在你给我到小姐的闺房里去，对她说，凭她脸上的脂粉搽得一寸厚，到后来总是要变成这个样子的；你用这样的话告诉她，看她笑不笑吧。霍拉旭，请你告诉我一件事情。

霍拉旭　什么事情，殿下？

哈姆莱特　你认为亚历山大在地下也是这副形状吗？

霍拉旭　也是这样。

哈姆莱特　也是有同样的臭味吗？呸！（掷下骷髅）

霍拉旭　也有同样的臭味，殿下。

哈姆莱特　谁知道我们将来会变成一些什么下贱的东西，霍拉旭！要是我们用想象推测下去，谁知道亚历山大的高贵的尸体，会不会就是塞在酒桶口上的泥土？

霍拉旭　那未免太想入非非了。

哈姆莱特　不，一点也不，这是很可能的。我们可以这样想：亚历山大死了；亚历山大埋葬了；亚历山大化为尘土；人们把尘土做成烂泥；那么为什么亚力山大所变成的烂泥，不会被人家拿来塞在啤酒桶的口上呢？

恺撒死了，他尊严的尸体
也许变了泥，把破墙填砌；
啊！他从前是何等的英雄，
现在只好为人挡雨遮风！

可是不要做声！不要做声！站开，国王来了。

【国王、王后，雷欧提斯、一教士随一棺上，众贵族随后。

哈姆莱特　王后和朝臣们也都来了；他们是送什么人下葬呢？仪式又是这样草率的？瞧上去好像他们所送葬的那个人，是自杀而死的，同时又是个很有身份的人。让我们躲在一旁瞧瞧他们。（与霍拉旭退后）

雷欧提斯　还有些什么仪式？

哈姆莱特　（向霍拉旭）那是雷欧提斯，一个很高贵的青年。听着。

雷欧提斯　还有些什么仪式？

教士甲　她的葬礼已经超过了她所应得的名分。她的死状很是可疑；倘不是因为我们迫于权力，按例就该把她安葬在圣地以外，直到最后审判的喇叭吹召她起来。我们不但不应该为她念祷告，并且还要用砖瓦碎石丢在她坟上；可是现在我们已经允许给她举行处女的葬礼，用花圈盖在她的身上，替她散播鲜花，鸣钟送她入土，这还不够吗？

雷欧提斯　难道不能再有其他的仪式了吗？

教士甲 不能再有其他的仪式了；要是我们为她奏安魂曲，就像对于一般平安死去的灵魂一样，那就要亵渎了教规。

雷欧提斯 把她放下泥土里去；愿她娇美无瑕的肉体上生出芬芳馥郁的紫罗兰来！我告诉你，你这下贱的教士，我的妹妹将要做一个天使，你死了却要在地狱里呼号。

哈姆莱特 什么！美丽的奥菲利娅吗？

王后 好花是应当撒在美人身上的。永别了！（撒花）我本来希望你做我的哈姆莱特的妻子；这些鲜花本来要铺在你的新床上，亲爱的女郎，谁想得到我会把它们撒在你的坟上！

雷欧提斯 啊！但愿千百重的灾祸，降临在害得你精神错乱的那个该死的恶人的头上！等一等，不要就把泥土盖上去，让我再把她拥抱一次。（跳下墓中）现在把你们的泥土倒下来，把死的和活的一起掩埋了吧；让这块平地上堆起一座高山，那古老的丕利恩山和苍秀插天的奥林匹斯山都要匍匐在它的足下。

哈姆莱特 （上前）哪一个人的心里装载得下这样沉重的悲伤？哪一个人的哀恸的词句，可以使天上的流星惊疑止步？那是我，丹麦王子哈姆莱特！（跳下墓中）

雷欧提斯 魔鬼抓了你的灵魂去！（将哈姆莱特揪住）

哈姆莱特 你祷告错了。请你不要掐住我的喉咙；因为我虽然不是一个暴躁易怒的人，可是我的火性发作起来，是很危险的，你还是不要激恼我吧。放开你的手！

国王 把他们扯开！

王后 哈姆莱特！哈姆莱特！

众人 殿下，公子——

霍拉旭 好殿下，安静点儿。（侍从等分开二人，二人自墓中出）

哈姆莱特 嘿，我愿意为了这个题目跟他决斗，直到我的眼皮不再眨动。

王后 啊，我的孩子！什么题目？

哈姆莱特 我爱奥菲利娅。四万个兄弟的爱合起来也抵不过我对她的爱。你愿意为她干些什么事情？

国王　啊！他是个疯人，雷欧提斯。

王后　看在上帝的情分上，不要跟他顶真。

哈姆莱特　哼，让我瞧瞧你会干些什么事。你会哭吗？你会打架吗？你会绝食吗？你会撕破你自己的身体吗？你会喝一大缸醋吗？你会吃一条鳄鱼吗？我都做得到。你是到这儿来哭泣的吗？你跳下她的坟墓里，是要当面羞辱我吗？你跟她活埋在一起，我也会跟她活埋在一起；要是你还要夸说什么高山大岭，那么让他们把几百万亩的泥土堆在我们身上，直到我们的地面高耸入云，直到被烈日烧焦，让巍峨的奥萨山相形之下变得像一颗痦子一样大小吧！嘿，你会吹，我就不会吹吗？

王后　这不过是他一时的疯话。他的疯病一发作起来，总是这个样子的；可是等一会儿他就会安静下来，就像母鸽孵育她那一双黄茸茸的雏鸽时一样温和了。

哈姆莱特　听我说，老兄，你为什么这样对待我？我一向都是爱你的。可是这些都不用说了，有本领的，随他干什么事吧；猫总是要叫，狗总是要闹的。（下）

国王　好霍拉旭，请你跟住他。（霍拉旭下后向雷欧提斯）记着我们昨天晚上所说的话，格外忍耐点儿吧；我们马上就可以实行我们的办法。好葛特露，叫几个人好好看守你的儿子。这一个坟上将要有一块活生生的纪念碑。平安的时间不久就会到来；现在我们必须捺着性子把一切安排妥当。（同下）

第二场　城堡中的厅堂

【哈姆莱特及霍拉旭上。

哈姆莱特　这个题目已经讲完，现在我可以让你知道另外一段事情。你还记得当初一切经过的情形吗？

霍拉旭　记得，殿下。

哈姆莱特　在我的心里有一种战争，使我不能睡眠；我觉得我的处境比套在脚镣里的叛变的水手还要难堪。我鲁莽行事，结果倒鲁莽对了。我们应该知道，有时候一时的孟浪，往往反而可以做出一些为我们的深谋密虑所做不成功的事；从这一点上，我们可以看出来，无论我们怎样辛苦图谋，我们的结果却早已有一种冥冥中的力量把它布置好了。

霍拉旭　这是无可置疑的。

哈姆莱特　我从舱里出来，一件航海的宽衣罩在我的身上，我在黑暗之中摸索着找寻那封公文，果然给我达到目的，摸到了他们的包裹，拿着它回到我自己的地方；疑心使我忘记了礼貌，我大胆地拆开了他们的公文，在那里面，霍拉旭——啊，堂皇的诡计！——我发现一道严厉的命令，借了许多好听的理由为名，说是为了丹麦和英国双方的利益，决不能让我这个危险凶残的家伙逃脱，接到公文后，必须不等磨好利斧，立即砍下我的脑袋。

霍拉旭　有这等事？

哈姆莱特　这一封就是原来的国书；你有空的时候可以仔细读一下。

可是你愿意听我告诉你后来我怎么办的吗？

霍拉旭　请您告诉我。

哈姆莱特　在这样重重诡计的包围之中，我的脑筋不等我定下心来思索，就开始活动起来了；我坐下来另外写了一通国书，字迹清清楚楚。从前我曾经抱着跟我们那些政治家同样的意见，认为字体端正是一件有失体面的事，总是想竭力忘记这一种本领，可是现在它却对我有了大大的用处。你要知道我写了些什么话吗？

霍拉旭　嗯，殿下。

哈姆莱特　我用国王的名义，向英王提出恳切的要求，因为英国是他忠心的藩属，因为两国之间的友谊，必须让它像棕榈树一样发荣繁茂，因为和平的女神必须永远戴着他的荣冠，沟通彼此的情感，以及许许多多诸如此类的重要理由，请他在读完这一封信以后，不要有任何的迟延，立刻把那两个传书的来使处死，不让他们有从容忏悔的时间。

霍拉旭　可是国书上没有盖印，那怎么办呢？

哈姆莱特　啊，就在这件事上，也可以看出一切都是上天预先注定。我的衣袋里恰巧藏着我父亲的私印，它跟丹麦的国玺是一个式样的；我把伪造的国书照着原来的样子折好，签上名字，盖上印玺，把它小心封好，归还原处，一点不露出破绽。过一天就遇见了海盗，那以后的情形，你早已知道了。

霍拉旭　这样说来，吉尔登斯吞和罗森格兰兹是去送死的了。

哈姆莱特　哎，朋友，他们本来是自己钻求这件差使的；我在良心上没有对不起他们的地方，是他们自己的阿谀献媚断送了他们的生命。两个强敌猛烈争斗的时候，不自量力的微弱之辈，却去插身在他们的刀剑中间，这样的事情是最危险不过的。

霍拉旭　嘿，这是一个什么国王！

哈姆莱特　你想，我是不是应该——他杀死了我的父王，奸污了我的母亲，篡夺了我的嗣位的权力，用这种诡计谋害我的生命，凭良心说我是不是应该亲手向他复仇雪恨？上天会不会嘉许我替世上剪除这一个戕害天性的蟊贼，不让他继续为非作恶？

霍拉旭　他不久就会从英国得到消息，知道这一回事情产生了怎样的结果。

哈姆莱特　时间虽然很局促，可是我已经抓住眼前这一刻工夫；说一个"一"字的一刹那就可结果一条性命。可是我很后悔，好霍拉旭，不该在雷欧提斯面前失去了自制；因为他所遭遇的惨痛，正是我自己的怨愤的影子。我要取得他的好感。可是他倘不是那样夸大他的悲哀，我也绝不会动起那么大的火性来的。

霍拉旭　不要做声！谁来了？

【名叫奥斯里克的年轻朝臣上。

奥斯里克　殿下，欢迎您回到丹麦来！

哈姆莱特　谢谢你，先生。你认识这只水苍蝇吗？

霍拉旭　不，殿下。

哈姆莱特 那是你的运气，因为认识他是一件丢脸的事。一头畜生只要拥有大群生畜就可以爬到国王的餐桌上嚼草料。这家伙是个乡巴佬，可是手里有良田万顷。

奥斯里克 殿下，您要是有空的话，我要奉陛下之命，来告诉您一件事情。

哈姆莱特 先生，我愿意恭聆大教。您的帽子是应该戴在头上的，您还是戴上去吧。

奥斯里克 谢谢殿下，天气真热。

哈姆莱特 不，相信我，天冷得很，在吹北风哩。

奥斯里克 真的有点儿冷，殿下。

哈姆莱特 可是对于像我这样的体质，却觉得这一种天气闷热得厉害。

奥斯里克 对了，殿下，真是说不出来的闷热。可是，殿下，陛下叫我来通知您一声，他已经为您下了一个很大的赌注了。殿下，事情是这样的——

哈姆莱特 请您不要这样多礼。（使奥斯里克戴上帽子）

奥斯里克 不，殿下，我还是这样舒服些，真的。殿下，雷欧提斯新近到我们的宫廷里来；相信我，他是一位完善的绅士，充满着最卓越的特点，他的礼貌非常温雅，他的谈吐又是非常渊博；说一句发自衷心的话，他是上流社会的风向标，因为在他身上可以找到一个绅士所应有的品性的总汇。

哈姆莱特 先生，他对于您这一番描写，的确可以当之无愧；虽然我知道，要是把他的好处一件一件列举出来，不但我们的记忆将要因此而淆乱，交不出一篇正确的账目来，而且他这一艘满帆的快船，也绝不是我们失舵之舟所能追及的；可是，凭着真诚的赞美而言，我认为他是一个才德优异的人，他高超的禀赋是那样稀有而罕见，说一句真心的话，除了在他的镜子里以外，再也找不到第二个跟他同样的人，纷纷追踪求迹之辈，不过是他的影子而已。

奥斯里克 殿下把他说得一点不错。

哈姆莱特 您的用意呢？为什么我们要用尘俗的呼吸，嘘在这位绅士的身上呢？

奥斯里克　殿下？

霍拉旭　自己所用的语言到了别人嘴里，您就听不懂了吗？

哈姆莱特　您向我提起这位绅士的名字，有什么目的？

奥斯里克　雷欧提斯吗？

霍拉旭　他的嘴里已经变得空空洞洞，因为他的那些好听话都说完了。

哈姆莱特　正是雷欧提斯。

奥斯里克　我知道您不是不明白——

哈姆莱特　您既然知道我这人不是不明白，那就很好；可是说句老实话，即使你知道我是明白人，对我也不是什么光荣的事。好，您怎么说？

奥斯里克　我是说，您不是不明白雷欧提斯有些什么特长——

哈姆莱特　那我可不敢说，因为也许人家会疑心我有意跟他比拼高下；可是要知道一个人的底细，应该先知道他自己。

奥斯里克　殿下，我的意思是说他的武艺。人家都称赞他的本领一时无双。

哈姆莱特　他会使些什么武器？

奥斯里克　长剑和短刀。

哈姆莱特　他会使这两种武器吗？很好。

奥斯里克　殿下，王上已经用六匹巴巴里的骏马跟他打赌；在他的一方面，照我所知道的，押的是六柄法国的宝剑和好刀，连同一切鞘带钩子之类的附件，其中有三柄的挂架尤其珍奇可爱，跟剑柄配得天衣无缝，式样非常精致，花纹精致富丽。

哈姆莱特　您所说的挂架是什么东西？

霍拉旭　我知道您要听懂他说的话，非得翻查一下注解不可。

奥斯里克　殿下，挂架就是剑柄上的挂钩。

哈姆莱特　要是腰上能挂上三门大炮，倒也还说得过去；不然还是叫挂钩吧。好，说下去；六匹巴巴里骏马对六柄法国宝剑，附件在内，外加三条花纹富丽的挂架。法国货对丹麦货。可是用你的话来说，两方面这样“押”是为了什么呢？

奥斯里克　殿下，王上跟他打赌，要是你们两人交起手来，在十二个回合之中，他至多不过有三个回合占到您的上风；可是他觉得他可以稳赢九个回合。殿下要是答应的话，马上就可以试一试。

哈姆莱特　要是我回答个“不”字呢？

奥斯里克　殿下，我的意思是说，你答应跟他当面比较高低。

哈姆莱特　先生，我还要在这儿厅堂里散散步。你去回陛下说，现在是我一天之中休息的时间。叫他们把比赛用的钝剑预备好了，要是这位绅士愿意，王上也不改变他的意见的话，我愿意尽力为他博取一次胜利；万一不幸失败，那我也不过丢了一次脸，给他多剁了两下。

奥斯里克　我就照这样去回话吗？

哈姆莱特　您就照这个意思去说，随便您再加上一些什么花巧的句子都行。

奥斯里克　（鞠躬）我愿向殿下奉献我赤诚的心。

哈姆莱特　不敢当，可不敢当。（奥斯里克下）他的那颗心只能由他奉献，别人可谁也不敢替他送人。

霍拉旭　这一头小鸭子顶着壳儿逃走了。

哈姆莱特　他在母亲怀抱里的时候，也要先把他母亲的奶头恭维几句，然后吮吸。像他这一类靠着一些繁文缛礼撑撑场面的家伙，正是愚妄的世人所醉心的；他们浅薄的牙慧使傻瓜和聪明人同样受他们的欺骗，可是一经试验，他们就会像气泡一样爆破了。

【一贵族上。

贵族　殿下，陛下刚才叫奥斯里克来向您传话，知道您在这儿厅上等候他的旨意；他叫我再来问您一声，您是不是仍旧愿意跟雷欧提斯比剑，还是慢慢再说。

哈姆莱特　我没有改变我的初衷，一切服从王上的旨意。现在也好，无论什么时候都好，只要他方便，我总是随时准备着，除非我丧失了现在所有的力气。

贵族　王上、王后，还有其他的人都要到这儿来了。

哈姆莱特　他们来得正好。

贵族　王后，请您在开始比赛以前，对雷欧提斯客气几句。

哈姆莱特　我愿意服从她的教诲他们。（贵族下）

霍拉旭　殿下，您要失败的。

哈姆莱特　我想我不会失败。自从他到法国去了以后，我练习得很勤；我一定可以把他打败。可是你不知道我的心里是多么不舒服；那也不用说了。

霍拉旭　啊，我的好殿下——

哈姆莱特　那不过是一种傻气的心理；可是一个女人也许会因为这种莫名其妙的疑虑而惶惑。

霍拉旭　要是您心里不愿意做一件事，那么就不要做吧。我可以去通知他们不用到这儿来，说您现在不能比赛。

哈姆莱特　不，我们不要害怕什么预兆；一只雀子的死生都是命运预先注定的。注定在今天，就不会是明天；不是明天，就是今天；逃过了今天，明天还是逃不了，随时准备着就是了。一个人既然在离开世界的时候不知道他会留下些什么，那么早早脱身而去，不是更好吗？随它去。

【众人抬一桌酒肴上，上置酒壶数把；鼓号齐鸣；仆从携坐垫、长短剑上；国王、王后、雷欧提斯、奥斯里克及全体贵族上。

国王　来，哈姆莱特，来，让我为你们两人和解和解。

（牵雷欧提斯、哈姆莱特二人的手相握）

哈姆莱特　原谅我，雷欧提斯，我得罪了你，可是你是个堂堂男子，请你原谅我吧。这儿在场的众人都知道，你也一定听见人家说起，我是怎样为疯狂所害苦。凡是我的所作所为，足以伤害你的感情和荣誉，挑起你的愤激来的，我现在声明那都是我在疯狂中犯下的过失。难道哈姆莱特会做对不起雷欧提斯的事吗？哈姆莱特决不会做这种事。要是哈姆莱特在丧失他自己的心神的时候，做了对不起雷欧提斯的事，那样的事不是哈姆莱特做的，哈姆莱特不能承认。那么是谁做的呢？是他的疯狂。既然是这样，那么哈姆莱特也是属于受害的一方，他的疯狂是可怜的哈姆莱特的敌人。当着在座众人之前，我承认我在无心中射出的箭，误伤了我的兄弟；我现在要向他请求大度包涵，宽恕我的不是出于故意的罪恶。

雷欧提斯　我的感情是指引我复仇的主要力量，现在从感情上说我自然是满意了，但是还有事关荣誉这一条；除非有什么为众人所敬仰的长者，告诉我可以跟你捐除宿怨，指出这样的事是有前例可援的，不至于损害我的名誉，那时我才可以跟你言归于好。现在我先接受你友好的表示，并且表示不会辜负你的盛情。

哈姆莱特　我绝对信任你的诚意，愿意奉陪你举行一次友谊的比赛。把钝剑给我们。来。

雷欧提斯　来，给我一柄。

哈姆莱特　雷欧提斯，我的剑术荒疏已久，只能给你帮场；正像最黑暗的夜里一颗吐耀的明星一般，彼此相形之下，一定更显出你本领的高强。

雷欧提斯　殿下不要取笑。

哈姆莱特　不，我可以举手起誓，这不是取笑。

国王　奥斯里克，把钝剑分给他们。哈姆莱特侄儿，你知道我们怎样打赌吗？

哈姆莱特　我知道，陛下，您把赌注下在实力较弱的一方了。

国王　我想我的判断不会有错。你们两人的技术我都领教过；现在既然众人皆说他胜你一筹，那就叫他让你几招。

雷欧提斯　这一柄太重了，换一柄给我。

哈姆莱特　这一柄我很满意。这些钝剑都是同样长短的吗？

奥斯里克　是，殿下。（二人准备比赛）

国王　替我在那桌子上斟下几杯酒。要是哈姆莱特击中了第一剑或是第二剑，或者在第三次交锋的时候争得上风，让所有的碉堡上一齐鸣起炮来；国王将要饮酒慰劳哈姆莱特，他还要拿一颗比丹麦四代国王戴在王冠上的更贵重的珍珠丢在酒杯里。把杯子给我；鼓声一起，喇叭就接着吹响，通知外面的炮手，让炮声震彻天地，报告这一个消息，“现在国王为哈姆莱特祝饮了！”来，开始比赛吧。（号角齐鸣）你们在场的裁判都要留心看好。

哈姆莱特　请了。

雷欧提斯　请了，殿下。（二人比剑后哈姆莱特刺中对手一剑）

哈姆莱特　一剑。

雷欧提斯　不，没有击中。

哈姆莱特　请裁判员公断。

奥斯里克　中了，很明显的一剑。

雷欧提斯　好，再来。

国王　且慢，拿酒来。哈姆莱特，这一颗珍珠是你的，祝你健康！把这一杯酒给他。（鼓号齐鸣后内鸣炮）

哈姆莱特　让我先赛完这一局。暂时把它放在一旁。来。（二人比剑）又是一剑；你怎么说？

雷欧提斯　我承认给你碰着了。

国王　我们的孩子一定会胜利。

王后　他身体太胖，有些喘不过气来。来，哈姆莱特，把我的手巾拿去，揩干你额上的汗。王后为你饮下这一杯酒，祝你胜利，哈姆莱特。

哈姆莱特　好妈妈！

国王　葛特露，不要喝。

王后　我要喝的，陛下，请您原谅我。

国王　（旁白）这一杯酒里有毒。太迟了！

哈姆莱特　母亲，我现在还不敢喝酒，等一等再喝吧。

王后　来，让我擦干你的脸。

雷欧提斯　陛下，现在我一定要击中他了。

国王　我怕你击不中他。

雷欧提斯　（旁白）可是我的良心却不赞成我干这件事。

哈姆莱特　来，再受我一剑，雷欧提斯。你怎么一点不起劲？请你使出你的全身本领来吧，我怕你在开我的玩笑哩。

雷欧提斯　你这样觉得吗？来。（二人比剑）

奥斯里克　两边都没有中。

雷欧提斯　受我这一剑！（雷欧提斯挺剑刺伤哈姆莱特；二人在争夺中彼此手中之剑各为对方夺去）

国王　分开他们！他们动起火性来了。

哈姆莱特　来，再试一下。（哈姆莱特刺伤雷欧提斯，王后倒地）

奥斯里克　哎哟，瞧王后怎么啦！

霍拉旭　他们两人都在流血。您怎么啦，殿下？

奥斯里克　你怎么啦，雷欧提斯？

雷欧提斯　唉，奥斯里克，正像一头自投罗网的山鹬，我用诡计害人，反而害了自己，这也是我应得的报应。

哈姆莱特　王后怎么啦？

国王　她看见他们流血，昏过去了。

王后　不，不，那杯酒，那杯酒——啊，我的亲爱的哈姆莱特！那杯酒，那杯酒。我中毒了。（死）

哈姆莱特　啊，奸恶的阴谋！喂！把门锁上了！阴谋！

查出来是哪一个干的。（雷欧提斯倒地）

雷欧提斯　凶手就在这儿，哈姆莱特。哈姆莱特，你已经不能活命了；世上没有一种药可以救治你，不到半小时，你就要死去。那杀人的凶器就在你的手里，它锋利的刃上还涂着毒药。这奸恶的诡计已经回过来害了我自己。瞧！我躺在这儿，再也不会站起来了。你的母亲也中了毒。我说不下去了。

国王——国王——都是他一个人的罪恶。

哈姆莱特　锋利的刃上还涂着毒药！——好，毒药，发挥你的力量吧！

众人　（刺国王）反了！反了！

国王　啊！帮帮我，朋友们，我不过受了点伤。

哈姆莱特 好，你这败坏伦常、嗜杀贪淫、万恶不赦的丹麦奸王！喝干了这杯毒药——你那颗珍珠是在这儿吗？——跟我的母亲一道去吧！（国王死）

雷欧提斯 他死得应该；这毒药是他亲手调下的。尊贵的哈姆莱特，让我们互相宽恕；我不怪你杀死我和我的父亲，你也不要怪我杀死你！（死）

哈姆莱特 愿上天赦免你的错误！我也跟你来了。我死了，霍拉旭。不幸的王后，别了！你们这些看见这一幕意外的惨变而战栗失色的无言的观众，倘不是因为死神的拘捕不给人片刻的留滞，啊！我可以告诉你们——可是随它去吧，霍拉旭，我死了，你还活在世上；请你把我的行事的始末根由昭告世人，解除他们的疑惑。

霍拉旭 不，我虽然是个丹麦人，可是在精神上我却更是个古代的罗马人；这儿还留剩着一些毒药。

哈姆莱特 你是个汉子，把那杯子给我。放手！凭着上天起誓，你必须把它给我。啊，上帝！霍拉旭，我一死之后，要是世人不明白这一切事情的真相，我的名誉将要永远蒙着怎样的损伤！你倘若爱我，就请暂时牺牲一下天堂上的幸福，留在这一个冷酷的人间，替我传述我的故事吧。（内军队自远处行进及鸣炮声）这是哪儿来的战场上的声音？（奥斯里克走至场门再折回）

奥斯里克 年轻的福丁布拉斯从波兰奏凯班师，这是他对英国来的钦使所发的礼炮。

哈姆莱特 啊！我死了，霍拉旭。猛烈的毒药已经克服了我的精神，我不能活着听见英国来的消息。可是我可以预言福丁布拉斯将被推戴为王，他已经得到我这临死之人的同意；你可以把这儿所发生的一切事实告诉他。此外仅余沉默而已。（死）

霍拉旭 一颗高贵的心现在碎裂了！晚安，亲爱的王子，愿成群的天使们用歌唱抚慰你安息！——为什么鼓声越来越近了？

（内军队行进声）

【福丁布拉斯和英国使臣率旗鼓侍从上。

福丁布拉斯　这一场比赛在什么地方举行?

霍拉旭　你们要看些什么?要是你们想知道一些惊人的惨事,那么不用再到别处找了。

福丁布拉斯　好一场惊心动魄的屠杀!啊,骄傲的死神!你用这样残忍的手腕,一下子杀死了这许多王裔贵胄,在你的永久的幽窟里,将要有一席多么丰美的盛筵!

使臣甲　这一个景象太惨了。我们从英国奉命来此,本来是要回复这儿的王上,告诉他我们已经遵从他的命令,把罗森格兰兹和吉尔登斯吞两人处死;不幸我们来迟了一步,那应该听我们说话的耳朵已经没有知觉了,我们还希望从谁的嘴里得到一声感谢呢?

霍拉旭　即使他能够向你们开口说话,他也不会感谢你们;他从来不曾命令你们把他们处死。可是既然你们来得都是这样凑巧,有的刚从波兰回来,有的刚从英国到来,恰好看见这一幕流血的惨剧,那么请你们叫人把这几个尸体抬起来放在高台上面,让大家可以看见,让我向那懵无所知的世人报告这些事情的发生经过;你们可以听到奸淫残杀和反常悖理的行为,冥冥中的判决、意外的屠戮、借手杀人的狡计,以及陷入自害的结局;这一切我都可以确确实实地告诉你们。

福丁布拉斯　让我们赶快听你说,所有最尊贵的人,都叫他们一起来吧。我在这一个国内本来也有继承王位的权力,现在国中无主,正是我要求这一个权力的机会;可是我虽然准备接受我的幸运,我的心里却充满了悲哀。

霍拉旭　关于那一点,我受死者的嘱托,也有一句话要说,他的意见是可以影响许多人的;可是在这人心惶惶的时候,让我还是先把这一切解释明白了,免得引起更多的不幸、阴谋和错误来。

福丁布拉斯　让四个将士把哈姆莱特像一个军人似的抬到台上,因为要是他能够践登王位,一定会成为一个贤明的君主的;为了表示对他的悲悼，我们要用军乐和战地的仪式，向他致敬。把这些尸体一起抬起来。这一种情形在战场上是不足为奇的，可是在宫廷之内，却是非常的变故。去，叫兵士放起炮来。（列队行进下同时鸣炮）

李尔王

The Tragedy Of King Lear

〔英〕莎士比亚

主编序言

《李尔王》被喻为莎士比亚最具有穿透力的著作，描绘了人类悲剧的后遗症，如人性的弱点以及人类的残忍。著作成书于公元1605年，即他生活时期的中段，不知源于何故，莎士比亚开始对此产生兴趣：因人性的弱点所产生的遭遇与灾难，消除这些弊端需付出的惨痛代价；并不像哈姆雷特这个人物对以上种种特点淋漓尽致地刻画。

民间文学作品中，纵观历史各年代，横贯多个国家，均能找到这个故事的影子。关于李尔王这个名字的来历，有人认为是取自公元12世纪蒙默思郡的杰弗里所创造的伪历史主义形式，并通过拉丁语和英语编年史作品的长篇语句传承下来。这个名字出现在一部故事集中，并在斯宾塞《仙后》中被摘录，最终由一位佚名剧作家编写成戏剧。而这比莎士比亚的戏剧早了十年左右。对莎士比亚而言，这应该是部悲情的灾难戏剧，这不同于传统幸福结局的套路：如法国军队获得胜利，李尔王重新回到自己的国家。莎士比亚首先让李尔王变疯；并设计了肯特被流放以及其后续装疯卖傻的情节；增加了弄人的角色；最终通过格洛斯特及其儿子让李尔王与整个故事连接起来。

这一极具匠心的情节取自西德尼的《阿卡狄亚》所讲述的因私生子诽

谤，一位国王与其子即王位继承人相对抗的故事。埃德加的装疯卖傻，两个邪恶的姐姐对埃蒙德的爱慕的情节，均是由莎士比亚新增。

但是这些情节并不是让这部奇异传奇故事改编成让人伤心欲绝悲剧的唯一途径。以上情节的密集构思均立足于对人物特性的精心设计：专横暴虐又极富权力欲望的李尔王，阴险狡诈的埃蒙德，残忍而恶毒的两个姐姐，勇敢善良的考狄利亚，忠诚仗义的肯特，大公无私的埃德加，忠心耿耿、直率朴实的弄人。

查尔斯·艾略特

剧中人物

李尔　不列颠国王

法兰西国王

勃艮第公爵

康华尔公爵

奥本尼公爵

肯特伯爵

葛罗斯特伯爵

埃德加　葛罗斯特之子

埃德蒙　葛罗斯特之庶子

克伦　朝臣

奥斯华德　戈纳瑞的管家

老翁　葛罗斯特的佃户

医生

弄人

埃德蒙属下一军官

科迪利娅一侍臣

传令官

康华尔的众仆

戈纳瑞

里甘

科迪利娅

扈从李尔的骑士，军官、使者、兵士及侍从等

地点

不列颠

第一幕

第一场　李尔王宫中大厅

【肯特、葛罗斯特和埃德蒙上。

肯特　我原来以为王上对奥本尼公爵比对康华尔公爵更有好感。

葛罗斯特　我们一向都觉得是这样；可是这次在国土的划分中，却看不出他对这两位公爵中的谁更看重；因为他分配得那么平均，无论他们怎样斤斤较量，都不能说对方比自己占了便宜。

肯特　大人，这位是令郎吗？

葛罗斯特　他的出生要归我负责；我常常不得不红着脸承认他，现在惯了，也就脸皮厚了。

肯特　我不懂您的意思。

葛罗斯特　不瞒您说，这小子的母亲没有嫁人就大了肚子生下他来，您想这应该不应该？

肯特　生下的儿子这样好，我不能……但愿这错误不曾发生。

葛罗斯特　我还有一个合法的儿子，年纪比他大一岁，然而我并不更喜欢他。这畜生虽然不等召唤就自己莽莽撞撞来到这世上，可是他的母亲是个迷人的东西，我们在制造他的时候，曾经有过一场销魂的游戏，这孽种我不能不承认他。埃德蒙，你认识这位贵人吗？

埃德蒙　不认识，父亲。

葛罗斯特　肯特勋爵。从此以后，你该记好他是我尊贵的朋友。

埃德蒙　大人，我愿意为您效劳。

肯特　我一定会喜欢你，希望以后能够常常见面。

埃德蒙　大人，我一定尽力不辜负您的垂爱。

葛罗斯特　他已经在国外九年，不久还是要出去的。王上来了。

【喇叭奏花腔同时李尔、康华尔、奥本尼、戈纳瑞、里甘、科迪利娅及侍从等上。

李尔　葛罗斯特，你去招待招待法兰西国王和勃艮第公爵。

葛罗斯特　是，陛下。（下）

李尔　现在我要向你们说明我的心事。把那地图给我。

告诉你们吧，朕已经把朕的国土划成三部分；朕因为年纪老了，决心摆脱一切公务和操心事的牵累，把责任交卸给年轻力壮之人，好让自己脱去负担，慢慢地走向死亡。康华尔和奥本尼两位贤婿，为了预防他日的争执，我想还是趁现在把我的几个女儿的嫁奁加以公布。法兰西和勃艮第两位君主正在竞争我的小女儿的爱情，他们为了求婚而住在朕的宫廷里已经有好多时候了，现在该得到答复。孩子们，在我即将放弃我的统治权、领土和国事的重任的时候，告诉我，你们中间哪一个最爱我？我要看看谁的天性之爱最值得奖赏，我就给她最大的恩惠。

戈纳瑞，我的大女儿，你先说。

戈纳瑞　父亲，我对您的爱，不是言语所能表达；我爱您胜过视力、世界和自由；超越一切可以估价的贵重稀有的事物；不亚于兼有天恩、健康、美貌和荣誉的生命；不曾有一个女儿这样爱过他的父亲，也不曾有一个父亲这样被他的女儿所爱；这种爱使口舌和言辞都苍白无力；我对您的爱比所有上述都加起来还要多。

科迪利娅　（旁白）科迪利娅应该怎么说呢？只好默默地爱着吧。

李尔　在这些疆界以内，从这条线到这条线，所有浓密的森林、膏腴的平原、富庶的河流、广大的牧场，都要奉你为女主人；这一块土地永远归你和奥本尼的子孙所有。我的二女儿，最亲爱的里甘，康华尔的夫人，你怎么说？

里甘　我跟姐姐是一样的，您凭着她就可以判断我。在我的真心之中，我觉得她刚才所说的话，正是我爱您的实际的情形，不过她还说得不够：我宣布厌弃敏锐的知觉所能感受到的其他一切快乐，只有您陛下的爱才是我的幸福。

科迪利娅　（旁白）那么，科迪利娅就可怜了！可是也不尽然，因为我深信我的爱心比我的口才更为丰富。

李尔　这一块从朕的美好的王国中划分出来的三分之一的沃壤，将是你和你的子孙永远世袭的产业，和戈纳瑞所得到的一份同样的广大，同样的富庶，也是同样的佳美。现在，我的宝贝，虽然是最后的一个，却并非最不重要的；法兰西的葡萄和勃艮第的牛奶在竞争得到你的青春之爱；你有些什么话，可以换到一份比你两个姐姐更富庶的土地？说吧。

科迪利娅　父亲，我没有话说。

李尔　没有？

科迪利娅　没有。

李尔　没有只能换到没有；重新说过。

科迪利娅　可叹我不会把我的心事从嘴里说出来；我爱您只是按照我的义务，一分不多，一分不少。

李尔　怎么，科迪利娅！把你的话修补一下，否则你要毁了你自己的幸运了。

科迪利娅　父亲，您生我，养我，爱我，我理当尽义务回报，服从您，爱您，敬重您。如果我的姐姐们说要用她们整个的心来爱您，那她们为什么要有丈夫呢？有一天我出嫁了，那接受我的忠诚誓约的丈夫，将要得到我的一半的爱、我的一半的关心和义务；假如我只爱我的父亲，我一定不会像我的姐姐们一样去嫁人的。

李尔　这些话果然是从你心里说出来的吗？

科迪利娅　是的，好父亲。

李尔　年纪这样轻，却这样没有良心吗？

科迪利娅　父亲，我年纪虽轻，心是忠实的。

李尔　好，那么让你的忠实做你的嫁奁吧。凭着太阳神圣的光辉，凭着黑夜的神秘，凭着主宰人类生死的星球的运行，我在这里宣布和你断绝一切父女之情和血亲的关系，今后永远把你当作一个路人看待。啖食自己儿女的野蛮的生番，比起你，我的旧日的女儿来，也不会更受我的憎恨。

肯特　陛下——

李尔　闭嘴，肯特！不要来批怒龙的逆鳞。我本来最爱她，想要在她的殷勤看护之下终养我的天年。去，不要让我看见你！让坟墓做我安息的眠床，我从此割断对她的父爱了！叫法兰西王来！都是死人吗？叫勃艮第来！康华尔和奥本尼，你们已经分到我的两个女儿的嫁奁，现在把我第三个女儿的那一份也拿去分了吧；让骄傲——她自己称之为坦白的——和她结婚吧。我把我的权力、至高无上的地位和君主一切的尊荣一起给了你们。我自己只保留一百名骑士，在你们两人的地方按月轮流居住，由你们负责供养。我只保留国王的名义和尊号，所有行政的大权、国库的收入和大小事务的处理，完全交在你们手里；为了证实我的话，两位贤婿，我赐给你们这一顶宝冠，归你们分享。

肯特　尊严的李尔，我一向敬重您为国王，爱您如父亲，追随您为主人，我在祈祷中总是祝福您为伟大的恩主——

李尔　弓已经弯好拉满，你留心躲开箭锋吧。

肯特　让它落下来吧，即使箭镞会刺进我的心里。李尔既发了疯，肯特只好不顾礼貌了。你究竟要怎样，老头儿？你以为在权力向谄媚低头的时候，尽忠守职的臣僚就不敢说话了吗？君主干下愚蠢的事情，直言极谏就是光荣的。保留你的权力，仔细考虑一下，停止这一可怕而鲁莽的举措吧。我以生命担保我的判断：你的小女儿并不是爱你最少的一个；微弱的声音也并不反映空虚和假心假意。

李尔　肯特，你要是想活命，赶快住嘴。

肯特　我的生命本来是预备向你的仇敌抛掷的；为了你的安全，我也不怕把它失去。

李尔　走开，不要让我看见你！

肯特　瞧明白些，李尔，还是让我永远留在你的眼前吧。

李尔　凭着阿波罗起誓——

肯特　凭着阿波罗，老王，你向神明发誓也是没用的。

李尔　啊，可恶的奴才！（以手按剑）

奥本尼
康华尔　陛下请息怒。

肯特　好，杀了你的医生，把你的恶病养得一天比一天厉害吧。赶快撤销你的赠与，否则只要我的喉舌尚在，我就要大声疾呼，告诉你，你做了错事啦。

李尔　听着，逆贼！如果你还是臣子，听我说！你想要使我毁弃我不容更改的誓言，以你不法的傲慢对我的命令和权力妄加阻挠，这种态度，我的天性和地位都不能容忍；为了维持王命的尊严，不能不给你应得的处分。我现在宽容你五天的时间，让你预备些应用的衣服、食物，以抵御尘世的困苦；在第六天，你那可憎的身体必须离开我的王国；要是在此后十天之内，我们的领土上再发现了你的踪迹，那时候就要把你当场处死。滚吧！凭着朱庇特发誓，这一判决是无可改变的。

肯特　再会，国王，你既不知悔改，
囚笼里也没有自由存在。（向科迪利娅）
神明庇护你，善良的女郎！
你想得正确，说得十分恰当。（向里甘、戈纳瑞）
愿你们照你们的夸口去做，
爱的言辞会变成事实。

各位王子，肯特从此远去；
到新的国土走他的旧路。（下）

【喇叭奏花腔，同时葛罗斯特带法兰西国王、勃艮第及侍从等重上。

葛罗斯特　陛下，法兰西国王和勃艮第公爵来到。

李尔　勃艮第公爵，现在我先对您说话：您跟这位国王争着要得到我的女儿。您希望她至少要有多少陪嫁的奁资，否则宁愿放弃对她的追求？

勃艮第　最尊敬的陛下，照着您所已经答应的数目，我就很满足了；想来您也不会再吝惜的。

李尔　尊贵的勃艮第，当她为我所宠爱的时候，我是把她看得非常珍重的，可是现在她的价格已经跌落了。公爵，她站在那儿，一个弱小的身躯，要是除了我的憎恶以外，我什么都不给她，而您仍然觉得她有中意的地方，或者整个儿使您满意，那么她就在那儿，您把她带去好了。

勃艮第　我不知道怎样回答。

李尔　她只是纤弱一身，没有亲友的照顾，新近遭到我的憎恨，咒诅是她的嫁奁，我已经发誓和她断绝关系，您是还愿意要她呢，还是把她放弃？

勃艮第　恕我，陛下，在这种条件之下，决定取舍是不可能的事。

李尔　那么放弃她吧，公爵。凭着造物主起誓，我已经告诉您她的全部财富。（向法兰西国王）至于您，伟大的国王，我不愿把一个我所憎恶的人匹配于您而致失去您的友谊；所以请您还是丢开这个几乎为自然所羞于承认的人，另找一个更值得的佳偶吧。

法兰西国王　这太奇怪了，她刚才还是您眼中的珍宝、您赞美的题目、您老年的安慰、您最心爱的人儿，怎么转瞬间就会干下这么一件罪大恶极的行为，以致丧失了您的深恩厚爱！她所犯的一定是违背天性的恶行，不然一定是您以前公开宣布的爱心变了质；可是除非那是一桩奇迹，我无论如何不相信她会干那样的事。

科迪利娅　我再次请求陛下——如果我缺少油滑的口才，不会讲违心的话，因为凡是我心里想到的事，我总是先做后说——我请求您让世人知道，我之所以失去您的欢心，并不是因为我有什么丑恶的污点和淫邪的行动，或是不光彩的举止；而只是因为我缺少像人家那样的一双经常献媚乞求的眼睛，一条我认为可耻的善于逢迎的舌头，虽然没有了这些使我失去您的宠爱，可是唯其如此，却使我格外充实。

李尔　你不能讨我高兴，还不如没有把你生养下来的好。

法兰西国王　只是为了这一个原因吗？一种天生的口齿的迟钝，它常常使想做的事未经说出？勃艮第公爵，您对这位公主意下如何？爱情要是掺杂了和它本身不相关涉的考虑，那就不是真的爱情。您愿不愿意娶她？她自己就是一注无价的嫁奁。

勃艮第　尊严的李尔，只要把您原来已经许诺过的那一份嫁奁给我，我现在就可以使科迪利娅成为勃艮第公爵的夫人。

李尔　什么都不给；我已经发过誓，我已经决定了。

勃艮第　那么我很遗憾，您只能以失去父亲的方式再失去一个丈夫了。

科迪利娅　愿勃艮第平安！既然他所爱的只是财产，我也不愿做他的妻子。

法兰西国王　最美丽的科迪利娅！你因为贫穷，所以是最富有的；因为被遗弃，所以是最可贵的；因为遭轻视，所以最蒙我怜爱。我现在把你和你的美德一起攫在我的手里；人弃我取是合法的。天啊天！想不到他们冷酷的轻视，却激起我热烈的敬爱。陛下，您的没有嫁奁的女儿由命运摔了给我，现在是我的王后、我全部财产的王后，我们美丽的法兰西的王后了；沼泽之邦的勃艮第所有的公爵都不能从我手里买去这无价之宝的女郎。科迪利娅，向他们告别吧，虽然他们是这样无情；你失去了故国，但却将要得到一个更好的家乡。

李尔　你带了她去吧，法兰西王，让她归你吧，我没有这样的女儿，也再不要看见她的脸，因此走吧，既没有我的恩宠和爱，也没有我的祝福。来，尊贵的勃艮第。（喇叭奏花腔，同时李尔、勃艮第、康华尔、奥本尼、葛罗斯特、埃德蒙及侍从等同下）

法兰西国王 向你的姐姐们告别。

科迪利娅 父亲眼中的两颗宝玉，科迪利娅用泪洗过的眼睛向你们告别。我知道你们是怎样的人；因为碍着姐妹的情分，我不愿直言指斥你们的错处。好好对待父亲；你们自己说是孝敬他的，我把他托付给你们了。可是，唉！要是我没有失去他的欢心，我一定给他找一个更好的地方。再会了，两位姐姐。

里甘 用不到你教训我们尽责。

戈纳瑞 你还是去小心伺候你的丈夫吧，他接受你是作为命运的施舍；你自己不愿顺从，今天空手而去也是活该。

科迪利娅 时间将会显示奸诈所包藏的是什么；谁掩饰过错，最后都免不了出乖露丑。愿你们繁荣昌盛！

法兰西国王 来，我美丽的科迪利娅。（与科迪利娅同下）

戈纳瑞 二妹，我有许多对我们两人切身有关的事要跟你谈。我想，父亲今晚就要离开此地。

里甘 那当然，他要住到你们那儿去；下个月跟我们住。

戈纳瑞 你瞧他现在老了，脾气多么变化不定；我们已多次注意到这点了。他一向最爱小妹，现在他把她撵走，可见他多么糊涂。

里甘 这是他老年的昏悖，而且他向来缺乏自知之明。

戈纳瑞 他年轻健壮的时候性子就很急躁，现在他老了，我们得准备不仅对付他长期形成的坏习惯，而且要对付身体衰弱加火性给他带来的喜怒无常了。

里甘 他把肯特也放逐了。我们也可能会遇到他这种突如其来的任性行为。

戈纳瑞 法王回国，跟他还有一番辞行的礼节。让我们商量一下；要是父亲凭着他这种脾气滥施威权起来，这一次的让权只会损害我们。

里甘 我们还要仔细考虑一下。

戈纳瑞 我们必须想个办法，而且要趁热打铁。（同下）

第二场　葛罗斯特伯爵城堡中的厅堂

【埃德蒙持信上。

埃德蒙　大自然，你是我的女神，我为你的法律尽职效劳。为什么我要受习俗的欺凌，让世人的挑剔剥夺我的权益，只因为我比哥哥迟生了一年或是十四个月？为什么我叫私生子？为什么我卑贱？我的身材匀称，心灵高贵，容貌端正，哪一点比不上正夫人所出？为什么他们要给我加上庶出、贱种、私生子的恶名？贱种、贱种、贱种？难道在天性热烈的偷情里生下的孩子，倒不及拥着一个毫无欢趣的老婆，在半睡半醒之间制造出来的那一批蠢货？好，合法的埃德加，我一定要得到你的土地；父亲欢喜私生子埃德蒙，正像他欢喜他的合法儿子一样。好听的名词，"合法"！好，我的合法的哥哥，要是这封信发生效力，我的计策能够成功，庶出的埃德蒙将要胜过合法的嫡子——我可要扬眉吐气啦。众神啊，替私生子撑腰吧！

【葛罗斯特上。

葛罗斯特　肯特就这样被放逐了！法王盛怒而去。王上昨晚又走了！他的权力全部交出，依靠他的女儿过活！这些事情都在匆促中发生！埃德蒙，怎么样！有什么消息？

埃德蒙　禀父亲，没有什么消息。（藏信）

葛罗斯特　你为什么这样急切地想把那封信藏起来？

埃德蒙　我不知道有什么消息，父亲。

葛罗斯特　你刚才在读什么信？

埃德蒙　没有什么，父亲。

葛罗斯特　没有什么？那你为什么慌慌张张地把它塞进口袋？既然没有什么，何必藏起来？来，给我看，要是那上面没有什么话，我也可以不用戴眼镜。

埃德蒙　父亲，请您原谅我，这是哥哥写给我的一封信，我还没有读完，照我已经读到的部分看，我认为不适于让您看见。

葛罗斯特 把信给我。

埃德蒙 不给您看或者给您看，我都会得罪您。信的内容，其中部分按我理解，是应受谴责的。

葛罗斯特 给我看，给我看。

埃德蒙 我希望哥哥写这封信是有他的理由的，他不过要试试我的德行。

葛罗斯特 （读信）“这一种尊敬老年人的政策，使我们在最好的年华只尝到世界的苦味。不能由自己处分我们的财产，等到年纪老了，不再能享受它。我开始觉得老年人的专制压迫实在是一种愚蠢的束缚；他们支配我们并非因为他们有权力，而是因为我们容忍他们这样做。到我这里来，听我发挥这一个问题吧。要是父亲闭上了眼睛，我不叫醒，你就可以永远享受他的一半的收入，并且为你的哥哥所喜爱。埃德加。”——哼！阴谋！“闭上了眼睛，我不叫醒他，你就可以享受他的一半的收入。”我的儿子埃德加！他的手会写这信，他的心和脑会构思这样的信吗？这封信是什么时候到你手里的？谁送来的？

埃德蒙 它不是什么人送给我的，父亲，这正是他狡猾的地方；我发现它被掷进我房间的窗户。

葛罗斯特 你确定这笔迹是你哥哥的吗？

埃德蒙 父亲，如果写的是好话，我敢发誓这是他的笔迹；可是，既然上面写的是这种话，我但愿不是他写的。

葛罗斯特 这是他的笔迹。

埃德蒙 笔迹确是他的，父亲，可是我希望这种内容不是出于他的真心。

葛罗斯特 他以前从没有用这类话试探过你？

埃德蒙 没有，父亲。可是我常常听见他说，儿子成年以后，父亲要是已经衰老，父亲应该受儿子的监护，由儿子管理他的财产。

葛罗斯特 啊，浑蛋！浑蛋！正是他在这信里所表示的意见！可恶的浑蛋！违反天性的畜生！禽兽不如的东西！去，把他找来；我要依法惩办他。可恶的浑蛋！他在哪儿？

埃德蒙　我不大知道，父亲。您的可靠的做法是，在没有得到更好的证据证明哥哥确有这种意思以前，暂时停息您对他的怒气；因为要是您对他采取激烈的手段，误会了他的动机，那不但将大大损害您自己的名誉，而且会粉碎他对您的顺从之心。我敢拿我的生命为他作保，他写这封信的用意，不过是试探我对您的爱心，并没有其他危险的目的。

葛罗斯特　你以为是这样的吗？

埃德蒙　您要是认为合适的话，让我把您安置在一个可以听到我们两人谈论这件事情的地方，用您自己的耳朵得到一个真凭实据。事不宜迟，今天晚上就可以一试。

葛罗斯特　他不会是这样一个禽兽——

埃德蒙　他断不会是这样的。

葛罗斯特　对待他的父亲，这样全心全意疼爱他的父亲。天啊，地啊！埃德蒙，找到他，求你取得他的信任，照你自己的意思随机应付。我愿意放弃我的地位和财产，把这一件事情调查明白。

埃德蒙　父亲，我立刻就去找他，想方法办好这件事，并把结果告诉您。

葛罗斯特　最近这些日食和月食不是好兆；虽然自然哲学可以对它们作这样那样的解释，可是大自然被接踵而来的现象所祸害。爱情冷却，友谊疏远，兄弟分裂；城市发生暴动，国家发生内乱，宫廷发生叛逆，父子关系崩裂。我的这畜生也是属于这种恶兆，这就是儿子反对父亲。王上偏离天性，这就是父亲反对孩子。我们最好的日子已经过去，现在只有阴谋、欺诈、叛逆、纷乱，追随我们不安地走向坟墓。埃德蒙，探明这小畜生！那对你不会有什么损失。要做得小心谨慎。——忠心的肯特又被放逐了！他的过失是诚实！真是怪事！（下）

埃德蒙　这真是现世愚蠢的时尚：当我们命运不佳——常常是自己行为产生恶果时，我们就把灾祸归罪于日月星辰，好像我们做恶人是命运注定，做傻瓜是出于上天的旨意，做无赖、盗贼、叛徒，是由于某个天体上升，做酒鬼、骗子、奸夫奸妇是由于一颗什么行星在那儿主持操纵，我们无论干什么罪恶行为，全都是因为有一种超自然的力量在驱策我们。明明自己跟人家通奸，却把他好色的天性归咎到一颗星的身上，真是令人吃惊的推诿！我的父亲跟我的母亲在巨龙尾巴底下交媾，我在大熊星座底下出世，所以我就是个粗暴而好色的家伙。呸！即使当我的父母发生婚外关系的时候，有一颗最贞洁的处女星在天空眨眼睛，我也还会是现在这个样子。埃德加——

【埃德加上。

埃德蒙 他来得正好，就像旧式喜剧里的结局一样；我的提词叫我装出一副奸诈的忧郁，像疯子一般长吁短叹。唉！这些日食月食果然预兆着人世的纷争！法——索——拉——咪。

埃德加 啊，埃德蒙兄弟！你在沉思些什么？

埃德蒙 哥哥，我正在想起前天读到的一篇预言，说是在这些日食月食之后，将要发生些什么事情。

埃德加 你在忙着想这件事吗？

埃德蒙 我对你说，他所写的预言的事情，果然不幸发生了；什么父子之间违反天性的关系，死亡、饥荒、长久友谊的破灭、国家的分裂、对于国王和贵族的恫吓和咒诅，无谓的猜疑，朋友的放逐，支持者的叛离，婚姻的破裂，还有许许多多我所不知道的事情。

埃德加 你什么时候相信起星象之学来了？

埃德蒙 喂，喂，你最后一次看见父亲是什么时候？

埃德加 昨天晚上。

埃德蒙 你跟他说过话没有？

埃德加 嗯，我们谈了两个钟头。

埃德蒙 你们分别的时候，没有闹什么意见吗？你在他的辞色之间，不觉得他对你有点恼怒吗？

埃德加 一点没有。

埃德蒙 想想看你在什么地方得罪了他。听我的劝告，暂时避一避，等他的怒气平息下来再说，现在他正在大发雷霆，恨不得一口咬下你的肉来呢。

埃德加　一定是有一个坏东西说了我的坏话。

埃德蒙　我也怕是这样。请你千万忍耐一点，等他的火气消一消；现在你还是跟我到我住的地方去，在那里我可以想法让你听到他老人家说话。请你去吧，这是我的钥匙。你要是在外面走动的话，最好身边带上武器。

埃德加　带上武器，弟弟？

埃德蒙　哥哥，我这样劝告你是为了你好。外出带上武器吧，要是有人对你存着好心眼儿，我就不是个好人。我已经把我所看到听到的都告诉你了；可是这是说得轻的，远不如实际的情形严重和可怕。请你赶快去吧。

埃德加　我不久就可以听到你的消息吗？

埃德蒙　我在这件事上确是竭力帮你忙的。（埃德加下）一个轻信的父亲，一个忠厚的哥哥，他的天性不但不会损害别人，而且也不疑心别人算计他；对付他这样老实的傻瓜，我的计策是容易成功的。我把这事在心里盘算好了。出身不行，就让我凭智谋得到产业；只要目的达到，一切手段对我全都合适。

第三场　奥本尼公爵府中一室

【戈纳瑞及其管家奥斯华德上。

戈纳瑞　我的父亲因为我的侍卫骂了他的弄人，所以动手打他吗？

奥斯华德　是，夫人。

戈纳瑞　他一天到晚欺侮我，每一点钟他都要借端寻事，把我们这儿吵得鸡犬不安。我不能再忍受下去了。他的骑士们一天天横行不法起来，他自已又在每一件小事上责备我们。等他打猎回来的时候，我不愿意对他说话；就说我病了。你如果懈怠从前的服务，那才是做得好；他要是见怪，都算在我身上。

奥斯华德　他来了，夫人，我听见他的声音。（内号角声）

戈纳瑞　你跟你手下的人尽管对他摆出一副不理不睬的态度；我要看看他有些什么话说。要是他恼了，那么让他到我妹妹那里去吧，我知道我妹妹的心思在这点上跟我一样：不能受人压制的。这老废物已经放弃了权威，却还想管这管那！凭我的生命发誓，年老的傻瓜恢复成了婴孩儿，如果姑息哄骗纵容坏了他的脾气，就得用阻止对付他。记住我的话。

奥斯华德　是，夫人。

戈纳瑞　让他的骑士们也受到你们的冷眼，因此而发生什么事情，那没有关系。你去通知手下人这样做吧。我要找一些借口，和他当面说个明白。我还要立刻写信给妹妹，叫她和我采取一致行动。吩咐他们备饭。（各下）

第四场　同前　厅堂

【肯特化装上。

肯特　我已经完全隐去我的本来面目，要是我能够借得旁的口音，掩饰我的语调，那么我的一片苦心也许可以完全达到目的。被放逐的肯特啊，要是你再有机会服侍你所开罪的主人——但愿如此——你所爱的主人会看到你勤劳尽力。

【内号角声同时李尔、众骑士及侍从等上。

李尔　我一刻也不能等待，快去叫他们拿出饭来。（一侍从下）啊！你是什么？

肯特　我是一个人，大爷。

李尔　你是干什么的？你来见我有什么事？

肯特　您瞧我是怎么一个人，我就是怎么一个人。谁要是信任我，我愿意尽忠服侍他；谁要是居心正直，我愿意爱他；谁要是聪明而不爱多说话，我愿意跟他来往。我害怕人间和上帝的审判；迫不得已的时候，我也会跟人家打架；我不吃鱼。

李尔　你究竟是什么人？

肯特　一个心肠非常正直的汉子，而且像国王一样穷。

李尔　要是你这做臣民的，也像我这做国王的一样穷，那么你也真够穷的了。你要什么？

肯特　我要讨一个差使。

李尔　你想给谁做事？

肯特　给您。

李尔　你认识我吗？

肯特　不，大爷，可是在您的神气之间有一种什么东西，使我愿意叫您主人。

李尔　是什么东西？

肯特　权威。

李尔　你会做些什么事？

肯特　我会保守正当的秘密，我会骑马，我会跑路，我会把一个复杂的故事讲得明白，而把一个明白的口信传得直截了当；凡是普通人适于做的事情，我都能做，我的最大优点是勤快。

李尔　你多大年纪了？

肯特　大爷，说我年轻，我也不算年轻，我不会为了一个女人会唱几句歌而害相思；说我年老，我也不算年老，我不会糊里糊涂地溺爱一个女人。我已经活过四十八个年头了。

李尔　跟着我吧，你可以替我做事。要是我在吃过晚饭以后还是这样欢喜你，那么我还不会就把你撵走。喂！饭呢？拿饭来！我的跟班呢？我的弄人呢？你去把我的弄人叫来。（一侍从下）

【奥斯华德上。

李尔　喂，喂，我的女儿呢？

奥斯华德　对不起——（下）

李尔　这家伙怎么说？叫那蠢东西回来。（一骑士下）喂，我的弄人呢？全都睡着了吗？怎么！那狗头呢？

【骑士重上。

骑士　陛下，他说您的女儿有病了。

李尔　我叫他时，那奴才为什么不回来？

骑士　陛下，他非常放肆，回答我说他不高兴回来。

李尔　他不高兴回来！

骑士　陛下，我也不知道为了什么缘故，可是照我看起来，他们对待陛下已经不像往日那样殷勤礼貌了；不但一般下人仆从，就是公爵和您的女儿也对您冷淡得多了。

李尔　嘿！你这样想吗？

骑士　陛下，要是我弄错了，请您原谅我；可是当我觉得有人对不起陛下时，我责任所在，不能闭口不言。

李尔　你不过提醒我一件我自己已经感觉到的事。我近来也觉得他们对我的态度有点冷淡，可是我总以为那是我自己多心，不愿断定是他们有意地怠慢。我要进一步观察此事。可是我的弄人呢？这两天来我没有见到过他。

骑士　陛下，自从小公主到法国去了以后，这弄人消瘦多了。

李尔　别再提这事了，我也注意到了。你去对我的女儿说，我要跟她说话。

（一侍从下）你去叫我的弄人到这里来。（另一侍从下）

【奥斯华德重上。

李尔　啊！你，你过来。你知道我是什么人？

奥斯华德　我们夫人的父亲。

李尔　“我们夫人的父亲！”我们大爷的奴才！好大胆的狗！

奥斯华德　大人，请您原谅，我不是狗。

李尔　你敢跟我当面顶撞吗，你这浑蛋？（打奥斯华德）

奥斯华德　大人，您不能打我。

肯特　也不能绊你吗，你这踢足球的下贱东西？

（自后绊奥斯华德倒地）

李尔　谢谢你，伙计，你帮了我，我喜欢你。

肯特　来，朋友，站起来，给我滚吧！我要教训你知道尊卑上下的分

别。去！去！你还要想用你粗笨的身体丈量地面吗？滚！你难道不懂利害吗？去。（将奥斯华德推出）

李尔　我的好伙计，谢谢你，这是你替我做事的定金。（以钱给肯特）

【弄人上。

弄人　让我也把他雇下来。这儿是我的鸡冠帽。（脱帽授肯特）

李尔　啊，我的乖乖！你好？

弄人　喂，你最好还是戴了我的鸡冠帽吧。

肯特　傻瓜，为什么？

弄人　为什么？因为你帮了一个失势的人。要是你不会看准风向把你的笑脸迎上去，你很快就会着凉的。来，把我的鸡冠帽拿去。嘿，这家伙撵走了两个女儿，却赐福于他的第三个女儿，虽然这不是出于他的本意；要是你跟了他，你必须戴上我的鸡冠帽。啊，老伯伯！但愿我有两顶鸡冠帽，再有两个女儿！

李尔　为什么，我的孩子？

弄人　要是我把我的家私全给了她们，我自己还可以存下两顶鸡冠帽。我这儿有一顶；再去向你的女儿们讨一顶戴戴吧。

李尔　嘿，你留心着鞭子。

弄人　真理是一条公狗，他只好躲在狗窝里；公狗必须用鞭子赶出去，而母狗则可以站在火炉边发臭气。

李尔　简直是揭我的痛疮！

弄人　（向肯特）喂，让我教你一段话。

李尔　你说吧。

弄人　听好，老伯伯：

多积财，少摆阔；
耳多听，话少说。
少放款，多借债；
走路不如骑马快。
三言之中信一语，
多掷骰子少下注。

莫饮酒，莫嫖娼；

闭门不出最为上。

会打算的占便宜，

不会打算叹口气。

肯特　傻瓜，这些话一点意思也没有。

弄人　那么正像拿不到讼费的律师说空话一样，你给我的只是个“没有”。

老伯伯，你能够利用“没有”吗？

李尔　啊，不，孩子，没有只能制造出没有。

弄人　（向肯特）请你告诉他，他的土地得的租金最终也只等于没有；弄人嘴里的话他是不相信的。

李尔　好挖苦的弄人！

弄人　我的孩子，你知道苦弄人和甜弄人之间的区别吗？

李尔　不，孩子，告诉我。

弄人哪个爵爷劝告你，

把你的土地全给光；

叫他站在我身边，

你自己站这旁：

一个傻瓜甜，

一个傻瓜苦；

甜的穿彩衣，

苦的丢掉王权无处诉。

李尔　你叫我傻瓜吗，孩子？

弄人　你把其他所有的尊号都送了别人，只有这一个名字是你娘胎里带来的。

肯特　陛下，这倒不全是傻话哩。

弄人　不，老爷大人们都不会答应我的。要是我取得了傻瓜的专利权，他们会要夺去一部分，就是太太小姐们也不会放过；他们不肯让我一个人做傻瓜；他们会抓一把。老伯伯，给我一个蛋，我能给你两顶冠。

李尔　两顶什么冠？

弄人　我把蛋从中间切开，吃完了蛋黄蛋白，就用蛋壳给你做两顶冠。你把你的王冠从中间剖成两半，把两半全都送给人家，这不是背了驴子过泥潭吗？你这光秃秃的头颅里面没有一点脑子，所以才会把一顶金冠送了人。谁先说我这话是傻话，让他挨一顿鞭子。

这年头傻瓜已不吃香，
聪明人个个变了蠢猪，
顶着个头没有思想，
做起事来稀里糊涂。

李尔　你几时学会了这许多歌儿？

弄人　老伯伯，自从你把你的两个女儿当作了妈，我就常常唱起歌儿来了；因为当你把棒儿给了她们，拉下自己裤子的时候——

她们高兴得眼泪盈眶，
我只好唱歌自遣忧伤，
可怜你堂堂一国之主，
却跟傻瓜们玩捉迷藏。

老伯伯，你去请一位老师来，教教你的傻瓜怎样说谎吧，我很想学学说谎。

李尔　要是你说了谎，小子，我们就让你挨鞭子。

弄人　我不知道你跟你的女儿们究竟是什么亲戚：她们因为我说了真话，要用鞭子抽我，而你因为我说谎，又要用鞭子抽我；有时候我闭嘴，却也要挨鞭子。我宁可做一个无论什么东西，也不做傻瓜；可是我不愿意做您，老伯伯，您把您的聪明两边削去，削得中间什么也不剩了。瞧，其中一个削片来了。

【戈纳瑞上。

李尔　怎么，女儿！你脸上阴森森的是什么意思？
我看你近来老是皱着眉头。

弄人　从前你是个好汉，用不着管她皱不皱眉头；现在你是孤单单的一个零。现在你还比不上我；我是个弄人，你什么都不是。（向戈纳瑞）好，好，我闭嘴就是啦；虽然你没有说话，我还是能从你的脸色上知道你的意思。

闭嘴，闭嘴，
谁不知道积谷防饥，
啃不到面包不要追悔。
那是一根剥剩的豌豆荚。（指李尔）

戈纳瑞　父亲，不但您这个肆无忌惮的弄人，还有您那些无礼的卫士，都在时时刻刻寻事吵架，种种暴乱行为，叫人忍无可忍。父亲，我本来以为让您充分知道这种情形，就会找到补救的办法；可是照您最近所说的话和所做的事看来，我怕您是在保护这种行为，有意加以纵容。要是您果然这样做，那不能逃脱责备，补救措施也不能拖延；我们为了维护健全的政局，也许做法会使您难堪，感到丢脸，可是这样的步骤确实必要，而且是审慎的。

弄人　因为你知道，老伯伯——

那篱雀喂大了杜鹃鸟，
自己的头也被它咬掉。
蜡烛熄了，我们眼前只有一片黑暗。

李尔　你是我的女儿吗？

戈纳瑞　您不是一个不懂道理的人，我希望您明智一点，除去近来使您改变常态的这些脾气。

弄人　驴子能否知道什么时候马儿颠倒被车子拖着走？“呼，加格！我爱你。”

李尔　这儿有谁认识我吗？这不是李尔。李尔是这样走路，这样说话的吗？他的眼睛哪里去了？他的知觉衰退，还是他的神志麻木了。嘿！他醒着吗？没有的事。谁能告诉我我是什么人？

弄人　李尔的影子。

李尔　我得弄清这一点。因为从权力、知识和理性的标记来看，我都不能相信我是个有女儿的人。

弄人　那些女儿会教你做一个顺从的父亲。

李尔　太太，请教您的芳名？

戈纳瑞　父亲，这种假痴假呆和您其他一些新的胡闹是同样性质的。我请您正确理解我的目的：既然您是一个上了年纪的老人家，应该明智一些。您在这儿养了一百个骑士，全都是些胡闹放荡胆大妄为的家伙，我们的宫廷给他们骚扰得像一个喧嚣的客店；他们成天吃喝玩女人，把这里弄成了酒馆妓院，哪里还是一座庄严的宫殿！这种可耻现象本身要求立刻加以纠正，所以请您服从我的要求，酌量减少您的扈从的人数，只留下一些适合于您的年龄，知道自处也熟悉您的人跟随您；要是您不答应，那么我没有法子，只好勉强执行了。

李尔　黑暗和魔鬼啊！备起我的马来，召集我的侍从

堕落的贱人！我不要麻烦你，我还有一个女儿哩。

戈纳瑞　你打我的用人，你那一班捣乱的流氓把他们上面的人像奴仆一样呼来叱去。

【奥本尼上。

李尔　唉！现在懊悔也来不及了。（向奥本尼）啊！你也来了吗？这是不是你的意思？你说。——替我备马。忘恩负义，你这铁石心肠的鬼怪，当你出现在儿女身上，真比海怪还要丑恶。

奥本尼　陛下，请您忍耐一下。

李尔　（向戈纳瑞）枭獍不如的东西！你在说谎！我的卫士都是最有品行的人，懂得一切的礼仪，他们的一举一动都不愧骑士之名。啊！科迪利娅不过犯了最小的一点错误，怎么在我的眼睛里却会变得这样丑恶！它像一具刑架，扭曲了我的天性，抽干了我心里的慈爱，增加了苦胆，哦，李尔！李尔！李尔！对准这一扇放进愚蠢和放出智慧的门，着力痛打吧！

（自击其头）走吧，走吧，我手下的人。

奥本尼　陛下，我是无辜的，我不知道是什么东西使您这样激动。

李尔　也许是这样的，公爵。——听着，亲爱的大自然女神，听我的呼吁！要是你想使这畜生生男育女，请你改变你的意旨吧！取消她的生育能力，干涸她的繁殖的器官，让她那堕落的身体里永远生不出一个孩子！要是她必须生产，让她生下一个仇恨的孩子，活下来使她受忤逆的，违反人性的折磨！让她年轻的额角上很早就印上皱纹，流下的眼泪在她的脸颊上磨成一道道沟渠；她作为母亲的鞠育的辛劳，只换得冷笑和蔑视；让她感觉到一个不知感谢的孩子比毒蛇的牙齿还要尖利，走吧，走吧！（下）

奥本尼　凭着我们敬奉的神明，这是怎么一回事？

戈纳瑞　你不用知道原因而自苦，他老糊涂了，让他去使性子吧。

【李尔重上。

李尔　什么！我在这儿不过住了半个月，就把我的卫士一下子裁撤了五十名吗？

奥本尼　什么事，陛下？

李尔　我以后告诉你。（向戈纳瑞）凭生和死起誓！我真惭愧让你有权力使我失去大丈夫的气概，让我的热泪为了你这样的人而禁不住滚滚流出。愿毒风和恶雾袭击你！愿一个父亲的咒诅刺透你的五官，留下深不可探测的疮痍！痴愚的老眼，要是你们再为此而流泪，我要把你们挖出来，同你们流的泪水一起，和泥土相搅拌！哼！竟到了这等地步？让它去吧，我还有另一个女儿，我相信她是仁慈温存的；她听见你这样对待我，一定会用指爪抓破你豺狼一样的面孔。你以为我一辈子也不能恢复我原来的威风了吗？好，你等着瞧吧。（李尔、肯特及侍从等下）

戈纳瑞　你听见没有？

奥本尼　戈纳瑞，虽然我十分爱你，可是我不能让它使我这样偏心——

戈纳瑞　请你别说了。喂，奥斯华德！（向弄人）你这七分奸刁三分傻的东西，跟你的主人去吧。

弄人　李尔老伯，李尔老伯！等一等，带弄人跟你一块儿去。

捉狐狸，杀狐狸；

这样的女儿是狐狸，

一定杀却毋迟疑。

可惜我这顶帽子，

换不到一条绳子；

追上去，你这傻子。（下）

戈纳瑞　不知道是什么人给他出的好主意。一百个骑士！让他带一百个全副武装的卫士，真是万全之计；只要他做了一个梦，听了一句谣言，转了一个念头，或者心里有什么不高兴、不舒服，就可以借他们的力量维护他的老朽，危害我们的生命。

喂，奥斯华德！

奥本尼　也许你太过虑了。

戈纳瑞　过虑总比大意好些。与其时刻提心吊胆，怕人暗算，宁可除去我所怕的威胁。我知道他的心思。他所说的话，我已经写信去告诉二妹了；我已经指出不妥之处，要是她仍旧支持他和他的一百名骑士——

【奥斯华德重上。

戈纳瑞　怎么样，奥斯华德！我叫你写给二妹的信，你写好了没有？

奥斯华德　写好了，夫人。

戈纳瑞　带几个人跟着你，赶快上马出发，把我所担心的事完全告诉她，再加上一些你自己想到的理由，加以支持。去吧，早点回来。（奥斯华德下）不，不，夫君，你做人太仁善厚道了，虽然我不怪你，可是恕我说一句话，只有人批评你糊涂，却没有什么人称赞你温厚。

奥本尼　我不知道你的眼光能够看到多远，可是过分操切也会误事的。

戈纳瑞　咦，那么——

奥本尼　好，好，但看结果如何。（同下）

第五场　奥本尼公爵府外院

【李尔和肯特及弄人上。

李尔　你带了这封信，先到葛罗斯特去。我的女儿看了我的信，倘然有什么话问你，你就照你所知道的回答她，此外不要多说。要是你在路上不勤快，我会比你先到的。

肯特　陛下，我在没有把您的信送到以前，决不打一次瞌睡。（下）

弄人　要是一个人的脑子生在脚跟上，岂不是有生冻疮的危险？

李尔　是，孩子。

弄人　那么你放心吧，你的脑子不多，用不到穿拖鞋来保护它的冻疮。

李尔　哈哈哈！

弄人　你将看到你那另外一个女儿会待你多么好；因为虽然她跟这一个就像野苹果跟家苹果一样相像，可是我可以告诉你我所知道的事情。

李尔　你可以告诉我什么，孩子？

弄人　你一尝到她的滋味，就会知道她跟这一个完全相同，正像两只野苹果一般没有分别。你能够告诉我为什么一个人的鼻子生在脸中央吗？

李尔　不能。

弄人　为了鼻子两旁可以安放眼睛。鼻子嗅不出来的，眼睛可以瞧见。

李尔　我对不起她——

弄人　你知道牡蛎怎样造它的壳吗？

李尔　不知道。

弄人　我也不知道，可是我知道蜗牛为什么背着一个屋子。

李尔　为什么？

弄人　因为可以把它的头缩在里面；它不会把屋子送给它的女儿，害得它的触角没地方安顿。

李尔　我要忘掉我的天性了。这样仁慈的父亲！我的马备好了吗？

弄人　你的驴子们正在给你预备呢。七星座为什么只有七颗星，其中有一个绝妙的理由。

李尔　因为它们没有第八颗吗？

弄人　正是，一点不错；你可以做一个很好的弄人。

李尔　用武力夺回来！忘恩负义的畜生！

弄人　假如你是我的弄人，老伯伯，我就要打你，因为你不到时候就老了。

李尔　那是什么意思？

弄人　你应该先懂得些世故再老呀。

李尔　啊！不要让我发疯，不要发疯，天啊，制住我的怒气，我不愿发疯！

【侍臣上。

李尔　怎么！马备好了吗？

侍从　备好了，陛下。

李尔　来，孩子。（同下）

弄人　谁现在还是处女，却嘲笑我的告别，她很快将不再是处女，除非把那话儿截短些。（下）

第二幕

第一场　葛罗斯特伯爵城堡庭院

【埃德蒙和克伦自相对方向上。

埃德蒙　上帝保佑您，克伦。

克伦　上帝保佑您，公子。我刚才见过令尊，通知他康华尔公爵和公爵夫人里甘今天晚上要到这儿来拜访他。

埃德蒙　这是怎么回事？

克伦　我也不知道。您有没有听见外边的消息？我指的是人们交头接耳在暗中传递的消息。

埃德蒙　我没有听见。请问是些什么消息？

克伦　您没有听见说起康华尔公爵也许会跟奥本尼公爵开战吗？

埃德蒙　一点没有听见。

克伦　那么您以后也许会听到的。再会，公子。（下）

埃德蒙　公爵今天晚上到这儿来！那也好！再好没有！我正好利用这个机会。（埃德加上）父亲已经叫人四处把守，要捉哥哥；我还有一件难办的事必须做。快捷和运气帮助我！——哥哥，跟你说一句话；下来，哥哥！

埃德蒙　父亲在守着你。啊，哥哥！离开这个地方吧；有人已经告诉他你躲在什么地方。趁着现在天黑，你快逃吧。你有没有说过什么反对康华尔公爵的话？他正在到这儿来，就在现在，连夜的，急急忙忙的。里甘也和他同来。你对于他跟奥本尼公爵争执的事情没有说过什么话吗？想一想看。

埃德加　我真的一句话也没有说过。

埃德蒙　我听见父亲来了，原谅我，我必须假装对你动武的样子，拔出剑来，就像你在进行自卫。现在你去吧。（高声）放下你的剑，见我的父亲去！喂，拿亮来！这儿！——逃吧，哥哥。（高声）火把！火把！——再会。（埃德加下）身上沾些血，可以使人相信我作过一番更凶猛的争斗。（以剑刺伤手臂）我曾见有些醉汉为了开玩笑的缘故，做得比这还厉害。（高声）父亲！父亲！住手！住手！没有人来帮我吗？

【葛罗斯特率众仆持火炬上。

葛罗斯特　埃德蒙，那坏蛋呢？

埃德蒙　他站在这里黑暗之中，拔出他的锋利的剑，嘴里念念有词，见神见鬼地请月亮帮他的忙。

葛罗斯特　可是他在什么地方？

埃德蒙　瞧，父亲，我流着血呢。

葛罗斯特　那坏蛋呢，埃德蒙？

埃德蒙　向这边逃去了，父亲。当他没有法子——

葛罗斯特　喂，你们追上去！（若干仆人下）“没有法子”什么？

埃德蒙　没有法子劝我跟他同谋把您杀死，我对他说，惩凶的神明是要用全部天雷轰击弑父的逆子的；告诉他儿子同父亲的关系是多么密切和牢固；总而言之，他看见我这样憎恶和反对他的违背天性的图谋，他就拔出早就预备好的剑，气势汹汹地向我毫无防卫的身上捅了过来，把我的手臂刺破了；但他看到我勃然发怒，自恃理直气壮，跟他奋力对抗，也许因为我喊叫的声音使他害怕，他就突然逃走了。

葛罗斯特　让他逃得远远的吧，除非逃到国外去。总有一天被捉到，而且被捉到就叫他活不成。尊贵的公爵，我的主上，杰出的庇护人，今晚要来这里。凭他的权威，我要宣布，谁要是找到这杀人的懦夫，把他带到火刑柱前，将得到酬谢；谁要是把他藏匿起来，也要处死。

埃德蒙　当他不听我的劝告，决意实行他的企图的时候，我就严词恫吓，要将他揭发；他却回答我说："你这光棍私生子！难道你以为，要是我和你对质，人家会认为你有德才，相信你的话吗？不，我所否认的——我是要否认的，尽管你拿出我的亲笔信，我将反咬一口，说这全是你的阴谋恶计：人们不是傻瓜，他们当然会相信你因为觊觎我死后的产业，所以才会起这样的毒心，想要索取我的生命。"

葛罗斯特　怙恶不悛的畜生！他要抵赖他的信吗？他不是我养的。

（内号角吹花腔）听！公爵的号角声。我不知道他为何而来。我要把所有的大门上闩，这畜生逃不掉的；公爵一定会答应我这个要求。我还要把他的图像送到远近各处，让全国的人都认得他。我忠实的孩子，我将想法子使你能够继承我的土地。

【康华尔和里甘及侍从等上。

康华尔　怎么样，我的尊贵的朋友！我还不过刚到这儿，就已经听见了奇怪的消息。

里甘　要是真有那样的事，那罪人真是万死不足蔽其辜了。

你好吗，伯爵？

葛罗斯特　哦！夫人，我这颗衰老的心已经碎了，它已经碎了！

里甘　什么！我父亲的教子要谋害您的性命吗？就是我父亲替他取名字的，您的埃德加吗？

葛罗斯特　哦！夫人，夫人，发生了这种事情，真是说来也叫人丢脸。

里甘　他不是常常跟我父亲身边那些胡闹的骑士在一起的吗？

葛罗斯特　我不知道，夫人。太可恶了！太可恶了！

埃德蒙　是的，夫人，他正是跟那帮人常在一起的。

里甘　难怪他会变得这样坏；一定是他们撺掇他谋害老人的性命，好把他的财产拿出来挥霍。今天傍晚的时候，我接到我姐姐的一封信，她告诉我他们的种种行为，并且警告我要是他们想要住到我的家里来，我最好别在家。

康华尔　相信我，里甘，我也不待在家里。埃德蒙，我听说你表现得对父亲很尽孝道。

埃德蒙　那是我的本分，殿下。

葛罗斯特　他揭发了他哥哥的阴谋，而且在企图捉住他时身上受了你所看见的这一处伤。

康华尔　有没有人去追捕他？

葛罗斯特　有的，殿下。

康华尔　要是他被捉住，以后就永远不用怕他再为非作歹；你可以决定一个办法，只要在我的权力范围以内，我都支持你。至于你，埃德蒙，你这一回所表现的德行和顺从值得赞赏，你将是我们的人。我们很需要值得亲信的人，你是我们第一个挑中的。

埃德蒙　殿下，我将为您效力，不论发生什么事。

葛罗斯特　为了他，我感谢殿下。

康华尔　你还不知道我们为什么来造访——

里甘　尊贵的葛罗斯特，我们这样不合时宜地穿过黑暗的夜色前来，实在是因为有一些相当重要的事情，我们必须借重您的意见。我们的父亲和姐姐都有信来，说他们两人之间发生了一些纷争；我想最好不要在我们自己的家里答复他们；几个信使都在这里等候差遣。我们的善良的老朋友，您心宽一点，替我们赶快出个主意吧。

葛罗斯特　夫人，我愿为您效劳。两位殿下光临，欢迎得很！（同下）

第二场　葛罗斯特城堡之前

【肯特和奥斯华德分头上。

奥斯华德　早安，朋友，你是这屋子里的人吗？

肯特 嗯。

奥斯华德 什么地方可以让我们拴马？

肯特 烂泥地里。

奥斯华德 对不起，大家是好朋友，告诉我吧。

肯特 谁是你的好朋友？

奥斯华德 好，那么我也不要睬你。

肯特 要是我把你一口咬住，看你睬不睬我。

奥斯华德 你为什么对我这样？我又不认识你。

肯特 伙计，我认识你。

奥斯华德 你认识我是谁？

肯特 一个无赖，一个恶棍，一个吃肉皮肉骨的家伙；一个下贱的骄傲的，浅薄的叫花子一样的，只有三身衣服，全部家私不过一百镑的，卑鄙龌龊的，穿毛线袜子的奴才；一个胆小如鼠仗势欺人的奴才；一个婊子生的顾影自怜的，奴颜婢膝的装腔作势的混账东西；一个天生的王八坯子；一个想当妓院老板的，又是奴才又是叫花子，又是懦夫又是王八，又是杂种老母狗的儿子。要是你不承认你这些头衔，我要把你打得汪汪叫。

奥斯华德 咦，奇了，你是个什么东西，你不认识我，我也不认识你，怎么开口骂人？

肯特 你还说不认识我，你这厚脸皮的奴才！不过两天以前，我不是在国王的面前把你绊跌在地上，还打过你吗？拔出剑来，你这浑蛋，虽然是夜里，月亮亮着呢；我要在月亮光底下把你剁得稀烂。（拔剑）拔出剑来，你这婊子生的下流东西，专进理发馆的纨绔子弟，拔出剑来！

奥斯华德 去！我不跟你胡闹。

肯特 拔出剑来，你这恶棍！你带来了攻击国王的信，站在他的女儿虚荣傀儡的一边，反对她的父王。拔出剑来，你这浑蛋，否则我要砍下你的胫骨。拔出剑来，恶棍，来来来！

奥斯华德　救命啊！要杀人啦！救命啊！

肯特　击剑啊，你这奴才。站定，浑蛋，别跑。你这个漂亮的奴才，你不会还手吗？（打奥斯华德）

奥斯华德　救命啊！要杀人啦！要杀人啦！

【埃德蒙拔剑上。

埃德蒙　怎么！什么事？（分开二人）

肯特　好小子，你也要寻事吗？来，我让你尝一点血，来，小哥儿。

【康华尔、里甘、葛罗斯特及众仆上。

葛罗斯特　动刀动剑的，什么事呀？

康华尔　大家不要闹，谁再动手，就叫他死。怎么一回事？

里甘　一个是我姐姐的使者，一个是国王的使者。

康华尔　你们为什么争吵？说。

奥斯华德　殿下，我气都喘不过来啦。

肯特　怪不得，你把全身勇气都提起来了。你这懦怯的恶棍，造化不承认他造你，你是裁缝手里做出来的。

康华尔　你是一个奇怪的家伙。裁缝会做出一个人来吗？

肯特　嗯，裁缝。石匠或者油漆匠都不会把他做得这样坏，即使他们学这门技艺才不过两个钟头。

康华尔　说，你们怎么会吵起来的？

奥斯华德　这个老不讲理的家伙，殿下，我是看在他的花白胡子分上，才饶了他的命的——

肯特　你这不中用的废物！殿下，要是您允许我的话，我要把这粗人踏成泥浆，用来刷厕所的墙。看在我的花白胡子分上？你这摇尾乞怜的狗！

康华尔　住口！畜生，规矩你也不懂吗？

肯特　是，殿下，可是我实在气愤不过。

康华尔　你为什么气愤？

肯特　我气愤的是像这样一个奸诈的奴才，居然也佩起剑来。这种笑脸的小人，像老鼠一样，时常咬断神圣的不容松弛的人伦关系；竭力逢迎他们的主上起的恶念，不是火上浇油，就是雪上添霜；有时否认，有时肯定，随风转舵，看主人怎么说，像狗一样只知道跟着主人跑。恶疮烂掉你抽搐的面孔！你笑我所说的话，你以为我是傻瓜吗？呆鹅，要是我在索尔兹伯里平原上找到你，看我不把你打得嘎嘎乱叫，赶你回到亚瑟王宫廷所在的卡米洛去。

康华尔　什么！你疯了吗，老头儿？

葛罗斯特　说，你们究竟是怎么吵起来的？

肯特　我跟这浑蛋是势不两立的。

康华尔　你为什么叫他浑蛋？他做错了什么事？

肯特　我不喜欢他的脸。

康华尔　也许你也不喜欢我的脸，他的脸，还有夫人的脸。

肯特　殿下，我是说惯老实话的：我曾经见过一些脸，比现在站在我面前的这些脸好。

康华尔　这个人正是那种因为有人称赞他直率就装出一副玩世不恭的态度来的家伙。他不会谄媚，诚实坦白，他必须说老实话；要是人家愿意接受他的意见，很好；不然的话，他是个老实人。我知道这种家伙，他们用坦白的外表，包藏着极大的奸谋祸心，比二十个胁肩谄笑，小心翼翼的奴才更不怀好意。

肯特　殿下，您伟大的明鉴，就像太阳神额上光耀的火环，请您照临我善意的忠诚，恳切的虔心——

康华尔　这是什么意思？

肯特　因为您不喜欢我的话，所以我改变了一个样子。我知道我不是一个谄媚之徒；我也不愿做一个故意用率直的语言骗你的奸诈小人；即使您请求我做这样的人，我也决不从命。

康华尔　（向奥斯华德）你在什么地方冒犯了他？

奥斯华德　我从来没有冒犯过他。最近他的主人王上因为对我产生误会，把我殴打；他便助纣为虐，从我背后把我绊倒在地上，对我侮辱谩骂，装出一副非常勇敢的神气；他的王上看见他敢打不抵抗的人，把他称赞了两句，他因上次得手，便得意忘形，一看见我，又要对我动剑了。

肯特 这些胆怯的坏蛋以为埃阿斯比他们还笨。

康华尔 拿足枷来！你这口出狂言的倔犟的老贼，我们要教训你一下。

肯特 殿下，我已经太老，不能接受教训了。不要用足枷枷我。我是王上的人，奉他的命令前来；您要是把他的使者枷起来，那未免对我的主上太失敬，太放肆无礼了。

康华尔 拿足枷来！凭着我的生命和荣誉起誓，他必须锁在足枷里直到中午为止。

里甘 到中午为止！到晚上，殿下，把他枷上整整一夜再说。

肯特 啊，夫人，即使我是您父亲的狗，您也不该这样对待我。

里甘 因为你是他的奴才，所以我要这样对待你。

康华尔 这正是姐姐提到的那个家伙。来，拿足枷来。（仆从取出足枷）

葛罗斯特 殿下，请您不要这样。他的过失诚然很大，王上知道了一定会责罚他的；您所决定的这一种羞辱的刑罚，只能惩戒那些犯偷窃罪之类普通小罪的贱民；他是王上差来的人，要是您给他这样的处分，王上一定要认为您轻蔑了他的来使而心中不快。

康华尔 那我可以负责。

里甘 姐姐要是知道她的有身份的使者因为执行她的差使而被人侮辱殴打，她的心里还更要不高兴哩。把他的腿放进去。

（仆从将肯特套入足枷）来，殿下，我们走吧。

（除葛罗斯特和肯特外均下）

葛罗斯特 朋友，我很为你抱恨。这是公爵的意思，全世界都知道他的脾气不受劝阻。我会替你求情的。

肯特 请您不必多此一举，大人。我走了许多路，还没有睡过觉；一部分的时间将在瞌睡中过去，其余的时间我可以吹吹口哨。
好人的命运也会锁上脚镣，再会！

葛罗斯特 这是公爵的不是。王上一定会见怪的。（下）

肯特 好王上，这正是证明了俗话所说的，你抛下天堂的幸福，来受赤日的煎熬了。来吧，你照耀地球的火炬，让我借着你温暖的光辉读一读这封信。奇迹往往在不幸的时候才会发生。我知道这是科迪利娅寄来的信，所幸她已经知道我改头换面的行踪，她一定会找到一个机会，从这种反常的情况中解救我们，以期补救损失。我疲倦得很；闭上吧，沉重的眼睛，免得看见这一耻辱的居所。晚安，命运，求你转过你的轮子来，再一次微笑吧。（睡）

第三场　荒原之一处

【埃德加上。

埃德加　听说他们已经贴出告示抓我，幸亏我躲在一株空心的树干里，没有给他们找到。没有一处城门可以出入无阻，没有一个地方不是警卫森严，准备把我捉住！我只有逃脱才能保全自己。我想还不如改扮作一个最卑贱穷苦，最为人所轻视，和禽兽相去无几的家伙；我要用污泥涂在脸上，一块毡布裹着我的腰，把所有头发打成乱结，赤身裸体，顶着风雨的侵凌。这地方给了我保护和先例，因为这里本来有许多疯乞丐，他们高声喊叫，用针啊、木椎啊、钉子啊、迷迭香的树枝啊，刺在他们麻木而僵硬的手臂上，用这种可怕的形状，到那些穷苦的农舍、乡村、羊棚和磨坊去，有时候发出疯狂的诅咒，有时候向人哀求祈祷，乞讨一些布施。可怜的疯叫花子！可怜的汤姆！倒有几分像，我现在不再是埃德加了。（下）

第四场　葛罗斯特城堡前

【肯特系足枷中。李尔、弄人及侍臣上。

李尔　真奇怪，他们离开了家，又不打发我的使者回去。

侍臣　我听说在前一天晚上他们还不曾有走动的意思。

肯特　向您致敬，尊贵的主人！

李尔　嘿！你把这样的羞辱作为消遣吗？

肯特　不，陛下。

弄人　哈哈！他吊着一副多么难受的袜带！缚马缚在头上，缚狗缚熊缚在颈子上，缚猴子缚在腰上，缚人缚在腿上；一个人的腿儿太活动了，就要叫他穿木袜子。

李尔　谁认错了你的身份，把你锁在这儿？

肯特　您的女婿和女儿。

李尔　不。

肯特　是的。

李尔　我说不。

肯特　我说是的。

李尔　不，不，他们不会干这样的事。

肯特　他们干了。

李尔　我凭朱庇特起誓，没有这样的事。

肯特　我凭朱诺起誓，有这样的事。

李尔　他们不敢做这样的事；他们不能也不会做这样的事。要是他们有意做出这样凶暴的冒犯，那比杀人还坏。快告诉我，你究竟犯了什么罪，他们才会用这种刑罚来对待朕派出的使者。

肯特　陛下，我带了您的信到他们家里，当我跪在地上把信交上去还没有立起身来的时候，又有一个使者汗流满面，气喘吁吁，急急忙忙地奔了进来，代他的女主人戈纳瑞向他们请安并交上了信。他们不顾中途打断同我的对答，先读戈纳瑞的信；读罢了信，他们立刻召集仆从，上马出发，叫我跟到这儿来等候他们的答复，对待我十分冷淡。我到这里又碰见那个使者，他也就是最近对您非常无礼的那个家伙，我看出他们对我冷淡，都是因为欢迎他的缘故，一时激于气愤，不加考虑地拔出剑来；他高声发出胆怯的叫喊，惊动了全屋子的人。您的女婿女儿认为我的过失应受这样的羞辱，就把我枷起来了。

弄人　冬天还没有过去，要是野雁尽往那个方向飞。

老父衣百结，
儿女不相认；
老父满囊金，
儿女尽孝心。
命运如娼妓，
不纳贫贱人。

虽然这样说，您因女儿们还要得到数不清的烦恼哩。

李尔　哦！狂乱的气恼涌上我的心头来了！下去，你这向上爬的怪病，你本来该在下面。我这女儿现在在哪里？

肯特　在里边，陛下，跟伯爵在一起。

李尔　不要跟着我，在这儿等着。（下）

侍臣　除了你刚才所说的以外，你没有犯其他的过失吗？

肯特　没有。王上怎么只带这么几个人来？

弄人　你会提出这么一个问题，活该给人用足枷枷起来。

肯特　为什么，傻瓜？

弄人　你应该拜蚂蚁做老师，让它教你冬天不是劳动的时候。所有跟着鼻子向前走的人都要靠眼睛认方向，除非他是瞎子，而二十个人中没有一人的鼻子嗅不出他身上发臭的味道。别抓住滚下山坡的大车轮，免得摔断脖子，但要是那大家伙在上山去，那么让它拉你一起上去吧。倘然有什么聪明人给你更好的忠告，请你把我的这番话还给我：一个傻瓜的忠告，只配让一个浑蛋去遵从。

一个寻求私利的仆人，
只是形式上追随你，
天色一变他就要告别，
留下你在雨地里。
但是我这傻瓜将留下，
让聪明人全都飞散；

逃走的浑蛋变成真正的傻瓜，

那傻瓜弄人却不是浑蛋。

肯特　傻瓜，你是从哪里学会这个歌儿的？

弄人　不是在足枷里，傻瓜。

【李尔偕葛罗斯特重上。

李尔　拒绝跟我说话！他们不舒服！他们疲倦了！他们昨天晚上走路辛苦了！这些都是借口，明明是要叛离我的意思。给我再去向他们要一个好一点的答复来。

葛罗斯特　陛下，您知道公爵的火性，他决定了怎样就是怎样，再也没有更改的。

李尔　反了！反了！火性！什么火性？嘿，葛罗斯特，葛罗斯特，我要对康华尔公爵和他的妻子说话。

葛罗斯特　呃，陛下，我已经对他们通知过了。

李尔　通知他们！你懂得我的意思吗？

葛罗斯特　是，陛下。

李尔　国王要对康华尔说话；父亲要对女儿说话，命令她出来见我：对他们这样通知过了吗？凭我的呼吸和血液起誓！哼！火性！对那性如烈火的公爵说——不，且慢，也许他真的不大舒服；一个人为了疾病而疏忽了他的责任，是应当加以原谅的；我们身体上有了病痛，就不再是平常的自己，本性受到压迫就命令心灵和身体连带受苦。我且忍耐一下，不要太鲁莽了，对一个有病的人当健康人一样对待。该死！（视肯特）为什么把他枷在这里？这一种举动使我相信公爵和里甘的离家只是一种计谋。把我的仆人放出来还我。去，对公爵和他的妻子说，我现在立刻就要对他们说话；叫他们出来见我，否则我要在他们的寝室门前擂鼓，直到把睡眠吵死。

葛罗斯特　我但愿你们大家和和好好的。（下）

李尔　啊！我的心！我的怒气直冲上来！去，快下去！

弄人　老伯伯，叫吧，像伦敦女摊主在把活鳗鱼和到面糊里去时那样叫唤；她用一根棍子敲打鳗鱼的头，一面叫道：“下去，下去，浑蛋！”正是女摊主的兄弟，为了宠爱他的马，往草料上抹黄油。

【康华尔、里甘、葛罗斯特及众仆上。

李尔　你们两位早安！

康华尔　向陛下致敬！（众释肯特）

里甘　我很高兴看见陛下。

李尔　里甘，我想你一定高兴看见我。我知道为什么我要这样想：要是你不高兴，我就要跟你已故的母亲离婚，把她的坟墓当作一座淫妇的丘垄。（向肯特）啊！你放出来了吗？那件事等会儿再谈吧。亲爱的里甘，你的姐姐太恶了。啊，里甘！她无情的凶恶像饿鹰的利喙一样啄我的心。我简直不能告诉你，你不会相信她忍心害理到了什么地步——哦，里甘！

里甘　父亲，请您忍耐些。我希望是您不知怎样珍视大姐的好处，而不是大姐有失她的天职。

李尔　啊，这是什么意思？

里甘　我想大姐绝不会有什么地方不尽天职，父亲，要是她约束了您那班随从的放荡行为，那当然有根据和正当的目的，绝对不能怪她的。

李尔　我的诅咒降在她的头上！

里甘　啊，父亲！您年纪大了，您的天性已站在它领域的边缘了，您应该让一个比您自己更明白您的地位的懂事的人领导您。所以我劝您还是回到大姐那里去，对她赔一个不是。

李尔　求她原谅吗？你看这像不像个样子：“好女儿，我承认我年纪老，不中用啦，让我跪在地上，（跪）请求您赏给我衣服穿，一张床睡，一些东西吃吧。”

里甘　父亲，别多说了，这多难看，简直是胡闹！回到大姐那里去吧。

李尔　（起立）再也不回去了，里甘。她裁减了我一半的侍从；给我恶脸看；用她毒蛇一样的舌头刺痛我的心。但愿上天蓄积的报复一起降在她忘恩负义的头上！但愿恶风吹打她腹中的胎儿，让它生下来就是个跛子！

康华尔 嘿！这是什么话！

李尔 迅疾的闪电啊，用你的火焰把她傲慢的眼睛射瞎吧！烈日熏蒸的沼气啊，损坏她的美貌，打击她的骄傲吧！

里甘 天上的神明啊！您要是对我发起怒来，也会这样咒我的。

李尔 不，里甘，你永远不会受我的诅咒；你温柔的天性绝不会让你冷酷残忍。她的眼睛里有一股凶光，而你的眼睛却是温存而不烧灼的。你绝不会吝惜我的享受，裁撤我的侍从，用不逊的话向我顶撞，削减我的费用，甚至于把我关在门外不让我进来；你是懂得天伦的义务、儿女的责任、礼貌的表现和受恩的感激的。你总还没有忘记我曾经赐给你一半的国土。

里甘 父亲，不要把话岔远了。

李尔 谁把我的人枷起来的？（内号角吹花腔）

康华尔 那是什么号角声音？

里甘 我知道，是大姐来了，她信上说是就要到这里来的。

【奥斯华德上。

里甘 夫人来了吗？

李尔 这是个奴才，他靠着主妇暂时的恩宠，狐假虎威，倚势凌人。滚开，贱奴，不要让我看见你！

康华尔 陛下这是什么意思？

李尔 是谁把我的仆人枷起来的？里甘，我希望你并不知道这件事。谁来啦？

【戈纳瑞上。

李尔 天啊，要是你爱老人，要是你赞成子女应该顺从父母，要是你自己也老了，那么支持老人吧，派下你的使者，帮我伸雪我的怨恨吧！（向戈纳瑞）你看见我这一把胡须，不觉得惭愧吗？啊里甘，你愿意跟她戈纳瑞拉手吗？为什么不能拉手呢？我干了什么错事？难道糊涂昏聩的嘴一说，就可以定罪吗？

李尔　啊，我的胸膛！你还没有胀破吗？我的人怎么给枷起来的？

康华尔　陛下，是我把他枷在那儿的；照他狂妄的行为，这样的惩罚还是太轻呢。

李尔　你！是你干的吗？

里甘　父亲，您既是衰弱的老人，应该有相应的表现。要是您现在仍旧回去跟大姐住在一起，裁撤您一半的侍从，那么等住满了一个月，再到我这里来吧。我现在不在自己家里，要供养您也有许多不便。

李尔　回到她那里去？裁撤五十名侍从！不，我宁愿什么屋子也不要住，过风餐露宿的生活，和豺狼猫头鹰做伴侣，忍受饥寒的煎熬！跟她回去！嘿，我宁愿到那娶了我没有嫁奁的小女儿的血性的法兰西国王的座前匍匐膝行，像臣仆一样向他讨一份恩俸，苟延我的残喘。跟她回去！你还是劝我在这可恶的仆人手下当奴才做牛马吧。（指奥斯华德）

戈纳瑞　随你的便。

李尔　女儿，请你不要使我发疯，我不愿打扰你了，我的孩子。再会吧，我们从此不再相聚，不再彼此相见；可是你是我的血肉，我的女儿；或者还不如说是我身上的一个恶瘤，我不能不承认是我的；你是我腐败血液里的一个淤块，一个红肿的毒疮。可是我不愿责骂你，让羞辱自己按时降临吧。我没有呼召它；我不要求雷神把你劈死，我也不向最高裁判的乔武告你的状，你回去慢慢改恶从善，我可以忍耐；我可以带着我的一百名骑士，跟里甘住在一起。

里甘　那完全不行。我还没有等你来，也没有预备好适于招待您的物品。父亲，听大姐的话吧；人家用理智看待您的激情，不得不认为您老了，所以——可是大姐是知道她自己所做的事的。

李尔　这是你的好意劝告吗？

里甘　是的，父亲，这是我真诚的意见。什么！五十个卫士？这不是很好吗？再多一些有什么用处？就是这些你也不需要。别说供养他们不起，而且这许多人成群结党，也是危险的事。一座屋子里养了这许多人，分属两个主人，怎么能友好相处？这很难，几乎不可能。

戈纳瑞　父亲，您为什么不让里甘或我的仆人侍候您呢？

里甘　对了，父亲，那不是很好吗？要是他们怠慢了您，我们也可以管束他们。您下回到我这儿来的时候，请您只带二十五个人来，因为现在我已经看到了一个危险；超过这个数目，我是恕不招待的。

李尔　我把一切都给了你们——

里甘　您给得很及时。

李尔　使你们做我的监护人，保管者，我的唯一的条件，只是让我保留这么多的侍从。什么！我必须只带二十五个人到你这里来吗？里甘，你是这样说的吗？

里甘　父亲，我可以再说一遍，到我这里来不能再多了。

李尔　有些恶人的脸相还是好看的，因为有人比他更恶。不是最坏，总还有几分可嘉。（向戈纳瑞）我愿意跟你去；你的五十个人比她的二十五个还多一倍，你的爱心也比她大一倍。

戈纳瑞　听我说，父亲。我们家里有两倍这么多的仆人可以侍候您，你自己要二十五个，十个，五个，有什么需要？

里甘　一个有什么需要？

李尔　啊！不要讲什么需要不需要；最下贱的乞丐，也有他的最不值钱的多余之物；不让自然享有满足自然需要以外的东西，人的生活将和畜类的生活一样卑贱。你是一位夫人，如果目的只是保暖，自然本不需要你穿着的这样华丽的衣服，它们并不能使你温暖。可是，讲到真实的需要，那么天啊，给我忍耐吧，我需要忍耐！神啊，你们看见我在这里，一个可怜的老头子，充满了忧伤和老迈，被两者折磨得好苦！假如是你们鼓动这些女儿的心反对她们的父亲，那么请你们不要尽是愚弄我，使我默然忍受吧！让我的心里激起崇高的怒火，让妇人所恃为武器的眼泪不要玷污我男子汉的脸颊！不，你们这两个违反天性的妖妇，我要向你们复仇，叫全世界都——我会做这样的事的，到底是什么现在还不知道——但它们将是使全世界惊怖的事情。你们以为我将要哭，不，我不会哭：我虽然有充分的哭的理由，可是我这颗心碎成万片，也不会流下一滴泪来。啊，弄人啊！我要发疯了！（李尔、葛罗斯特、肯特及弄人同下）

康华尔　我们进去吧，一场暴风雨将要来了。（远处暴风雨声）

里甘　这座房子太小了，这老头儿带着他那班人来是容纳不下的。

戈纳瑞　是他自己不好，放着安逸的日子不过，一定要吃些苦，才知道自己的蠢。

里甘　单是他一个人，我倒也很愿意收留他，可是他那班跟随的人，我一个也不能容纳。

戈纳瑞　我也是这个意思。葛罗斯特伯爵呢？

康华尔　跟老头子出去了。他已经回来了。

【葛罗斯特重上。

葛罗斯特　王上正在盛怒之中。

康华尔　他到哪里去？

葛罗斯特　他叫人备马，可是不让我知道他要到什么地方去。

康华尔　最好不要管他，让他带领自己的路吧。

戈纳瑞　伯爵，您千万不要留他。

葛罗斯特　唉！天色暗起来了，野外刮着狂风，附近许多里之内，几乎一棵树丛都没有。

里甘　啊！伯爵，对于刚愎自用的人，只好让他们自己招致的灾祸教训他们。关上您的门；他有一班亡命之徒跟随在身边，他又是这样容易受人愚弄，不知道他们会煽动他干出什么来，这实在令明智的人担心。

康华尔　关上您的门，伯爵，这是一个狂暴之夜。我的里甘说得一点不错。进来躲风雨吧。（同下）

第三幕

第一场　荒原

【暴风雨加雷电，肯特和一侍臣上，相遇。

肯特　除了恶劣的天气外，还有谁在这儿?

侍臣　一个心绪像这天气一样不宁的人。

肯特　我认识你。王上呢?

侍臣　正在跟暴怒的自然力搏斗。他叫狂风把土地吹进海里，叫泛滥的波涛吞没陆地，使万物都变了样子或归于毁灭；他扯着他的白发，让盲目愤怒的暴风把它们任意披散；在他身体的微观世界之内，正在进行着比风雨的冲突更剧烈的斗争。今夜，被小熊吸干了乳汁的母熊躲着不敢出来，狮子和饿狼都不愿沾湿它们的毛皮；他却光秃着头在外面跑，叫喊让一切见鬼去吧。

肯特　可是谁和他在一起?

侍臣　只有那弄人，竭力用些笑话排解他心中的伤痛。

肯特　我知道你是什么人，我敢凭我所知告诉你一件重要的消息。在奥本尼和康华尔两人之间，虽然表面上现在还掩盖着存在的分歧和钩心斗角；正像一般身居高位的人一样，在他们手下都有一些名为仆人，实际上却是向法国密报我们国内情形的探子，凡是这两个公爵的明争暗斗，他们两人对于善良的老王的冷酷待遇，以及其他更秘密的一切动静，全都传到了法王的耳中；现在已经有一支军队从法国开到我们这分裂的王国，知道我们疏忽无备，在我们几处最好的港口秘密登陆，不久就要揭出公开的旗帜。现在，你要是信任我的话，赶快到多佛去一趟，那边你可以找到会感谢你的人，向他如实报告王上有理由抱怨的违背天性和令他发疯的虐待。我是一个有地位有身家的绅士，因为知道你为人可靠，所以把这件差使交给你。

侍臣　我还要跟您进一步谈谈。

肯特　不，不必了。为了向你证明我并不是像我外表那样的一个微贱之人，你可以打开这个钱袋，把里面的东西拿去。你到了多佛，一定可以见到科迪利娅，只要把这戒指给她看了，她就会告诉你，你现在所不认识的同伴是个什么人。好大的风雨！我要找王上去。

侍臣　把您的手伸给我。您没有别的话了吗？

肯特　话不在多，重在实效。我们现在先得找到王上；你朝那边走，我朝这边走，谁先找到他，就打一声招呼。（各下）

第二场　荒原另一处

【暴风雨继续未止。李尔和弄人上。

李尔　吹吧，风啊！吹破你的脸颊，猛烈地吹吧！你瀑布一样的倾盆大雨，尽管倒泻下来，直到淹没我们教堂的尖顶和房上的风信标吧！你思想一样迅捷的硫黄电火，劈开橡树的巨雷的先驱，烧焦我的白发吧！你，震撼一切的霹雳啊，把这粗壮的圆地球击平了吧！打碎造物的模型，一下子散尽摧毁制造忘恩负义的人类的种子吧！

弄人　啊，老伯伯，在一间干燥的屋子里的宫廷圣水，不比这户外的雨水好得多吗？老伯伯，回到那座屋子里去，向你的女儿们请求祝福吧；这样的夜对于聪明人和傻瓜都是不发慈悲的。

李尔　尽管轰吧！尽管吐你的火舌，尽管喷你的雨水吧！雨、风、雷、电，都不是我的女儿，我不责怪你们无情；我不曾给你们国土，不曾称你们为孩子，你们没有顺从我的义务；所以，随你们的高兴，降下你们可怕的威力来吧，我站在这里，只是你们的奴隶，一个可怜的、衰弱的、无力的、遭人贱视的老头子。可是我仍然要骂你们是卑劣的帮凶，因为你们滥用天上的威力，帮同两个恶毒的女儿来跟我这个白发老翁作对。啊！啊！这太卑劣了！

弄人　有头脑的人总有一座房子可以藏他的头。

一个人只顾脚指头，
而不顾他的心脏，
会长个鸡眼使他叫痛。
整夜无眠，醒到大天光。
因为漂亮的女人总要对着镜子挤眉弄眼。

【肯特上。

李尔　不，我要做忍耐的模范，我要闭口无言。

肯特　谁在那边？

弄人　一个是陛下，一个是弄人；就是说，一个聪明人，一个傻瓜。

肯特　唉！陛下，你在这里吗？喜爱黑夜的东西，不会喜爱这样的夜晚；狂怒的天象吓怕了黑暗中的漫游者，使它们躲在洞里不敢出来。自从有生以来，我从未记得听见过这样的闪电，这样可怕的雷声，这样惊人的风雨的咆哮。人的天性经受不起这样的折磨和恐惧。

李尔　让伟大的神灵在我们头顶掀起这场可怕的骚动，现在找到他们的敌人吧。战栗吧，你这心怀犯罪秘密，逍遥法外的坏蛋！躲起来吧，你这长着血腥的手，用伪誓欺人的骗子，道貌岸然的乱伦禽兽！魂飞魄散吧，你在正直的外表遮掩下杀过人的大奸巨恶！撕下你包藏祸心的伪装，显露你罪恶的原形，向这些可怕的天吏哀号乞命吧！我是一个所受惩罚超过所犯过失的人。

肯特 唉！您头上没有一点遮盖的东西！陛下，这里附近有一间茅屋，可以替您挡挡风雨。我刚才曾经到那所冷酷的屋子里——那比它墙上的石块更冷酷无情的屋子——探问您的行踪，可是他们关上了门不让我进去。现在您且暂时躲一躲雨，我还要回去强迫他们给一点礼遇。

李尔 我的头脑开始发晕了。来，我的孩子。你怎么啦，我的孩子？你冷吗？我自己也冷呢。我的朋友，这间茅棚在什么地方？我们的必需是一种魔术，能将无价值的东西变成珍奇。来，带我到茅屋里去。可怜的弄人和仆人，我心里还留着一块地方为你感到可怜哩。

弄人一个人只要有一丁点聪明，
嗨呵，一阵雨来一阵风，
总得满足于自己的命运，
虽然这雨它一天天下个不停。

李尔 不错，我的好孩子。来，领我们到这茅屋去。（李尔和肯特下）

弄人 今夜真是一个使荡妇冷却的好天气。我要在走以前作一个预言：

当教士们讲得多做得少；
当酿酒人在麦酒里掺水；
当贵族是他们裁缝的老师；
烧红的不是邪教徒而是嫖客；
当每一件案子在法律上都正确；
绅士们不欠债，骑士们也不贫穷；
当没有人靠舌头诽谤去谋生；
扒手小偷不去人头拥挤的地方；
当放债人在田野里点他们的金币；
娼妓和老鸨乐意出钱盖教堂——
那时候英国就要大乱了，
那时候，谁要是活到看到那一天，

走路就得要用脚了。

这个预言将由默林去宣布，因为我生得比他还早。（下）

第三场　葛罗斯特城堡中一室

【葛罗斯特和埃德蒙上。

葛罗斯特　唉，唉！埃德蒙，我不赞成这种不近人情的行为。当我请求他们允许我给他一点援助的时候，他们竟剥夺我使用自己屋子的权利，不许我提起他的名字，替他说情，或者给他任何救济，不然我就要永远失去他们的欢心。

埃德蒙　太野蛮太不近人情了！

葛罗斯特　算了，你不要说什么。两个公爵现在已经有了纷争，而且还有一件比这更严重的事情。今天晚上我接到一封信，里面的内容说出来也是很危险的；我已经把这信锁在我的书橱里了。王上现在受到这样的凌虐，总有人会来替他报复的；已经有一支军队在路上了。我们必须站在王上一边。我要找他去，暗地里接济他；你去陪公爵谈话，免得被他觉察了我的善行。要是他问起我，你就说我身子不好，已经睡了。大不了是一个死，王上是我的老主人，我不能坐视不救。出人意料的事快要发生了，埃德蒙，你须要小心点儿。（下）

埃德蒙　你违背了命令去献这种殷勤，我立刻就要去告诉公爵知道；还有那封信我也要告诉他。这是我邀功请赏的好机会，而且一定会使我得到父亲因此将要丧失的东西，也许是他的全部家产：老的一代没落了，年轻的一代才会兴起。（下）

第四场　荒原上茅屋前

【李尔、肯特和弄人上。

肯特　就是这地方，陛下，进去吧。这样毫无掩蔽的黑夜的暴虐，是

谁也受不了的。（暴风雨继续不止）

李尔 不要缠着我。

肯特 陛下，进去吧。

李尔 你要使我心碎吗？

肯特 我宁愿自己心碎。陛下，进去吧。

李尔 你以为这样的狂风暴雨侵袭我们的肌肤，是一件了不得的苦事，在你看来是这样的；可是一个人要是身患重病，他就感觉不到小小的痛楚。你见了一头熊就要避开，可是假如你逃的方向前面是汹涌的大海，你只好面对那头熊了。我们心绪宁静的时候，肉体是敏感的；我的心中的暴风雨已经使我失去其他一切感觉，只剩下心中的打击。儿女的忘恩！这不就像这只手把食物送进这张嘴，这嘴却咬了这手吗？可是我要重重惩罚她们。不，我不再哭泣了。在这样的夜里把我关在门外！尽管倒下来吧，什么大雨我都可以忍受。在这样的一个夜里！啊，里甘、戈纳瑞！你们年老仁慈的父亲一片诚心，把一切都给了你们——啊！那样想下去是要发疯的；让我避开这条路；别再提这些了。

肯特 陛下，进去吧。

李尔 你要舒服，你自己进去吧。这暴风雨不让我仔细思量会增加我的痛苦的事情。可是我要进去。（向弄人）进去，孩子，你先走。你这无家可归的穷人——你进去吧。我要祈祷，然后我要睡一会儿。（弄人入内）可怜赤裸的不幸的人们啊，无论你们在什么地方忍受着这样无情的暴风雨的袭击，你们的头上没有片瓦遮身，你们的腹中饥肠辘辘，你们的衣服千疮百孔，怎么抵挡得了这样的天气呢？啊！我一向太没有关心这种事情了。安享荣华的人们啊，服一剂药吧；暴露你们自己去感受这些不幸的人的感受，你们才会分一些多余的东西给他们，表示一下上天还是公正的吧！

埃德加 （在内）九尺深，九尺深！可怜的汤姆！（弄人自屋内奔出）

弄人　老伯伯，不要进去，里面有鬼。救命！救命！

肯特　让我搀着你，谁在里边？

弄人　一个鬼，一个鬼。他说他的名字叫作可怜的汤姆。

肯特　你是什么人，在这茅屋里大呼小叫的？出来。

【埃德加乔装疯人上。

埃德加　走开！恶魔跟在我的背后！风儿吹过山楂刺丛。哼？到你冰冷的床上暖暖身子吧。

李尔　你是把你的一切都给了两个女儿，才到了今天这个地步吗？

埃德加　谁把什么东西给了可怜的汤姆？恶魔带着他穿过大火，穿过烈焰，穿过水道和旋涡，穿过沼地和泥泞；把刀子放在他的枕头底下，把上吊的绳子放在他的凳子底下，把耗子药放在他的粥碗边；使他狂妄自大，骑一匹栗色的奔马，从四寸宽的桥上冲过去，把自己的影子当作叛徒去追逐。祝福你的五种才智！汤姆冷着呢。啊！哆嗬哆嗬哆嗬。愿旋风不吹你，星星不用毒箭射你，瘟疫不到你身上！做做好事，救救我这给恶魔害得好苦的可怜的汤姆吧！恶魔现在就在那边，在那边，又到那边去了，在那边。（暴风雨继续不止）

李尔　什么！是他的女儿害得他变成这个样子吗？你不能留下一些什么来吗？你全都给了她们了吗？

弄人　不，他还留着一方毡毯，否则我们大家都要不好意思了。

李尔　愿那悬挂在天空之中的惩罚恶人的瘟疫一起降临在你的女儿身上！

肯特　陛下，他没有女儿哩。

李尔　该死的奸贼！他没有不孝的女儿，怎么会使天性沉沦到这样低的地步？难道被遗弃的父亲，都是这样一点不爱惜他们自己的肉体吗？适当的处罚！就是这个肉体产下那些枭獍般的女儿来的。

埃德加　小雄鸡坐在高墩上，呵啰，呵啰，啰，啰！

弄人　这个寒冷的夜晚会使我们大家变成傻瓜和疯子。

埃德加　当心恶魔。听从你的爷娘；说过的话不要反悔；不要赌咒；不要奸淫有夫之妇；不要把你的情人打扮得太漂亮。汤姆冷着呢。

李尔　你本来是干什么的？

埃德加　一个心性高傲的仆人，头发鬈得曲曲的，帽子上佩着情人的手套，惯会讨妇女的欢心，干些不可告人的勾当；开口发誓，闭口赌咒，当着上天的面把它们一个个毁弃；睡梦里都在转奸淫的念头，一醒来便把它实行。我贪酒，我爱赌，我比土耳其人更好色；一颗奸诈的心，一对轻信的耳朵，一双不怕血腥气的手；猪一般懒惰，狐狸一般狡诡，狼一般贪狠，狗一般疯狂，狮子一般凶恶。不要让女人的脚步声和窸窸窣窣的绸衣裳的声音摄去了你的魂魄；不要把你的脚踏进窑子里去，不要把你的手伸进裙子里去，不要把你的笔碰到放债人的借据上，抵抗恶魔的引诱吧。冷风还是在打山楂树丛里吹过去；听它怎么说，吁——吁——呜——呜——哈——哈——道芬，我的孩子，我的孩子。叱嚓！让他奔过去。（暴风雨继续不止）

李尔　唉，你这样赤身裸体，受风雨的吹淋，还是死了的好。难道人不过是这样一个东西吗？想一想吧，你不欠蚕一根丝，不欠野兽一张皮，不欠羊一片毛，也不欠麝猫一点香料。嘿！我们这三个人都已经让衣服遮蔽了本来的面目，只有你保全着原形；没有文明装饰的人不过是像你这样一个寒碜的，赤裸的，两条腿的动物。脱下来，脱下来，你们这些身外之物！来，松开这里的纽扣。（扯去衣服）

弄人　老伯伯，请你安静点儿。天气这样坏的夜里是不能游泳的。旷野里一点小小的火光，正像一个好色的老头儿的心，只有这么一星星的热，其余全身都是冰冷的。瞧！一团火走过来了。

【葛罗斯特持火炬上。

埃德加　这就是那个叫作“弗力勃铁捷贝特”的恶魔，他在黄昏时候出现，一直走动到第一声鸡啼方才隐去。他叫人眼睛里长白膜和针眼，成为斜眼；他叫人长兔唇；他还会叫白面发霉，给地球上可怜的人以伤害。

圣维都尔三次经过山冈，

遇见魇魔和她的九个儿郎；

他说妖精你停住，发个誓别害人；

滚吧，妖妇，你滚吧！

肯特 陛下，您怎么啦？

李尔 他是谁？

肯特 那边是什么人？你找谁？

葛罗斯特 你们是些什么人？你们叫什么名字？

埃德加 可怜的汤姆，他吃的是泅水的青蛙、蛤蟆、蝌蚪、壁虎和水蜥；恶魔在他心里捣乱的时候，他发起狂来就会把牛粪当作生菜；他吞的是老鼠和癞狗，喝的是死水上面绿色的浮渣；他到处给人家鞭打，锁在枷里，关在牢里；他从前有三身外衣六件衬衫，跨着一匹马，带着一口剑；可是在这整整七年时光，耗子是汤姆唯一的食粮。留心那跟在我背后的鬼。

不要闹，史墨金！不要闹，你这恶魔！

葛罗斯特 什么！陛下竟会跟这种人做起伴来了吗？

埃德加 地狱里的魔王是一个绅士，他的名字叫作摩陀，又叫作玛呼。

葛罗斯特 陛下，我们亲生的骨肉都变得那样坏，把自己生身之父当作了仇敌。

埃德加 可怜的汤姆冷着呢。

葛罗斯特 跟我进去吧。我的责任感不允许我全然服从您两个女儿无情的命令；虽然她们叫我关上了门，把您丢在这狂暴的黑夜之中，可是我还是冒险出来找您，把您带到有火有食物的地方去。

李尔 让我先跟这位哲学家谈谈。天上打雷是什么缘故？

肯特 陛下，接受他的好意，进屋子去吧。

李尔 我还要跟这位学者说一句话。您研究的是哪一门学问？

埃德加 抵御恶魔的战略和消灭毒虫的方法。

李尔 让我私下里问您一句话。

肯特 大人，请您再催催他吧，他的神经有点儿错乱起来了。

葛罗斯特 你能怪他吗？（暴风雨继续不止）他的两个女儿要他死哩。

唉！那善良的肯特，他早就说会有这么一天的，可怜的被放逐的人！你说王上要疯了；告诉你吧，朋友，我自己也差不多疯了。我有一个儿子，现在我已经跟他断绝关系了；他要谋害我的生命，这还是最近的事；我曾爱他，朋友，没有一个父亲比我更爱自己的儿子。不瞒你说，（暴风雨继续不止）我的头脑都气昏了。这是一个什么样的晚上！陛下，求求您——

李尔　啊！请您原谅，先生。高贵的哲学家，请了。

埃德加　汤姆冷着呢！

葛罗斯特　进去，这家伙，到这茅屋里去暖一暖吧。

李尔　来，我们大家进去。

肯特　陛下，这边走。

李尔　带着他，我要跟我这位哲学家在一起。

肯特　大人，随着他的意思吧，让他把这家伙带去。

葛罗斯特　您带着他来吧。

肯特　小子，来，跟我们一块儿去。

李尔　来，好雅典人。

葛罗斯特　嘘！不要说话，不要说话。（同下）

埃德加　罗兰骑士来到黑暗的塔楼，他口里一直念叨着：
“呸，嘿，哼！我闻到一个英国人的血腥味。”（下）

第五场　葛罗斯特城堡中一室

【康华尔和埃德蒙上。

康华尔　我在离开他的屋子以前，一定要把他惩治一下。

埃德蒙　殿下，我为了尽忠的缘故，不顾父子之情，一想到人家不知将要怎样谴责我，心里很惴惴不安哩。

康华尔　我现在才看出，你的哥哥想要谋害他的生命，并不完全出于他的恶劣天性，多半是他自己不好，该受责备才激起他的杀心。

埃德蒙　我的命运多么颠倒。做了正义的事，却必须终身抱恨！这就是他说起的那封信，这可以证实他是私通法国的间谍。天啊！但愿这种叛国行为没有发生，但愿不是我发觉了它！

康华尔　跟我去见公爵夫人。

埃德蒙　这信上所说的事情如果属实，那您就有一桩大事要处理了。

康华尔　不管它是真是假，它已经使你成为葛罗斯特伯爵了。

你去找找你父亲在什么地方，让我们可以把他逮捕起来。

埃德蒙　（旁白）要是我找到他正在援助那老王，他的嫌疑就格外加重了。——虽然忠心和血缘关系发生剧烈的争战，我仍将坚决走效忠的道路。

康华尔　我信任你。你在我的恩宠之中，将得到一个更慈爱的父亲。（各下）

第六场　邻接城堡的农舍一室

【葛罗斯特、李尔、肯特、弄人和埃德加上。

葛罗斯特　这儿比露天好一些，不要嫌它寒碜，将就住下来吧。

我再去找找有些什么吃的用的东西。我去去就来。

肯特　他的智力已经在他的盛怒之中完全消失了。

神明报答您的好心！（葛罗斯特下）

埃德加　弗拉特累多在叫我，他告诉我尼禄王在冥湖里钓鱼。

喂，傻瓜，你要留心恶魔啊。

弄人　老伯伯，告诉我，一个疯子是绅士呢，还是平民？

李尔　是个国王，是个国王！

弄人　不，他是一个儿子做了绅士的平民。他这个平民真是疯了，捐钱让儿子先做了绅士。

李尔　一千条烧红的铁钎吱啦吱啦戳到她们的身上——

埃德加　恶魔在咬我的背。

弄人　谁要是相信豺狼的驯良、马儿的健康、孩子的爱情或是娼妓的盟誓，他就是个疯子。

李尔　一定要办到，我现在就要控诉她们。

（向埃德加）来，最有学问的法官，你坐在这儿；（向弄人）

你，贤明的官长，坐在这儿。——来，你们这两头雌狐！

埃德加　瞧，他站在那儿，眼睛睁得大大的！太太，你在受审的时候，要不要有人瞧着你？

渡过河来会我，蓓西——

弄人　她的小船儿漏了，

她不能对你说为什么她不敢来见你。

埃德加　恶魔借着夜莺的喉咙，向可怜的汤姆作祟了。

霍普丹斯在汤姆的肚子里嚷着要两条新鲜的鲱鱼。别吵，魔鬼，我没有东西给你吃。

肯特　陛下，您怎么啦！不要这样呆呆地站着。

您愿意躺下来，在褥垫上休息吗？

李尔　我要先看她们受了审判再说。把她们犯罪的证据带上来。

（向埃德加）你这披着法衣的审判官，请坐。

（向弄人）你，他的执法的同僚，坐在他的旁边。

（向肯特）你是陪审官，你也坐下了。

埃德加　让我们秉公判断。

你睡着还是醒着，快乐的牧羊人？

你的羊儿往麦田里闯；

你只要用你的小嘴吹一下哨子，

你的羊儿就不会遭殃。

呼噜呼噜；这猫儿是灰色的。

李尔　先控诉她，她是戈纳瑞。我当着尊严的堂上起誓，她曾经踢她的可怜的父王。

弄人　过来，这女子。你的名字叫戈纳瑞吗？

李尔　她不能抵赖。

弄人　对不起，我还以为您是一张凳子哩。

李尔　这儿还有一个，她满脸的横肉就说明她的心肠是什么做的。拦住她！举起武器，拔出宝剑，点起火把！这里发生了营私舞弊！枉法的贪官，你为什么放她逃走？

埃德加　祝福你的五种才智！

肯特　哎哟！陛下，您不是常常说您没有失去忍耐吗？

现在您的忍耐呢？

埃德加　（旁白）我的泪忍不住为他流下，怕要给他们瞧破我的假装了。

李尔　这些小狗：特雷、布兰奇、斯威特哈特，瞧，它们都在向我吠。

埃德加　让汤姆摔他的牛角杯把它们轰走。滚开，你们这些恶狗！

黑嘴巴，白嘴巴，

疯狗咬人磨毒牙，

猛犬、猎犬、杂种犬，

叭儿小狗团团转。

短尾巴，长尾巴，

汤姆会让它们嗥嗥叫，

只要我一摔牛角杯，

它们就猛跳没命逃。

哆啼哆啼。叱嚓！来，我们赶庙会，上集市去。可怜的汤姆，你的牛角杯干了。

李尔　叫他们剖开里甘的身体来，看看她心里有些什么东西，究竟大自然里有什么原因，能造成这样硬的心？

（向埃德加）我雇用了你，叫你做我一百名侍卫中间的一个，只是我不喜欢你衣服的式样。你也许要说，这是波斯装；可还是请你换一换吧。

肯特　陛下，您躺下来休息休息吧。

李尔　不要吵，不要吵，放下帐子，好，好，好。

我们明早再去吃晚饭，好，好，好。

弄人　我在中午要上床去睡觉。

【葛罗斯特重上。

葛罗斯特　过来，朋友，我的主子王上呢？

肯特　在这儿，大人，可是不要打扰他，他的神经已经错乱了。

葛罗斯特　好朋友，请你把他抱起来。我偶然听到有人阴谋要杀害他。一副马抬担架准备好在外边，你快让他躺进去，驾着它到多佛，那边有人会欢迎你并且保障你的安全。抱起你的主人来；要是你耽误了半点钟的时间，他的性命连你的性命，以及一切出力救护他的人的性命，都要保不住了。抱起来，抱起来，跟我来，让我设法把你们赶快送到一处可以安身的地方。

肯特　受尽折磨的身心，现在安然入睡了；安息也许可以镇定他的损坏的神经，如果不能得到将息，它可能破碎得不可收拾。（向弄人）来，帮我扛起你的主人来。你不能留在这儿。

葛罗斯特　来，来，走吧。（肯特、葛罗斯特和弄人抬李尔下）

埃德加看到主子们受同样的痛苦，
使我们忘却了自己的凄楚。
最大的不幸是独抱牢愁，
任何的欢愉乐事已抛在后头；
倘有了同病相怜的侣伴，
天大的忧伤也会解去一半。
国王有的是不孝的逆女，
我自己遭逢无情的严父，
他与我两个人一般遭际，
使我的痛苦大为宽释。
去吧，汤姆，
要观察形势变化，莫暴露自己身份，
你现在蒙着无辜的污名，
总有日恢复你父子关系和清白之身。
不管今夜里还会发生什么事情，王上总是安然脱险了。
我还是躲起来吧。（下）

第七场　葛罗斯特城堡中一室

【康华尔、里甘、戈纳瑞、埃德蒙及众仆上。

康华尔　夫人，请您赶快到尊夫的地方去，把这封信交给他；法国军队已经登陆了。——来人，替我去搜寻那反贼葛罗斯特。

（若干仆人下）

里甘　把他捉到了立刻吊死。

戈纳瑞　把他的眼珠挖出来。

康华尔　我自有处置他的办法。埃德蒙，请你陪伴我们的姐姐；我们不得不对你的叛国的父亲给予的报复，不适于让你旁观。你去告诉奥本尼公爵，叫他赶快准备；我们这儿也要采取同样的行动。我们两地之间必须随时用飞骑传报消息。

再会，亲爱的姐姐；再会，葛罗斯特伯爵。

【奥斯华德上。

康华尔　怎么啦？国王在什么地方？

奥斯华德　葛罗斯特伯爵已经把他送走了；有三十五六个追随他的骑士在大门口和他会合，还有伯爵手下的几个人也在一起，一同向多佛进发，据说那边有他们武装的友人在等候他们。

康华尔　替你家夫人备马。

戈纳瑞　再会，殿下，再会，妹妹。

康华尔　再会，埃德蒙。（戈纳瑞、埃德蒙和奥斯华德下）再去几个人把那反贼葛罗斯特抓来，把他像小偷一样绑来见我们。

（若干仆人下）虽然在没有经过法律手续以前，我们不能就把他判处死刑，可是为了发泄我们的愤怒，我们将凭权力行事，人们可能指摘，但无法控制我们。那边是什么人？是那反贼吗？

【众仆押葛罗斯特重上。

里甘　忘恩负义的狐狸！正是他。

康华尔　把他枯瘪的手臂牢牢缚起来。

葛罗斯特　两位殿下，这是什么意思？我的好朋友们，你们是我的客人，不要用这种无礼的手段对待我。

康华尔　捆住他。（众仆缚葛罗斯特）

里甘　缚紧些，缚紧些。啊，可恶的反贼！

葛罗斯特　你这个没有心肝的女人。我不是反贼。

康华尔　把他缚在这张椅子上。

奸贼，我要让你知道——（里甘扯葛罗斯特胡须）

葛罗斯特　天神在上，这还成什么话，你扯起我的胡子来啦！

里甘　胡子这么白，想不到却是一个反贼！

葛罗斯特　恶妇，你从我的腮上拉下这些胡子来，它们将要像活人一样控诉你的罪恶。我是你们的东道主，你们不该用强盗的手这样报答我的好客的殷勤。你们究竟要怎么样？

康华尔　说，你最近从法国得到了什么书信？

里甘　老实说出来，我们已经什么都知道了。

康华尔　你跟那些最近踏到我们国境上来的叛徒有些什么勾结？

里甘　你把那发疯的老王送到什么人手里去了？说。

葛罗斯特　我只收到过一封信，里面都不过是些猜测之辞，寄信的是一个没有偏向的人，并不是一个敌人。

康华尔　好狡猾的推托！

里甘　一派鬼话！

康华尔　你把国王送到什么地方去了？

葛罗斯特　送到多佛。

里甘　为什么送去多佛？我们不是早就警告你——

康华尔　为什么送去多佛？让他回答这个问题。

葛罗斯特　我现在被缚在刑柱上，只好让狗咬了。

里甘　为什么送去多佛？

葛罗斯特　因为我不愿看到你残忍的指甲挖出他可怜的老眼；因为我不愿看到你凶狠的姐姐用她野猪般的利齿咬进他受过涂油礼的肉

体。他不戴帽子的头在地狱般漆黑的夜里顶风冒雨；受到这样狂风暴雨的震荡，海也会把它的怒潮喷向天空，熄灭星星的火焰；但是他，可怜的老翁，却还要用他的泪帮助天空浇洒。要是在那样怕人的晚上，豺狼在你的门前悲鸣，你也会说，“善良的看门人，开了门放它进来吧”；除风暴外一切残酷的东西都受到接纳。可是我总有一天会见到上天的报应降临在这种儿女的身上。

康华尔　你再也不会看见了。来，按住这椅子。我要把你这一双眼睛放在我的脚底下践踏。

葛罗斯特　谁要是希望活到老年的，帮帮我吧！啊！好惨！天啊！

（葛罗斯特的一只眼被挖出）

里甘　还有那一只眼珠也挖出来，免得它嘲笑没有眼珠的一面。

康华尔　要是你看见报应——

仆甲　住手，殿下，我从小服侍您，现在请您住手，我可是从来没有为您干过一件比这更好的事。

里甘　怎么，你这狗东西！

仆甲　要是你腮上长了胡子，我现在也要把它扯下来。

康华尔　混账奴才，你反了吗？（拔剑）

仆甲　好，那么来吧，我们拼一个你死我活。

（拔剑二人决斗后康华尔受伤）

里甘　把你的剑给我。一个奴才也会撒野到这等地步！

（取剑从背后刺仆甲）

仆甲　啊！我被杀死了。大人，您还剩着一只眼睛，可以看见他受到报应。啊！（死）

康华尔　哼，看他再瞧得见什么报应！出来，令人作呕的浆块！现在你还会见光吗？（葛罗斯特另一眼被挖出）

葛罗斯特　一切光明和安慰都完了。我的儿子埃德蒙呢？埃德蒙，燃起你天性中的怒火，替我报复这暗无天日的暴行吧！

里甘　哼，奸贼！你在呼唤一个憎恨你的人；就是他告发了你对我们反叛的阴谋。他是一个深明大义的人，绝不会对你发一点怜悯。

葛罗斯特 啊，我真蠢！那么埃德加是冤枉的了。仁慈的神明啊，赦免我的错误，保佑他有福吧！

里甘 把他推出门外，让他一路摸索到多佛去。（一仆率葛罗斯特下）怎么，殿下？您的脸色怎么变啦？

康华尔 我受了伤啦。跟我来，夫人。把那瞎眼的奸贼撵出去，把这奴才丢在粪堆上。里甘，我的血尽在流着，这真是无妄之灾。用你的手臂搀着我。（里甘扶康华尔同下）

仆乙 要是这家伙会有好收场，我什么坏事都可以去做了。

仆丙 要是她会寿终正寝，所有的女人都要变成恶鬼了。

仆乙 让我们追上老伯爵，叫那疯子乞丐领他到他所要去的地方。那疯子流浪汉做什么都不怕的。

仆丙 你先去吧，我去拿些麻布和蛋白来，替他贴在他流血的脸上。但愿上天保佑他！（各下）

第四幕

第一场　荒原

【埃德加上。

埃德加　与其被人当面恭维而背地里鄙弃，那么还是像这样自己知道为举世所不容的好。一个最困苦、最卑贱、最为命运所屈辱的人，可以永远抱着希望而无所恐惧；从最高的地位上跌落下来，那变化是可悲的；最穷困的人却只会回到更好的位置！那就欢迎我所拥抱的虚无的空气吧；你把他刮到绝境的人已经一无所求，不怕你了。可是谁来啦？

【一老人领葛罗斯特上。

埃德加　我的父亲，让一个穷苦的老头儿领着？啊，世界，世界，世界！倘不是你的变幻无常使我们恨你，谁会甘心接受变老和死亡呢。

老人　啊，我的好老爷！我在老太爷手里就做您府上的佃户，一直做到您手里，已经有八十年了。

葛罗斯特　去吧，好朋友，你快去吧。
你的安慰对我没有一点好处，他们也许会害你的。

老人　您眼睛看不见，怎么走路呢？

葛罗斯特　我没有路，所以不需要眼睛；当我能够看见的时候，我曾失足颠仆。往往我们可以看到，因为有所恃而失之于大意，缺陷却能对我们有益。啊！埃德加好儿子，你的父亲受人愚弄，错怪了你，要是我能在未死以前摸到你的身体，我就要说，我又有了眼睛啦。

老人　啊！谁在那边？

埃德加　（旁白）神啊！谁能够说，“我现在已经到了不幸的极点？”我现在比从前任何时候更要不幸。

老人　那是可怜的疯子汤姆。

埃德加　（旁白）也许我还要碰到更不幸的命运；当我们能说“这是最不幸的事”的时候，那还不是最不幸的。

老人　汉子，你到哪儿去？

葛罗斯特　是一个叫花子吗？

老人　是个疯叫花子。

葛罗斯特　他的理智还没有完全丧失，否则他不会向人乞讨。在昨晚的暴风雨里，我也看见过这样一个家伙，他使我想起一个人不过等于一条虫；那时候我儿子的形象闪进我的心里，可是当时我正在恨他，不愿想起他；后来我才听到一些其他的事。天神对于我们，正像顽童对于苍蝇一样，他们为了戏弄而把我们杀害。

埃德加　（旁白）怎么会有这样的事？在一个伤心人面前装傻，对自己，对别人，都是一件不愉快的事，使自己和旁人都恼火。（向葛罗斯特）祝福你，先生！

葛罗斯特　他就是那个不穿衣服的家伙吗？

老人　正是，老爷。

葛罗斯特　那么，你走吧。我要请他领我到多佛去，要是你看在我的分上，愿意回去拿一点衣服来替他遮盖遮盖身体，那就再好没有了；我们不会走远，从这儿到多佛的路上一二里之内，你一定可以追上我们。为了过去的情分请这样做吧。

老人　老爷！可惜他是个疯子哩。

葛罗斯特　疯子带领瞎子走路，本来就是这时代的病态。照我的话做，或者不如说，是照你自己的意思做吧。第一件事情是请你走吧。

老人 我要把最好的衣服拿来给他，不管会引起怎样的后果。（下）

葛罗斯特 喂，不穿衣服的家伙——

埃德加 可怜的汤姆冷着呢。（旁白）我不能再假装下去了。

葛罗斯特 过来，汉子。

埃德加 （旁白）可是我不能不假装下去。——祝福你的可爱的眼睛，它们在流血哩。

葛罗斯特 你认识到多佛去的路吗？

埃德加 一处处栅门梯墙，一条条马路和人行小径，我全都认识。可怜的汤姆被他们吓迷了心窍，祝福你，好人的儿子，愿恶魔不来缠绕你！五个魔鬼一齐捉弄着可怜的汤姆：一个是色魔奥别狄克特；一个是哑鬼霍别狄丹斯；一个是偷东西的玛呼；一个是杀人的摩陀；一个是扮鬼脸的弗力勃铁捷贝特，他后来常常附在丫头或使女的身上。好，祝福你，先生！

葛罗斯特 来，你这受尽上天凌虐的人，把这钱袋拿去。我的不幸却是你的运气。上天啊，愿你常常如此！让那穷奢极欲，随意利用你的命令，因为知觉麻木而沉迷不悟的人，赶快感到你的威力吧；从享用过度的人手里夺过一些来进行分配，让每一个人所得都足够吧。你知道多佛吗？

埃德加 知道，先生。

葛罗斯特 那边有一座悬崖，它高耸的绝顶可怕地俯瞰着幽深的海水；你只要领我到那悬崖的边上，我就给你一些我随身携带的贵重的东西，可以解除你的困苦；从那里起我也就不需要人带路了。

埃德加 把你的手臂给我，让可怜的汤姆搀你走。（同下）

第二场　奥本尼公爵府前

【戈纳瑞和埃德蒙上。

戈纳瑞 欢迎，伯爵，我感到奇怪，我那位和善的丈夫为什么不来迎接我们。

【奥斯华德上。

戈纳瑞　主人呢？

奥斯华德　夫人，他在里边，可是从来没有人变化这样大了。我告诉他法国军队登陆的消息，他听了只是微笑；我告诉他说您来了，他的回答却是，“还是不来的好”；我告诉他葛罗斯特怎样谋反，他的儿子怎样尽忠的时候，他骂我蠢东西，说我颠倒是非。凡是他所应该痛恨的事情，他听了似乎都很高兴；他所应该欣慰的事情，反而使他恼怒。

戈纳瑞　（向埃德蒙）那么你到此止步吧。他懦怯畏缩的天性使他不敢担当大事；他宁愿忍受侮辱，不肯挺身对答。我们在路上谈起的那个愿望，也许可以实现。埃德蒙，你且回到我的妹夫那儿去，催促他赶紧调齐人马，交给你统率；我这儿只好由我自己出马，把家务托付我的丈夫照管了。这个可靠的仆人可以替我们传达消息。要是你有胆量为了你自己的好处而冒险，不久你大概就会听到女主人的命令。把这东西带在身上，不要多说什么。（以饰物赠埃德蒙）低下你的头：这一个吻，要是它敢于说话，会叫你的魂儿飞上天的。你要明白我的心。再会吧。

埃德蒙　我愿为您赴汤蹈火。

戈纳瑞　我最亲爱的葛罗斯特！（埃德蒙下）唉！男人和男人之间竟有这样的不同！你理应得到一个女人的服务，而我却让一个傻瓜侵占了我的眠床。

奥斯华德　夫人，殿下来了。（下）

【奥本尼上。

戈纳瑞　我回来总值得你迎接一下吧？

奥本尼　啊，戈纳瑞！你的价值还比不上那狂风吹在你脸上的尘土。我替你这种脾气担着心事：一个人要是看轻了自己的根本，将不能守住他安全的本分；一棵树如果砍了枝干，断了生命的汁液，一定会枯萎，让人当作枯柴付之一炬。

戈纳瑞　得啦得啦，全是些傻话。

奥本尼　智慧和仁义在恶人眼中看来都是恶的；下流的人只喜欢下流的事。你们干下了些什么事情？你们是猛虎，不是女儿，你们干了些什么事啦？这样一位父亲，这样一位仁慈的老人家，一头野熊见了他也会俯首帖耳，你们这些蛮横下贱的女儿却把他逼成了疯子！难道我那位贤兄会让你们这样胡闹吗？他也是个堂堂汉子，一邦的君主，又受过他这样的深恩厚德！要是上天不立刻降下一些明显的灾祸来惩罚这种万恶的行为，惩罚总是会来的，人类一定会自相吞食，像深海的海怪一样了。

戈纳瑞　不中用的懦夫！你让人家打肿你的脸，把侮辱加在你的头上，还以为是一件体面的事；正像那些不明是非的傻瓜，人家存心害你，幸亏发觉得早，他们在未下毒手以前就受到惩罚，你却还要可怜他们。你的鼓呢？法国的旌旗已经展开在我们安宁的国土上了，它顶着羽毛飘扬的战盔已经开始威胁你的国家，而你这讲道德的傻子却坐着一动不动，只会说：“唉！他为什么要这样呢？”

奥本尼　瞧瞧你自己吧，魔鬼！恶魔本身的丑恶形状，在一个女人身上更要可怕。

戈纳瑞　哎哟，你这没有头脑的蠢货！

奥本尼　你这变了形掩饰着自己的东西，不要露出狰狞的面目来吧！要是我可以允许这双手服从我的怒气，它们一定会把你的肉和骨一块块扯下来；可是你虽然是一个魔鬼，女人的形状庇护着你。

戈纳瑞　哼，这就是你的男子汉气概？——呸！

【一使者上。

奥本尼　有什么消息？

使者　啊！殿下，康华尔公爵死了。他去挖葛罗斯特第二只眼睛的时候，被一个仆人杀死了。

奥本尼　葛罗斯特的眼睛！

使者　他雇养的一个仆人激于义愤，反对他这一行动，拔出剑来刺向他的主人；他的主人也动了怒，和他奋力猛斗，结果把那仆人砍死了，可是自己也受了重伤，终于不治身亡。

奥本尼　啊，这说明主持正义的天神究竟还是有的，这样快就诛罚了人世的罪恶！但是啊，可怜的葛罗斯特！他失去了他的第二只眼睛了吗？

使者　殿下，两只，两只。夫人，这封信是您的妹妹写来的，请您立刻给她一个回音。

戈纳瑞　（旁白）从某方面说来，这是一个好消息；可是她做了寡妇，我的葛罗斯特又跟她在一起，也许我的一切美梦都全落空，生活变得可憎；不然的话，这消息还不算顶坏。（向使者）我读过再写回信。（下）

奥本尼　他们挖去他的眼睛的时候，他的儿子在什么地方？

使者　他是跟夫人一起到这儿来的。

奥本尼　他不在这儿。

使者　不，殿下，我在路上碰见他回去了。

奥本尼　他知道这桩罪恶的事情吗？

使者　是，殿下，就是他出首告发他的，他离开那座屋子，为的是让他们的刑罚方便一些。

奥本尼　葛罗斯特，我永远感激你对王上的爱戴，一定替你报复你的挖目之仇。过来，朋友，告诉我你还知道的其他消息。（同下）

第三场　多佛附近法军营地

【肯特和一侍臣上。

肯特　为什么法王突然回去，您知道这事的理由吗？

侍臣　他在国内有一点未了的要事，出来以后方才想起；因为那事情有关国家安危，他不能不亲自回去料理。

肯特　他去了以后，委托什么人做主帅？

侍臣　法国元帅拉·发先生。

肯特　王后看了您的信，有没有什么悲哀的表示？

侍臣　是的，先生，她拿了信，当着我的面读起来，一颗颗饱满的泪珠不时淌下她的娇嫩的面颊；看来她还控制得住自己的感情，虽然她的感情像叛徒一样想要把她压服。

肯特　啊！那么她是受到感动了。

侍臣　她并不痛哭流涕，忍耐和悲哀互相竞争着看谁能把她表现得最美。您一定曾经看见过阳光和雨点同时出现；她的微笑和眼泪也正是这样，只是更为动人；那些飘动在她红润嘴唇上的小小的微笑，似乎不知道她的眼睛里有些什么客人，它们从她钻石样的眼睛里像一串珍珠滚了出来。简单一句话，要是所有的悲哀都是这样美，那么悲哀将要成为最受世人喜爱的珍奇了。

肯特　她没有说过什么话吗？

侍臣　一两次她的嘴里迸出了“爸爸”这个词，好像它重压着她的心一般；她哀呼着：“姐姐！姐姐！女人的耻辱！姐姐！肯特！父亲！姐姐！什么，在风雨里吗？在黑夜里吗？不要相信世上还有怜悯吧！”于是她挥去了她天仙般的眼睛里的圣水，然后哀号为泪水所平息，她移步他往，和哀愁独自做伴去了。

肯特　那是星辰，天上的星辰决定着我们的性格；否则同一的父母怎样会生出这样不同的孩子。您后来没有跟她说过话吗？

侍臣　没有。

肯特　这是在法王回国以前的事吗？

侍臣　不，这是他去后的事。

肯特　好，告诉您吧，可怜的受难的李尔已经到了此地，他在比较清醒的时候，记起我们来干什么事，一定不肯见他的女儿。

侍臣　为什么呢，好先生？

肯特　一种压倒一切的羞耻之心推开了他；他自己的绝情剥夺了她应得的祝福，使她远适异国，冒意外的风险，把她的重要权利分给那两个犬狼之心的女儿。这一切像毒螫刺着他的心，使他充满了火烧一样的惭愧，阻止他和科迪利娅相见。

侍臣　唉！可怜的人！

肯特　关于奥本尼和康华尔的军队，您有没有听见什么消息？

侍臣　是的，他们已经出动了。

肯特　好，先生，我要带您去见我们的王上，请您照料他。我因为有某种重要的理由，必须暂时隐藏我的真相；当您知道我是什么人以后，您绝不会后悔跟我结识的。请您跟我去吧。（同下）

第四场　同前　帐幕

【旗鼓前导，科迪利娅、医生和兵士等上。

科迪利娅　唉！正是他。刚才还有人看见他，疯狂得像被风激动的怒海，高声歌唱，头上插满了恶臭的地烟草、牛蒡、毒芹、荨麻、杜鹃花和各种杂生在麦田里的野草。派一百名士兵到繁茂的田里各处搜寻，把他领来见我。（一军官下）人的智慧能不能恢复他丧失的神志？谁要是能够医治他，我愿意把我身外的富贵全都送给他。

医生　王后，办法是有的。休息是天性的奶娘，他现在就缺少休息；有许多有效的草药可以使他合上痛苦的眼睛而睡去。

科迪利娅　一切神圣的秘密，一切地下潜伏的灵奇，随着我的眼泪一起奔涌出来吧！帮助解除这位善良人的痛苦！快去找他，快去找他，我只怕他控制不住的狂怒，会消融他失去主宰的生命。

【一使者上。

使者　报告王后，英国军队向这里开过来了。

科迪利娅　我们早已知道。一切都预备好了，只等他们到来。亲爱的父亲啊！我这次掀动干戈，是为了你的缘故；因此伟大的法兰西国王被我的悲哀和祈求的眼泪所感动。鼓动我们出兵的并非非分的野心，而是真情，热烈的真情和我们的老父的权利。

但愿我不久就可以听见和看见他！（同下）

第五场　葛罗斯特城堡中一室

【里甘和奥斯华德上。

里甘　可是姐夫的军队已经出发了吗？

奥斯华德　出发了，夫人。

里甘　他亲自率领吗？

奥斯华德　夫人，好容易才把他催上了马；您的姐姐反倒是个更好的军人哩。

里甘　埃德蒙伯爵到了你们家里，有没有跟你家主人谈过话？

奥斯华德　没有，夫人。

里甘　姐姐给他的信里有些什么话？

奥斯华德　我不知道，夫人。

里甘　告诉你吧，他有重要的事情，已经离开此地了。葛罗斯特挖去了眼睛以后，仍旧放他活命，实在是一个极大的失策；因为他每到一处地方，都会激起所有人心反对我们。我想埃德蒙因为怜悯他的困苦，是去给他解脱他暗无天日的生涯的；而且他还负有侦察敌人实力的使命。

奥斯华德　夫人，我必须追上去把我的信交给他。

里甘　我们的军队明天就要出发；你暂时待在我们的地方，路上很危险呢。

奥斯华德　我不能，夫人，我家夫人曾经吩咐我不准误事的。

里甘　为什么她要写信给埃德蒙呢？难道你不能口头传达她的意思吗？看来恐怕有点儿——我也不知道是什么。
让我拆开这封信，我会重赏你的。

奥斯华德　夫人，那我宁可——

里甘　我知道你家夫人不爱她的丈夫；这一点我是可以确定的。她最近在这里时对高贵的埃德蒙抛掷含有奇怪意义和调情的眼神。我知道你是她的心腹之人。

奥斯华德 我，夫人！

里甘 我的话是了解情况而说的，我知道你确是她的心腹；所以我劝你仔细听我说，我的丈夫已经死了，埃德蒙跟我曾经私下谈妥，他和我结婚比和你家夫人结婚更合适些。其余的你自己去意会吧。要是你找到了他，请你把这交给他；你把我的话对你家夫人说了以后，我请她仔细想个明白。好，再会。假如你听见人家说起那瞎眼的老贼，谁能把他除掉一定可以得到升迁。

奥斯华德 但愿他能够碰在我的手里，夫人，我一定可以表明我是追随哪一方面的。

里甘 再会。（各下）

第六场 多佛附近的乡间

【葛罗斯特和埃德加穿农民装束同上。

葛罗斯特 什么时候我才能够登上山顶？

埃德加 您现在正在爬上去。瞧这路多难走。

葛罗斯特 我觉得这地是平的。

埃德加 陡峭得可怕呢。听！你听见海的声音了吗？

葛罗斯特 不，我真的听不见。

埃德加 哎哟，那么因为您的眼睛痛得厉害，所以别的知觉也连带糊涂起来啦。

葛罗斯特 那倒也许是真的。我觉得你的口音也变了样，你讲的话措辞和内容都比以前好了。

埃德加 您错啦，除了我的衣服以外，我什么都没有变样。

葛罗斯特 我觉得你的话像样得多啦。

埃德加 来，先生，我们已经到了，您站好，不要动。把眼睛一直望到这么低的地方，真是惊心目眩！在半空盘旋的乌鸦，瞧上去还没有甲虫那么大；山腰中间悬着一个采海蓬子的人，可怕的工作！我看他的全身简直抵不上他的头大。在海滩上走路的渔夫就像小鼠一般，那艘碇泊在岸旁的高大的帆船小得像它的舢板；它的舢板小得像一个浮标，几乎看不出来。波涛在海滨无数的石子上冲击的声音，也不能传到这样高的所在。我不愿再看下去了，恐怕我的头脑发晕，眼睛一花，就要倒栽葱直跌下去。

葛罗斯特　带我到你所立的地方。

埃德加　把您的手给我。您现在已经离开悬崖的边只有一尺之距了；就是把天下所有的一切都给了我，我也不愿意跳下去。

葛罗斯特　放开我的手。朋友，这儿又是一个钱袋，里面有一颗宝石，很值得穷人拿去；愿天神保佑你因此而得福吧！你走远一点；向我告别一声，让我听见你走过去。

埃德加　再会吧，好先生。

葛罗斯特　再会。

埃德加　（旁白）我这样戏弄他的目的，是要把他从绝望的境界中解救出来。

葛罗斯特　威严的神明啊！我现在宣布抛弃这个世界，当着你们的面，摆脱我极大的痛苦；要是我能够再忍受下去而不怨尤你们不可反抗的伟大的意志，我这可厌的残生本可像烛花一样烧尽自灭的。要是埃德加尚在人世，神啊，请你们祝福他！现在，朋友，我们再会了！（向前仆地）

埃德加　我去了，先生，再会。（旁白）可是我不知道当一个人已经失去生的意志时，想象力如何能剥夺他的生命；要是他果真在他所想象的那个地方，现在他早已没有思想了。活着还是死了？（向葛罗斯特）喂，你这位先生？朋友！你听见了吗，先生！说呀！也许他真的死了；可是他醒过来啦。你是什么人，先生？

葛罗斯特　走开，让我死。

埃德加　要是你不过是一根蛛丝，一片羽毛，一阵空气，从这样千仞的悬崖上跌落下来，也要像鸡蛋碰得粉碎；可是你还在呼吸，有物体的重量，没有流血，还会说话，身体好好的。十根桅杆连接起来，也不及你所笔直跌落下来的高度；你的生命是一个奇迹。再对我说话吧。

葛罗斯特　可是我究竟有没有跌落下来？

埃德加　你就是从这白垩岩崖的可怕的绝顶上跌下来的。抬起头来看一看吧；鸣声嘹亮的云雀飞到了那样的高度，我们从这里看不见它，也听不见它的声音；你只要朝上看。

葛罗斯特　唉！我没有眼睛哩。难道一个苦命的人，连寻死的权利都被剥夺了吗？罢了，这也是一种安慰：苦难的人能不让骄横的暴君如愿以偿。

埃德加　把你的手臂给我，起来，好。怎样？站得稳吗？你站住了。

葛罗斯特　很稳，很稳。

埃德加　这真太不可思议了。刚才在那悬崖的顶上，从你身边走开去的是什么东西？

葛罗斯特　一个可怜不幸的叫花子。

埃德加　我站在下面望上去，仿佛见他的眼睛像两轮满月；他有一千个鼻子，长着扭曲和波纹形的角；一定是个什么妖魔。所以，幸运的老人家，你应该想这是最纯正的无所不能的神明保佑了你。

葛罗斯特　我现在记起来了。从此以后，我要耐心忍受痛苦，直等它有一天自己喊了出来，“够啦，够啦。”那时候再撒手死去。你所说起的那个东西，我还以为是个人；它老是嚷着“恶魔，恶魔”的，就是他把我领到了那个地方。

埃德加　不要胡思乱想，安心忍耐。可是谁来啦？

【李尔身饰杂乱鲜花上。

埃德加　一个有清明神志的人，绝不会把自己打扮成这一个样子。

李尔　不，他们不能判我私铸货币的罪名，我是国王。

埃德加　啊，令人伤心的景象！

李尔　在那一点上，天然是胜过人工的。这是强迫你们当兵的慰劳费。那家伙弯弓的姿势，活像一个稻草人；给我射一支一码长的箭试试看。瞧，瞧！一只小老鼠！别闹，别闹！这一块烘乳酪可以捉住它。这是我的铁手套：尽管他是一个巨人，我也要跟他一决胜负。把那些戟手带上来。啊！飞得好，鸟儿，刚刚中在靶心里，咻！口令！

埃德加　牛至菜。

李尔　放过去。

葛罗斯特　我认识那个声音。

李尔　嘿！长着白胡须的戈纳瑞！她们像狗一样向我献媚，说我在没有长黑须以前，就已经有了白须。我说一声“是”，她们就应一声“是”；我说一声“不”，她们就应一声“不”！又说“是”又说“不”，可不是好教徒的行为。当雨点淋湿了我，风吹得我牙齿打战，当雷声不肯听我的话平静下来的时候，我就发现了她们，嗅出了她们的踪迹。算了，她们不是心口如一的人；她们恭维我说我什么都做得到，那全然是个谎，一发起烧来我就没有办法。

葛罗斯特　这说话的声调我记得很清楚，他不是国王吗？

李尔　嗯，每一寸都是国王。我只要一瞪眼，我的臣民就要吓得发抖。我赦免那个人的死罪。你犯的是什么案子？奸淫吗？你不用死；为了奸淫而犯死罪！不，小鸟儿都在干那把戏，金苍蝇当着我的面也会公然交尾哩。让交配兴旺发达吧，因为葛罗斯特的私生子比我合法的女儿更孝顺父亲。淫风越盛越好，我巴不得他们替我多制造几个士兵出来。瞧那个假笑的妇人，她的脸似乎说她两条腿之间全是冰雪，她一听见人家谈起调情的话儿就要摇头；其实她自己干起那回事来，比臭猫和骚马还要浪得多哩。她们的上半身虽然是女人，下半身却是淫荡的妖怪；腰带以上是属于天神的，腰带以下全是属于魔鬼的：那里是地狱，那里是黑暗，那里是硫黄火坑，热烫、恶臭、腐烂。啐！啐！啐！呸！呸！好掌柜，给我称一两麝香，让我解解我的想象中的臭气；钱在这儿。

葛罗斯特　啊！让我吻一吻那只手！

李尔　让我先把它擦干净；它上面有一股死亡的气息。

葛罗斯特　啊，败坏了的一个大自然的杰作！这广大的世界也将像这样败落成一无所有。你认识我吗？

李尔　我很记得你的这双眼睛。你在向我翻白眼吗？不，瞎眼的丘比特，随你使出什么手段来，我是再也不会恋爱的。这是一封挑战书，你拿去读吧，瞧瞧它是怎么写的。

葛罗斯特　即使每一个字都是一个太阳，我也瞧不见。

埃德加　（旁白）要是人家告诉我这样的事，我一定不会相信；可是这是真的，我的心要碎了。

李尔　读嘛。

葛罗斯特　什么！用眼眶子读吗？

李尔　啊哈！你原来是这个意思吗？你的头上不长眼睛，你的袋里也没有钱吗？你的眼皮重了，你的钱袋轻了，可是你却看见这世界的人情如何。

葛罗斯特　我只能靠感觉了解到。

李尔　什么！你疯了吗？一个人就是没有眼睛，也可以看见这世界的人情如何。用你的耳朵瞧吧：你看不见那法官怎样骂那个可怜的偷儿吗？侧过你的耳朵来，听我告诉你：让他们两人换了地位，谁还认得出哪个是法官，哪个是偷儿？你见过农家的狗向乞丐吠叫吗？

葛罗斯特　嗯，陛下。

李尔　你还看见那乞丐怎样给那条狗赶跑吗？从这件事上你可以看到权威的大影子；一条狗得了职位，也可以使人家服从。你这可恶的教吏，停住你残忍的手！为什么你鞭打那个妓女？把你自己背上的衣服脱光吧；你自己热切地想和她犯奸淫，却因为她跟人家犯奸淫而鞭打她。放债的家伙绞杀骗子。褴褛的衣衫遮不住小小的过失；披上锦袍裘服，便可以隐匿一切。给罪恶贴了金，法律的枪就无效而断；把它用破布裹起来，一根侏儒的稻草就可以戳破它。没有一个人是犯罪的，我说，没有一个人。我愿意为他们担保；相信我吧，我的朋友，我有权力封住控诉者的嘴唇。你还是去装上一副玻璃眼睛，像一个卑鄙的阴谋家，假装能够看见你所看不见的事情吧。来，来，来，来，替我把靴子脱下来，用力一点，用力一点，好。

埃德加　（旁白）啊！真话和胡说混在一起，疯狂中的理智。

李尔　要是你愿意为我的命运痛哭，那么把我的眼睛拿了去吧。我知道你是什么人：你的名字是葛罗斯特。你必须忍耐。我们哭着来到这个世上，你知道我们第一次嗅到空气，就哇哇地哭起来。让我讲一番道理给你听，你听着。

葛罗斯特　唉！唉！

李尔　当我们出生的时候，我们为来到这个傻瓜的大舞台而哭。这顶帽子的式样很不错！用毡子包马蹄倒是一条妙计；我要试它一下，偷偷进入我那两个女婿的营里，然后就杀，杀，杀，杀，杀，杀！

【侍臣率侍从数人上。

侍臣　啊！他在这里，抓住他。陛下，您最亲爱的女儿——

李尔　没有人救我吗？什么！我是囚犯了吗？我甚至成了命运的天然弄人。待我好一些，有人会拿钱来赎我的。替我请外科医生，我的头脑受了伤啦。

侍臣　您将会得到您所需要的一切。

李尔　一个伙伴也没有？只有我一个人吗？哎哟，这样会叫人变成了泪人儿，用他的眼睛充作浇园子的水壶，使秋天的尘土扬不起来。

侍臣　陛下——

李尔　我要像一个新郎似的勇敢死去。嘿！我要高高兴兴的。来，来，我是国王，各位知道吗？

侍臣　您是尊严的国王，我们服从您的旨意。

李尔　那么还有几分生机。要去快去。沙沙沙沙。（下，连同侍从等随下）

侍臣　最微贱的平民到了这一步，也会叫人看了伤心，何况是国王！你那两个不孝的女儿使一般人性受到诅咒，可是你还有一个女儿，她把人性从这诅咒中间救赎了出来。

埃德加　你好，先生。

侍臣　足下有什么见教？

埃德加　您有没有听见什么关于有一场战事将要发生的消息？

侍臣　这是千真万确，谁都知道的事了。每一个耳朵能够辨别声音的人都听到了这样的消息。

埃德加　可是借问一声，对方的军队离这里有多少路？

侍臣　很近了，他们一路来得很快，他们的主力部队每一点钟都有到来的可能。

埃德加　谢谢您，先生，这是我所要知道的一切。

侍臣　王后虽然有特别的原因还在这里，她的军队已经开上去了。

埃德加　谢谢您，先生。（侍臣下）

葛罗斯特　永远仁慈的神明，请拿走我的呼吸吧！不要在你们没有要我死以前，再让我的恶天使引诱我结束自己的生命！

埃德加　您祷告得很好，老人家。

葛罗斯特　好先生，您是什么人？

埃德加　一个非常穷苦的人，受惯命运的打击；因为自己是从忧患中过来的，所以很容易抱同情。把您的手给我，让我把您领到一处可以栖身的地方去。

葛罗斯特　多谢多谢，愿上天大大赐福给您！

【奥斯华德上。

奥斯华德　明令缉拿的要犯！正巧碰在我手里！你那颗瞎眼的头颅，却是我晋身的阶梯。你这倒霉的老奸贼，赶快忏悔你的罪恶；剑已经拔出了，你今天难逃一死。

葛罗斯特　但愿你这慈悲的手多用一些气力，帮助我早早脱离苦痛。（埃德加插入阻止奥斯华德）

奥斯华德　怎么，大胆的村夫，你敢袒护一个明令缉拿的叛徒？滚开，免得你也遭到和他同样的命运。放开他的手臂。

埃德加　先生，你不向我说明理由，我是不放的。

奥斯华德　放开，奴才，否则我叫你死。

埃德加　好先生，你走你的路，让穷人们过去吧。这种吓人的话，就是接连说上半个月也吓不倒人的。不，不要走近这个老头儿；我关照你走远一点儿；不然我要试试是你的头硬还是我的棍子硬。我向你说明白了。

奥斯华德　走开，混账东西！

埃德加　我要拔掉你的牙齿，先生。来，尽管刺过来吧。

（二人决斗中埃德加击奥斯华德倒地）

奥斯华德　奴才，你杀死我了。把我的钱袋拿去吧。要是你希望将来有好日子过，请你把我的尸体埋了；我身边还有一封信，请你替我送给葛罗斯特伯爵，埃德蒙老爷，他在英国军队里，你可以找到他。啊！我死得过早了！（死）

埃德加　我认识你，你是一个惯会讨主子欢心的奴才；你的女主人无论有什么恶毒的命令，你总是唯命是听。

葛罗斯特　什么！他死了吗？

埃德加　坐下来，老人家，您休息一会儿吧。让我们搜一搜他的衣袋。他说起的那信，也许对我有一点用处。他死了，我只可惜他没死在别人的手里。让我们看。对不起，好啦，我要把你拆开来了；恕我无礼，为了要知道我们敌人的思想，就是他们的心肝也要剖开，拆开他们的信件更是合法的事。“不要忘记我们彼此间的誓约。你有许多机会可以除去他；如果你不乏决心，时间和地点有的是。要是他得胜归来，那就什么都完了；我将要成为囚人，他的床就是我的牢狱。把我从它可憎的温暖中拯救出来，作为报酬你可以取代这个位置。你亲爱的仆人（但愿我能换上‘妻子’两字）戈纳瑞。”啊，不可测度的女人的心！谋害她的善良的丈夫，叫我的兄弟取代他的位置！在这沙土之内，我要把你掩埋起来，你这杀人的狗男女的邪恶使者。在适当的时候，我要让那被人阴谋杀害的公爵见到这一封卑劣的信。我能够把你的死讯和你的使命告诉他，对于他是一件幸运的事。

葛罗斯特 王上疯了，我可恶的知觉这样牢固，我一站起身来，就敏锐地意识到我巨大的悲痛！我还是疯了的好，那样我可以不再想到我的不幸，让一切痛苦在昏乱的幻想之中忘记了它们本身的存在。（远处鼓声）

埃德加 把您的手给我，我好像听见远处有打鼓的声音。

来，老人家，我把您安顿在一个朋友的地方。（同下）

第七场 法军营帐

【科迪利娅、肯特、医生及侍臣上。

科迪利娅 好肯特啊！我今生怎么能够报答你的好意呢？

我的生命会太短，而且感激的程度总是不够。

肯特 王后，只要被了解，就是得到报偿而有余了。我所讲的话，句句都是事实，没有一分增减。

科迪利娅 去换一身好一点的衣服吧。你身上的衣服是那一段悲惨的时光中的纪念品，请你脱下来吧。

肯特 原谅我，王后，但现在被人认出来，会妨碍我预定的计划。请您把我当作一个不相识的人，等到我认为适当的时候再说。

科迪利娅 那就照你的意思吧，伯爵。（向医生）王上怎样？

医生 王后，他仍旧睡着。

科迪利娅 慈悲的神明啊，医治他被蹂躏的天性中的这一重大裂痕！让这个返老还童的父亲的错乱神志重新协调吧！

医生 请问王后，我们现在可不可以叫王上醒来？他已经睡得够久了。

科迪利娅 照你的意见，该怎么办就怎么办吧。他有没有穿着好？

【李尔卧椅内，众仆抬上。

侍臣 是，王后，我们趁着他熟睡的时候，已经替他把新衣服穿上去了。

医生 王后，请您不要走开，等我们叫他醒来；我相信他的神志已经稳定了。

科迪利娅 很好。（奏乐）

医生 请您走近一步。音乐还要响一点儿。

科迪利娅 啊，我亲爱的父亲！但愿我的嘴唇上有康复的灵药，让这一吻修复我那两个姐姐加在你身上的暴烈的伤害吧！

肯特 善良的好公主！

科迪利娅 即使你不是她们的父亲，这白发也本该引起她们的怜悯呀。这样一张脸受得起狂风的吹打吗？它能够抵御可怕的雷霆吗？在最吓人的迅速分叉的电闪之下，你像一个可怜的哨兵，光着头在守夜吗？我的敌人的狗，即使它曾经咬过我，在那样的夜里，我也要让它躺在我的火炉之前。但是你，可怜的父亲，却甘心钻在窝棚中霉烂的碎稻草里同猪和悲惨的流浪汉为伴吗？唉！唉！你的生命没有同你的神志同归于尽，这才是奇迹呢。他醒来了，对他说话吧。

医生 王后，您去对他说，这最合适了。

科迪利娅 父王陛下，您好吗？

李尔 你们不应该把我从坟墓里拖出来。你是一个有福的灵魂；我却缚在火轮上，眼泪像熔铅一样灼痛我自己的脸。

科迪利娅 父亲，您认识我吗？

李尔 你是一个灵魂，我知道，你在什么时候死的？

科迪利娅 还是迷失得很远呢。

医生 他还没有完全清醒过来，暂时让他去。

李尔 我到过什么地方？现在我在什么地方？大白天了吗？我受尽了骗啦。即使看到另一个人这样受骗，我也会痛心死的。我不知道应该说什么。我不愿发誓说这双手是我的。让我试试看，我感到这里的别针扎得有些疼。但愿我能够知道我自己的确实情形！

科迪利娅 啊！瞧着我，父亲，把手按在我头上为我祝福吧。不，父亲，您千万不能下跪。

李尔 请不要取笑我，我是一个非常愚蠢的傻老头子，年纪活了八十多岁了；不瞒您说，我怕我的头脑有点不正常。我想我应该认识您，也该认识这个人；可是我不敢肯定，因为我完全不知道这是什么地方，而且凭着我所有的能力，我也记不起来什么时候穿上这身衣服；我也不知道昨天晚上我在什么所在过夜。不要笑我，我想这位夫人是我的孩子科迪利娅。

科迪利娅　正是，正是。

李尔　你的眼泪是湿的吗？当真。我求你，不要哭；要是你有毒药给我，我愿意喝下去。我知道你不爱我，因为我记得你的两个姐姐都亏待我；你还有几分理由，她们却没有。

科迪利娅　没有理由，没有理由。

李尔　我是在法国吗？

肯特　在您自己的王国里，陛下。

李尔　不要骗我。

医生　请宽心一点，娘娘，您看他的疯狂已经煞住了，可是要他回忆他迷失这段时间的事，却是危险的。请他进去吧，不要再打扰他，等他进一步安定下来。

科迪利娅　陛下愿意走到里边去吗？

李尔　你得包涵我。请你忘记和原谅吧，我老了，糊涂了。

（李尔、科迪利娅、医生及侍从等同下）

侍臣　先生，康华尔公爵被刺杀的消息是真的吗？

肯特　完全正确。

侍臣　他的人现在归什么人带领？

肯特　据说是葛罗斯特的庶子。

侍臣　他们说他放逐在外的儿子埃德加现在和肯特伯爵都在德国。

肯特　消息变化不定。现在是应该打量形势的时候了；英国军队在很快地逼近。

侍臣　一场血战是免不了的。再会，先生。（下）

肯特　我的目的和结果能不能完全实现，是福是祸，要看这场战事方才分晓。（下）

第五幕

第一场　多佛附近英军营地

【旗鼓前导着埃德蒙、里甘、军官、兵士及其他人上。

埃德蒙　（向一军官）你去问一声公爵，他是不是仍旧保持着原来的决心，还是因为出于其他考虑，已经改变了方针。他这个人毫无定见，动不动引咎自责；我要知道他究竟抱着怎样的主张。（军官下）

里甘　大姐差来的人一定在路上出事了。

埃德蒙　那可说不定，夫人。

里甘　好爵爷，你知道我对你的一片好心；现在请你告诉我，老老实实地告诉我，你不爱我的大姐？

埃德蒙　我只是敬爱她。

里甘　可是你从来没有深入我姐夫的禁地吗？

埃德蒙　这样的想法是错的。

里甘　我怕你们已经打成一片，你成了她心坎里的人哩。

埃德蒙　凭着我的名誉起誓，夫人，没有这样的事。

里甘　我决不容她，我的亲爱的爵爷，不要跟她亲热。

埃德蒙　您放心吧。——她跟她的公爵丈夫来啦！

【旗鼓前导着奥本尼、戈纳瑞及兵士等上。

戈纳瑞　（旁白）我宁愿这一次战争失败，也不让二妹切断他和我的关系。

奥本尼　贤妹你好。伯爵，我听说王上带了一批受不了我们的苛政而高呼不平的人，到他小女儿那儿去了。凡我不能诚实对待的事，我是从来提不起勇气的；至于现在这件事，并不是法王鼓动我们的王上和他手下的一群人，以堂堂正正的理由向我们兴师问罪，而是法国进犯我们的领土，这是我们所不能容忍的。

埃德蒙　您说得好极了。

里甘　这有什么可讨论的呢？

戈纳瑞　我们只须联合退敌，这些内部的纠纷不是现在所要讨论的问题。

奥本尼　那么让我们跟那些老战士讨论决定我们的战略吧。

埃德蒙　我马上就到您的营帐里来。

里甘　大姐，您也同我们一块儿去吗？

戈纳瑞　不。

里甘　这是很合适的，请你同去吧。

戈纳瑞　（旁白）哼！我明白你的意思。（高声）好，我就去。

【埃德加乔装上。

埃德加　殿下要是不嫌我微贱，请听我说一句话。

奥本尼　你们先请一步，我就来。——说。

（埃德蒙、里甘、戈纳瑞、军官、兵士及侍从等同下）

埃德加　在您作战以前，先把这封信拆开来看一看。要是您得到胜利，可以吹号角为号，叫我出来；虽然我看起来卑贱，却可以请出一个勇士来，证明这信上所写的事。要是您失败了，那么您在这世上的事已经完毕，一切阴谋也都无能为力了。

愿命运眷顾您！

奥本尼　等我读了信你再走。

埃德加　我不能。时候一到，您只要叫传令官传唤一声，我就会出来的。

奥本尼　那么再见，你的信我会看的。（埃德加下）

【埃德蒙重上。

埃德蒙　敌人已经望得见了，快把您的军队集合起来。这里记载着多方侦察所得的敌方军力估计，可是现在您必须快点儿了。

奥本尼　好，我们准备迎敌就是了。（下）

埃德蒙　我对这两个姐妹都已发下爱情的盟誓；她们彼此忌妒，就像被蛇咬过的人见不得蛇一样。我应该选择哪一个呢？两个都要？只要一个？还是一个也不要？要是两个全活着，我就一个也享受不到。娶了寡妇，一定会激怒她的姐姐戈纳瑞；而且她的丈夫一天不死，我就难以实现我这方面的计划。现在我们还要借他做号召军心的幌子；等到战事结束以后，她要是想除去他，让她自己设法结果他的性命吧。照他的意思，李尔和科迪利娅被我们捉到后是不能加害的；可是假如他们落在我们手里，我们可绝不让他们得到他的赦免；因为我保全自己的地位要紧，不能再容什么辩论。（下）

第二场　两军营地之间的原野

【内号角声中旗鼓前导着李尔和科迪利娅率军队上然后下，埃德加和葛罗斯特上。

埃德加　来，老人家，在这树荫底下坐坐吧，但愿正义得到胜利！要是我还能够回来见你，我会给你带来帮助。

葛罗斯特　上帝祝福您，先生！（埃德加下）

【号角声有顷，内吹撤退号中埃德加重上。

埃德加　走吧，老人家！把你的手给我，走吧！李尔王已经失败，他和他的女儿都被捉去了。把你的手给我，来。

葛罗斯特　不再走了，先生，让我就在这儿等死吧。

埃德加　怎么！你又转起那种坏念头来了吗？人必须忍受他们的离开世界，正像忍受来到这里一样。最重要的是准备停当。来吧。

葛罗斯特　那也说得有理。（同下）

第三场　多佛附近英军营地

【旗鼓前导奏凯，埃德蒙上；李尔和科迪利娅被俘随上；军官、兵士等同上。

埃德蒙　来人，把他们押下去好生看守，等上面发落下来，再作道理。

科迪利娅　存心善良反而得到恶报，这样的先例是很多的。我只是为了你，被迫害的国王，才落得如此下场；否则尽管欺人的命运向我横眉怒目，我也能顶过去。我们要不要去见见这两个女儿和这两个姐姐？

李尔　不，不，不，不！来，让我们到监牢里去。我们两人将要像笼中之鸟一般唱唱歌儿。当你求我为你祝福的时候，我要跪下来，求你饶恕；我们将要这样生活、祷告、唱歌、说些古老的故事，嘲笑那些金翅的蝴蝶，听那些可怜的囚徒谈论宫廷里的消息；我们也要和他们一起谈话，谁失败，谁胜利，谁在朝，谁在野，用我们的意见解释各种事情的秘密，就像我们是上帝的耳目一样；在囚牢的四壁之内，我们将要看那些大人物的派系随着月亮的圆缺而升降，活得比他们都要长。

埃德蒙　把他们带下去。

李尔　对于这样的祭物，我的科迪利娅，天神也要撒香接纳的。我果然把你捉住了嘛！谁要是想分开我们，必须从天上取下一把火炬来像烟熏狐狸一样把我们赶出去。揩干你的眼睛；瘟疫会吞食他们的全身，连皮带肉，他们也不能使我们流泪，我们要眼看他们先活活饿死。来。（兵士押李尔、科迪利娅下）

埃德蒙　过来，队长。听着，把这一通密令拿去，（以一纸授军官）跟着他们到监牢里去。我已经把你升了一级，要是你照这里的命令执行，一定有大大的好处。你要知道，识时务的才是好汉，心肠太软的人不配佩带刀剑。我吩咐你去干这件重要的差使，你可不必多问，要么说你愿意做，要么你另找门路。

军官　我愿意做，大人。

埃德蒙　那么去做吧。你立了这一功，就是一个幸运的人。听着，必须照我所写的办法立刻办好。

军官　我不会拖车子，也不会吃干麦；只要是男子汉干的事，我就会干。（下）

【喇叭奏花腔中奥本尼、戈纳瑞、里甘、军官及侍从等上。

奥本尼　伯爵，你今天果然表明了你的勇敢；命运眷顾着你，你已擒拿了跟我们敌对的人。请你把他们交给我们，让我们一方面按照他们的身份，一方面顾到我们自身的安全，决定一个适当的处置。

埃德蒙　殿下，我已经把那可悲的老王拘禁起来，派人监视；他的高龄和尊号都有一种魔力，可以吸引平民的人心归附于他，并且煽动我们强拉来的士兵反对我们。那王后我为了同样的理由，也把她一起下了监；他们明天或者迟一些就可以受你们的审判。现在弟兄们刚刚流过血汗，丧折了不少的朋友；正尖锐体会到战争残酷的人们，无论引起这场争端的理由怎样正大，他们都会加以咒诅；所以审问科迪利娅和她的父亲这件事，必须在一个更适当的地方举行。

奥本尼　伯爵，说一句不怕你见怪的话，你不过是一个随征的将领，我并没有把你当作兄弟。

里甘　那要看我怎样恩宠他了；我想你把话说到这份上以前，似乎应该先问问我的意见。他带领我们的军队，受到我的全权委任，凭着这一层亲密的关系，也够资格和你称兄道弟了。

戈纳瑞　别太热了，他的地位是靠自己的才能得来的，并不靠你给他的封号。

里甘　我有权，凭着我的授予，他可以和最尊贵的人匹敌。

戈纳瑞　要是他做了你的丈夫，那最好办了。

里甘　讲笑话的人往往成预言家。

戈纳瑞　呵呵！告诉你这话的人正在挤眉弄眼。

里甘　太太，我现在身子不大舒服，懒得跟你斗口了。将军，请你接受我的军队、俘虏和财产；这一切连我自己都由你支配。我是你献城降服的臣仆，让全世界为我证明，我在这里把你立为我的丈夫和君主。

戈纳瑞　你想要享受他吗？

奥本尼　那不是你所能阻止的。

埃德蒙　也不是你所能阻止的，殿下。

奥本尼　杂种儿，我可以阻止你们。

里甘　（向埃德蒙）叫鼓手打起鼓来，证明我已经把尊位给了你。

奥本尼　等一等，听听缘由。埃德蒙，你犯有叛逆重罪，我逮捕你；同时我还要逮捕这一条金鳞的毒蛇。（指戈纳瑞）至于贤妹，你的宣布，为了我的妻子的利益我加以制止；她已经跟这位勋爵有约在先，所以我，她的丈夫，对你们的婚姻表示异议。要是您想结婚的话，向我求爱吧，我的妻子已经另有所属了。

戈纳瑞　怎么又节外生枝起来！

奥本尼　葛罗斯特，你现在甲胄在身，让号角吹起来，要是没有人出来证明你所犯的许多凶残和昭彰的叛逆罪，这里是我的信物（掷下手套）；在我吃下一顿饭以前，我要在你的心脏上证明我所指控你的一切。

里甘　哎哟！我病了！我病了！

戈纳瑞　（旁白）要是你不病，我也从此不相信药物了。

埃德蒙　这儿是我的回报（掷下手套）；谁骂我是叛徒的，他就是个说谎的恶人。叫你的号角吹起来吧，谁有胆量出来，我要坚决向他，向你，向每一个人证明我的诚实和荣誉。

奥本尼　来，传令官！

埃德蒙　传令官！传令官！

奥本尼　依赖你个人的勇气吧，因为你的士兵都是用我的名义征集的，我已经用我的名义把他们遣散了。

里甘　我越来越难过啦！

奥本尼　她身体不舒服，把她扶到我的营帐里去。

（侍从扶里甘下）过来，传令官。

【传令官上。

奥本尼　叫喇叭吹起来。宣读这一道命令。

军官　吹喇叭！（号角吹响）

传令官　（宣读）“在本军将校官佐之中，若有人愿意证明名分未定的葛罗斯特伯爵埃德蒙是一个罪恶多端的叛徒，让他在第三次号角声时出来。埃德蒙要坚决地自卫。”

埃德蒙　吹！（号角初响）

传令官　再吹！（号角再响）再吹！（号角三响中内号角声相应）

【号手前导中埃德加武装上。

奥本尼　问明他的来意，为什么他听了号角的呼召来到这里。

传令官　你是什么人？你叫什么名字？在军中是什么官级？为什么你要应召而来？

埃德加　我的名字已经被阴谋的毒齿咬啮蛀蚀了，可是我的出身和我现在所来对仗的敌手同样高贵。

奥本尼　谁是你的敌手？

埃德加　自称是葛罗斯特伯爵埃德蒙的是什么人？

埃德蒙　我在此，你对他有什么话说？

埃德加　拔出你的剑来，要是我的话得罪了一颗高尚的心，你的手臂可以为你辩护；这里是我的剑。听着，虽然你有的是力量、青春、地位和尊荣，虽然你挥着胜利的宝剑，夺到了崭新的幸运，可是凭着我的荣誉、我的誓言和我的骑士身份所给我的特权，我宣布你是一个叛徒，不忠于你的神明、你的兄长和你的父亲，阴谋倾覆这一位崇高卓越的君王，从你的头顶直到你脚下的尘土，是一个满身污点的逆贼。要是你说一声“不”，这一柄剑，这只手臂和我全身的勇气，都要在你的心脏上证明你在说谎。

埃德蒙　照理我应该问你的名字，可是你的外表既然这样英武，你的出言表明你有一定教养，虽然按照骑士的规则，我可以安全而合法地推迟应战，我却拒绝这样做；我把你所说的种种罪名掷回你的头上，让那像地狱一般可憎的谎话吞没你的心；这些罪名一滑而过，伤害不了什么，而我的这柄剑却会将它们直刺入你的心头，让它们永远待在那里。吹起来，喇叭！

（号角声中二人决斗埃德蒙倒地）

奥本尼　留他活命，留他活命！

戈纳瑞　这是诡计，葛罗斯特，按照决斗的法律，你尽可以不接受一个不知名的对手的挑战；你不是被人打败，你是中了人家的计了。

奥本尼　闭上你的嘴，妇人，否则我要用这一张纸塞住它了。等一下，骑士。你这比一切恶名更恶的恶人，读读你自己的罪恶吧。不要撕，太太，我看你是认识这封信的。（以信授埃德蒙）

戈纳瑞　即使我干了这样的事，法律是我的，不是你的；谁能够控诉我？（下）

奥本尼　岂有此理！你知道这封信吗？

埃德蒙　我知道的事不要问我。

奥本尼　追上她去，她现在情急了，管住她。（一军官下）

埃德蒙　你所指责我的事情，我全都做了；而且我所干的事更多，多得多；总有一天会全部暴露的。现在这些事已成过去，我也要过去了。——可是你是什么人，会有此运气打赢我？假如你是一个贵族，我愿意对你不记仇恨。

埃德加　让我们互相宽恕吧。在血统上我并不比你低微，埃德蒙，要是我的出身比你更高贵，你尤其不该那样陷害我。我的名字是埃德加，你父亲的儿子。天神是公正的，他们利用我们的风流罪过惩罚我们；他在黑暗邪恶的地方种下了你的生命，结果使他丧失了他的眼睛。

埃德蒙　你说得对，这是真的。命运的车轮已经转满一圈，我落到了这个地方。

奥本尼　我一看见你的仪态步法，就觉得你是一个尊贵的人。我必须拥抱你。让悔恨碎裂我的心，要是我曾经憎恨过你或你的父亲。

埃德加　殿下，我一向知道您的仁慈。

奥本尼　你把自己藏匿在什么地方？你怎么知道你父亲的灾难？

埃德加　殿下，我知道他的灾难，因为我就在他的身边照料他。听我讲一段简短的故事，当我说完以后，啊，但愿我的心爆裂了吧！为了逃避那紧迫着我的残酷的通缉令——我们大家都贪恋生活的甜蜜，宁愿每小时忍受死亡之痛，也不愿一下子死去——我为了逃避，披上了一身疯人的褴褛衣服，改扮成一副连狗都瞧不起的装束。在这样的乔装之下，我碰见了父亲，他的两个眼眶流血，那宝贵的眼珠还刚失去；我替他做向导，领着他，为他乞讨，把他从绝望之中拯救出来。啊！我不该一直向他瞒着自己的真相！直到约莫半小时以前，我已经披上甲胄，对成功虽有希望但无把握，我才请他为我祝福，把我的全部历程从头到尾告诉他知道；可是，唉！他的破碎的心太脆弱了，承受不了喜悦和悲伤这两种极端激情的冲突，他含着笑死了。

埃德蒙　你这番话很使我感动，而且可能有好处；可是说下去吧，看上去你还有一些更多的话要说。

奥本尼　要是还有比这更伤心的事，请不要说下去了吧；因为我听了这样的话，几乎要融化成泪水了。

埃德加　对于不喜欢悲哀的人，这似乎已经是一个终点，可是还有一件悲哀的事，如果详加描述，会超出这个极限。当我正在放声大哭的时候，来了一个人，他认出我就是他所见过的那个疯丐，不敢接近我，可是后来他发现我究竟是什么人，能这样忍耐活下来，他就用强壮的双臂抱着我的头颈，大放悲声，好像要把天空都震碎一般。他倒身在我父亲的尸体上，讲出了关于李尔和他两个人的一段最凄惨的故事；他越讲越伤心，他的生命之弦都开始颤断了；那时候喇叭的声音已经响过两次，我只好抛下他一个人在昏迷之中。

奥本尼　可是这是什么人？

埃德加　肯特，殿下，被放逐的肯特。他一路上乔装改貌，跟随那把他视同仇敌的国王，替他躬操奴隶不如的贱役。

【一侍臣持一流血之刀上。

侍臣　救命！救命！救命啊！

埃德加　救什么命！

奥本尼　说呀，什么事？

埃德加　那把血淋淋的刀是什么意思？

侍臣　它还热腾腾地冒着气呢。它是从她的心窝里拔出来的——啊！她死了！

奥本尼　谁死了？说呀。

侍臣　您的夫人，殿下，您的夫人。她的妹妹也被她毒死了，她自己承认的。

埃德蒙　我跟她们两人都有婚姻之约，现在我们三个人可以在一块儿做夫妻啦。

埃德加　肯特来了。

奥本尼　把她们抬出来，不管有没有死。上天的这一个判决使我们战栗，却不能引起我们的怜悯。（侍臣下）

【肯特上。

奥本尼　啊！这就是他吗？当前的变故使我不能按礼貌的要求对他施礼。

肯特　我来向我的王上道一声永久的晚安，他不在这里吗？

奥本尼　我们把一件重要的事情忘了！埃德蒙，王上呢？科迪利娅呢？肯特，你看见这情景了吗？（众抬戈纳瑞、里甘二人尸体上）

肯特　哎哟！怎么会这样的？

埃德蒙　埃德蒙还是有人爱的：

这一个为了我的缘故毒死了那一个，跟着她也自杀了。

奥本尼　正是这样。把她们的脸遮起来。

埃德蒙　我快要断气了，倒还想做一件违反我本性的好事。赶快差人到城堡里去，因为我已经下令把李尔和科迪利娅处死。不要多说废话，迟一点就来不及啦。

奥本尼　跑！跑！跑呀！

埃德加　叫谁跑呀，殿下？——谁奉命干这件事的？

送去你的一件什么东西，作为赦免的凭证。

埃德蒙　想得不错，把我的剑拿去给那队长。

奥本尼　快去，快去。（埃德加下）

埃德蒙　他从你的妻子和我两人的手里得到密令，把科迪利娅在狱中缢死，对外面说是她自己在绝望中自杀的。

奥本尼　神明保佑她！把他暂时抬出去。（众抬埃德蒙下）

【李尔抱科迪利娅尸体，埃德加、军官及其他人同上。

李尔　哀号吧，哀号吧，哀号吧，哀号吧！啊！你们都是些石头一样的人；要是我有你们的舌头和眼睛，我要用哭号和眼泪使天穹崩裂。她是一去不回的了。一个人死了还是活着，我是知道的；她已经像泥土一样死了。借一面镜子给我，要是她的气息还能够在镜面上呵起一层薄雾，那么她还没有死。

肯特　这就是上帝预言的世界末日吗？

埃德加　还是末日恐怖的预象？

奥本尼　天塌下来，一切都归于毁灭！

李尔　这根羽毛在动，她没有死！要是她还有活命，那么我感受过的一切悲哀还有机会得到补救。

肯特　（跪）啊，我的好主人。

李尔　请你走开！

埃德加　这是尊贵的肯特，您的朋友。

李尔　一场瘟疫降在你们身上，全是些凶手，奸贼！我本来可以把她救活的；现在她永远走了！科迪利娅，科迪利娅！等一等。嘿！你说什么？她的声音总是那么柔软温和，女儿家是应该这样的。我亲手杀死了那把你缢死的奴才。

军官　殿下，他真的把他杀死了。

李尔　我不是把他杀死了吗，汉子？从前我一举起我的宝刀，就可以叫他们吓得抱头鼠窜；现在年纪老啦，这些苦难消磨了我的精力。你是谁？老实告诉你吧，我的眼睛可不大好。

肯特　要是命运女神向人夸口，说有两个被她爱过和恨过的人，那么其中一个就在我们眼前。

李尔　我的眼睛太模糊啦。你不是肯特吗？

肯特　正是，您的仆人肯特。您的仆人卡厄斯呢？

李尔　他是一个好人，我可以告诉你；他发起性子来就打人，而且很快。他现在已经死了，烂了。

肯特　不，陛下，我就是那个人——

李尔　一会儿我再来弄清。

肯特　自从您开始遭遇变故以来，我一直跟随着您不幸的足迹。

李尔　欢迎你到这里来。

肯特　其余一个都没有。一切都是凄惨的，黑暗的，毁灭性的。

您的两个大女儿已经毁灭了自己，在绝望中死了。

李尔　嗯，我想是这样的。

奥本尼　他不知道自己在说什么，我们谒见他也是徒然的。

埃德加　全然是徒劳。

【一军官上。

军官　禀殿下，埃德蒙死了。

奥本尼　那在这里不过是小事一件。各位爵爷和尊贵的朋友，听我向你们说说我的打算：对于这一位老病衰弱的君王，我将要尽力给予可能的安慰；当他在世的时候，我将把最高的权力归还给他。（向埃德加、肯特）你们两位恢复你们应有的权利，我还要加赉你们额外的尊荣，褒扬你们过人的节行。一切朋友都要得到他们德行的报酬，一切仇敌都要尝到他们罪恶的苦杯。——啊！瞧，瞧！

李尔　我可怜的弄人给缢死了！不，不，没有命了！为什么一条狗、一匹马、一只耗子，都有它们的生命，你却没有一丝呼吸？你是永不回来的了，永不，永不，永不，永不，永不！请你替我解开这个纽扣，谢谢你，先生。你看见了吗？瞧着她，瞧，她的嘴唇，瞧那边，瞧那边！（死）

埃德加　他晕过去了！——陛下，陛下！

肯特　碎吧，心啊！碎吧！

埃德加　抬起头来，陛下。

肯特　不要烦扰他的灵魂。啊！让他安然死去吧，他恨那想要使他在这无情尘世的刑架上多抻拉一时的人。

埃德加　他真的去了。

肯特　他居然忍受了这么久的时候，真是一件奇事；他这阵只是勉强地活着。

奥本尼　把他们抬出去。我们现在要传令全国举哀。
（向肯特、埃德加）——
两位朋友，帮我主持大政，
培养这已经受伤的国本。

肯特　不日间我就要登程上道；
我已经听见主上的呼召。
埃德加这惨痛时刻的重担我们不能不背；
感到的就说出来，而不是堂皇应对。
最老的人忍受得最多，我们后生者流
将看不到这么多，也活不到这样长久。
（同下中奏丧礼进行曲）

麦克白

The Tragedy Of Macbeth

〔英〕莎士比亚

主编序言

莎士比亚的悲剧中，《麦克白》以故事情节简单、动作直白而著称。没有通过次要情节丰富故事使其复杂化，而对于整个故事篇章中争权夺利，利欲熏心的阴暗场面，仅通过一笔带过的幽默语言做了淡化处理。

故事源于苏格兰，这个一半以上时期都充满传奇的国家，由莎士比亚从拉斐尔·霍林斯赫德的编年史中选取。戏剧的多数部分均尊重历史，力图还原原著，仅部分细节是受编年史其他部分启发而来，并非出自邓肯与麦克白的统治时期，比如麦克白夫人毒害他人，第二场第四幕描述的预兆，以及“别再睡觉了”的声音。

甚至出现在拉斐尔·霍林斯赫德的女巫自己说的话，“共同的一点，命运的安排，让这些女人到底是成为邪恶的女巫姐妹，还是居于山林水泽的仙女或精灵，皆是由其巫术是正义还是邪恶决定，与本人无关。”莎士比亚在《麦克白》中使用这几个神话故事中的命运女巫，并根据自己时代的巫术方块加入情节，使其具有象征意义和精神内涵，与麦克白中人物的转变相关联，顿时跃然纸上。

悲剧结尾处阐明了其对诗歌般正义的坚持，号召正义终将胜利，邪恶终会垮台的必然结局。但是正义有时很微妙，《李尔王》就体现得恰到好处，善良有时不一定会占得上风，而是由人物主导性格所决定的。剧中比麦克白战败甚至死亡更可怕的是他逐步堕落滑向邪恶深渊的画面：海湾战场上似野兽咆哮的场景。

查尔斯·艾略特

剧中人物

邓肯　苏格兰国王

马尔康

道纳本

麦克白

班柯

麦克德夫

列诺克斯

洛斯

孟提斯

安格斯

凯士纳斯

弗里恩斯　班柯之子

西华德　诺森勃兰伯爵，英国军中大将

小西华德　西华德之子

西登　麦克白的侍臣

麦克德夫的幼子

英格兰医生

苏格兰医生

军曹

看门人

老翁

麦克白夫人

麦克德夫夫人

麦克白夫人的侍女

三女巫

赫卡忒

另外三个女巫

贵族、绅士、将领、兵士、刺客、侍从及使者等

班柯的鬼魂及其他幽灵等

地点

苏格兰；英格兰

第一幕

第一场　荒原

【雷电中三女巫上。

女巫甲　何时姊妹再相逢？

雷电轰轰雨蒙蒙。

女巫乙　且等烽烟静四陲，

败军高奏凯歌回。

女巫丙　半山夕照尚含晖。

女巫甲　何处相逢？

女巫乙　在荒原。

女巫丙　麦克白将在此会。

女巫甲　我来了，狸猫精。

女巫乙　癞蛤蟆在叫我。

女巫丙　来也。

众巫（合）　美即丑恶丑即美，

翱翔毒雾妖云里。（同下）

第二场　福累斯附近营地

【内号角声中邓肯、马尔康、道纳本、列诺克斯及侍从等上，与一流血之军曹相遇。

邓肯　那个流血的人是谁？看他痛苦的样子，也许可以向我们报告关于叛乱的最近的消息。

马尔康　这就是那个奋勇苦战帮助我冲出敌人重围的军曹。祝福，勇敢的朋友！把你离开战场以前的战况报告王上。

军曹　双方还在胜负未决之中；正像两个精疲力竭的游泳者，彼此扭成一团，显不出他们的本领来。那残暴的麦克唐华德不愧为一个叛徒，因为无数奸恶的天性都丛集于他的一身；他已经征调了西方各岛上的轻重步兵，命运也好像一个娼妓一样，有意向叛徒卖弄风情，助长他的罪恶的气焰。可是这一切都无能为力，因为英勇的麦克白不以命运的喜怒为意；挥舞着他那把血腥的宝剑，一路砍杀过去，直到了那奴才的面前，也不打一句话，就挺剑从他的肚脐上刺了进去，把他的胸膛划破，一直划到下巴上；他的头已经割下来挂在我们的城楼上了。

邓肯　啊，英勇的表弟！了不起的壮士！

军曹　阳光即将再次照耀大地时，却偏偏吹来了摧樯断桅的暴风；我们正在兴高采烈的时候，却又遭遇了重大的打击。听着，苏格兰的君主，听着：当正义凭着勇气的威力，正在驱逐敌军向后溃退的时候，挪威国君看见有机可乘，调了一批甲械精良的生力部队又向我们开始一次新的猛攻。

邓肯　我们的将军们，麦克白和班柯有没有因此而气馁？

军曹　是的，要是麻雀能使怒鹰却退，兔子能把雄狮吓走的话。实实在在地说，他们就像两尊巨炮，满装着双倍火力的炮弹，越发越猛地向敌人射击。瞧他们的神气，好像拼着浴血负创，非让尸骸铺满了原野决不罢手似的。可是我的气力已经不济了，我的伤口需要医治。

邓肯　你的叙述和你的伤口一样，都表现出一个战士的精神。

来，把他送到军医那儿去。（侍从扶军曹下）

【洛斯和安格斯上。

邓肯　谁来啦？

马尔康　尊贵的洛斯爵士。

列诺克斯　他的眼睛里露出多么慌张的神色！好像要说些什么古怪的事情似的。

洛斯　上帝保佑吾王！

邓肯　爵士，你是从什么地方来的？

洛斯　从法夫来，陛下。挪威的旌旗在那边的天空招展，把一阵寒风扇进了我们人民的心里。挪威国君亲自率领了大队人马，靠着那个最奸恶的叛徒考特爵士的帮助，开始了一场残酷的血战；直到麦克白那位女战神的情郎披甲而前，与他奋勇交锋，方才挫折了他的傲气；胜利终于属我们所有。

邓肯　好大的幸运！

洛斯　现在史威诺，挪威的国王，已经向我们求和了。我们责令他在圣戈姆小岛上缴纳一万块钱充入我们的国库，否则不让他把战死的将士埋葬。

邓肯　我们不能再让考特爵士窃取我们的厚爱。

立刻宣判他的死刑，他原来的爵位移赠麦克白。

洛斯　我就去执行陛下的旨意。

邓肯　他所失去的，也就是尊贵的麦克白所得到的。（同下）

第三场　荒原

【雷鸣中三女巫上。

女巫甲　妹妹，你从哪儿来？

女巫乙　我刚杀了猪来。

女巫丙　姐姐，你从哪儿来？

女巫甲　一个水手的妻子坐在那儿吃栗子，啃呀啃呀啃呀地啃着。“给我！”我说。“滚开，妖巫！”这个大屁股贱人喊起来了。她的丈夫是猛虎号的船长，到阿勒坡去了；可是我要坐在一张筛子里追他去，像一只没尾巴的老鼠，我要去，我要去，我要去。

女巫乙　我助你一阵风。

女巫甲　感谢你的神通。

女巫丙　我也助你一阵风。

女巫甲　驾风直到海西东。

到处狂风吹海立，

浪打行船无休息，

终朝终夜不得安，

骨瘦如柴血色干；

年年辛苦月月劳，

气断神疲精力销；

他的船儿不会翻，

暴风雨里受受难。

瞧我有些什么东西？

女巫乙　给我看，给我看。

女巫甲　这是一个在归途覆舟殒命的舵工的拇指。（内鼓声）

女巫丙　鼓声！鼓声！麦克白来了。

众巫（合）　手携手，三姊妹，

沧海高山弹指地，

朝飞暮返任游戏。

姐三巡，妹三巡，

三三九转蛊方成。

【麦克白及班柯上。

麦克白　我从来没有见过这样阴郁而又光明的日子。

班柯　到福累斯还有多少路？这些是什么人，形容这样枯瘦，服装这样怪诞，不像是地上的居民，可是却在地上出现？你们是活人吗？你们能不能回答我们的问题？好像你们懂得我的话，每一个人都同时把她满是皱纹的手指按在她干枯的嘴唇上。你们应当是女人，可是你们的胡须却又使我不敢相信你们是女人。

麦克白　你们要是能够讲话，告诉我们你们是什么人？

女巫甲　万福，麦克白！祝福你，葛莱密斯爵士！

女巫乙　万福，麦克白！祝福你，考特爵士！

女巫丙　万福，麦克白，未来的君王！

班柯　将军，您为什么这样吃惊，好像害怕这种听上去很好的消息？用真理的名义回答我，你们是幻象呢，还是果然是像你们所显现的那个样子的生物？你们向我高贵的同伴致敬，并且预言他未来的尊荣和远大的希望，使他听得出了神；可是你们却没有对我说一句话。要是你们能够洞察时间所播的种子，知道哪一颗会长成，哪一颗不会长成，那么请对我说；我既不乞讨你们的恩惠，也不惧怕你们的憎恨。

女巫甲　祝福！

女巫乙　祝福！

女巫丙　祝福！

女巫甲　比麦克白低微，可是你的地位在他之上。

女巫乙　不像麦克白那样幸运，可是你比他更有福。

女巫丙　你虽然不是君王，可你的子孙将要君临一国。

万福，麦克白和班柯！

女巫甲　班柯和麦克白，万福！

麦克白　且慢，你们这些闪烁其词的预言者，明白一点告诉我，西纳尔死了以后，我知道我已经晋封为葛莱密斯爵士，可是怎么会做起考特爵士来呢？考特爵士现在还活着，他的势力非常煊赫；至于说我是未来的君王，那正像说我是考特爵士一样难以置信。说，你们这种奇怪的消息是从什么地方来的？为什么你们要在这荒凉的旷野用这种预言式的称呼使我们止步？
说，我命令你们。（三女巫隐去）

班柯　水上有泡沫，土地也有泡沫，这些便是大地上的泡沫。她们消失到什么地方去了？

麦克白　消失在空气之中，好像是有形体的东西，却像呼吸一样融化在风里了。我倒希望她们再多留一会儿。

班柯　我们正在谈论的这些怪物，果然曾经在这儿出现吗？还是因为我们误食了令人疯狂的草根，已经丧失了我们的理智？

麦克白　您的子孙将要成为君王。

班柯　您自己将要成为君王。

麦克白　而且还要做考特爵士；她们不是这样说吗？

班柯　正是这样说。谁来啦？

【洛斯及安格斯上。

洛斯　麦克白，王上已经很高兴地接到了你胜利的消息：当他听见你在这次征讨叛逆的战争中所表现出的英勇勋绩的时候，他简直不知道应当惊异还是应当赞叹，在这两种心理的交相冲突之下，他快乐得说不出话来。他又知道你在同一天之内，又在雄壮的挪威大军的阵地上出现，不因为你自己亲手造成的死亡惨相而感到些微的恐惧。报信的人接踵而至，异口同声地在他的面前称颂你保卫祖国的大功。

安格斯　我们奉王上的命令前来，向你传达他的慰劳的诚意；我们的使命只是迎接你回去面谒王上，不是来酬答你的功绩。

洛斯　为了向你保证他将给你更大的尊荣起见，他叫我替你加上考特爵士的称号。祝福你，最尊贵的爵士！这一个尊号是属于你的了。

班柯　什么！魔鬼居然会说真话吗？

麦克白　考特爵士现在还活着，为什么你们要替我穿上借来的衣服呢？

安格斯　原来的考特爵士现在还活着，可是因为他自取其咎，犯了不赦的重罪，在无情的判决之下，将要失去他的生命。他究竟有没有和挪威人公然联合，或者曾经给叛党秘密的援助，或者同时用这两种手段来图谋颠覆他的祖国，我还不能确实知道；可是他叛国的重罪，已经由他亲口供认，并且有了事实的证明，使他遭到了毁灭的命运。

麦克白　（旁白）葛莱密斯，考特爵士，最大的尊荣还在后面。（向洛斯、安格斯）谢谢你们的跋涉。（向班柯）她们叫我做考特爵士，果然被她们说中了；您不希望您的子孙将来做君王吗？

班柯　您要是果然相信了她们的话，也许做了考特爵士以后，还想把王冠攫到手里。可是这种事情很奇怪；魔鬼为了要陷害我们起见，往往故意向我们说真话，在小事情上取得我们的信任，然后我们在重要的关头便会堕入他的圈套。两位大人，让我对你们说句话。

麦克白　（旁白）两句话已经证实，这就像美妙的开场白，接下去堂皇的帝王戏就要正式开演。（向洛斯、安格斯）谢谢你们两位。（旁白）这种神奇的启示不会是凶兆，可是也不像是吉兆。假如它是凶兆，为什么用一句灵验的预言，保证我未来的成功呢？我现在不是已经做了考特爵士了吗？假如它是吉兆，为什么那句话会在我脑中引起可怖的印象，使我毛发森然，使我的心全然失去常态，勃勃地跳个不住呢？想象中的恐怖远过于实际上的恐怖；我的思想中不过偶然浮起了杀人的妄念，就已经使我全身震撼，心灵在猜测之中丧失了作用，把虚无的幻影当成真实了。

班柯　瞧，我们的同伴想得多么出神。

麦克白　（旁白）要是命运将会使我成为君王，那么也许命运会替我加上王冠，用不着我自己费力。

班柯　新的尊荣加在他的身上，就像我们穿上新衣服一样，在没有穿惯以前，总觉得有些不大适合身材似的。

麦克白　（旁白）无论事情怎样发生，最难堪的日子也是会过去的。

班柯　尊贵的麦克白，我们在等候着您的意旨。

麦克白　原谅我，我迟钝的脑筋刚才偶然想起了一些已经忘记了的事情。两位大人，你们的辛苦已经铭刻在我的心上，我每天都要把它翻开来诵读。让我们到王上那儿去。想一想最近发生的这些事情，等我们把一切详细考虑过了以后再把各人心里的意思彼此开诚相告吧。

班柯　很好。

麦克白　现在暂时不必多说。来，朋友们。（同下）

第四场　福累斯　宫中一室

【喇叭奏花腔中邓肯、马尔康、道纳本、列诺克斯及侍从等上。

邓肯　考特的死刑有没有执行完毕？监刑的人还没有回来吗？

马尔康　陛下，他们还没有回来，可是我曾经和一个亲眼看见他死的人谈过话，他说他很坦白地供认他的叛逆，请求您宽恕他的罪恶，并且表示深切的悔恨。他的一生行事，从来不曾像他临终的时候那样值得钦佩；他抱着视死如归的态度，抛弃了他的最宝贵的生命，就像它不足介意毫无价值一样。

邓肯　世上还没有一种方法可以从一个人的脸上探察他的居心，他是我曾经绝对信任的一个人。

【麦克白、班柯、洛斯及安格斯上。

邓肯　啊，好表弟！我那忘恩负义的罪恶，刚才还重压在我的心头。你的功劳太超乎寻常了，飞得最快的报酬都追不上你；要是它再微小一点，那么也许我可以按照适当的名分，给你应得的感谢和酬劳；现在我只能这样说，一切的报酬都不能抵偿你伟大的勋绩。

麦克白　为陛下尽忠效命本身就是一种酬报。接受我们的劳力是陛下的名分；我们对于陛下的责任，正像子女和奴仆一样，为了博得您的欢心和宠幸，无论做什么事都是应该的。

邓肯　欢迎你回来。我已经开始把你栽培，我要努力使你繁茂。尊贵的班柯，你的功劳也不在他之下，那也是不会被埋没的，让我把你拥抱在我的心头。

班柯　要是我能够在陛下的心头生长，那收获是属于陛下的。

邓肯　洋溢在我心头的盛大的喜乐，想要在悲哀的泪滴里隐藏它自己。吾儿，各位国戚，各位爵士以及一切最亲近的人，我现在向你们宣布立我的长子马尔康为王储，册封为肯勃兰亲王，他将来要继承我的王位；不仅仅是他一个人受到这样的光荣，广大的恩宠将要像繁星一样，照耀在每一个有功者的身上。

陪我到因弗内斯去，让我再叨受一次你盛情的招待。

麦克白　这是一个莫大的光荣。让我做一个前驱者，把陛下光临的喜讯先去报告我的妻子知道。现在我就此告辞了。

邓肯　我尊贵的考特！

麦克白　（旁白）肯勃兰亲王！这是一块横在我的前途的阶石，我必须跳过这块阶石，否则就要颠仆在它的上面。星星啊，收起你们的火焰！不要让光亮照见我黑暗幽深的欲望。眼睛啊，看着这双手吧，凡它做出的你都要敢于面对！（下）

邓肯　真的，尊贵的班柯，他的英勇真是名不虚传，我已经饱听人家对他的赞美，那对我就像是一桌盛筵。他现在先去预备款待我们了，让我们跟上去。真是一个无比的国戚。

（喇叭奏花腔中众下）

第五场　因弗内斯　麦克白的城堡

【麦克白夫人上，读信。

麦克白夫人　“她们在我胜利的那天迎接我；我根据最可靠的说法，知道她们是具有超越凡俗的知识的。当我燃烧着热烈的欲望，想要向她们详细询问的时候，她们已经化为一阵风不见了。我正在惊奇不已，王上的使者就来了，他们都称我为‘考特爵士’；那一个尊号就正是这些神巫用来称呼我的，而且她们还对我作这样的预示，说是‘祝福，未来的君王！’我想我应该把这样的消息告诉你，我的最亲爱的有福同享的伴侣，好让你不至于因为对于你所将要得到的富贵一无所知，而失去了你所应该享有的欢欣。把它放在你的心头，再会。”你现在已经身兼葛莱密斯和考特两个显爵，将来也会达到预言所告诉你的那样高位。可是我却为你的天性忧虑：它充满了太多的人情的乳臭，使你不敢采取最近的捷径；你希望做一个伟大的人物，你不是没有野心，可是你却缺少和那种野心相联属的奸恶；你的欲望很大，却又希望只用正当的手段；一方面不愿玩弄机诈，一方面却又要作非分的攫夺；你不缺少为达目的不择手段的坚决，可是你又宁愿中途住手也不愿事后追悔。赶快回来吧，让我把我的精神倾注在你的耳中；命运和玄奇的力量分明已经准备把黄金的宝冠罩在你的头上，让我用舌尖的勇气，把那阻止你得到那顶王冠的一切障碍驱扫一空吧。

【一使者上。

麦克白夫人　你带了些什么消息来？

使者　王上今晚要到这儿来。

麦克白夫人　你在说疯话吗？主人是不是跟他在一起？要是在一起的话，一定会早就通知我们准备准备的。

使者　禀夫人，这话是真的。我们的爵爷快要来了。我的一个伙伴比他早到了一步，他奔得气都喘不过来，好不容易才告诉了我这个消息。

麦克白夫人　好好看顾他，他带来了重大的消息。（使者下）报告邓肯走进我这堡门来送死的乌鸦，它的叫声是嘶哑的。来，注视着人类恶念的魔鬼们！解除我女性的柔弱，用最凶恶的残忍自顶至踵贯注在我的全身；凝结我的血液，不要让悔恨通过我的心头，不要让天性中的恻隐摇动我狠毒的决意！来，你们这些杀人的助手，你们无形的躯体散洒在空间，到处找寻为非作恶的机会，进入我妇人般的胸中，把我的乳水当作胆汁吧！来，阴沉的黑夜，用最昏暗的地狱中的浓烟罩着你自己，让我锐利的刀瞧不见他自己切下的伤口，让青天不能从黑暗的重衾里探出头来高喊："住手，住手！"

【麦克白上。

麦克白夫人　伟大的葛莱密斯！尊贵的考特！比葛莱密斯更伟大，比考特更尊贵的未来的统治者！你的信使我飞越蒙昧的现在，我已经感觉到未来的搏动了。

麦克白　我最亲爱的亲人，邓肯今晚要到这儿来。

麦克白夫人　什么时候走呢？

麦克白　他预备明天回去。

麦克白夫人　啊！太阳永远不会见到那样一个明天。您的脸，我的爵爷，正像一本书，人们可以从那上面读到奇怪的事情。你要欺骗世人，必须装出和世人同样的神气；让您的眼睛里，您的手上，您的舌尖，随处流露着欢迎；让人家瞧您像一朵纯洁的花朵，可是在花瓣底下却有一条毒蛇潜伏。我们必须准备款待这位贵宾；您可以把今晚的大事交给我去办。凭此一举，我们今后就可以永远掌握君临万民的无上权威。

麦克白　我们还要商量商量。

麦克白夫人　泰然自若地抬起您的头来；恐惧往往是误事的根源。一切都在我的身上。（同下）

第六场　同前　城堡之前

【高音笛奏乐中火炬前导，邓肯、马尔康、道纳本、班柯、列诺克斯、麦克德夫、洛斯、安格斯及侍从等上。

邓肯　这座城堡的位置很好，一阵阵温柔的和风轻轻地吹拂着我们微妙的感觉。

班柯　这一个夏天的客人，巡礼庙宇的燕子，也在这里筑下了它温暖的巢居，这可以证明这里的空气有一种诱人的香味。檐下梁间，墙头屋角，都是这鸟儿安置它的吊床和摇篮的地方，凡是他们生息繁殖之处，空气总是很甘美的。

【麦克白夫人上。

邓肯 瞧，瞧，我们尊贵的主妇！到处跟随我们的挚情厚爱有时会成为一种麻烦，但我还是得把它当作挚情厚爱来感谢。所以按照这个道理，我们给你带来了麻烦，你还应该感谢我们，而且还要祈祷上苍降福给我们。

麦克白夫人 我们的犬马微劳，即使加倍报效，比起陛下赐给我们的深恩广泽来，也还是不足挂齿的；我们只有燃起一瓣心香，为陛下祷祝上苍，报答陛下过去和新近加于我们的荣宠。

邓肯 考特爵士呢？我们想要追在他的前面，趁他没有到家，先为他设席洗尘；不料他骑马的本领十分了得，他的一片忠心使他急如星火，帮助他比我们先到了一步。高贵贤淑的主妇，今天晚上我要做您的宾客了。

麦克白夫人 您仆人的身家性命和一切所有都是属于您的，他不过为您代管这一切而已；只要您愿意，随时可以物归原主。

邓肯 把您的手给我，领我去见我的东道主。我很敬爱他，我还要继续眷顾他。请了，夫人。（同下）

第七场 同前 城堡中一室

【高音笛奏乐中室内遍燃火炬，一司膳及若干仆人持肴馔食具上，自台前经过同时麦克白上。

麦克白 要是干了以后就完了，那么还是快一点干；要是凭着暗杀的手段可以攫取美满的结果；要是这一刀砍下去，就可以完成一切，终结一切；那么，那么……面对时间的激流险滩我们不妨纵身一跃，不去顾忌来世的一切。可是在这种事情上，我们往往可以看见冥冥中的裁判；教唆杀人的人，结果自己反而被人所杀；把毒药投入酒杯里的人，结果自己也会饮鸩而死。他到这儿来是有两重的信任：第一，我是他的亲戚，又是他的臣子，按照名分绝对不能干这样的事；第二，我是他的东道主，应当保障他身体的安全，怎么可以自己持刀行刺？而且，这个邓肯秉性仁慈，处理国政从来没有过失，要是把他杀死了，他生前的美德，将要像天使一般发出喇叭一样清澈的声音，向世人昭告我的弑君重罪；怜悯像一个御气而行的天婴，将要把这可憎的行为揭露在每一个人的眼中，使眼泪淹没了天风。没有一种力量可以鞭策我前进，可是我的跃跃欲试的野心，却不顾一切地驱着我去冒颠踬的危险。

【麦克白夫人上。

麦克白　啊！什么消息？

麦克白夫人　他快要吃好了。你为什么跑了出来？

麦克白　他有没有问起我？

麦克白夫人　你不知道他问起过你吗？

麦克白　我们不要进行这一件事情了。他最近给我极大的尊荣；我也好容易从各种人的嘴里博到了无上的美誉，我的名声现在正在发射最灿烂的光彩，不能这么快就把它丢弃了。

麦克白夫人　难道你把自己沉浸在里面的那种希望，只是醉后的妄想吗？它现在从一场睡梦中醒来，因为追悔自己的孟浪，而吓得脸色这样苍白吗？从这一刻起，我要把你的爱情看作同样靠不住的东西。你不敢让你在行为和勇气上跟你的欲望一致吗？你宁愿像一只畏首畏尾的猫儿，顾全你所认为生命的装饰品的名誉，不惜让你在自己眼中成为一个懦夫，让“我不敢”永远跟随在“我想要”的后面吗？

麦克白　请你不要说了。只要是男子汉做的事，我都敢做；没有人比我有更大的胆量。

麦克白夫人　那么当初是什么畜生使你把这一种企图告诉我呢？是男子汉就应当敢做敢为；要是你敢做比你更伟大的人物，那才更是一个男子汉。那时候，无论时间和地点都不会给你下手的方便，可是你却居然会决意实现你的愿望；现在你有了大好的机会，你又失去勇气了。我曾经哺乳过婴孩儿，知道一个母亲是怎样怜爱那吮吸她乳汁的子女；可是我会在他看着我的脸微笑的时候，从他的柔软的嫩嘴里摘下我的乳头，把他的脑袋砸碎，要是我也像你一样，曾经发誓下这样毒手的话。

麦克白　假如我们失败了——

麦克白夫人　我们失败？只要你鼓足你的全副勇气，我们绝不会失败。邓肯赶了这一天辛苦的路程，一定睡得很熟；我再去陪他那两个侍卫饮酒作乐，灌得他们头脑模糊，记忆化成了一阵烟雾；等他们烂醉如泥，像死猪一样睡去以后，我们不就可以把那毫无防卫的邓肯随意摆布了吗？我们不是可以把这一件重大的谋杀罪案，推在他的酒醉的侍卫身上吗？

麦克白　愿你所生育的全是男孩子，因为你无畏的精神，只应该铸造一些刚强的男性。要是我们在那睡在他寝室里的两个人身上涂抹一些血迹，而且就用他们的刀子，人家会不会相信真是他们干下的事？

麦克白夫人　等他的死讯传出以后，我们就假意装出号啕痛哭的样子，这样还有谁敢不相信？

麦克白　我的决心已定，我要用全身的力量，去干这件惊人的举动。去，用最美妙的外表把人们的耳目欺骗；奸诈的心必须罩上虚伪的笑脸。（同下）

第二幕

第一场　因弗内斯　堡中庭院

【班柯及弗里恩斯上，一仆人持火炬前行。

班柯　孩子，夜已经过了几更？

弗里恩斯　月亮已经下去，我还没有听见打钟。

班柯　月亮是在十二点钟下去的。

弗里恩斯　我想不止十二点钟了，父亲。

班柯　等一下，把我的剑拿着。天上也讲究节俭，把他们的灯烛也一起熄灭了。把这个也拿着。（将腰带和匕首交给弗里恩斯）催人入睡的疲倦，像沉重的铅块一样压在我身上，可是我却一点不想睡。慈悲的神明！抑制那些罪恶的思想，不要让它们潜入我的睡梦之中。

【麦克白上，一仆人持火炬随从。

班柯　把我的剑给我。——那边是谁？

麦克白　一个朋友。

班柯　什么，爵爷！还没有安息吗？王上已经睡了；他今天非常高兴，赏了你家仆人许多东西。这一颗金刚钻是他送给尊夫人的，他称她为最殷勤的主妇。无限的愉快笼罩着他的全身。

麦克白　我们因为事先没有准备，恐怕有许多招待不周的地方。

班柯　好说好说。昨天晚上我梦见那三个女巫，她们对您所讲的话倒有几分应验。

麦克白　我没有想到她们，等我们有了工夫，不妨谈谈那件事，要是您愿意的话。

班柯　悉如遵命。

麦克白　您听从了我的话，包您有一笔富贵到手。

班柯　为了觊觎富贵而丧失荣誉的事，我是不干的；要是您有什么见教，只要不毁坏我清白的忠诚，我都愿意接受。

麦克白　那么慢慢再说，请安息吧。

班柯　谢谢，您也可以安息啦。（班柯和弗里恩斯同下）

麦克白　去对太太说要是我的睡前酒预备好了，请她打一下钟。你去睡吧。（仆人下）在我面前摇晃着，那个柄对着我的手的，不是一把刀子吗？来，让我抓住你。我抓不到你，可是仍旧看见你。不祥的幻象，你只是一件可视不可触的东西吗？或者你不过是一把想象中的刀子，从狂热的脑筋里发出来的虚妄的意象？我仍旧看见你，你的形状正像我现在拔出的这一把刀子一样明显。你指示着我所要去的方向，告诉我应当用什么利器。我的眼睛倘不是受了其他知觉的愚弄，就是兼领了一切感官的机能。我仍旧看见你；你的刃上和柄上还流着一滴一滴刚才所没有的血。没有这样的事！杀人的恶念使我看见这种异象。现在在半个世界上，大自然似乎已经死去，罪恶的梦景扰乱着平和的睡眠，作法的巫觋在向惨白的赫卡忒献祭；形容枯瘦的杀手，听到了替他把风的豺狼的嗥声，像一个幽灵似的向他的目的地蹑足前进。坚固结实的大地啊，不要听见我的脚步，不要知道它们走向何方，我怕路上的砖石会泄露了我的行踪，打破这一片森然的死寂。我正在这儿威胁他的生命，他却在那儿活得好好的；在火热的行动中，言语不过是一口冷气。（钟声）我去，就这么干！钟声在召唤我。不要听它，邓

肯，这是召你上天堂或者下地狱的丧钟。（下）

第二场　同前

【麦克白夫人上。

麦克白夫人　酒把他们醉倒了，却提起了我的勇气；浇熄了他们的馋焰，却燃起了我心头的烈火。听！不要响！这是夜枭的啼声，它正在鸣着丧钟，向人们道凄厉的晚安。他在那儿动手了。门都开着，那两个醉饱的侍卫用鼾声代替了他们的守望；我曾经在他们的就寝前的乳酒里放下麻药，瞧他们熟睡的样子，简直分别不出他们是活人还是死人。

麦克白　（在内）那边是谁？喂！

麦克白夫人　哎哟！我怕他们醒了，事情却还没办好！不是罪行本身，而是我们的企图毁了我们。听！我把他们的刀子都放好了，他不会找不到的。倘不是我看他睡着的样子活像是我的父亲，我早就自己动手了。我的丈夫！

【麦克白上。

麦克白　我已经把事情办好。你没有听见一个声音吗？

麦克白夫人　我听见枭啼和蟋蟀的鸣声。你没有讲过话吗？

麦克白　什么时候？

麦克白夫人　刚才。

麦克白　我下来的时候吗？

麦克白夫人　嗯。

麦克白　听！谁睡在隔壁的房间里？

麦克白夫人　道纳本。

麦克白　（视手）好惨！

麦克白夫人　别发傻，惨什么。

麦克白　一个人在睡梦里大笑，还有一个人喊“杀人啦！”他们彼此惊醒了，我站定听他们说话，可是他们念完祷告，又睡过去了。

麦克白夫人　那一间里是睡了两个。

麦克白　一个喊，“上帝保佑我们！”一个喊，“阿门！”好像他们看见我高举这一双杀人的血手似的。听着他们惊慌的口气，当他们说过了“上帝保佑我们”以后，我想要说“阿门”，却怎么也说不出来。

麦克白夫人　不要把它放在心上。

麦克白　可是我为什么说不出“阿门”两个字来呢？我才是最需要上帝垂恩的，可是“阿门”两个字却哽在我的喉间。

麦克白夫人　这种事不能尽往这方面想下去，那样我们会发疯的。

麦克白　我仿佛听见一个声音喊着：“不要再睡了！麦克白已经杀害了睡眠。”那清白的睡眠，把忧虑的乱丝编织起来的睡眠，那日常的死亡、疲劳者的沐浴、受伤心灵的油膏、大自然最丰盛的肴馔、生命盛筵上主要的营养——

麦克白夫人　你这种话是什么意思？

麦克白　那声音继续向全屋子里喊着：“不要再睡了！葛莱密斯已经杀害了睡眠，所以考特将再也得不到睡眠，麦克白将再也得不到睡眠。”

麦克白夫人　谁喊着这样的话？唉，我的爵爷，您这样胡思乱想，是会妨害您的健康的。去拿些水来，把您手上的血迹洗洗干净。为什么您把这两把刀子带了来？它们应该放在那边。把它们拿回去，涂一些血在那两个熟睡的侍卫身上。

麦克白　我不愿再去了。我不敢回想刚才所干的事，更没有胆量再去看它一眼。

麦克白夫人　意志动摇的人！把刀子给我。睡着的人和死了的人不过和画像一样，只有小儿的眼睛才会害怕画中的魔鬼。要是他还流着血，我就把它涂在那两个侍卫的脸上；因为我们必须让人家瞧见这是他们的罪恶。（内敲门声中下）

麦克白　那打门的声音从什么地方来的？究竟怎么一回事，一点点的声音都会吓得我心惊肉跳？这是什么手！嘿！它们要挖出我的眼睛。大洋里所有的水，能够洗净我手上的血迹吗？不，恐怕我这一手的血，倒要把一碧无垠的海水，染成一片殷红呢。

【麦克白夫人重上。

麦克白夫人　我的两手跟你同样颜色了，可是我的心却羞于像你那样惨白。（敲门声）我听见有人打着南面的门。让我们回到自己房间里去，一点点水就可以替我们泯除痕迹。不是很容易的事吗？你的魄力不知道到哪儿去了。（敲门声）听！又在那儿打门了。披上你的睡衣，也许人家会来找我们，不要让他们看见我们还没有睡觉。别这样痴头痴脑地呆想了。

麦克白　想到我干的事，最好还是忘掉我自己。（敲门声）用你打门的声音把邓肯惊醒吧！但愿你能够惊醒他！（同下）

第三场　同前

【看门人上同时有敲门声。

看门人　门打得这样厉害！要是一个人在地狱里做了管门人，就是拔闩开锁也够他战了。（敲门声）敲，敲敲！凭着魔鬼的名义，谁在那儿？一定是个囤积粮食的庄稼汉，眼看年景不错，一急之下上了吊。快过来吧，多带几块手帕，在这儿你准保流一身汗。（内敲门声）敲，敲！凭着还有一个魔鬼的名字，是谁在那儿？哼，一定是个什么讲起话来暧昧含糊的家伙，他会同时站在两方面，一会儿帮着这个骂那个，一会儿帮着那个骂这个；他曾经为了上帝的缘故，干过不少欺心事，可是他那条暧昧含糊的舌头却不能把他送上天堂去。啊！进来吧，暧昧含糊的家伙。（内敲门声）敲，敲，敲！谁在那儿？哼，一定是个什么英国的裁缝，活着的时候给人裁条法国紧身裤还要偷料子，所以给下到地狱里来了，进来吧，裁缝，你可以在这儿烤你的鹅肉。（内敲门声）敲，敲，敲个不停！你是什么人？你要进地狱，这儿太冷呢。我再也不要做这看门鬼了。我倒很想

放进几个各色各样的人来，让他们经过酒池肉林，一直到刀山火焰上去。（内敲门声）来了，来了！请你记着我这看门的人。（开门）

【麦克德夫及列诺克斯上。

麦克德夫　朋友，你是不是睡得太晚，所以睡到现在还爬不起来？

看门人　不瞒您说，大人，我们昨天晚上喝酒，一直闹到第二次鸡啼哩。喝酒这一件事，大人，最容易引起三件事情。

麦克德夫　哪三件事情？

看门人　呃，大人，打架、睡觉和撒尿。它也会挑起淫欲，可是喝醉了酒的人，干起这种事情来是一点不中用的。酒喝多了心里头就会琢磨那点邪念了：先挑逗它，再打击它；闹得它上了火，又兜头一盆冷水；弄得它挺又挺不起来，趴又趴不下去；到头来，害它做了一场春梦，就溜走了。

麦克德夫　我看昨晚上那几口黄汤管保让你做了一场春梦，现在快爬不起来了吧。

看门人　可不是，老爷。可我也没让它白把我给撂倒啊。虽说是让它抄了几回腿，可它到底不是我的对手，最后我使了一个绝招，一家伙就把它给尿在地上了。

麦克德夫　你的主人有没有起来？

【麦克白上。

麦克德夫　我们的打门把他闹醒了。他来了。

列诺克斯　早安，爵爷。

麦克白　两位早安。

麦克德夫　爵爷，王上有没有起来？

麦克白　还没有。

麦克德夫　他叫我一早就来叫他，我几乎误了时间。

麦克白　我带您去看他。

麦克德夫　我知道这是您所乐意干的事，可是有劳您啦。

麦克白　我们所喜欢的工作，可以使我们忘记劳苦，这门里就是。

麦克德夫　那么我就冒昧进去了，因为我奉有王上的命令。（下）

列诺克斯　王上今天就要走吗？

麦克白　是的，他已经这样决定了。

列诺克斯　昨天晚上刮着很厉害的暴风，我们所住的地方，烟囱都给吹了下来。他们还说空中有哀哭的声音，有人听见奇怪的死亡的惨叫，还有人听见一个可怕的声音，预言着将要有一场绝大的纷争和混乱降临在这不幸的时代。不知名的怪鸟整整地吵了一个漫漫的长夜；有人说大地都发热而颤抖起来了。

麦克白　果然是一个可怕的晚上。

列诺克斯　我年轻的经验里唤不起一个同样的回忆。

【麦克德夫重上。

麦克德夫　啊，可怕！可怕！可怕！不可言说、不可想象的恐怖！

列诺克斯
麦克白　什么事？

麦克德夫　混乱已经完成了他的杰作！大逆不道的凶手打开了上帝的圣殿，把它的生命偷了去了！

麦克白　你说什么？生命？

列诺克斯　你是说陛下吗？

麦克德夫　到他的寝室里去，让一幕惊人的惨剧昏眩你们的视觉吧。不要向我追问，你们自己去看了再说。（麦克白、列诺克斯同下）醒来！醒来！敲起警钟来，杀了人啦！有人在谋反啦！班柯！道纳本！马尔康！醒来！不要贪恋温柔的睡眠，那只是死亡的摹本，瞧一瞧死亡的真身吧！起来，起来，瞧瞧世界末日的影子！马尔康！班柯！像鬼魂从坟墓里起来一般，过来瞧瞧这一幕恐怖的景象吧！把钟敲起来！（钟鸣）

【麦克白夫人上。

麦克白夫人　为什么要吹起这样凄厉的号角，把全屋子睡着的人唤醒？说，说！

麦克德夫　啊，好夫人！我不能让您听见我嘴里的消息，它一进到妇女的耳朵里，是比利剑还要难受的。

【班柯上。

麦克德夫　啊，班柯！班柯！我们的主上给人谋杀了！

麦克白夫人　哎哟！什么！在我们的屋子里吗？

班柯　无论在什么地方，都是太惨了。好德夫，请你收回你刚才说过的话，告诉我们没有这么一回事。

【麦克白及列诺克斯重上。

麦克白　要是我在这件变故发生以前的一小时死去，我就可以说是活过了一段幸福的时间；因为从这一刻起，人生已经失去它严肃的意义，一切都不过是儿戏。荣名和美德已经死了，生命的美酒已经喝完，剩下来的只是一些无味的渣滓。

【马尔康及道纳本上。

道纳本　出了什么乱子了？

麦克白　你们还没有知道你们重大的损失；你们血液的源泉已经切断了，你们生命的根本已经切断了。

麦克德夫　你们的父王给人谋杀了。

马尔康　啊！给谁谋杀的？

列诺克斯　瞧上去是睡在他房间里的那两个家伙干的事；他们的手上脸上都是血迹，我们从他们枕头底下搜出了两把刀，刀上的血迹也没有揩掉。他们的神色惊惶万分，谁也不能把他自己的生命信托给这种家伙。

麦克白　啊！可是我后悔一时鲁莽，把他们杀了。

麦克德夫　你为什么杀了他们？

麦克白　谁能够在惊愕之中保持冷静，在盛怒之中保持镇定，在激于忠愤的时候，保持他不偏不倚的精神？世上没有这样的人吧。我的理智来不及控制我的愤激的忠诚。这儿躺着邓肯，他银白的皮肤上镶着一缕缕黄金的宝血，他那被创巨痛深的伤痕张开了裂口，像是一道道毁灭的门户；那边站着这两个凶手，身上浸润着他们罪恶的颜色，他们的刀上凝结着刺目的血块。只要是一个尚有几分忠心的人，谁不要怒火中烧，替他的主子报仇雪恨?

麦克白夫人 啊，快扶我进去!

麦克德夫 快来照料夫人。

马尔康 （向道纳本旁白）这是跟我们切身相关的事情，为什么我们一言不发?

道纳本 （向马尔康旁白）我们身陷危境，不可测的命运随时都会吞噬我们，还有什么话好说呢? 快走，眼下还不是掉泪的时候。

马尔康 （向道纳本旁白）也不是大放悲声的场合。

班柯 照料这位夫人。（麦克白夫人被抬下）我们这样袒露着身体，难免要得病，大家先去穿上衣服，以后举行一次会议，彻查这一件最残酷的血案的真相。恐惧和疑虑使我们惊慌失措；站在上帝的伟大的指导之下，我一定要从尚未揭发的假面具下面，探出叛逆的阴谋，和它做殊死的斗争。

麦克德夫 我也愿意做同样的宣告。

众人 我们也都抱着同样的决心。

麦克白 让我们赶快振起我们刚强的精神，大家到厅堂里商议去。

众人 很好。（除马尔康、道纳本外均下）

马尔康 你预备怎么办? 我们不要跟他们在一起。假装一副悲哀的面孔，是每一个奸人的拿手好戏。我要到英格兰去。

道纳本 我到爱尔兰去。我们两人各奔前程，对于彼此都是比较安全的办法。我们现在所在的地方，人们的笑脸里都暗藏着利刃；越是跟我们血缘相近的人，越是想喝我们的血。

马尔康 杀人的利箭已经射出，可是还没有落下；避过它的目标，是我们唯一的活路。赶快上马吧! 让我们不要拘于告别的礼貌，趁着有便就溜出去。明知没有网开一面的希望，就该及早逃避弋人的罗网。（同下）

第四场　同前　城堡外

【洛斯及一老翁上。

老翁　我已经活了七十个年头，惊心动魄的日子经过得不少，稀奇古怪的事情也看到过不少，可是像这样可怕的夜晚，却还是第一次遇见。

洛斯　啊！好老人家，你看上天好像在恼怒人类的表演，在向这流血的舞台发出恐吓。照钟上现在应该是白天了，可是黑夜的魔手却把那盏在天空中运行的明灯遮蔽得不露一丝光亮。难道黑夜已经统治一切，还是因为白昼不好意思抬起头来，所以在这应该有阳光遍吻大地的时候，地面上却被无边的黑暗笼罩？

老翁　这种现象完全是反常的，正像那件惊人的血案一样。在上星期二那天，有一头雄踞在高岩上的猛鹰，被一只吃田鼠的鸱鸮飞上去把它啄死了。

洛斯　还有一件非常怪异可是十分确实的事情。邓肯有几匹躯干俊美举步如飞的骏马，的确是不可多得的良种，忽然野性大发，撞破了马棚，冲了出来，倔犟得不受羁勒，好像要向人类挑战似的。

老翁　据说它们还彼此相食。

洛斯　是的，我亲眼看见这种事情，简直不敢相信自己的眼睛。麦克德夫来了。

【麦克德夫上。

洛斯　情况如何？

麦克德夫　啊，您没有看见吗？

洛斯　谁干了这件残酷得超乎寻常的罪行已经知道了吗？

麦克德夫　就是那两个给麦克白杀死了的家伙。

洛斯　唉！他们干了这件事指望得到什么呢？

麦克德夫　他们一定是受人的指使。马尔康和道纳本，王上的两个儿子，已经偷偷地逃走了，这使他们也蒙上了嫌疑。

洛斯　那更加违反人情了！反噬自己的命根，这样的野心会有什么好结果呢？看来大概王位要让麦克白登上去了。

麦克德夫　他已经受到推举，现在到斯贡即位去了。

洛斯　邓肯的尸体在什么地方？

麦克德夫　已经抬到戈姆基尔，他祖先的陵墓上。

洛斯　您也要到斯贡去吗？

麦克德夫　不，大哥，我还是到法夫去。

洛斯　好，我要到那边去看看。

麦克德夫　好，但愿您看见那边的一切都是好好儿的，再会！怕只怕我们的新衣服不及旧衣服舒服哩！

洛斯　再见，老人家。

老翁　上帝祝福您，也祝福那些把恶事化成善事，把仇敌化为朋友的人！（各下）

第三幕

第一场　福累斯　王宫中一室

【班柯上。

班柯　你现在已经如愿以偿了：国王、考特、葛莱密斯，一切符合女巫们的预言。你得到这种富贵的手段恐怕不大正当，可是据说你的王位不能传及子孙，我自己却要成为许多君王的始祖。她们的话既然已经在你麦克白身上应验，那么难道不也会成为对我的启示，使我对未来发生希望吗？可是闭口！不要多说了。

【喇叭奏花腔中麦克白王冠王服，麦克白夫人后冠后服，列诺克斯、洛斯、贵族、侍从等上。

麦克白　这儿是我们主要的上宾。

麦克白夫人　要是忘记了请他，那就要成为我们盛筵上绝大的遗憾，一切都要显得寒碜了。

麦克白　将军，我们今天晚上要举行一次隆重的宴会，请你千万出席。

班柯　谨遵陛下命令，我的忠诚永远接受陛下的使唤。

麦克白　今天下午你要骑马去吗？

班柯　是的，陛下。

麦克白　否则我很想请你参加我们今天的会议，贡献我们一些良好的意见，你的老谋深算，我是一向佩服的；可是我们明天再谈吧。你要骑到很远的地方吗？

班柯　陛下，我想尽量把从现在起到晚餐时候为止这一段时间在马上消磨过去；要是我的马不跑得快一些，也许要到天黑以后一两小时才回来。

麦克白　不要误了我们的宴会。

班柯　陛下，我一定不失约。

麦克白　我听说我那两个凶恶的王侄已经分别到了英国和爱尔兰，他们不承认他们的残酷的弑父重罪，却到处向人传播离奇荒谬的谣言；可是我们明天再谈吧，有许多重要的国事要等候我们两人共同处理呢。请上马吧，等你晚上回来的时候再会。弗里恩斯也跟着你去吗？

班柯　是，陛下，时间已经不早，我们就要去了。

麦克白　愿你马蹄轻快，一路平安。再见。（班柯下）大家请便，各人去干各人的事，到晚上七点钟再聚首吧。为了更能领略到嘉宾满堂的快乐起见，我在晚餐以前想一个人独自静息静息。愿上帝和你们同在！（除麦克白及一侍从外均下）喂，问你一句话：那两个人是不是在外面等候着我的旨意？

侍从　是，陛下，他们就在宫门外面。

麦克白　带他们进来见我。（侍从下）单单做到这一步还不算什么，总要把现状确定巩固下来才好。我对于班柯怀着深切的恐惧，他高贵的天性中有一种使我生畏的东西；他是个敢作敢为的人，在他无畏的精神上，又加上深沉的智虑，指导他的大勇在确有把握的时机行动。除了他以外，我什么人都不怕，只有他的存在才使我惴惴不安。据说安东尼在恺撒的手下时，他的天才完全被恺撒所掩盖，我在他的雄才大略之下，情形也是这样。当那些女巫们最初称我为王的时候，他呵斥她们，叫她们对他说话；她们就像先知似的说他的子孙将相继为王，她们把一顶不结果的王冠戴在我的头上，把一根没有人继承的御杖放在我的手里，然后再从我的手里夺去，我的子嗣则不得接过。要是果然是这样，那么我玷污了我的手，只是为了班柯后裔的好处：我为了他们暗杀了仁慈的邓肯；为了他们良心上负着重大的罪疚和不安；我把我永生的灵魂给了魔鬼这人类的公敌，只是为了使他们可以登上王座，使班柯的种子登上王座！不，我不能忍受这样的事，宁愿接受命运的挑战！是谁？

【侍从率二刺客重上。

麦克白　你现在到门口去，等我叫你再进来。（侍从下）我们不是在昨天谈过话吗？

刺客甲　回陛下的话，正是昨天。

麦克白　那么好，你们有没有考虑过我的话？你们知道从前都是因为他的缘故，使你们屈身微贱，虽然你们却错怪到我的身上。在上一次我们谈话的中间，我已经把这一点向你们说明白了，我用确凿的证据，指出你们怎样被人操纵愚弄，怎样受人牵制压抑，人家对你们是用怎样的手段，这种手段的主动者以及一切其他的种种，都可以使一个半痴的疯癫的人恍然大悟地说："这些都是班柯干的事。"

刺客甲　我们已经蒙陛下开示过了。

麦克白　是的，而且我还要更进一步，这就是我们今天第二次谈话的目的。你们难道有那样的好耐性，能够忍受这样的屈辱吗？他的铁手已经快要把你们压下坟墓里去，使你们的子孙永远做乞丐，难道你们竟是如此笃信《福音》书，还要叫你们为这个好人和他的子孙祈祷吗？

刺客甲　陛下，我们是人，总有人气。

麦克白　嗯，按理说你们也算属于人类。正像家狗、野狗、猎狗、巴儿狗、狮子狗、杂种狗、癞皮狗统称为狗一样，它们有的灵敏，有的迟钝，有的狡猾，有的可以看门，有的可以打猎，各自按照造物赋予他们的本能而分别价值的高下，在广泛的总称之下得到特殊的名号；人类也是一样。要是你们在人类的行列之中，并不属于最卑劣的一级，那么就不要悄无声息，我可以把一件事情托付你们，你们照我的话干了以后，不但可以除去你们的仇人，而且还可以永远受我的宠眷；他一天活在世上，我的心病就一天不能痊愈。

刺客乙 陛下，我久受世间无情的打击和虐待，为了向这世界发泄我的怨恨起见，我什么事都愿意干。

刺客甲 我也是这样，一次次的灾祸逆运，使我厌倦于人世，我愿意拿我的生命去赌博，或者从此交上好运，或者了结了我的一生。

麦克白 你们两人都知道班柯是你们的仇人。

刺客乙 是的，陛下。

麦克白 他也是我的仇人，而且他是我的肘腋之患，他的存在每一分钟都威胁着我生命的安全。虽然我可以老实不客气地运用我的权力，把他从我的眼前铲除，而且这样做在我的良心上并没有使我不安的地方，可是我却还不能就这么干，因为他有几个朋友同时也是我的朋友，我不能招致他们的反感，即使我亲手把他打倒，也必须假意为他的灭亡悲泣；所以我只好借重你们两人的助力，为了许多重要的理由，把这件事情遮过一般人的眼睛。

刺客乙 陛下，我们一定照您的命令做去。

刺客甲 即使我们的生命——

麦克白 你们的勇气已经充分透露在你们的神情之间。最迟在这一小时之内，我就可以告诉你们在什么地方埋伏，在什么时间动手；因为这件事情一定要在今晚干好，而且要离开王宫远一些，你们必须记住不能把我牵涉在内；同时为了免得留下形迹起见，你们还要把跟在他身边的他的儿子弗里恩斯也一起杀了，他们父子两人的死，对于我是同样重要的，必须让他们同时接受黑暗的命运。你们先下去决定一下，我就来看你们。

刺客乙 我们已经决定了，陛下。

麦克白 我立刻就会来看你们，你们进去等一会儿。（二刺客下）班柯，你的命运已经决定，你的灵魂要是找得到天堂的话，今天

晚上你就该去找了。（下）

第二场　同前　宫中另一室

【麦克白夫人及一仆人上。

麦克白夫人　班柯已经离开宫廷了吗？

仆人　是，王后，可是他今天晚上就要回来的。

麦克白夫人　你去对王上说，我要请他允许我跟他说几句话。

仆人　是，王后。（下）

麦克白夫人　费尽了心机，还是一无所得，我们的目的虽然达到，却一点不感觉满足。要是用毁灭他人的手段，使自己置身在充满着疑虑的欢愉里，那么还不如那被我们所害的人一样落得无忧无愁。

【麦克白上。

麦克白夫人　啊，我的主！您为什么一个人孤零零的，让可怜的幻想做您的伴侣，把您思想念念不忘地集中在一个已死者的身上？无法挽回的事，只好听其自然，事情干了就算了。

麦克白　我们不过刺伤了蛇身，却没有把它杀死，它的伤口会慢慢平复过来，再用它原来的毒牙向我们复仇。可是让一切秩序完全解体，让天地一起遭受灾难吧。为什么我们要在忧虑中进餐，在每夜使我们惊恐的噩梦的谑弄中睡眠呢？我们为了希求自身的平安，把别人送下坟墓里去享受永久的平安，可是我们的心灵却把我们折磨得没有一刻安息，使我们觉得还是跟已死的人在一起，倒要幸福得多了。邓肯现在睡在他的坟墓里；经过了一场人生的热病，他现在睡得好好的，叛逆已经对他施过最狠毒的伤害，再没有刀剑、毒药、内乱、外患可以加害于他了。

麦克白夫人　算了算了，我的好丈夫，把您的愁眉苦脸收起，今天晚上您必须和颜悦色地招待您的客人。

麦克白　正是，亲人，你也要这样。尤其请你对班柯曲意殷勤，用你的眼睛和舌头给他特殊的荣宠。我们的地位现在还没有巩固，必须用这种谄媚的流水洗涤我们的名声，用我们的外貌遮掩我们的内心，不要给人家窥破。

麦克白夫人　您不要多想这些了。

麦克白　啊！我的头脑里充满着蝎子，亲爱的妻子，你知道班柯和他的弗里恩斯尚在人间。

麦克白夫人　可是他们并不是长生不死的。

麦克白　他们是可以侵害的，这还可以给我几分安慰。所以你快乐起来吧。在蝙蝠完成它黑暗中的飞翔以前，在振翅而飞的甲虫应答着赫卡忒的呼召，用嗡嗡的声音摇响催眠的晚钟以前，一件可怕的事情就会干完。

麦克白夫人　是什么事情?

麦克白　你暂时不必知道，最亲爱的宝贝，等事成以后，你再鼓掌称快吧。来，使人盲目的黑夜，遮住可怜的白昼那温柔的眼睛，用你的无形的毒手，撕毁他那生命的租约吧！天色在朦胧起来，乌鸦都飞回到昏暗的林中；一天的好事开始沉沉睡去，黑夜的罪恶的使者却在准备攫捕他们的猎物。我的话使你惊奇，可是不要说话；以不义开始的事情，必须用罪恶使它巩固。跟我来。（同下）

第三场　同前　苑囿有一路通王宫

【三刺客上。

刺客甲　可是谁叫你来帮我们的?

刺客丙　麦克白。

刺客乙　我们不必怀疑他，他已经把我们的任务和怎样动手的方法都指示给我们了。

刺客甲　那么就跟我们站在一起吧。西方还闪耀着一线白昼的余晖，晚归的行客现在拍马加鞭，找寻宿处了。我们守候的目标已经在那儿向我们走近。

刺客丙 听！我听见马声。

班柯 （在内）喂，给我们一个火把！

刺客乙 一定是他，别的客人们都已经到了宫里了。

刺客甲 他的马在兜圈子。

刺客丙 差不多还有一里路，可是他正像许多人一样，常常把从这儿到宫门口的这条路当作走道。

刺客乙 火把！火把！

刺客丙 是他。

刺客甲 准备！

【班柯及弗里恩斯持火炬上。

班柯 今晚恐怕要下雨。

刺客甲 让它下吧。（刺客等向班柯攻击）

班柯 啊，阴谋！快逃，好弗里恩斯，逃，逃，逃！（弗里恩斯下）你也许可以替我报仇。啊，奴才！（死）

刺客丙 谁把火把灭了？

刺客甲 不应该灭吗？

刺客丙 只有一个人倒下，儿子逃去了。

刺客乙 我们工作的重要一部分失败了。

刺客甲 好，我们回去报告我们工作的结果吧。（同下）

第四场　同前　宫中大厅

【厅中陈设筵席，麦克白、麦克白夫人、洛斯、列诺克斯、群臣及侍从等上。

麦克白 大家按着各人自己的品级坐下来，总而言之一句话，我竭诚欢迎你们。

群臣 谢谢陛下的恩典。

麦克白 我自己将要跟你们在一起，做一个谦恭的主人。我们的主妇现在还坐在她的宝座上，我就要请她给你们殷勤的招待。

麦克白夫人　陛下，请您替我向我们所有的朋友表示我欢迎的诚意吧。

【刺客甲上。

麦克白　瞧，他们用诚意的感谢答复你了，两方面已经各得其平。我将要在这中间坐下来。大家不要拘束，乐一个畅快，等会儿我们就要合席痛饮一巡。（向刺客甲走去）你的脸上有血。

刺客甲　那么它是班柯的。

麦克白　我宁愿你站在门外，不愿他置身室内。你们已经把他结果了吗？

刺客甲　陛下，他的咽喉已经割断了。这是我干的事。

麦克白　你是一个最有本领的杀人犯，可是谁杀死了弗里恩斯，也一样值得夸奖；要是你也把他杀了，那你才是一个无比的好汉。

刺客甲　陛下，弗里恩斯逃走了。

麦克白　我的心病本来可以痊愈，现在它又要发作了；我本来可以像大理石一样完整，像岩石一样坚固，像空气一样广大自由，现在我却被恼人的疑惑和恐惧所包围拘束。可是班柯已经死了吗？

刺客甲　是，陛下，他安安稳稳地躺在一条泥沟里，他的头上刻着二十道伤痕，最轻的一道也可以致他死命。

麦克白　谢天谢地。大蛇躺在那里，那逃走了的小虫，将来会用它的毒液害人，可是现在它的牙齿还没有长成。走吧，明天再来听候我的旨意。（刺客甲下）

麦克白夫人　陛下，您还没有劝过客，宴会上倘没有主人的殷勤招待，那就不是请酒，而是卖酒。要吃还要在家里，出来作客席上最有滋味的就是主人的礼数，缺了它饮宴就会变得索然无味。

麦克白　亲爱的，不是你提起，我几乎忘了！来，请放量醉饱吧，愿各位胃纳健旺，身强力壮！

列诺克斯　陛下请安坐。

【班柯鬼魂上，坐麦克白座上。

麦克白　要是班柯在座，那么全国的英俊，真可以说是汇集于一堂了；我宁愿因为他的疏怠而嗔怪他，也不愿因为他遭到什么意外而为他惋惜。

洛斯　陛下，他今天失约不来，是他自己的过失。请陛下上坐，让我们叨陪末席。

麦克白　席上已经坐满了。

列诺克斯　陛下，这儿是给您留着的一个位置。

麦克白　什么地方？

列诺克斯　这儿，陛下。什么事情使陛下这样变色？

麦克白　你们哪一个人干了这件事？

众臣　什么事，陛下？

麦克白　你不能说这是我干的事，别这样对我摇着你染着血的头发。

洛斯　各位大人，起来，陛下病了。

麦克白夫人　坐下，尊贵的朋友们，王上常常是这样的，他从小就有这种毛病。请各位安坐吧，他的癫狂不过是暂时的，一会儿就会好起来。要是你们太注意他，他也许会动怒，发起狂来更加厉害。尽管自己吃喝，不要理他。你是一个男子吗？

麦克白　呕，我是一个堂堂男子，可以使魔鬼胆裂的东西，我也敢正眼瞧着它。

麦克白夫人　啊，这才说得不错！这不过是你的恐惧所描绘出来的一幅图画，正像你所说的那柄引导你去行刺邓肯的空中的匕首一样。啊！要是在冬天的火炉旁，听一个妇女讲述她的老祖母告诉她的故事的时候，那么这种情绪的冲动、恐惧的伪装，倒是非常合适的。不害羞吗？你为什么扮这样的怪脸？你瞧着的不过是一张凳子罢了。

麦克白　你瞧那边！瞧！瞧！瞧！你怎么说？哼，我什么都不在乎。要是你会点头，你也应该会说话。要是殡舍和坟墓必须把我们埋葬了的人送回世上，那么我们的坟墓都要变成鸢鸟的胃囊了。（鬼魂隐去）

麦克白夫人　什么！你发了痴，把你的男子气都失掉了吗？

麦克白　要是我现在站在这儿，那么刚才我明明瞧见他。

麦克白夫人　啐！不害羞吗！

麦克白　在人类不曾制定法律以保障公众福利之前的古代，杀人流血是不足为奇的事；即使在有了法律以后，惨不忍闻的谋杀事件也随时发生。从前的时候，一刀下去，当场毙命，事情就这样完结了；可是现在他们却会从坟墓中起来，他们的头上戴着二十件谋杀的重罪，把我们推下座位。这种事情是比这样一件谋杀案更奇怪的。

麦克白夫人　陛下，您尊贵的朋友们都因为您不去陪他们而十分扫兴哩。

麦克白　我忘了。不要对我惊诧，我最尊贵的朋友们，我有一种怪病，认识我的人都知道那是不足为奇的。来，让我们用这一杯酒表示我们的同心永好，祝各位健康！你们干了这一杯，我就坐下。给我拿些酒来，倒得满满的。（班柯鬼魂重上）我为今天在座众人的快乐，还要为我们亲爱的缺席的朋友班柯尽此一杯；要是他也在这儿就好了！来，为大家为他请干杯。

众臣　敢不从命。

麦克白　去！离开我的眼前！让土地把你藏匿了！你的骨髓已经干枯，你的血液已经冷凝，你那向人瞪着的眼睛里也已经失去了光彩。

麦克白夫人　各位大人，这不过是他的旧病复发，没有什么别的缘故。让各位扫兴，真是抱歉得很。

麦克白　别人敢做的事，我都敢：无论你用什么形状出现，像粗暴的俄罗斯大熊也好，像披甲的犀牛、舞爪的猛虎也好，只要不是你现在的样子，我坚定的神经绝不会起半分战栗；或者你现在死而复活，用你的剑向我挑战，要是我会惊惶胆怯，那么你就可以宣称我是一个少女怀抱中的婴孩儿。去，可怕的影子！虚妄的揶揄，去！（鬼魂下）嘿，他一去，我的勇气又恢复了。请你们安坐吧。

麦克白夫人　你这样疯疯癫癫的，已经打断了众人的兴致，扰乱了今天的良会。

麦克白　世上会有这种事情，像一朵夏天的黑云遮在我们的头上，怎么不叫人吃惊呢？我吓得脸无人色，你们眼看着这样的怪象，你们的脸上却仍然保持着天然的红润，这才怪哩。

洛斯　什么怪象，陛下？

麦克白夫人　请您不要对他说话，他越来越疯了，你们多问了他，他会动怒的。对不起，请各位还是散席了吧；大家不必推先让后，请立刻就去，晚安！

列诺克斯　晚安。愿陛下早复康健！

麦克白夫人　各位晚安！（群臣下）

麦克白　他们说，流血是免不了的，流血必然引起流血。据说石块曾经自己转动，树木曾经开口说话，鸦鹊的鸣声曾经泄露过杀人的凶手。夜过去了多少了？

麦克白夫人　差不多到了黑夜和白昼的交界，分不出是昼还是夜。

麦克白　麦克德夫藐视王命，拒不奉召，你看怎么样？

麦克白夫人　你有没有差人去叫过他？

麦克白　我偶然听人这么说，可是我要差人去唤他。他们这一批人家里谁都有一个被我买通的仆人，替我侦视他们的动静。我明天就要去访那三个女巫，要尽快去，听她们还有什么话说；因为我现在非得从最妖邪的恶魔口中知道我最悲惨的命运不可。为了我自己，只好把一切置之不顾。我已经两足深陷于血泊之中，要是再不涉血前进，那么回头的路也是同样使人厌倦的。我想起了一些非常的计谋，必须在不曾被人觉察以前迅速实行。

麦克白夫人　一切有生之伦，都少不了睡眠的调剂，可是你还没有好好睡过。

麦克白　来，我们睡去。我的疑鬼疑神出乖露丑，都是因为未经历练心怀恐惧的缘故；我们行事太缺少经验了。（同下）

第五场　荒原

【雷鸣中三女巫上，与赫卡忒相遇。

女巫甲　哎哟，赫卡忒！您在发怒哩。

赫卡忒　我不应该发怒吗？你们这些放肆大胆的丑婆子？你们怎么敢

用哑谜和有关生死的秘密和麦克白通气？我是你们魔法的总管，一切的灾祸都由我主持支配，你们却不通知我一声，让我也来显一显我们的神通？而且你们所干的事，都只是为了一个刚愎自用且残忍狂暴的人；他像所有的世人一样，只知道自己的利益，一点不是对你们存着什么好意。可是现在你们必须补赎你们的过失：快去，天明的时候，在阿刻戎的地坑附近会我，他将要到那边来探询他的命运；把你们的符咒魔蛊和一切应用的东西预备齐整，不得有误。我现在乘风而去，今晚我要用整夜的工夫，布置出一场悲惨的结果，在正午以前，必须完成大事。月亮角上挂着一滴湿淋淋的露珠，我要在它没有坠地以前把它摄取，用魔术提炼以后，就可以凭着它呼灵召鬼，让种种虚妄的幻影迷乱了他的本性。他将要藐视命运，唾斥死生，超越一切的情理，排弃一切的疑虑，执着他不可能的希望；你们都知道自信是人类最大的仇敌。

（乐声歌声）听！在叫我啦。瞧，我的小精灵坐在云雾之中，在等着我呢。（下）

女巫甲　来，我们赶快，她就要回来的。（同下）

第六场　福累斯　宫中一室

【列诺克斯及另一贵族上。

列诺克斯　我过去所说的不过是和你所思所想合上了拍子，那些话是还可以进一步解释的；我只觉得事情有些古怪。仁厚的邓肯被麦克白所哀悼；邓肯已经死去了。勇敢的班柯不该在深夜走路，要是您愿意，您也许可以说，他是被弗里恩斯杀死的，因为弗里恩斯已经逃匿无踪；人总不应该在夜深的时候走路。哪一个人不以为马尔康和道纳本杀死他们仁慈的父亲，是一件多么惊人的巨变？万恶的行为！麦克白为了这件事多么痛心：他不是逞着一时的忠愤，把那两个酗酒贪睡的溺职卫士杀了吗？那件事干得不是很忠勇的吗？嗯，而且也干得很聪明，因为要是人家听见他们抵赖他们的罪状，谁都会怒从心起的。所以我说，他把一切事情处理得很好；我想要是邓肯的两个儿子也被他拘留起来——上天保佑他们不会落在他的手里——他们就会知道向自己的父亲行弑，必须受到怎样的报应；弗里恩斯也是一样。可是别提这些啦，我听说麦克德夫因为出言不逊，又不出席那暴君的宴会，已经受到贬辱。您能够告诉我他现在在什么地方吗？

贵族　被这暴君篡逐出亡的邓肯世子现在寄身在英格兰宫廷之中，谦恭的爱德华对他非常优待，一点不因为他处境颠危而减削了礼遇。麦克德夫也到那边去了，他的目的是要请求贤明的英王协力激励诺森勃兰和好战的西华德，使他们出兵相援，凭着上帝的意旨帮助我们恢复已失的自由，使我们仍旧能够享受食桌上的盛馔和酣畅的睡眠，不再畏惧宴会中有沾血的刀剑，让我们能够一方面输诚效忠，一方面安受爵赏而心无疑虑。这一切都是我们现在所渴望而求之不得的。这一个消息已经使我们的王上大为震怒，他正在那儿准备作战了。

列诺克斯　他有没有差人到麦克德夫那儿去？

贵族　他已经差人去过了，那回复是极干脆的一句："阁下，我才不呢。"那差人满脸怒气，转身便走，嘴里还哼了一声，像是在说："你敢这样噎我，有你后悔的时候。"

列诺克斯　那很可以叫他留心留心尽量远避当前的祸害。但愿什么神圣的天使飞到英格兰宫廷，在他之前送个信息，让上天的祝福迅速回到我们这个在毒手压制下备受苦难的国家！

贵族　我愿意为他祈祷。（同下）

第四幕

第一场　山洞　中置沸釜

【雷鸣中三女巫上。

女巫甲　斑猫已经叫过三声。

女巫乙　刺猬已经啼了四次。

女巫丙　怪鸟在鸣啸：时候到了，时候到了。

女巫甲　绕釜环行火融融，
毒肝腐脏置其中。
蛤蟆蛰眠寒石底，
三十一日夜相继，
汗出淋漓化毒浆，
投之鼎镬沸为汤。

众巫（合）　不惮辛劳不惮烦，
釜中沸沫已成澜。

女巫乙　沼地蟒蛇取其肉，
脔以为片煮至熟；
蝾螈之目青蛙趾，
蝙蝠之毛犬之齿，

蝮舌如叉蚯蚓刺，
蜥蜴之足枭之翅，
炼为毒蛊鬼神惊，
扰乱人世无安宁。

众巫（合）不惮辛劳不惮烦，
釜中沸沫已成澜。

女巫丙豺狼之牙巨龙鳞，
千年巫尸貌狰狞；
海底抉出鲨鱼胃，
夜掘毒芹根块块；
杀犹太人摘其肝，
剖山羊胆汁潺潺；
雾黑云深月食时，
潜携斤斧劈杉枝；
娼妇弃儿死道间，
断指持来血尚殷；
土耳其鼻鞑靼唇，
烈火糜之煎作羹；
猛虎肝肠和鼎内，
炼就妖丹成一味。

众巫（合）不惮辛劳不惮烦，
釜中沸沫已成澜。

女巫乙炭火将残蛊将成，
猩猩滴血蛊方凝。

【赫卡忒及另外三个女巫上。

赫卡忒善哉尔曹功不浅，
颁赏酬劳利泽遍。
于今绕釜且歌吟，
摄人魂魄荡人心。

（音乐中众唱黑幽灵之歌，赫卡忒及另外三个女巫下）

女巫乙　拇指笃笃动，
必有恶人来；（敲门声）
既来皆不拒，
洞门敲自开。

【麦克白上。

麦克白　啊，你们这些神秘幽冥的夜游的妖婆子！你们在干些什么？

众巫　一件没有名义的行动。

麦克白　凭着你们的职业，我吩咐你们回答我，不管你们的秘密是从哪里得来的：即使你们的嘴里会放出狂风，让它们向教堂猛击；即使汹涌的波涛会把航海的船只颠覆吞噬；即使成熟的谷物会倒折在田亩上，树木会连根拔起；即使城堡会向它们的守卫者的头上倒下；即使宫殿和金字塔都会倾圮；即使大自然所孕育的一切灵奇完全归于毁灭，我也要你们回答我的问题。

女巫甲　说。

女巫乙　你问吧。

女巫丙　我们可以回答你。

女巫甲　你愿意从我们嘴里听到答复呢，还是愿意让我们的主人们回答你？

麦克白　叫他们出来，让我见见他们。

女巫甲　母猪九子食其豚，
血浇火上焰生腥；
杀人恶犯上刑场，
汗脂投火发凶光。

众巫（合）　鬼王鬼卒火中来，
现形作法莫惊猜。

【雷鸣中第一幽灵出现，为一戴盔之头。

麦克白　告诉我，你这不可思议的力量——

女巫甲　他知道你的心事；听他说，你不用开口。

幽灵甲　麦克白！麦克白！麦克白！留心麦克德夫，留心法夫爵士。放我回去。够了。（隐入地下）

麦克白　不管你是什么精灵，我感谢你的忠言警告；你已经一语道破了我的忧虑。可是再告诉我一句话——

女巫甲　他是不受命令的。这儿又来了一个，比第一个法力更大。

【雷鸣中第二幽灵出现，为一流血之小儿。

幽灵乙　麦克白！麦克白！麦克白！——

麦克白　我要是有三只耳朵，我的三只耳朵都会听着你。

幽灵乙　你要残忍、勇敢、坚决。你可以把人类的力量付之一笑，因为没有一个妇人所生下的人可以伤害麦克白。（隐入地下）

麦克白　那么尽管活下去吧，麦克德夫，我何必惧怕你呢？可是我要使确定的事实加倍确定，从命运手里接受切实的保证；我还是要你死，让我可以斥惨白的恐惧为虚妄，在雷电怒作的夜里也能安心睡觉。

【雷鸣中第三幽灵出现，为一戴王冠之小儿，手持一树。

麦克白　这是什么，他的模样像是一个王子，他幼稚的头上还戴着统治者的荣冠？

众巫　静听，不要对它说话。

幽灵丙　你要像狮子一样骄傲而无畏，不要关心人家的怨怒，也不要担忧有谁在算计你。麦克白永远不会被人打败，除非有一天勃南的树林会向邓西嫩高山移动。（隐入地下）

麦克白　那是绝不会有的事；谁能够命令树木，叫它从泥土之中拔起它的深根来呢？幸运的预兆！好！勃南的树林不会移动，叛徒的举事也不会成功，我们巍巍高位的麦克白将要尽其天年，在他寿数告终的时候奄然物化。可是我的心还在跳动着想要知道一件事情；告诉我，要是你们的法术能够解释我的疑惑，班柯的后裔会不会在这一个国土上称王？

众巫　不要追问下去了。

麦克白　我一定要知道究竟。要是你们不告诉我，愿永久的咒诅降在你们身上！告诉我。为什么那面釜沉了下去？这是什么声音？

（高音笛）

女巫甲　出来！

女巫乙　出来！

女巫丙　出来！

众巫（合）　一见惊心，魂魄无主；
如影而来，如影而去。

【作国王装束者八人次第上，最后一人持镜，班柯鬼魂随其后。

麦克白　你太像班柯的鬼魂了，下去！你的王冠刺痛了我的眼球。怎么，又是一个戴着王冠的，你的头发也跟第一个一样。第二个过去了，第三个又跟第二个一样。该死的鬼婆子！你们为什么让我看见这些人？第四个！跳出来吧，我的眼睛！什么！这一连串戴着王冠的，要到世界末日才会完结吗？又是一个？第七个！我不要再看了。可是第八个又出现了，他拿着一面镜子，我可以从镜子里面看见许许多多戴王冠的人；有几个还拿着两重的宝球，三头的御杖。可怕的景象！啊，现在我知道这不是虚妄的幻象，因为血污的班柯在向我微笑，用手指点着他们，表示他们就是他的子孙。（众幻影消失）什么！真是这样吗？

女巫甲　嗯，这一切都是真的，可是麦克白为什么这样呆若木鸡？来，姊妹们，让我们鼓舞鼓舞他的精神，用最好的歌舞替他消忧解闷。我先用魔法叫空中奏起乐来，你们就搀成一个圈子团团跳舞，让这位伟大的君王知道我们并没有怠慢了他。

（音乐中众女巫跳舞，舞毕隐去。）

麦克白　她们在哪儿？去了？愿这不祥的时辰在日历上永远被人诅咒！外面有人吗？进来！

【列诺克斯上。

列诺克斯　陛下有什么命令？

麦克白　你看见那三个女巫了吗？

列诺克斯　没有，陛下。

麦克白　她们没有打你身边过去吗？

列诺克斯　确实没有，陛下。

麦克白　愿她们所驾乘的空气都化为毒雾，愿一切相信她们言语的人都永堕沉沦！我曾经听见奔马的声音，是谁经过这地方？

列诺克斯　禀陛下，刚才有两三个使者来过，向您报告麦克德夫已经逃奔英格兰去了。

麦克白　逃奔英格兰去了！

列诺克斯　是，陛下。

麦克白　时间，你料到我狠毒的行为竟抢先了一步；再狠毒的计谋，行动一旦跟不上，也会落空。从这一刻起，我心里一想到什么，便要把它立刻实行。没有迟疑的余地，我现在就要用行动表示我的意志：我要去突袭麦克德夫的城堡；把法夫夺下来；把他的妻子儿女和一切追随他的不幸的人们一起杀死。我不能像一个傻瓜似的只会空口说大话，我必须趁着我这一个目的还没有冷淡下来以前把这件事干好。我不想再见什么幻象了！那几个使者呢？来，带我去见见他们。（同下）

第二场　法夫　麦克德夫城堡

【麦克德夫夫人、麦克德夫子及洛斯上。

麦克德夫夫人　他干了什么事，要逃亡国外？

洛斯　您必须安心忍耐，夫人。

麦克德夫夫人　他可没有一点忍耐，他的逃亡全然是发疯。我们的行为本来是光明坦白的，可是我们的疑虑却使我们成为叛徒。

洛斯　您还不知道他的逃亡究竟是明智的行为还是无谓的疑虑。

麦克德夫夫人　明智的行为！他自己高飞远走，把他的妻子儿女、他的宅第尊位，一起丢弃不顾，这算是明智的行为吗？他不爱我们，他没有天性之情，鸟类中最微小的鹪鹩也会奋不顾身，和鸱鸮争斗，保护她巢中的众雏。他心里只有恐惧没有爱；也没有一点智慧，因为他的逃亡是完全不合情理的。

洛斯　好嫂子，请您节制一下自己；讲到尊夫的为人，那么他是高尚明理而有识见的，他知道应该怎样见机行事。我不敢多说什么；现在这种时世太冷酷无情了，我们自己还没有知道，就已经蒙上叛徒的恶名。一方面恐惧流言，一方面却不知道为何而恐惧，就像在一个风波险恶的海上漂浮，全没有一定的方向。现在我必须向您告辞，不久我会再到这儿来。最恶劣的事态总有一天告一段落，或者逐渐恢复原状。我可爱的侄儿，祝福你！

麦克德夫夫人　他虽然有父亲，却和没有父亲一样。

洛斯　我是这样一个傻子，要是我再逗留下去，会叫人家笑话我，还要带累您心里难过。我现在告辞了。（下）

麦克德夫夫人　小子，你爸爸死了，你现在怎么办？你预备怎样过活？

麦克德夫子　像鸟儿一样过活，妈妈。

麦克德夫夫人　什么！吃些小虫儿和飞虫儿吗？

麦克德夫子　我的意思是说，我得到些什么就吃些什么，正像鸟儿们一样。

麦克德夫夫人　可怜的鸟儿！你从来没有想到有人在张起网布下陷阱，要捉了你去哩。

麦克德夫子　我为什么要怕这些，妈妈？他们是不会算计可怜的小鸟的。我的爸爸并没有死，虽然您是这么说。

麦克德夫夫人　不，他真的死了。你没了父亲该如何是好呢？

麦克德夫子　您没了丈夫该如何是好呢？

麦克德夫夫人　嘿，我可以随便到哪个市场上去买二十个丈夫回来。

麦克德夫子　那么您买了他们回来，还是要卖出去的。

麦克德夫夫人　这刁钻的小油嘴，可是也亏你想得出来。

麦克德夫子　我的爸爸是个反贼吗，妈妈？

麦克德夫夫人　嗯，他是个反贼。

麦克德夫子　怎么叫作反贼？

麦克德夫夫人　反贼就是起假誓撒谎的人。

麦克德夫子　凡是反贼都是起假誓撒谎的吗？

麦克德夫夫人　起假誓撒谎的人都是反贼，都应该绞死。

麦克德夫子　起假誓撒谎的都应该绞死吗？

麦克德夫夫人　都应该绞死。

麦克德夫子　谁去绞死他们呢？

麦克德夫夫人　那些正人君子。

麦克德夫子　那么那些起假誓撒谎的都是些傻瓜，他们有这许多人，为什么不联合起来打倒那些正人君子，把他们绞死了呢？

麦克德夫夫人　哎哟，上帝保佑你，可怜的猴子！可是你没了父亲该如何是好呢？

麦克德夫子　要是他真的死了，您会为他哀哭的；要是您不哭，那是一个好兆，我就可以有一个新的爸爸了。

麦克德夫夫人　这小油嘴真会胡说！

【一使者上。

使者　祝福您，好夫人！您不认识我是什么人，可是我久闻夫人的令名，所以特地前来，报告您一个消息。我怕夫人目下有极大的危险，要是您愿意接受一个微贱之人的忠告，那么还是离开此地，赶快带着您的孩子们避一避的好。我这样惊吓着您，已经是够残忍的了；要是有人再要加害于您，那真是太没有人道了。上天保佑您！我不敢多耽搁时间。（下）

麦克德夫夫人　叫我逃到哪儿去呢？我没有做过害人的事。可是我记起来了，我是在这个世上，这世上做了恶事才会被人恭维赞美，做了好事反会被人当作危险的傻瓜；那么，唉！我为什么还要用这种婆子气的话替自己辩护，说我没有做过害人的事呢？

【刺客等上。

麦克德夫夫人　这些是什么人？

众刺客　你的丈夫呢？

麦克德夫夫人　我希望他是在光天化日之下——你们这些鬼东西不敢露脸的地方。

刺客　他是个反贼。

麦克德夫子　你胡说，你这蓬头的恶人！

刺客　什么！你这叛徒的孽种！（刺麦克德夫子）

麦克德夫子　他杀死我了，妈妈，您快逃吧！

（死，麦克德夫夫人呼："杀了人啦！"下，众刺客追下）

第三场　英格兰　王宫前

【马尔康及麦克德夫上。

马尔康　让我们找一处没有人踪的树荫，在那边把我们胸中的悲哀痛痛快快地哭个干净吧。

麦克德夫　我们还是紧握着利剑，像好汉那样保卫我们受蹂躏的祖国吧。每一个新的黎明都听得见新孀的寡妇在哭泣，新失父母的孤儿在号啕，新的悲哀上冲霄汉，发出凄厉的回声，就像在哀悼苏格兰的命运，替它奏唱挽歌一样。

马尔康　我为我所相信的一切痛哭，我听到的一切，我都相信，我能够匡正的，一旦时机成熟我就会匡正。您说的话也许是事实。一提起这个暴君的名字，就使我们切齿腐舌，可是他曾经有过正直的名声，您对他也有很好的交情，他也还没有加害于您。我虽然年轻识浅，可是您也许可以利用我向他邀功求赏，用一头柔弱无罪的羔羊向一个愤怒的天神献祭，不失为一件聪明的事。

麦克德夫　我不是一个奸诈小人。

马尔康　麦克白却是的。在尊严的王命之下，忠实仁善的人也许不得不背着天良行事。可是我必须请您原谅，您忠诚的人格绝不会因为我用小人之心去测度它而发生变化。最光明的那位天使也许会堕落，可是天使们总是光明的；罪恶虽然可以遮蔽美德，美德仍然会露出它的光辉来。

麦克德夫 我已经失去我的希望。

马尔康 也许这正是引起我疑心的地方。您为什么不告而别，丢下您的妻子、儿女，那些生活中宝贵的原动力、爱情的坚强的联系，让他们担惊受险呢？请您不要把我的多心引为耻辱，为了我自己的安全，我不能不这样顾虑。不管我心里怎样想，也许您真是一个忠义的汉子。

麦克德夫 流血吧，流血吧，可怜的国家！不可一世的暴君，奠下你安然的基业吧，因为正义的力量不敢向你诛讨！忍受你的屈辱吧，这是你已经确定的名分！再会，殿下。即使把这暴君掌握下的全部土地一起给我，再加上富庶的东方，我也不愿做一个像你所猜疑我那样的奸人。

马尔康 不要生气，我说这样的话，并不是完全因为不放心您。我想我们的国家呻吟在虐政之下，流泪、流血，每天都有一道新的伤痕加在旧日的疮痍之上；我也想到一定有许多人愿意为了我的权力奋臂而起，就在这友好的英格兰，也已经有数千义士愿意给我助力。可是话虽然这样说，要是我有一天能够把暴君的头颅放在足下践踏，或者把它悬挂在我的剑上，我可怜的祖国却要在一个新的暴君的统治之下，孳生更多的罪恶，忍受更大的苦痛，造成更分歧的局面。

麦克德夫 这新的暴君是谁？

马尔康 我说的就是我自己。我知道在我的天性之中，深植着各种的罪恶，要是有一天暴露出来，黑暗的麦克白相形之下，会变得白雪一样纯洁。我们可怜的国家看见了我无限的暴虐，将会把他当作一头羔羊。

麦克德夫 踏遍地狱也找不出一个比麦克白更万恶不赦的魔鬼。

马尔康 我承认他嗜杀、骄奢、贪婪、虚伪、欺诈、急躁、凶恶，一切可以指名的罪恶他都有。可是我的淫佚是没有止境的：你们的妻子、女儿，妇人、处女，都不能填满我的欲壑，我猖狂的欲念会冲决一切节制和约束。与其让这样一个人做国王，还不如让麦克白统治的好。

麦克德夫　人性中无限制的纵欲是一种虐政，它曾经颠覆了不少王位，推翻了无数君主。可是您尚且不必担心，谁也不能禁止您满足您的分内的欲望。您可以一方面尽情欢乐，一方面在外表上装出庄重的神气，世人的耳目是很容易遮掩过去的。我们国内尽多自愿献身的女子，无论您怎样贪欢好色，也应付不了这许多为求荣献媚而投怀送抱的娇娥。

马尔康　除了这一种弱点以外，在我邪僻的心中还有一种不顾廉耻的贪婪。要是我做了国王，我一定要诛锄贵族，侵夺他们的土地；不是向这个人索取珠宝，就是向那个人勒索房屋；我拥有的越多，我的贪心就越不知道餍足，我一定会为了图谋财富的缘故，向善良忠贞的人无端寻衅，把他们陷于死地。

麦克德夫　这一种贪婪比起少年的情欲来，它的根是更深而更有毒的，我们曾经有许多过去的国王死在它的剑下。可是您不用担心，苏格兰有足够您享用的财富，它都是属于您的；只要有其他的美德，这些缺点都算不得什么。

马尔康　可是我一点没有君主之德，什么公平、正直、俭约、镇定、慷慨、坚毅、仁慈、谦恭、诚敬、宽容、勇敢、刚强，我全都没有，各种的罪恶却应有尽有，并在各方面表现出来。嘿，要是我掌握了大权，我一定要把和谐的甘乳倾入地狱，扰乱世界的和平，破坏地上的统一。

麦克德夫　啊，苏格兰，苏格兰！

马尔康　你说这样一个人是不是适宜于统治？我正是我所说的那样一个人。

麦克德夫　适宜于统治！不，这样的人是不该让他留在人世的。啊，多难的国家，一个篡位的暴君握着染血的御杖高踞在王座上，你最合法的嗣君又亲口吐露了他是这样一个可诅咒的人，辱没了他的高贵的血统，那么你几时才能重见天日呢？你的父王是一个最圣明的君主；生养你的母后视人世如尘土，朝夕跪求上帝垂怜。再会！你自己供认的这些罪恶，已经把我从苏格兰放逐。啊，我的胸膛，你的希望永远在这儿埋葬了！

马尔康　麦克德夫，只有一颗正直的心，才会有这种勃发的忠义之情，它已经把黑暗的疑虑从我的灵魂上一扫而空，使我充分信任你的真诚。魔鬼般的麦克白曾经派了许多说客来，想要把我诱进他的罗网，所以我不得不着意提防；可是上帝莅临在你我二人的中间！从现在起，我委身听从你的指导，并且撤回我刚才对我自己所讲的坏话。我所加在我自己身上的一切污点，都是我的天性中所没有的。我还没有近过女色；从来没有背过誓；即使是我自己的东西，我也没有贪得的欲念；我从不曾失信于人，我不愿把魔鬼出卖给他的同伴，我珍爱忠诚不亚于生命；刚才我对自己所作的诽语，是我第一次的说谎。那真诚的我，是准备随时接受你和我不幸的祖国的命令的。在你还没有到这儿来以前，年老的西华德已经带领了一万个战士，向苏格兰出发了。现在我们就可以把我们的力量合并在一起，我们堂堂正正的义师，一定可以得胜。您为什么不说话？

麦克德夫　好消息和恶消息同时传进了我的耳朵里，使我的喜怒都失去了自主。

【一医生上。

马尔康　好，等会儿再说。请问一声，王上出来了吗？

医生　出来了。殿下，有一大群不幸的人在等候他的医治，他们的疾病使最高明的医生束手无策，可是上天给他这样神奇的力量，只要他的手一触，他们就立刻痊愈了。

马尔康　谢谢您的见告，大夫。（医生下）

麦克德夫　他说的是什么疾病？

马尔康　他们都把它叫作“恶病”，就是瘰疬。自从来到英格兰以后，我常常看见这位善良的国王显示他奇妙无比的本领。除了他自己以外，谁也不知道他是怎样祈求着上天；可是害着怪病的人，浑身肿烂，惨不忍睹，一切外科手术无法医治的，他只要嘴里念着祈祷，用一枚金章亲手挂在他们的颈上，他们便会霍然痊愈。据说他这种治病的天能，是世世相传永袭罔替的。除了这种特殊的本领以外，他还是一个天生的预言家，光辉与吉祥高照在他的王座，表明他具有各种美德。

麦克德夫 瞧，谁来啦？

马尔康 是我们国里的人，可是我还认不出他是谁。

【洛斯上。

麦克德夫 我的贤弟，欢迎。

马尔康 我现在认识他了。好上帝，赶快除去使我们成为陌路之人的那一层隔膜吧！

洛斯 阿门，殿下。

麦克德夫 苏格兰还是原来那样子吗？

洛斯 唉！可怜的祖国！它简直不敢认识它自己！它不能再称为我们的母亲，只是我们的坟墓；除了浑浑噩噩，一无所知的人以外，谁的脸上也不曾有过一丝笑容；叹息、呻吟、震撼天空的呼号，都是日常听惯的声音，不再能引起人们的注意；沉痛的悲哀变成一般的风气；葬钟敲响的时候，谁也不再关心它是为谁而鸣；善良人的生命往往在他们帽上的花朵还没有枯萎以前就化为朝露。

麦克德夫 啊！太细致，也是太真实的描写！

马尔康 最近有什么可为之痛心的事情？

洛斯 一小时以前的变故，在叙述者的嘴里就已经变成陈迹了；每一分钟都产生新的祸难。

麦克德夫 我的妻子安好吗？

洛斯 呃，她很安好。

麦克德夫 我的孩子们呢？

洛斯 也很安好。

麦克德夫 那暴君还没有毁坏他们的平和吗？

洛斯　没有，当我离开他们的时候，他们是很平安的。

麦克德夫　不要吝惜你的言语，究竟怎样？

洛斯　当我带着沉重的消息，预备到这儿来传报的时候，一路上听见谣传，说是许多有名望的人都已起义；这种谣言照我想起来是很可靠的，因为我亲眼看见那暴君的肆虐。现在是应该出动全力挽救祖国沦夷的时候了；你们要是在苏格兰出现，可以使男人们个个变成兵士，使女人们愿意为了从困苦之中获得解放而奋斗。

马尔康　我们正要回去，让这消息作为他们的安慰吧。友好的英格兰已经借给我们西华德将军和一万兵士，所有基督教的国家里也找不出一个比他更老练更优秀的军人。

洛斯　我希望我也有同样好的消息给你们！可是我所要说的话，是应该把它在荒野里呼喊，不让它钻进人们耳中的。

麦克德夫　它是关于哪方面的？是和大众有关的呢，还是一两个人的单独的不幸？

洛斯　天良未泯的人，对于这件事谁都要觉得像自己身受一样伤心，虽然你是最感到切身之痛的一个。

麦克德夫　倘然那是有关于我的事，那么不要瞒过我，快让我知道了吧。

洛斯　但愿你的耳朵不要从此永远憎恨我的舌头，因为它将要让你听见你有生以来所听到的最惨痛的声音。

麦克德夫　哼！我猜到了。

洛斯　你的城堡受到袭击，你的妻子和儿女都惨死在野蛮的刀剑之下。要是我把他们的死状告诉你，那么不但他们已经成为猎场上被杀害的驯鹿，就是你也要痛不欲生的。

马尔康　慈悲的上天！什么，朋友！不要把你的帽子拉下来遮住你的额角；用言语把你的悲伤倾泄出来吧；无言的哀痛是会向那不堪重压的心低声耳语，叫它裂成碎片的。

麦克德夫　我的孩子也都死了吗？

洛斯　妻子、孩子、仆人，凡是被他们找得到的，杀得一个不存。

麦克德夫　我却必须离开那里！我的妻子也被杀了吗？

洛斯　我已经说过了。

马尔康　请宽心吧，让我们用壮烈的复仇做药饵，治疗这一段惨酷的悲痛。

麦克德夫　他自己没有儿女。我可爱的宝贝们都死了吗？你说他们一个也不存吗？啊，地狱里的恶鸟！一个也不存？什么！我可爱的鸡雏们和他们的母亲一起葬送在毒手之下了吗？

马尔康　拿出丈夫的气概来。

麦克德夫　我要拿出丈夫的气概来，可是我不能抹杀我人的感情。我怎么能够把我所最珍爱的人置之度外，不去想念他们呢？难道上天看见这一幕惨剧，而不对他们抱同情吗？罪恶深重的麦克德夫！他们都是为了你的缘故而死于非命。我真该死，他们没有一点罪过，只是因为我自己不好，无情的屠戮才会降临到他们的身上。愿上天让他们安息！

马尔康　把这一桩仇恨作为磨快你的剑锋的砺石，让哀痛变成愤怒，不要让你的心麻木下去，激起它的怒火来吧。

麦克德夫　啊！我可以一方面让我的眼睛里流着妇人之泪，一方面让我的舌头发出豪言壮语。可是，仁慈的上天，求你撤除一切中途的障碍，让我跟这苏格兰的恶魔正面相对，使我的剑能够刺到他的身上；要是他竟能逃生，那么上天饶恕他吧！

马尔康　这几句话说得很像个汉子。来，我们见国王去，我们的军队已经调齐，一切全备，只待整装出发。麦克白气数将尽，天诛将至；黑夜无论怎样悠长，白昼总会到来。（同下）

第五幕

第一场　邓西嫩　城堡中一室

【一医生及一侍女上。

医生　我已经陪着你看守了两夜，可是一点不能证实你的报告。她最后一次晚上起来行动是在什么时候？

侍女　自从王上出征以后，我曾经看见她从床上起来，披上睡衣，开了橱门上的锁，拿出信纸，把它折起来，在上面写了字，读了一遍，然后把信封好，再回到床上去；可是在这一段时间里，她始终睡得很熟。

医生　这是心理上的一种重大的扰乱，一方面入于睡眠的状态，一方面还能像醒着一般做事。在这种睡眠不安的情形之下，除了走路和其他动作以外，你有没有听见她说过什么话？

侍女　大夫，那我可不能把她的话照样说给你听。

医生　你不妨对我说，而且应该对我说。

侍女　我不能对您说，也不能对无论什么人说，因为没有一个人可以证实我的话。

【麦克白夫人持烛上。

侍女　您瞧！她来啦。这正是她往常的样子；凭着我的生命起誓，她现在睡得很熟。留心看着她，别让她看见。

医生　她怎么会有那支蜡烛？

侍女　那就放在她的床边。她的寝室里通宵点着灯火，这是她的命令。

医生　你瞧，她的眼睛开着呢。

侍女　嗯，可是她的视觉却关闭着。

医生　她现在在干什么？瞧，她在擦她的手。

侍女　这是她的一个惯常动作，好像在洗手似的。我曾经看见她这样擦了足有一刻钟的时间。

麦克白夫人　可是这儿还有一点血迹。

医生　听！她说话了。我要把她的话记下来，免得忘记。

麦克白夫人　去，该死的血迹！去吧！一点，两点。啊，那么现在可以动手了。地狱里是这样幽暗！呸，我的爷，呸！你是一个军人，也会害怕吗？既然谁也不能奈何我们，为什么我们要怕被人知道？可是谁想得到这老头儿会有这么多的血？

医生　你听着没有？

麦克白夫人　法夫爵士从前有一个妻子，现在她在哪儿？什么！这两只手再也不会干净了吗？算了，我的爷，算了。你这样大惊小怪，把事情都弄糟了。

医生　你看！你看！你知道了你不该知道的事。

侍女　我想她已经说了她不该说的话。天知道她心里有些什么秘密。

麦克白夫人　这儿还是有一股血腥气，所有阿拉伯的香料都不能叫这小手变得香一点。啊！啊！啊！

医生　这一声叹息多么沉痛！她的心里蕴蓄着无限的凄苦。

侍女　我可不愿为了显赫的身份而揣上一颗沉重的心。

医生　好，好，好。

侍女　但愿一切都是好好的，大夫，

医生　这种病我没有法子医治。可是我知道有些曾经在睡梦中走动的人，都是很虔敬地寿终正寝。

麦克白夫人　洗净你的手，披上你的睡衣，不要这样脸无人色。我再告诉你一遍，班柯已经下葬了；他不会从坟墓里出来的。

医生 有这等事？

麦克白夫人 睡去，睡去，有人在打门哩。来，来，来，来，让我搀着你。事情已经干了就算了。睡去，睡去，睡去。（下）

医生 她现在要去上床了吗？

侍女 就要去了。

医生 外边很多骇人听闻的流言。反常的行为引起了反常的纷扰，良心负疚的人往往会向无言的衾枕泄露他们的秘密；她需要教士的训诲甚于医生的诊视。上帝，上帝饶恕我们一切世人！留心照料她，避开一切足以惹她烦恼的根源，随时看顾着她。好，晚安！她扰乱了我的心，迷惑了我的眼。我心里所想到的，却不敢把它吐出嘴唇。

侍女 晚安，好大夫。（各下）

第二场　邓西嫩附近乡野

【旗鼓前导中孟提斯、凯士纳斯、安格斯、列诺克斯及兵士等上。

孟提斯 英格兰军队已经迫近，领军的是马尔康、他的叔父西华德和麦克德夫三人，他们的胸头燃着复仇的怒火；即使心如死灰的人也会被这种痛入骨髓的仇恨激起溅血的决心。

安格斯 在勃南森林附近，我们将要和他们相遇；他们正在从那条路上过来。

凯士纳斯 谁知道道纳本是不是跟他的哥哥在一起？

列诺克斯 我可以确实告诉你，将军，他们不在一起。我有一张他们军队里高层将领的名单，里面有西华德的儿子，还有许多初上战场乳臭未干的少年。

孟提斯 那暴君有什么举动？

凯士纳斯 他把邓西嫩防御得非常坚固。有人说他疯了，对他没有什么恶感的人，就说那是一个猛士的愤怒；可是他不能自己约束住他慌乱的心情，这是一件无疑的事实。

安格斯　现在他已经感觉到他暗杀的罪恶紧黏在他的手上；每分钟都有一次叛变，谴责他的不忠不义；受他命令的人，都不过奉命行事，并不是出于对他的忠诚；现在他已经感觉到他的尊号罩在他的身上，就像一个矮小的偷儿穿了一件巨人的衣服一样拖手绊脚。

孟提斯　他自己的灵魂都在谴责它本身的存在，谁还能怪他的昏乱的知觉怔忡不安呢。

凯士纳斯　好，我们整队前进吧。我们必须认清谁是我们应该服从的人。为了拔除祖国的沉痼，让我们准备和他共同流尽我们的最后一滴血。

列诺克斯　否则我们也愿意喷洒我们的热血，灌溉这一朵国家主权的娇花，淹没那凭陵它的野草。向勃南进军！（众列队行进下）

第三场　邓西嫩　城堡中一室

【麦克白和医生及侍从等上。

麦克白　不要再告诉我什么消息，让他们一个个逃走吧；除非勃南的森林会向邓西嫩移动，我是不知道有什么事情值得害怕的。马尔康那小子算得什么？他不是妇人所生的吗？预知人类死生的精灵曾经这样向我宣告："不要害怕，麦克白，没有一个妇人所生下的人可以加害于你。"那么逃走吧，不忠的爵士们，去跟那些饕餮的英格兰人在一起吧。我的头脑永远不会被疑虑所困扰，我的心灵永远不会被恐惧所震荡。

【一仆人上。

麦克白　魔鬼罚你变成炭团一样黑，你这脸色惨白的狗头！你从哪儿得来的这一副呆鹅的蠢相？

仆人　有一万——

麦克白　一万头鹅吗，狗才？

仆人　一万个兵，陛下。

麦克白　去刺破你自己的脸，把你那吓得毫无血色的两颊染一染红吧，你这鼠胆的小子。什么兵，蠢材？该死的东西！瞧你吓得脸孔像白布一般。什么兵，不中用的奴才？

仆人　禀陛下，是英格兰兵。

麦克白　不要让我看见你的脸。（仆人下）西登！——我心里很不舒服，当我看见——喂，西登！——这一次的战争也许可以使我从此高枕无忧，也许可以立刻把我倾覆。我已经活得够长久了，我的生命已经日渐枯萎，像一张凋谢的黄叶；凡是老年人所应该享有的尊荣、爱敬、服从和成群的朋友，我是没有希望再得到的了。代替这一切的，只有低沉而深刻的咒诅、口头上的恭维和一些违心的假话。西登！

【西登上。

西登　陛下有什么吩咐？

麦克白　还有什么消息没有？

西登　陛下，刚才所报告的消息，全都证实了。

麦克白　我要战到我的全身不剩一块好肉。给我拿战铠来。

西登　现在还用不着哩。

麦克白　我要把它穿起来。加派骑兵，到全国各处巡察，要是有谁嘴里提起了一句害怕的话，就把他吊死。给我拿战铠来。大夫，你的病人今天怎样？

医生　回陛下，她并没有什么病，只是因为思虑太过，继续不断地幻想扰乱了她的神经，使她不得安息。

麦克白　为她医好这种病。你难道不能诊治那种病态的心理，从记忆中拔去一桩根深蒂固的忧郁，拭掉那写在脑筋上的烦恼，用一种使人忘却一切的甘美的药剂，把那堆满在胸间重压在心头的积毒扫除干净吗？

医生　那还是要仰仗病人自己设法的。

麦克白　那么把医药丢给狗子吧，我不要仰仗它。来，替我穿上战铠，给我拿指挥杖来。西登，把我的命令传出去。——大夫，那些爵士们都背着我逃走了。——来，快去。——大夫，要是你能够替我的国家验一验尿，看看她害了什么病，使她恢复原来的健康，我一定要使太空之中充满着我对你的赞美的回声。——喂，把它脱下来。——什么大黄、肉桂，什么清泻的药剂可以把这些英格兰人排泄掉呢？你可知道有这样的药？

医生　知道的，陛下您要御驾亲征就是这样的一服药。

麦克白　你要是听见什么就来告诉我。除非勃南森林会向邓西嫩移动，我对死亡和毒害都没有半分惊恐。

医生　（旁白）要是我能够从邓西嫩远远离开，高官厚禄再也诱不动我回来。

（同下）

第四场　勃南森林附近的乡野

【旗鼓前导着马尔康、西华德父子、麦克德夫、孟提斯、凯士纳斯、安格斯、列诺克斯、洛斯及兵士等列队行进上。

马尔康　诸位贤卿，我希望大家都能够安枕而寝的日子已经不远了。

孟提斯　那是我们一点也不怀疑的。

西华德　前面这一座是什么树林？

孟提斯　勃南森林。

马尔康　每一个兵士都砍下一根树枝来，把它举起在各人的面前；这样我们可以隐匿我们全军的人数，让敌人无从知道我们的实力。

众兵士　得令。

西华德　我们所得到的情报，都说那自信的暴君仍旧在邓西嫩深居不出，等候我们兵临城下。

马尔康　这是他的唯一的希望；因为在他手下的人，不论地位高低，一找到机会都要叛弃他，他们接受他的号令，都只是出于被迫，并不是自己心愿。

麦克德夫　事情有了分晓自有正确的判断，眼下我们还是抖擞起我们的斗志勇往直前。

西华德　我们这一次的胜败得失，不久就可以见分晓。口头的推测不过是一些悬空的希望，实际的行动才能够产生决定的结果，大家奋勇前进吧！

（众列队行进下）

第五场　邓西嫩　城堡内

【麦克白、西登及兵士擎旗击鼓上。

麦克白　把我们的旗帜悬挂在城墙外面；到处仍旧是一片“他们来了”的呼声。我们这座城堡防御得这样坚强，还怕他们的围攻吗？让他们到这儿来，等饥饿和瘟疫来把他们收拾去了吧。倘不是我们自己的军队也倒了戈跟他们联合在一起，我们尽可以挺身出战，把他们赶回老家去。

（内妇女哭声）那是什么声音？

西登　是妇女们的哭声，陛下。（下）

麦克白　我简直已经忘记了恐惧的滋味。从前一声晚间的哀叫，可以把我吓出一身冷汗，一根头发的落下，都会使我惊惶惴恐，好像它的里面藏着我的生命一样。现在我已经饱尝无数的恐怖；我习惯于杀戮的思想，再也没有什么悲惨的事情可以使它惊悚了。

【西登重上。

麦克白　那哭声是为了什么事？

西登　陛下，王后死了。

麦克白　迟早总是要死的，总要有听到这个噩耗的一天。

明天，明天，再一个明天，一天接着一天地蹑步前进，直到最后一秒钟的时间。我们所有的昨天，不过替傻子们照亮了到死亡的土壤中去的路。熄灭了吧，熄灭了吧。短促的烛光！人生不过是一个行走的影子，一个在舞台上指手画脚的拙劣的伶人，登场片刻，就在无声无息中悄然退下；它是一个愚人所讲的故事，充满着喧哗和骚动，却找不到一点意义。

【一使者上。

麦克白　你要来播弄你的唇舌，有什么话快说。

使者　陛下，我应该向您报告我以为我所看见的事，可是我不知道应该怎样说起。

麦克白　好，你说吧。

使者　当我站在山头守望的时候，我向勃南一眼望过去，好像那边的树木都在开始行动了。

麦克白　说谎的奴才！

使者　要是没有那样一回事，我愿意悉听陛下的惩处；在这三里路以内，您可以看见它向这边过来：一座活动的树林。

麦克白　要是你说了谎话，我要把你活活吊在最近的一棵树上，让你饥饿而死；要是你的话是真的，我也希望你把我吊死了吧。我的决心已经有些动摇，我开始怀疑起那魔鬼所说的似是而非的暧昧的谎话了："不要害怕，除非勃南森林会到邓西嫩来。"现在一座树林真的到邓西嫩来了。披上武装，出去！他所说的这种事情要是果然出现，那么逃走固然逃走不了，留在这儿也不过坐以待毙。我现在开始厌倦白昼的阳光，但愿这世界早一点崩溃。敲起警钟来！吹吧，狂风！来吧，灭亡！就是死，我们也要捐命沙场。（同下）

第六场　同前　城堡前平原

【旗鼓前导中马尔康、老西华德、麦克德夫等率军队各持树枝上。

马尔康　现在已经相去不远，把你们树叶的幕障抛下，现出你们威武的军容来。尊贵的叔父，请您和我的兄弟、您英勇的儿子，率领第一支队伍；其余的部队统归尊贵的麦克德夫和我两人指挥。

西华德　再会。今天晚上我们只要找得到那暴君的军队，一定要跟他们拼个你死我活。

麦克德夫　把我们所有的喇叭一起吹起来！鼓足了你们的中气，把流血和死亡的消息吹进敌人的耳中。（同下中号角声不绝于耳）

第七场　同前　平原上的另一部分

【麦克白上。

麦克白　他们已经缚住我的手脚；我不能逃走，可是我必须像熊一样挣扎到底。哪一个人不是妇人生下的？除了这样一个人以外，我还怕什么人。

【小西华德上。

小西华德　你叫什么名字？

麦克白　我的名字说出来会吓坏了你。

小西华德　即使你给自己取了一个比地狱里的魔鬼更炙热的名字，也吓不倒我。

麦克白　我就叫麦克白。

小西华德　魔鬼自己也不能向我的耳中说出一个更可憎恨的名字。

麦克白　他也不能说出一个更可怕的名字。

小西华德　胡说，你这可恶的暴君。我要用我的剑证明你在说谎。

（二人交战中小西华德被杀）

麦克白　你是妇人所生的，我瞧不起一切妇人之子手里的刀剑。（下）

【号角声中麦克德夫上。

麦克德夫　喧声是在那边。暴君，露出你的脸来。要是你已经被人杀死，等不及我来取你的性命，那么我的妻子和儿女的阴魂一定不会放过我。我不能杀害那些被你雇用的倒霉的士卒；我的剑倘不能刺中你，麦克白，我宁愿让它闲置不用，保全它的锋刃，把它重新插回鞘里。你应该在那边，这一阵高声的呐喊，好像是宣布一位最重要的人物上阵似的。命运，让我找到他吧！我没

有此外的奢求了。（号角声中下，马尔康及老西华德上）

西华德　到这儿来，殿下，那城堡已经拱手纳降。暴君的人民有的帮这一面，有的帮那一面。英勇的爵士们一个个出力奋战。

您已经胜算在握，大势就可以决定了。

马尔康　我们也曾遭遇敌人，他们不过虚晃几枪。

西华德　殿下，请进堡里去吧。（号角声中同下）

第八场　同前

【麦克白上。

麦克白　我为什么要学那些罗马人的傻样子，死在我自己的剑上呢？

我的剑是应该为杀敌而用的。（麦克德夫上）

麦克德夫　转过来，地狱里的恶狗，转过来！

麦克白　我在一切人中间，最不愿意看见你。

可是你回去吧，我的灵魂里沾着你一家人的血，已经太多了。

麦克德夫　我没有话说，我的话都在我的剑上，你这没有一个名字可以形容你的狠毒的恶贼！（二人交战中号角声起）

麦克白　你不过白费了气力；你要使我流血，正像用你锐利的剑锋在空气上划一道痕迹一样难。让你的刀刃落在别人的头上吧！我的生命是有魔法保护的，没有一个妇人产下的人可以把它伤害。

麦克德夫　不要再信任你的魔法了吧，让你所信奉的神告诉你，麦克德夫是没有足月就从他的母亲的腹中剖出来的。

麦克白　愿那告诉我这样话的舌头永受咒诅，因为它使我失去了男子汉的勇气！愿这些欺人的魔鬼再也不要被人相信，他们用模棱两可的话愚弄我们，虽然句句应验，却完全和我们原来的期望相反。我不愿跟你交战。

麦克德夫　那么投降吧，懦夫，我们可以饶你活命，可是要叫你在众人的面前出丑：我们要把你当作一头稀有的怪物一样，把你的画像悬在帐篷外的高柱上，下面写着“请来看暴君的原形”。

麦克白　我不愿投降，我不愿低头吻那马尔康小子足下的泥土，被那些下贱的民众任意唾骂。虽然勃南森林已经到了邓西嫩，虽然今天和你狭路相逢，你偏偏不是妇人产下的，可是现在我要扔掉雄壮的盾牌，血战到底。来，麦克德夫，谁先喊“住手，够了”的，让他永远在地狱里沉沦。（二人且战且下中号角声起）

【两人继续战斗着重上，麦克白被戮，麦克德夫将其尸身拖下。

第九场　同前

【吹退军号。喇叭奏花腔。旗鼓前导，马尔康、老西华德、洛斯、众爵士及兵士等上。

马尔康　我希望我们没有见到的朋友，都能够安然回来。

西华德　总有人免不了成为牺牲品，可是照我看见眼前这些人说起来，我们这次重大的胜利所付的代价是很小的。

马尔康　麦克德夫跟您英勇的儿子都失踪了。

洛斯　老将军，令郎已经尽了一个军人的责任；他刚刚活到成人的年龄，就用他的一往无前的战斗精神证明了他的勇力，像一个男子汉一样死了。

西华德　那么他已经死了吗？

洛斯　是的，他的尸体已经从战场上搬去。

他的死是一桩无价的损失，您必须勉抑哀思才好。

西华德　他的伤口是在前面的吗？

洛斯　是的，在他的胸前。

西华德　那么愿他成为上帝的兵士！要是我有像头发一样多的儿子，我也不希望他们得到一个更光荣的结局。这就作为他的丧钟吧。

马尔康　他是值得我们更深的悲悼的，我将向他致献我的哀思。

西华德　他已经得到他最大的酬报，他们说，他死得很英勇，他的责任已尽；愿上帝与他同在！又有好消息来了。（麦克德夫携麦克白首级重上）

麦克德夫　祝福，吾王陛下！因为您就是国王了！瞧，篡贼万恶的头颅已经取来，无道的虐政从此推翻了。我看见全国的英俊拥绕在你的周围，他们心里都在发出跟我同样的敬意；现在我要请他们陪着我高呼：祝福，苏格兰的国王！

众人　祝福，苏格兰的国王！（喇叭奏花腔）

马尔康　多承各位拥戴，论功行赏，在此一朝。各位爵士国戚，从现在起，你们都得到了伯爵的封号，在苏格兰你们是最初享有这样封号的人。在这去旧布新的时候，我们还有许多事情要做；那些因为逃避暴君的罗网而出亡国外的朋友，我们必须召唤他们回来；这个屠夫虽然已经死了，他的魔鬼一样的王后，据说也已经亲手杀害了自己的生命，可是帮助他们杀人行凶的党羽，我们必须一一搜捕，处以极刑；此外一切必要的工作，我们都要按照着上帝的旨意，分别处理。现在我要感谢各位的相助，还要请你们陪我到斯贡去，参与加冕的盛典。

（喇叭奏花腔中众下）

暴风雨

The Tempest

〔英〕莎士比亚

主编序言

《暴风雨》创作完成的日期极有可能是公元1611年，而这是莎士比亚的最后一部完整杰作，之后他就从一直活跃的剧院中退隐，最后在家乡埃文河畔斯特拉特福安享闲逸的晚年。

戏剧的主线似乎是关于一位魔术师及其女儿的民间故事，莎士比亚知道其确切的写作形式，但后人无从知晓。1609年，据说从英国前往弗吉尼亚航行的船只遭遇了暴风雨，这也可以从遗弃在百慕大群岛的船只残骸寻得踪迹。同时也从作者的当代旅行读物中发现了其他线索。但情节本身并不比常见读物重要多少。显而易见，由于可以很自由地引入超自然的故事内容，剧作者的兴趣已经脱离真实生活事件的再创造上。而以下内容又使这部戏剧出类拔萃：剧中人物充满魅力的慷慨与谅解的具有美德性格的铺展，人物形象的刻画，以及美意盎然的诗歌。毫不奇怪的是，读者时常被引导着从人物中看到这个伟大的魔术师：法袍搁在一边，满怀爱与和平，向所有人挥出创造奇迹的一棒，象征着他戏剧生涯的结束。不论莎士比亚是否赋予此含义，此论断都是正当合理的。浪漫的《暴风雨》作为世界戏剧史上的奇葩，称其为莎士比亚戏剧生涯谢幕的篇章再合适不过了。

查尔斯·艾略特

剧中人物

阿隆佐　那不勒斯王
西巴斯辛　阿隆佐之弟
普洛斯彼罗　旧米兰公爵
安东尼奥　普洛斯彼罗之弟　篡位者
腓迪南　那不勒斯王子
贡柴罗　正直的老大臣
阿德里安
弗兰西斯科　侍臣
凯列班　野性而丑怪的奴隶
特林鸠罗
弄臣
斯丹法诺
酗酒的膳夫
船长
水手长
众水手

米兰达　普洛斯彼罗之女

爱丽儿　缥缈的精灵

伊里斯 刻瑞斯 朱诺 众水仙女 众刈禾人　由精灵们扮演

其他侍候普洛斯彼罗的精灵们

地点

海船上　岛上

第一幕

第一场　在海中的一只船上　暴风雨和雷电

【船长及水手长上。

船长　老大！

水手长　有，船长。什么事？

船长　好，对水手们说：出力，手脚麻利点儿，否则我们要触礁啦。出力，出力！（下）

【众水手上。

水手长　喂，弟兄们！出力，出力，弟兄们！赶快，赶快！把中桅帆收起！留心着船长的哨子。——尽你吹着怎么大的风，只要船儿掉得转头，就让你去吹吧！

【阿隆佐、西巴斯辛、安东尼奥、腓迪南、贡柴罗及余人等上。

阿隆佐　好水手长，小心啊。船长在哪里？放出勇气来！

水手长　我劳驾你们，请到下面去。

安东尼奥　老大，船长在哪里？

水手长　你没听见他吗？你们妨碍了我们的工作。

好好地待在舱里吧；你们简直是跟风浪一起来和我们作对。

贡柴罗　哎，大哥，别发脾气呀！

水手长　你叫这个海不要发脾气吧。走开！这些波涛哪里管得了什么国王不国王？到舱里去，安静些！别跟我们惹麻烦。

贡柴罗　好，但是请记住这船上载的是什么人。

水手长　随便什么人我都不放在心上，我只管我自个儿。你是个堂堂枢密大臣，要是你有本事命令风浪静下来，叫眼前大家都平安，那么我们愿意从此不再干这拉帆收缆的营生了。把你的威权用出来吧！要是你不能，那么还是谢谢天老爷让你活得这么长久，赶快钻进你的舱里去，等待着万一会来的恶运吧！——出力啊，好弟兄们！——快给我走开！（下）

贡柴罗　这家伙给了我很大的安慰。我觉得他脸上一点没有命该淹死的记号；他的相貌活是一副要上绞架的神气。慈悲的运命之神啊，不要放过了他的绞刑啊！让绞死他的绳索作为我们的锚缆，因为我们的锚缆全然抵不住风暴！如果他不是命该绞死的，那么我们就倒霉了！（与众人同下）

【水手长重上。

水手长　把中桅放下来！赶快！再低些，再低些！把大桅横帆张起来试试看。（内呼声）遭瘟的，喊得这么响！连风暴的声音和我们的号令都被压得听不见了。

【西巴斯辛、安东尼奥、贡柴罗重上。

水手长　又来了？你们到这儿来干什么？我们大家放了手，一起淹死了好不好？你们想要淹死是不是？

西巴斯辛　愿你喉咙里长起个痘疮来吧，你这大喊大叫，出口伤人，没有心肝的狗东西！

水手长　那么你来干一下，好不好？

安东尼奥　该死的贱狗！你这下流的、骄横的、喧哗的东西，我们才不像你那样害怕淹死哩！

贡柴罗　我担保他一定不会淹死；虽然这船不比果壳更坚牢，水漏得像一个浪狂的娘儿们一样。

水手长　紧紧靠着风行驶！扯起两面大帆来！把船向海洋开出去；避开

陆地。

【众水手浑身淋湿上。

众水手　完了！完了！求求上天吧！求求上天吧！什么都完了！（下）

水手长　怎么，我们非淹死不可吗？

贡柴罗　王上和王子在那里祈祷了。

让我们跟他们一起祈祷吧，大家的情形都一样。

西巴斯辛　我真按捺不住我的怒火。

安东尼奥　我们的生命全然被醉汉们在作弄着。——这个大嘴巴的恶徒！但愿你倘使淹死的话，有十次的波涛冲打你的尸体！[①]

贡柴罗　他总要被绞死的，即使每一滴水都发誓不同意，而是要声势汹汹地把他一口吞下去。

幕内嘈杂的呼声——“可怜我们吧！”——“我们遭难了！我们遭难了！”——“再会吧，我的妻子！我的孩儿！”——“再会吧，兄弟！”——“我们遭难了！我们遭难了！我们遭难了！”

安东尼奥　让我们大家跟王上一起沉没吧！（下）

西巴斯辛　让我们去和他作别一下。（下）

贡柴罗　现在我真愿意用千顷的海水来换得一亩荒地；草莽荆棘，什么都好。照上天的旨意行事吧！但是我倒宁愿死在陆地上。（下）

第二场　岛上　普洛斯彼罗所居洞室之前

【普洛斯彼罗及米兰达上。

米兰达　亲爱的父亲，假如你曾经用你的法术使狂暴的海水兴起这场风浪，请你使它们平息了吧！天空似乎要倒下发臭的沥青来，但海水腾涌到天的脸上，把火焰浇熄了。唉！我瞧着那些受难的

① 当时英国海盗被判绞刑后，在海边执行；尸体须经海潮冲打三次后，才许收殓。

人，我也和他们同样受难；这样一只壮丽的船，里面一定载着好些尊贵的人，一下子便撞得粉碎！啊，那呼号的声音一直打进我的心坎。可怜的人们，他们死了！要是我是一个有权力的神，我一定要叫海沉进地中，不让它把这只好船和它所载着的人们一起这样吞没了。

普洛斯彼罗　安静些，不要惊骇！告诉你那仁慈的心，一点灾祸都不会发生。

米兰达　唉，不幸的日子！

普洛斯彼罗　不要紧的。凡我所做的事，无非是为你打算，我的宝贝！我的女儿！你不知道你是什么人，也不知道我从什么地方来；你也不会想到我是一个比普洛斯彼罗——一所十分寒碜的洞窟的主人，你的微贱的父亲——更出色的人物。

米兰达　我从来不曾想到要知道得更多一些。

普洛斯彼罗　现在是我该更详细地告诉你一些事情的时候了。帮我把我的法衣脱去。好，（放下法衣）躺在那里吧，我的法术！——揩干你的眼睛，安心吧！这场凄惨的沉舟的景象，使你的同情心如此激动，我曾经借着我法术的力量非常妥善地预先安排好：你听见他们呼号，看见他们沉没，但这船里没有一个人会送命，即使随便什么人的一根头发也不会损失。坐下来；你必须知道得更详细一些。

米兰达　你总是刚要开始告诉我我是什么人，便突然住了口，对于我徒然的探问的回答，只是一句“且慢，时机还没有到”。

普洛斯彼罗　时机现在已经到了，就在这一分钟它要叫你撑开你的耳朵。乖乖地听着吧。你能不能记得在我们来到这里之前的一个时候？我想你不会记得，因为那时你还不过三岁。

米兰达　我当然记得，父亲。

普洛斯彼罗　你怎么会记得？什么房屋？或是什么人？把留在你脑中的随便什么印象告诉我吧。

米兰达　那是很遥远的事了；它不像是记忆所证明的事实，倒更像是一个梦。不是曾经有四五个妇人服侍过我吗？

普洛斯彼罗　是的，而且还不止此数呢，米兰达。但是这怎么会留在你的脑中呢？你在过去时光的幽暗的深渊里，还看不看得见其余的影子？要是你记得在你未来这里以前的情形，也许你也能记得你怎样会到这里来。

米兰达　但是我不记得了。

普洛斯彼罗　十二年之前，米兰达，十二年之前，你的父亲是米兰的公爵，并且是一个有权有势的国君。

米兰达　父亲，你不是我的父亲吗？

普洛斯彼罗　你的母亲是一位贤德的妇人，她说你是我的女儿；你的父亲是米兰的公爵，他唯一的嗣息就是你，一位堂堂的郡主。

米兰达　天啊！我们是遭到了什么样的奸谋才离开那里的呢？那还算是幸运一桩？

普洛斯彼罗　都是，都是，我的孩儿。如你所说的，因为遭到了奸谋，我们才离开了那里，因为幸运，我们才漂流到此。

米兰达　唉！想到我给你的种种劳心焦虑，真使我心里难过得很，只是我记不得了——请再讲下去吧。

普洛斯彼罗　我的弟弟，就是你的叔父，名叫安东尼奥。听好，世上真有这样奸恶的兄弟！除了你之外，他就是我在世上最爱的人了；我把国事都托付他管理。那时候米兰在列邦中称雄，普洛斯彼罗也是最出名的公爵，威名远播，在学问艺术上更是一时无双。我因为专心研究，便把政治放到我弟弟的肩上，对于自己的国事不闻不问，只管沉溺在魔法的研究中。你那坏心肠的叔父——你在没在听我？

米兰达　我在聚精会神地听着，父亲。

普洛斯彼罗　学会了怎样接受或驳斥臣民的诉愿，谁应当拔擢，谁因为升迁太快而应当贬抑；把我手下的人重新封叙，迁调的迁调，改用的改用；大权在握，使国中所有的人心都要听从他的喜恶。他简直成了一株常春藤，掩蔽了我参天的巨干，而吸收去我的精华。——你不在听吗？

米兰达　啊，好父亲！我在听着。

普洛斯彼罗　听好。我这样遗弃了俗务，在幽居生活中修养我的德行；除了生活过于孤寂之外，我这门学问真可说胜过世上所称道的一切事业；谁知这却引起了我那恶弟的毒心。我给予他的无限大的信托，正像善良的父母产出刁顽的儿女来一样，得到的酬报只是他同样无限大的欺诈。他这样做了一国之主，不但握有我岁入的财源，更僭用我的权力进行搜括。像一个说谎的人自己相信自己的欺骗一样，他俨然以为自己便是一个不折不扣的公爵。处于代理者的位置上，他用一切的威权铺张着外表上的庄严：他的野心于是逐渐旺盛起来——你在不在听我？

米兰达　你的故事，父亲，能把聋子都治好呢。

普洛斯彼罗　作为代理公爵的他，和他所代理的公爵之间，还横隔着一重屏障；他自然希望撤除这重屏障，使自己成为米兰大权独揽的主人翁。我呢，一个可怜的人，书斋便是我广大的公国，他以为我已没有能力处理政事。因为一心觊觎着大位，他便和那不勒斯王协谋，甘愿每年进贡臣服，把他自己的冠冕俯伏在他人的王冠之前。唉，可怜的米兰！一个从来不曾向别人低首下心过的邦国，这回却遭到了可耻的卑屈！

米兰达　天啊！

普洛斯彼罗　听我告诉你他所缔结的条款，以及此后发生的事情，然后再告诉我那算不算得是一个好兄弟。

米兰达　我不敢冒渎我可敬的祖母，然而美德的娘亲有时却会生出不肖的儿子来。

普洛斯彼罗　现在要说到这条约了。这位那不勒斯王因为跟我有根深蒂固的仇恨，答应了我弟弟的要求；那就是说，以称臣纳贡——我也不知要纳多少贡金——作为交换的条件，他当立刻把我和属于我的人撵出国境，而把大好的米兰和一切荣衔权益，全部赏给我的弟弟。因此在命中注定的某夜，不义之师被召集起来，安东尼奥打开了米兰的国门；在寂静的深宵，阴谋的执行者便把我和哭泣着的你赶走。

米兰达　唉，可叹！我已记不起那时我是怎样的哭法，但我现在愿意再哭泣一番。这是一件想起来太叫人伤心的事。

普洛斯彼罗　你再听我讲下去，我便要叫你明白眼前这一回事情；否则这故事便是一点不相干的了。

米兰达　为什么那时他们不杀害我们呢？

普洛斯彼罗　问得不错，孩子；谁听了我的故事都会发生这个疑问。亲爱的，他们没有这胆量，因为我的人民十分爱戴我，而且他们也不敢在这事情上留下太重大的污迹；他们希图用比较清白的颜色掩饰去他们的毒心。一句话，他们把我们押上船，驶出了十几英里以外的海面；在那边他们已经预备好一只腐朽的破船，帆篷、缆索、桅樯——什么都没有，就是老鼠一见也会自然而然地退缩开去。他们把我们推到这破船上，听我们向着周围的怒海呼号，望着迎面的狂风悲叹；那同情的风陪着我们发出叹息，却反而加添了我们的危险。

米兰达　唉，那时你是怎样受我的烦累呢！

普洛斯彼罗　啊，你是个小天使，幸亏有你我才不致绝望而死！上天赋予你一种坚忍，当我把热泪向大海挥洒，因心头的怨苦而呻吟的时候，你却向我微笑；为了这我才生出忍耐的力量，准备抵御一切接踵而来的祸患。

米兰达　我们是怎样上岸的呢？

普洛斯彼罗　靠着上天的保佑，我们有一些食物和清水，那是一个那不勒斯的贵人贡柴罗——那时他被任命为参与这件阴谋的使臣——出于善心而给我们的；另外还有一些好衣裳、衬衣、毛织品和各种需用的东西，使我们受惠不少。他又知道我爱好书籍，特意从我的书斋里把那些我看得比一个公国更宝贵的书给我带了来。

米兰达　我多么希望能见一见这位好人！

普洛斯彼罗　现在我要起来了。（把法衣重新穿上）静静地坐着，听我讲完我们海上的惨史。后来我们到达了这个岛上，就在这里，我亲自作你的教师，使你得到比别的公主小姐们更丰富的知识，因为她们大部分的时间都花在无聊的事情上，而且她们的师傅也绝不会这样认真。

米兰达　真感谢你啊！现在请告诉我，父亲，为什么你要兴起这场风浪？因为我的心中仍是惊疑不定。

普洛斯彼罗　听我说下去；现在由于奇怪的偶然，慈悲的上天眷宠着我，已经把我的仇人们引到这岛岸上来了。我借着预知术料知福星正在临近我运命的顶点，要是现在轻轻放过了这机会，以后我的一生将再没有出头的希望。别再多问啦，你已经倦得都瞌睡了；很好，放心睡吧！我知道你身不由主。（米兰达睡）出来，仆人，出来！我已经预备好了。来啊，我的爱丽儿，来吧！

【爱丽儿上。

爱丽儿　万福，尊贵的主人！威严的主人，万福！我来听候你的旨意。无论在空中飞也好，在水里游也好，向火里钻也好，腾云驾雾也好，凡是你有力的吩咐，爱丽儿愿意用全副的精神奉行。

普洛斯彼罗　精灵，你有没有完全按照我的命令指挥那场风波？

爱丽儿　桩桩件件都没有忘失。我跃登了国王的船上；我变作一团滚滚的火球，一会儿在船头上，一会儿在船腰上，一会儿在甲板上，一会儿在每一间船舱中，我煽起了恐慌。有时我分身在各处烧起火来，中桅上啊，帆桁上啊，斜桅上啊——都同时燃烧起来：然后我再把一团团火焰合拢来，即使是天神的闪电，那可怕的震雷的先驱者，也没有这样迅速而炫人眼目；硫黄的火光和轰炸声似乎在围攻那威风凛凛的海神，使他的怒涛不禁颤抖，使他手里可怕的三叉戟不禁摇晃。

普洛斯彼罗　我的能干的精灵！谁能这样坚定镇静，在这样的骚乱中不曾惊慌失措呢？

爱丽儿　没有一个人不是发疯似的干着一些不顾死活的勾当。除了水手们之外，所有的人都逃出火光融融的船而跳入泡沫腾涌的海水中。王子腓迪南头发像海草似的乱成一团，第一个跳入水中；他高呼着："地狱开了门，所有的魔鬼都出来了！"

普洛斯彼罗　啊，那真是我的好精灵！但是这回乱子是不是就在靠近海岸的地方呢？

爱丽儿　就在海岸附近，主人。

普洛斯彼罗　但是他们都没有送命吗，爱丽儿？

爱丽儿　一根头发都没有损失；他们穿在身上的衣服也没有一点斑迹，反而比以前更干净了。照着你的命令，我把他们一队一队地分散在这岛上。国王的儿子我叫他独个儿上岸，把他遗留在岛上一个隐僻的所在，让他悲伤地绞着两臂，坐在那儿望着天空长吁短叹，把空气都吹冷了。

普洛斯彼罗　告诉我你怎样处置国王船上的水手们和其余的船舶？

爱丽儿　国王的船安全地停泊在一个幽静的所在；你曾经某次在半夜里把我从那里叫醒前去采集永远为波涛冲打的百慕大群岛上的露珠；船便藏在那个地方。那些水手在精疲力竭之后，我已经用魔术使他们昏睡过去，现今都躺在舱口底下。其余的船舶我把它们分散之后，已经重又会合，现今在地中海上；他们以为他们看见国王的船已经沉没，国王已经溺死，都失魂落魄地驶回那不勒斯去了。

普洛斯彼罗　爱丽儿，你的差使干得一事不差；但是还有些事情要你做。现在是什么时候了？

爱丽儿　中午已经过去。

普洛斯彼罗　至少已经过去了两个钟头了。从此刻起到六点钟之间的时间，我们两人必须好好利用，不要让它白白地过去。

爱丽儿　还有繁重的工作吗？你既然这样麻烦我，我不得不向你提醒你所允许我而还没有履行的话。

普洛斯彼罗　怎么啦！生起气来了？你要求些什么？

爱丽儿　我的自由。

普洛斯彼罗　在限期未满之前吗？别再说了吧！

爱丽儿　请你想想我曾经为你怎样尽力服务过；我不曾对你撒过一次

谎，不曾犯过一次过失，侍候你的时候，不曾发过一句怨言；你曾经答应过我缩短一年的期限的。

普洛斯彼罗 你忘记了我从怎样的苦难里把你救出来吗？

爱丽儿 不曾。

普洛斯彼罗 你一定忘记了，而以为踏着海底的软泥，穿过凛冽的北风，当寒霜冻结的时候在地下水道中为我奔走，便算是了不得的辛苦了。

爱丽儿 我不曾忘记，主人。

普洛斯彼罗 你说谎，你这坏蛋！那个恶女巫西考拉克斯——她因为年老和心肠恶毒，全身伛偻得都像一个环了——你已经把她忘了吗？你把她忘了吗？

爱丽儿 不曾，主人。

普洛斯彼罗 你一定已经忘了。她是在什么地方出世的？对我说来。

爱丽儿 在阿尔及尔，主人。

普洛斯彼罗 噢！是在阿尔及尔吗？我必须每个月向你复述一次你的来历，因为你一下子便要忘记。这个万恶的女巫西考拉克斯，因为作恶多端，她的妖法没人听见了不害怕，所以被逐出阿尔及尔；他们因为她曾经行过某件好事，而不曾杀死她。是不是？

爱丽儿 是的，主人。

普洛斯彼罗 这个眼圈发青的妖妇被押到这儿来的时候，正怀着孕；水手们把她丢弃在这座岛上。你，我的奴隶，据你自己说那时是她的仆人，因为你是个太柔善的精灵，不能奉行她粗暴的邪恶的命令，因此违拗了她的意志，她在一阵暴怒中借着她强有力的妖役的帮助，把你幽禁在一株坼裂的松树中。在那松树的裂缝里你挨过了十二年痛苦的岁月；后来她死了，你便一直留在那儿，像水车轮拍水那样急速地不断地发出你的呻吟来。那时这岛上除了她所生产下来的那个儿子——一个浑身斑痣的妖妇贱种之外，就没有一个人类。

爱丽儿 不错，那是她的儿子凯列班。

普洛斯彼罗 那个凯列班是一个蠢物，现在被我收留着做苦役。你当然知道得十分清楚，那时我发现你处在怎样的苦难中，你的呻吟使得豺狼长嗥，哀鸣刺透了怒熊的心胸。那是一种沦于永劫的苦恼，就是西考拉克斯也没有法子把你解脱；后来我到了这岛上，听见了你的呼号，才用我的法术使那株松树张开裂口，把你放了出来。

爱丽儿　我感谢你，主人。

普洛斯彼罗　假如你再要叽哩咕噜的话，我要劈开一株橡树，把你钉住在它多节的内心，让你再呻吟十二个冬天。

爱丽儿　饶恕我，主人，我愿意听从命令，好好地执行你的差使。

普洛斯彼罗　好吧，你倘然好好办事，两天之后我就释放你。

爱丽儿　那真是我的好主人！你要吩咐我做什么事？告诉我你要我做什么事？

普洛斯彼罗　去把你自己变成一个海中的仙女，除了我之外不要让别人的眼睛看见你。去，装扮好了再来。去吧，用心一点！（爱丽儿下）醒来，心肝，醒来！你睡得这么熟；醒来吧！

米兰达　（醒）你奇异的故事使我昏沉睡去。

普洛斯彼罗　清醒一下。来，我们要去访问访问我的奴隶凯列班，他是从来不曾有过一句好话回答我们的。

米兰达　那是一个恶人，父亲，我不高兴看见他。

普洛斯彼罗　虽然这样说，我们也缺不了他：他给我们生火，给我们捡柴，也为我们做有用的工作。——喂，奴才！凯列班！你这泥块！哑了吗？

凯列班　（在内）里面木头已经尽够了。

普洛斯彼罗　跑出来，对你说；还有事情要你做呢。出来，你这乌龟！还不来吗？

【爱丽儿重上，做水中仙女的形状。

普洛斯彼罗　出色的精灵！我伶俐的爱丽儿，过来，我要对你讲话。（耳语）

爱丽儿　主人，一切依照你的吩咐。（下）

普洛斯彼罗　你这恶毒的奴才，魔鬼和你那万恶的老娘合生下来的，给我滚出来吧！

【凯列班上。

凯列班　但愿我那老娘用乌鸦毛从不洁的沼泽上刮下来的毒露一齐倒在你们两人身上！但愿一阵西南的恶风把你们吹得浑身都起水疱！

普洛斯彼罗　记住吧，为着你的出言不逊，今夜要叫你抽筋，叫你的腰像有针在刺，使你喘得透不过气来；所有的刺蝟们将在漫漫的长夜里折磨你，你将要被刺得遍身像蜜蜂窠一般，每刺一下都要比蜂刺难受得多。

凯列班　我必须吃饭。这岛是我老娘西考拉克斯传给我而被你夺了去的。你刚来的时候，抚拍我，待我好，给我有浆果的水喝，教给我白天亮着的大的光叫什么名字，晚上亮着的小的光叫什么名字；因此我以为你是个好人，把这岛上一切的富源都指点给你知道，什么地方是清泉盐井，什么地方是荒地和肥田。我真该死让你知道这一切！但愿西考拉克斯一切的符咒、癞蛤蟆、甲虫、蝙蝠，都咒在你身上！本来我可以自称为王，现在却要做你唯一的奴仆；你把我禁锢在这堆岩石的中间，而把整个岛给你自己受用。

普洛斯彼罗　满嘴扯谎的贱奴！好心肠不能使你感恩，只有鞭打才能教训你！虽然你这样下流，我也曾用心好好对待你，让你住在我自己的洞里，谁叫你胆敢想要破坏我孩子的贞操！

凯列班　啊哈哈哈！要是那时上了手才真好！你倘然不曾妨碍我的事，我早已使这岛上住满大大小小的凯列班了。

普洛斯彼罗　可恶的贱奴，不学一点好，坏的事情样样都来得！我因为看你的样子可怜，才辛辛苦苦地教你讲话，每时每刻教导你这样那样。那时你这野鬼连自己说的什么也不懂，只会像一只野东西一样咕噜咕噜；我教你怎样用说话来表达你的意思，但是像你这种下流胚，即使受了教化，天性中的顽劣仍是改不过来，因此你才活该被禁锢在这堆岩石的中间；其实单单把你囚禁起来也还是宽待了你。

凯列班　你教我讲话，我从这上面得到的益处只是知道怎样骂人；但愿血瘟病瘟死了你，因为你要教我说你的那种话！

普洛斯彼罗　妖妇的贱种，滚开去！去把柴搬进来。懂事的话，赶快些，因为还有别的事要你做。你在耸肩吗，恶鬼！要是你不好好做我吩咐你做的事，或是心中不情愿，我要叫你浑身抽搐；叫你每个骨节里都痛起来；叫你在地上打滚咆哮，连野兽听见你的呼号都会吓得发抖。

凯列班　啊不要，我求求你！（旁白）我不得不服从，因为他的法术有很大的力量，就是我老娘所礼拜的神明塞提柏斯也得听他指挥，做他的仆人。

普洛斯彼罗　贱奴，去吧！（凯列班下）

【爱丽儿隐形重上，弹琴唱歌，腓迪南随后。

爱丽儿　（唱）

来吧，来到黄沙的海滨，
把手儿牵得牢牢，
深深地展拜细吻轻轻，
叫海水莫起波涛——
柔舞翩翩在水面飘扬；
可爱的精灵，伴我歌唱。
听！听！（和声）
汪！汪！汪！（散乱地）
看门狗儿的狺狺，（和声）
汪！汪！汪！（散乱地）
听！听！我听见雄鸡
昂起了颈儿长啼，（啼声）
喔喔喔！

腓迪南　这音乐是从什么地方来的呢？在天上，还是在地上？现在已经静止了。一定的，它是为这岛上的神灵而弹唱的。当我正坐在海滨，思念我父王的惨死而重又痛哭起来的时候，这音乐便从水面掠了过来，飘到我的身旁，它甜柔的乐曲平静了海水的怒涛，也安定了我激荡的感情；因此我跟随着它，或者不如说是它吸引了我——但它现在已经静止了。啊，又唱起来了。

爱丽儿 （唱）

五浔的水深处躺着你的父亲，
他的骨骼已化成珊瑚；
他眼睛是耀眼的明珠；
他消失的全身没有一处不曾
受到海水神奇的变幻，
化成瑰宝，富丽而珍怪。
海的女神时时摇起他的丧钟，（和声）
叮！咚！
听！我现在听到了叮咚的丧钟。

腓迪南 这支歌在纪念我溺毙的父亲。这一定不是凡间的音乐，也不是地上来的声音。我现在听出来它是在我的头上。

普洛斯彼罗 抬起你被睫毛深掩的眼睛来，看一看那边有什么东西。

米兰达 那是什么？一个精灵吗？啊上帝，它是怎样向着四周瞧望啊！相信我的话，父亲，它生得这样美！但那一定是一个精灵。

普洛斯彼罗 不是，女儿，他会吃也会睡，和我们一样有各种知觉。你所看见的这个年轻汉子就是遭到船难的一人；要不是因为忧伤损害了他的美貌——美貌最怕忧伤来损害——你确实可以称他为一个美男子。他因为失去了他的同伴，正在四处徘徊着寻找他们呢。

米兰达 我简直要说他是个神；因为我从来不曾见过宇宙中有这样出色的人物。

普洛斯彼罗 （旁白）哈！有几分意思了；这正是我心中所愿望的。好精灵！为了你这次功劳，我要在两天之内恢复你的自由。

腓迪南 再不用疑惑，这一定是这些乐曲所奏奉的女神了！——请你俯允我的祈求，告诉我你是否属于这个岛上；指点我怎样在这里安身；我最后最大的一个请求是你——神奇啊！请你告诉我你是不是一位处女？

米兰达 并没什么神奇，先生；不过我确实是一个处女。

腓迪南 天啊！她说着和我同样的言语！唉！要是我在我的本国，在说这种言语的人们中间，我要算是最尊贵的人。

普洛斯彼罗 什么！最尊贵的？假如给那不勒斯的国王听见了，他将怎么说呢？请问你将成为何等样的人？

腓迪南 我是一个孤独的人，如同你现在所看见的，但听你说起那不勒斯，我感到惊异。我的话，那不勒斯的国王已经听见了；就因为给他听见了，[①]我才要哭；因为我正是那不勒斯的国王，亲眼看见我的父亲随船覆溺；我的眼泪到现在还不曾干过。

米兰达 唉，可怜！

腓迪南 是的，溺死的还有他的一切大臣，其中有两人是米兰的公爵和他卓越的儿子。

普洛斯彼罗 （旁白）假如现在是适当的时机，米兰的公爵和他更卓越的女儿就可以把你驳倒了。才第一次见面他们便已在眉目传情了。可爱的爱丽儿！为着这我要使你自由。（向腓迪南）且慢，老兄，我觉得你有些转错了念头！我有话跟你说。

米兰达 （旁白）为什么我的父亲说得这样暴戾？这是我一生中所见到的第三个人；而且是第一个我为他叹息的人。但愿怜悯能激动我父亲的心，使他也和我抱同样的感觉才好！

腓迪南 （旁白）啊！假如你是个还没有爱上别人的闺女，我愿意立你做那不勒斯的王后。

普洛斯彼罗 且慢，老兄，有话跟你讲。（旁白）他们已经彼此情丝互缚了；但是这样顺利的事儿我需要给他们一点障碍，因为恐怕太不费力地获得会使人看不起他追求的对象。（向腓迪南）一句话，我命令你用心听好。你在这里僭窃着不属于你的名号，到

---

① “那不勒斯的国王已经听见了”、“给他听见了”都是腓迪南指自己而言，意即我听见了自己的话。腓迪南以为父亲已死，故以“那不勒斯的国王”自称。

这岛上来做密探，想要从我——这海岛的主人——手里盗取海岛，是不是？

腓迪南　凭着堂堂男子的名义，我否认。

米兰达　这样一座殿堂里是不会容留邪恶的；要是邪恶的精神占有了这么美好的一所宅屋，善良的美德也必定会努力住进去的。

普洛斯彼罗　（向腓迪南）跟我来。（向米兰达）不许帮他说话；他是个奸细。（向腓迪南）来，我要把你的头颈和脚枷锁在一起；给你喝海水，把淡水河中的贝蛤、干枯的树根和橡果的皮壳给你做食物。跟我来。

腓迪南　不，我要抗拒这样的待遇，除非我的敌人有更大的威力。（拔剑，但为魔法所制不能动）

米兰达　亲爱的父亲啊！不要太折磨他，因为他很和蔼，并不可怕。

普洛斯彼罗　什么！小孩子倒管教起老人家来了不成？——放下你的剑，奸细！你只会装腔作势，但是不敢动手，因为你的良心中充满了罪恶。来，不要再装出那副斗剑的架势了，因为我能用这根杖的力量叫你的武器落地。

米兰达　我请求你，父亲！

普洛斯彼罗　走开，不要拉住我的衣服！

米兰达　父亲，发发慈悲吧！我愿意做他的保人。

普洛斯彼罗　不许说话！再多嘴，我不恨你也要骂你了。什么！帮一个骗子说话吗？嘘！你以为世上没有和他一样的人，因为你除了他和凯列班之外不曾见过别的人；傻丫头！和大部分人比较起来，他不过是个凯列班，他们都是天使哩！

米兰达　真是这样的话，我的爱情的愿望是极其卑微的；我并不想看见一个更美好的人。

普洛斯彼罗　（向腓迪南）来，来，服从吧；你已经软弱得完全像一个小孩子一样，一点力气都没有了。

腓迪南　正是这样；我的精神好像在梦里似的，全然被束缚住了。我的父亲的死亡，我自己所感觉到的软弱无力，我的一切朋友们的丧失，以及这个将我屈服的人对我的恫吓，对于我全然不算什么，只要我能在我的囚牢中每天一次看见这位女郎。这地球的每个角落让自由的人们去受用吧，我在这样一个牢狱中已经觉得很宽广了。

普洛斯彼罗 （旁白）事情进行得很顺利。（向腓迪南）走来！——你干得很好，好爱丽儿！（向腓迪南）跟我来！（向爱丽儿）听我吩咐你此外应该做的工作。

米兰达 宽心吧，先生！我父亲的性格不像他的说话那样坏；他向来不是这样的。

普洛斯彼罗 你将像山上的风一样自由；但你必须先执行我所吩咐你的一切。

爱丽儿 一个字都不会弄错。

普洛斯彼罗 （向腓迪南）来，跟着我。（向米兰达）不要为他说情。（同下）

第二幕

第一场　岛上的另一处

【阿隆佐、西巴斯辛、安东尼奥、贡柴罗、阿德里安、弗兰西斯科及余人等上。

贡柴罗　大王，请不要悲伤了吧！您跟我们大家都有应该高兴的理由；因为把我们的脱险和我们的损失比较起来，我们是十分幸运的。我们所逢的不幸是极平常的事，每天都有一些航海者的妻子、商船的主人和托运货物的商人，遭到和我们同样的逆运；但是像我们这次安然无恙的奇迹，却是一百万个人中间也难得有一个人碰到过的。所以，陛下，请您平心静气地把我们的一悲一喜称量一下吧。

阿隆佐　请你不要讲话。

西巴斯辛　他厌弃安慰好像厌弃一碗冷粥一样。

安东尼奥　可是那位善心的人却不肯就此甘休。

西巴斯辛　瞧吧，他在旋转着他那嘴巴子里的发条；不久他那口钟又要敲起来啦。

贡柴罗　大王——

西巴斯辛　钟鸣一下：数好数。

贡柴罗　人如果把每一种临到他身上的忧愁都容纳进他的心里，那他可就大大的——

西巴斯辛　大大的有赏。

贡柴罗　大大的把身子伤了；可不，你讲的比你想的更有道理些。

西巴斯辛　想不到你一接口，我的话也就聪明起来了。

贡柴罗　所以，大王——

安东尼奥　咄！他多么浪费他的唇舌！

阿隆佐　请你把你的言语节省点儿吧。

贡柴罗　好，我已经说完了；不过——

西巴斯辛　他还要讲下去。

安东尼奥　我们来打一下赌，他跟阿德里安两个人，这回谁会先开口？

西巴斯辛　那只老公鸡。

安东尼奥　我说是那只小鸡儿。

西巴斯辛　好，赌些什么？

安东尼奥　输者大笑三声。

西巴斯辛　算数。

阿德里安　虽然这岛上似乎很荒凉——

西巴斯辛　哈！哈！哈！你赢了。

阿德里安　不能居住，而且差不多无路可通——

西巴斯辛　然而——

阿德里安　然而——

安东尼奥　这两个字是他缺少不了的得意之笔。

阿德里安　然而气候一定是很美好、很温和、很可爱的。

安东尼奥　气候是一个可爱的姑娘。

西巴斯辛　而且很温和哩；照他那样文质彬彬的说法。

阿德里安　吹气如兰的香风飘拂到我们的脸上。

西巴斯辛　仿佛风也有呼吸器官，而且还是腐烂的呼吸器官。

安东尼奥　或者说仿佛沼泽地会散发出香气，熏得风都变香了。

贡柴罗　这里具有一切对人生有益的条件。

安东尼奥　不错，除了生活的必需品之外。

西巴斯辛　那简直是没有，或者非常之少。

贡柴罗　草儿望上去多么茂盛而蓬勃！多么青葱！

安东尼奥　地面实在只是一片黄土色。

西巴斯辛　加上一点点的绿。

安东尼奥　他的话说得不算十分错。

西巴斯辛　错是不算十分错，只不过完全不对而已。

贡柴罗　但最奇怪的是，那简直叫人不敢相信——

西巴斯辛　无论是谁夸张起来总是这么说。

贡柴罗　我们的衣服在水里浸过之后，却照旧干净而有光彩；不但不因咸水而褪色，反而像是新染过的一样。

安东尼奥　假如他有一只衣袋会说话，它会不会说他撒谎呢？

西巴斯辛　嗯，但也许会很不老实地把他的谣言包得好好的。

贡柴罗　克拉莉贝尔公主跟突尼斯王大婚的时候，我们在非洲第一次穿上这身衣服；我觉得它们现在就和那时一样新。

西巴斯辛　那真是一桩美满的婚姻，我们的归航也顺利得很呢。

阿德里安　突尼斯从来没有娶过这样一位绝世的王后。

贡柴罗　自从狄多寡妇[①]之后，他们的确不曾有过这样一位王后。

安东尼奥　寡妇！该死！怎样掺进一个寡妇来了呢？狄多寡妇，嘿！

西巴斯辛　也许他还要说出鳏夫埃涅阿斯来了呢。

大王，您能够容忍他这样胡说八道吗？

阿德里安　你说狄多寡妇吗？照我考查起来，她是迦太基的，不是突尼斯的。

贡柴罗　这个突尼斯，足下，就是迦太基。

阿德里安　迦太基？

贡柴罗　老实告诉你，它便是迦太基。

① 狄多（Dido），古代迦太基女王，热恋特洛亚英雄埃涅阿斯，后埃涅阿斯乘船逃走，狄多自焚而死。

安东尼奥　他说的话简直比神话中所说的竖琴[1]还神奇。

西巴斯辛　居然把城墙跟房子一起搬了地方啦。

安东尼奥　他还要行些什么不可能的奇迹呢?

西巴斯辛　我想他也许要想把这个岛装在口袋里，带回家去赏给他的儿子，就像赏给他一只苹果一样。

安东尼奥　再把这苹果核种在海里，于是又有许多岛长起来啦。

贡柴罗　呃?

安东尼奥　呃，不消多少时候。

贡柴罗　（向阿隆佐）大人，我们刚才说的是我们现在穿着的衣服新得跟我们在突尼斯参加公主的婚礼时一样；公主现在已经是一位王后了。

安东尼奥　而且是那里从来不曾有过的第一位出色的王后。

西巴斯辛　除了狄多寡妇之外，我得请你记住。

安东尼奥　啊！狄多寡妇；对了，还有狄多寡妇。

贡柴罗　我的紧身衣，大人，不是跟第一天穿上去的时候一样新吗?我的意思是说有几分差不多新。

安东尼奥　那“几分”你补充得很周到。

贡柴罗　不是吗，当我在公主大婚时穿着它的时候?

阿隆佐　你唠唠叨叨地把这种话塞进我的耳朵里，把我的胃口都倒尽了。我真希望我不曾把女儿嫁到那里！因为从那边动身回来，我的儿子便失去了；在我的感觉中，她也同样已经失去，因为她离意大利这么远，我将永远不能再见她一面。唉，我的儿子，那不勒斯和米兰的储君！你葬身在哪一头鱼腹中呢?

弗兰西斯科　大王，他也许还活着。我看见他击着波浪，将身体耸出在水面上，不顾浪涛怎样和他作对，他凌波而前，尽力抵御着迎面而来的最大的巨浪；他勇敢的头总是探出在怒潮的上面，而用他那壮健的臂膊以有力的姿势将自己划近岸边；海岸的岸脚已被

① 希腊神话中安菲翁（Amphion）弹琴而筑成忒拜城。

浪潮侵蚀空了，那倒挂的岩顶似乎在俯向着他，要把他援救起来。我确信他已平安地到了岸上。

阿隆佐 不，不，他已经死了。

西巴斯辛 大王，您给自己带来这一重大的损失，倒是应该感谢您自己，因为您不把您的女儿留着赐福给欧洲人，却宁愿把她捐弃给一个非洲人；至少她从此远离了您的眼前，难怪您要伤心掉泪了。

阿隆佐 请你别再说了吧。

西巴斯辛 我们大家都曾经跪着求您改变您的意志；她自己也处于怨恨和服从之间，犹豫不决应当迁就哪一个方面。现在我们已经失去了您的儿子，恐怕再没有看见他的希望了；为着这一回举动，米兰和那不勒斯又加添了许多寡妇，我们带回家乡去安慰她们的男人却没有几个：一切过失全在您的身上。

阿隆佐 这确是最严重的损失。

贡柴罗 西巴斯辛大人，您说的自然是真话，但是太苛酷了点儿，而且现在也不该说这种话；应当敷膏药的时候，你却去触动痛处。

西巴斯辛 说得很好。

安东尼奥 而且真像一位大夫的样子。

贡柴罗 当您为愁云笼罩的时候，大王，我们也都一样处于阴沉的天气中。

西巴斯辛 阴沉的天气？

安东尼奥 阴沉得很。

贡柴罗 如果这一个岛归我所有，大王——

安东尼奥 他一定要把它种满了荨麻。

西巴斯辛 或是酸模草，锦葵。

贡柴罗 而且我要是这岛上的王的话，请猜猜我将做些什么事？

西巴斯辛 使你自己不致喝醉，因为无酒可饮。

贡柴罗 在这共和国中我要实行一切与众不同的设施；我要禁止一切的贸易；没有地方官的设立；没有文学；富有、贫穷和雇佣都要被废止；契约、承袭、疆界、区域、耕种、葡萄园都没有；金属、谷物、酒、油都没有用处；废除职业，所有的人都不做事；妇女也是这样，但她们是天真而纯洁的；没有君主——

西巴斯辛　但是他说他是这岛上的王。

安东尼奥　他的共和国后面的部分把开头的部分忘了。

贡柴罗　大自然中一切的产物都须不用血汗劳力而获得；叛逆、重罪、剑、戟、刀、枪、炮以及一切武器的使用，一律杜绝；但是大自然会自己产生出一切丰饶的东西，养育我那些淳朴的人民。

西巴斯辛　他的人民中间没有结婚这一件事吗？

安东尼奥　没有的，老兄；大家闲荡着，尽是些娼妓和无赖。

贡柴罗　我要照着这样的理想统治，足以媲美往古的黄金时代。

西巴斯辛　上帝保佑吾王！

安东尼奥　贡柴罗万岁！

贡柴罗　而且——您在不在听我，大王？

阿隆佐　算了，请你别再说下去了吧！你尽对我说些没意思的话。

贡柴罗　我很相信陛下的话。我的本意原是要让这两位贵人把我取笑取笑，他们的天性是这样敏感而伶俐，常常会无缘无故发笑。

安东尼奥　我们笑的是你。

贡柴罗　在这种取笑讥讽的事情上，我在你们的眼中简直不算什么名堂，那么你们只管笑个没有名堂吧。

安东尼奥　好一句厉害的话！

西巴斯辛　可惜不中要害。

贡柴罗　你们是血气奋发的贵人们，假使月亮连续五个星期不生变化，你们也会把她撵走。

（爱丽儿隐形上，间奏庄严的音乐）

西巴斯辛　对啦，我们一定会把她撵走，然后在黑夜里捉鸟去。

安东尼奥　哟，好大人，别生气呀！

贡柴罗　放心吧，我不会的；我不会这样不知自检。我觉得疲倦得很，你们肯不肯把我笑得睡去？

安东尼奥　好，你睡吧，听我们笑你。

（除阿隆佐、西巴斯辛、安东尼奥外余皆睡去）

阿隆佐　怎么！大家一会儿都睡熟了！我希望我的眼睛安安静静地合拢，把我的思潮关闭起来。我觉得它们确实要合拢了。

西巴斯辛　大王，请您不要拒绝睡神的好意。他不大会降临到忧愁者的身上；但倘使来了的时候，那是一个安慰。

安东尼奥　我们两个人，大王，会在您休息的时候护卫着您，留意着您的安全。

阿隆佐　谢谢你们。倦得很。（阿隆佐睡中爱丽儿下）

西巴斯辛　真奇怪，大家都这样倦！

安东尼奥　那是因为气候的关系。

西巴斯辛　那么为什么我们的眼皮不垂下来呢？我觉得我自己一点不想睡。

安东尼奥　我也不想睡；我的精神很兴奋。他们一个一个倒下来，好像预先约定好了似的，又像受了电击一般。可尊敬的西巴斯辛，什么事情也许会……啊！什么事情也许会……算了，不说了；但是我总觉得我能从你的脸上看出你应当成为何等样的人。时机全然于你有利；我在强烈的想象里似乎看见一顶王冠降到你的头上了。

西巴斯辛　什么！你是醒着还是睡着？

安东尼奥　你听不见我说话吗？

西巴斯辛　我听见的；但那一定是你睡梦中说出来的呓语。你在说些什么？这是一种奇怪的睡状，一面睡着，一面却睁大了眼睛；站立着，讲着话，行动着，然而却睡得这样熟。

安东尼奥　尊贵的西巴斯辛，你徒然让你的幸运睡去，竟或是让它死去；你虽然醒着，却闭上了眼睛。

西巴斯辛　你清清楚楚在打鼾；你的鼾声里却蕴藏着意义。

安东尼奥　我在一本正经地说话，你不要以为我跟平常一样。你要是愿意听我的话，也必须一本正经；听了我的话之后，你的尊荣将要增加三倍。

西巴斯辛　哦，你知道我是心如止水的。

安东尼奥　我可以教你怎样让止水激涨起来。

西巴斯辛　你试试看吧；但习惯的惰性只会教我退落下去。

安东尼奥　啊，但愿你知道你心中也在转这念头，虽然你表面上这样拿这件事取笑！越是排斥这思想，这思想越是牢固在你的心里。向后退的人，为了他们自己的胆小和因循，总是探不出头来。

西巴斯辛　请你说下去吧；瞧你的眼睛和面颊的神气，好像心中藏着什么话，而且像是产妇难产似的，很吃力地要把它说出来。

安东尼奥　我要说的是，大人：我们那位记性不好的大爷——这个人要是去世之后，别人也会把他淡然忘却的——他虽然已经把王上劝说得几乎使他相信他的儿子还活着——因为这个人唯一的本领就是向人家唠叨劝说——但王子不曾死去这一回事是绝对不可能的，正像在这里睡着的人不会游泳一样。

西巴斯辛　我对于他不曾溺死这一句话是不抱一点希望的。

安东尼奥　哎，不要说什么不抱希望啦，你自己的希望大着呢！从那方面说是没有希望，反过来说却正是最大不过的希望，野心所能企及而无可再进的极点。你同意不同意我说：腓迪南已经溺死了？

西巴斯辛　他一定已经送命了。

安东尼奥　那么告诉我，除了他，应该轮到谁承继那不勒斯的王位？

西巴斯辛　克拉莉贝尔。

安东尼奥　她是突尼斯的王后；她住的地区那么遥远，一个人赶一辈子路，可还差五六十里才到得了她的家；她和那不勒斯没有通信的可能：月亮里的使者是太慢了，除非叫太阳给她捎信，那么直到新生婴孩柔滑的脸上长满胡须的时候也许可以送到。我们从她的地方出发而遭到了海浪的吞噬，一部分人幸得生全，这是命中注定的，因为他们将有所作为，以往的一切都只是个开场的引子，以后的正文该由我们来干一番。

西巴斯辛　这是什么话！你怎么说的？不错，我哥哥的女儿是突尼斯的王后，她也是那不勒斯的嗣君；两地之间相隔着好多路程。

安东尼奥　这路程是这么长，每一步的距离都似乎在喊着，“克拉莉贝尔怎么还能回头走，回到那不勒斯去呢？不要离开突尼斯，让西巴斯辛快清醒过来吧！”瞧，他们睡得像死去一般；真的，就是死了也不过如此。这儿有一个人治理起那不勒斯来，也绝不亚于睡着的这一个；也总不会缺少像这位贡柴罗一样善于唠叨说空话的大臣——就是乌鸦我也能教它讲得比他有意思一点哩。啊，要是你也跟我一样想就好了！这样的昏睡对于你的高升真是一个多么好的机会！你懂不懂我的意思？

西巴斯辛　我想我懂得。

安东尼奥　那么你对于你自己的好运气有什么意见呢？

西巴斯辛　我记得你曾经篡夺过你哥哥普洛斯彼罗的位置。

安东尼奥　是的；你瞧我穿着这身衣服多么称身；比从前神气得多了！本来我哥哥的仆人和我处在同等的地位，现在他们都在我的手下了。

西巴斯辛　但是你的良心上——

安东尼奥　哎，大人，良心在什么地方呢？假如它像一块冻疮，那么也许会害我穿不上鞋子；但是我并不觉得在我的胸头有这么一位神明。即使有二十颗冻结起来的良心梗在我和米兰之间，那么不等它们作梗起来，也早就融化了。这儿躺着你的兄长，跟泥土也不差多少——假如他真像他现在这个样子，看上去就像死了一般；我用这柄称心如意的剑，只要轻轻刺进三寸那么深，就可以叫他永远安静。同时你照着我的样子，也可以叫这个老头子，这位老成持重的老臣，从此长眠不醒，再也不会来呶呶指责我们。至于其余的人，只要用好处引诱，他们就会像猫儿舔牛奶似的流连不去；假如我们说是黄昏，他们也不敢说是早晨。

西巴斯辛　好朋友，我将把你的情形作为我的榜样；如同你得到米兰一样，我也要得到我的那不勒斯。举起你的剑来吧；只要这么一下，便可以免却你以后的纳贡；我做了国王之后，一定十分眷宠你。

安东尼奥　我们一起举剑吧；当我举起手来的时候，你也照样把你的剑对准贡柴罗的胸口。

西巴斯辛　啊！且慢。（二人往一旁密议）

（音乐起，爱丽儿隐形复上）

爱丽儿　我的主人凭他的法术，预知你，他的朋友，所陷入的危险，因此差我来保全你的性命，因为否则他的计划就要失败。

（在贡柴罗耳边唱）

当你酣然熟睡的时候，
眼睛睁得大大的“阴谋”，
正在施展着毒手。
假如你重视你的生命，
不要再睡了，你得留神；
快快醒醒吧，醒醒！

安东尼奥　那么让我们赶快下手吧。

贡柴罗　天使保佑王上啊！（众醒）

阿隆佐　什么？怎么啦？喂，醒来！你们为什么拔剑？为什么脸无人色？

贡柴罗　什么事？

西巴斯辛　我们正站在这儿守护您的安息，就在这时候忽然听见了一阵大声的狂吼，好像公牛，不，狮子一样。你们不是也被那声音惊醒的吗？我听了害怕极了。

阿隆佐　我什么都没听见。

安东尼奥　啊！那是一种怪兽听了也会害怕的咆哮，大地都给它震动起来了。那一定是一大群狮子的吼声。

阿隆佐　你听见这声音了吗，贡柴罗？

贡柴罗　凭着我的名誉起誓，大王，我只听见一种很奇怪的蜜蜂似的声音，它使我惊醒转来。我摇着您的身体，喊醒了您。我一睁开眼睛，便看见他们的剑拔出鞘外。有一个声音，那是真的。最好我们留心提防着，否则赶快离开这地方。让我们把武器预备好。

阿隆佐　带领我们离开这块地面，让我们再去找寻一下我那可怜的孩子。

贡柴罗　上天保佑他不要给这些野兽害了！我相信他一定在这岛上。

阿隆佐　领路走吧。（率众人下）

爱丽儿　我要把我的工作回去报告我的主人；国王呀，安心着前去把你的孩子找寻。（下）

第二场　岛上的另一处

【凯列班荷柴上间雷声起。

凯列班　愿太阳从一切沼泽和平原上吸起来的瘴气都降在普洛斯彼罗身上，让他的全身没有一处不生恶病！他的精灵会听见我的话，但我非把他咒一下不可。他们要是没有他的吩咐，绝不会拧我，显出各种怪相吓我，把我推到烂泥里，或是在黑暗中化作一团燐火诱我迷路；但是只要我有点儿什么，他们便想出种种的恶作剧来摆布我：有时变成猴子，向我咧着牙齿扮鬼脸，然后再咬我；一下子又变成刺猬，在路上滚作一团，我的赤脚一踏上去，便把针刺竖了起来；有时我的周身围绕着几条毒蛇，吐出分叉的舌头来，那咝咝的声音吓得我发狂。

【特林鸠罗上。

凯列班　瞧！瞧！又有一个他的精灵来了！因为嫌我捡柴捡得慢，要来给我吃苦头。让我把身体横躺下来；也许他会不注意到我。

特林鸠罗　这儿没有丛林也没有灌木，可以抵御任何风雨。又有一阵大雷雨要来啦，我听见风在呼啸，那边那堆大的乌云像是一只臭皮袋就要把袋里的酒倒下来的样子。要是这回再像不久以前那样响着大雷，我不晓得我该把我的头藏到什么地方去好；那块云准要整桶整桶地倒下水来。咦！这是什么东西？是一个人还是一条鱼？死的还是活的？一定是一条鱼；他的气味像一条鱼，有些隔宿发霉的鱼腥气，不是新腌的鱼。奇怪的鱼！我从前曾经到过英国；要是我现在还在英国，只要把这条鱼画出来，挂在帐篷外面，包管那边无论哪一个节日里没事做的傻瓜都会掏出整块的银洋来瞧一瞧：在那边很可以靠这条鱼发一笔财；随便什么稀奇古怪的畜生在那边都可以让你发一笔财。他们不愿意丢一个铜子给跛脚的叫花子，却愿意拿出一角钱来看一个死了的印第安红种人。嘿，他像人一样生着腿呢！他的翼鳍多么像是一对臂膀！他的身体还是暖的！我说我弄错了，我放弃原来的意见了，这不是鱼，是一个岛上的土人，刚才被天雷轰得那样子。（雷声）唉！雷雨又来了；我只得躲到他的衫子底下去，再没有别的躲避的地方了：一个人倒起运来，就要跟妖怪一起睡觉。让我躲在这儿，直到云消雨散。

（斯丹法诺唱歌上并手持酒瓶）

斯丹法诺 （唱）

我将不再到海上去，不再到海上去，
我要老死在岸上。

——这是一支送葬时唱的难听的曲子。好，这儿是我的安慰。

（饮酒并唱）

船长，船老大，咱小子和打扫甲板的，
还有炮手和他的助理，
爱上了毛儿、梅哥、玛利亨和玛葛丽，
但凯德可没有人欢喜；
因为她有一副绝顶响的喉咙，
见了水手就要嚷，“送你的终！”
焦油和沥青的气味熏得她满心烦躁，
可是裁缝把她浑身搔痒就呵呵乱笑；
海上去吧，弟兄们，让她自个儿去上吊！

这也是一支难听的曲子；但这是我的安慰。（饮酒）

凯列班 不要折磨我，哦！

斯丹法诺 什么事？这儿有鬼吗？叫野人和印第安人来跟我们捣乱吗？哈！海水都淹不死我，我还怕四只脚的东西不成？古话说得好，一个人神气得竟然用四条腿走路，就决不能叫人望而生畏；只要斯丹法诺鼻孔里还透着气，这句话还是照样要说下去。

凯列班　精灵在折磨我了，哦！

斯丹法诺　这是这岛上生四条腿的什么怪物，照我看起来像在发疟疾。见鬼，他跟谁学会了我们的话？为了这，我也得给他医治一下子；要是我医好了他，把他驯伏了，带回到那不勒斯去，这可不是一桩可以随便送给哪一个脚踏牛皮的皇帝老官儿的绝妙礼物！

凯列班　不要折磨我，求求你！我愿意赶紧把柴背回家去。

斯丹法诺　他现在寒热发作，语无伦次，他可以尝一尝我瓶里的酒；要是他从来不曾沾过一滴酒，那很可以把他完全医好。我倘然医好了他，把他驯伏了，也不要怎么狠心索需；反正谁要他，谁就得出一笔钱——出一大笔钱。

凯列班　你还不曾给我多少苦头吃，但你就要大动其手了；我知道的，因为你在发抖；普洛斯彼罗的法术在驱使你了。

斯丹法诺　给我爬过来，张开你的嘴巴；这是会叫你说话的好东西，你这只猫！张开嘴来；这会把你的战抖完完全全驱走，我可以告诉你。（给凯列班喝酒）你不晓得谁是你的朋友。再张开嘴来。

特林鸠罗　这声音我很熟悉，那像是——但他已经淹死了。这些都是邪鬼。老天保佑我啊！

斯丹法诺　四条腿，两个声音，真是一个有趣不过的怪物！他前面的嘴巴在向他的朋友说着恭维的话，他背后的嘴巴却在说他坏话讥笑他。即使医好他需要我全瓶的酒，我也要给他出一下力。喝吧。阿门！让我再把一些酒倒在你那另外一只嘴里。

特林鸠罗　斯丹法诺！

斯丹法诺　你另外的那张嘴在叫我吗？天啊，天啊！这是个魔鬼，不是个妖怪。我得离开他；我可跟魔鬼打不了交道。

特林鸠罗　斯丹法诺！如果你是斯丹法诺，请你过来摸摸我，跟我讲几句话。我是特林鸠罗；不要害怕，你的好朋友特林鸠罗。

斯丹法诺　你倘然是特林鸠罗，那么钻出来吧。让我来把那两条小一点的腿拔出来；要是这儿有特林鸠罗的腿的话，这一定不会错。哎哟，你果真是特林鸠罗！你怎么会变成这个妖怪的粪便？他能够泻下特林鸠罗来吗？

特林鸠罗 我以为他是给天雷轰死了的。但是你不是淹死了吗，斯丹法诺？我现在希望你不曾淹死。雷雨过去了吗？我因为害怕雷雨，所以才躲在这个死妖精的衫子底下。你还活着吗，斯丹法诺？啊，斯丹法诺，两个那不勒斯人脱险了！

斯丹法诺 请你不要把我旋来旋去，我的胃不大好。

凯列班 （旁白）这两个人倘然不是精灵，一定是好人。那是一位英雄的天神；他还有琼浆玉液。我要向他跪下去。

斯丹法诺 你怎么会逃命了的？你怎么会到这儿来？凭着这个瓶起誓，你是怎么到这儿来的？凭着这个瓶起誓，我自己是因为伏在一桶白葡萄酒的桶顶上才不曾淹死；那桶酒是水手们从船上抛下海的；这个瓶是我被冲上岸之后自己亲手用树干刳成的。

凯列班 凭着那个瓶起誓，我要做您忠心的仆人；因为您那种水是仙水。

斯丹法诺 嗨，起誓吧，说你是怎样逃了命的。

特林鸠罗 游泳到岸上，像一只鸭子一样，我会像鸭子一样游泳，我可以起誓。

斯丹法诺 来，吻你的《圣经》[①]。（给特林鸠罗喝酒）你虽然能像鸭子一样游泳，可是你的样子倒像是一只鹅。

特林鸠罗 啊，斯丹法诺！这酒还有吗？

斯丹法诺 有着整整一桶呢，老兄；我在海边的一座岩穴里藏下了我的美酒。喂，妖精！你的寒热病怎么样啦？

凯列班 您不是从天上掉下来的吗？

斯丹法诺 从月亮里下来的，实实在在告诉你：从前我是住在月亮里的。

凯列班 我曾经看见过您在月亮里；我真喜欢您。我的女主人曾经指点给我看您和您的狗以及您的柴枝。

斯丹法诺 来，起誓吧，吻你的《圣经》；我会把它重新装满。起誓吧。

特林鸠罗 凭着这个太阳起誓，这是个蠢得很的怪物；可笑我竟会害怕起

① 吻《圣经》原为基督徒起誓时表示郑重之仪式，此处斯丹法诺用以指饮其瓶中之酒。

他来！一个不中用的怪物！月亮里的人，嘿！这个可怜的轻信的怪物！好啊，怪物！你的酒量真不小。

凯列班　我要指点给您看这岛上每一处肥沃的地方；我要吻您的脚。请您做我的神明吧！

特林鸠罗　凭着太阳起誓，这是一个居心不良的嗜酒的怪物；一等他的神明睡了过去，他就会把酒瓶偷走。

凯列班　我要吻您的脚；我要发誓做您的仆人。

斯丹法诺　那么好，跪下来起誓吧。

特林鸠罗　这个头脑简单的怪物要把我笑死了。

这个不要脸的怪物！我心里真想把他揍一顿。

斯丹法诺　来，吻吧。

特林鸠罗　但是这个可怜的怪物是喝醉了；一个作孽的怪物！

凯列班　我要指点您喝上最好的泉水；我要给您摘浆果；我要给您捉鱼，给您打很多的柴。但愿瘟疫降临在我那暴君的身上！

我再不给他搬柴了；我要跟着您走，您这了不得的人！

特林鸠罗　一个可笑又可气的怪物！竟会把一个无赖的醉汉看作了不得的人！

凯列班　请您让我带您到长着野苹果的地方；我要用我的长指爪给您掘出落花生来，把栏鸟的窝指点给您看，教给您怎样捕捉伶俐的小猢狲的法子；我要采成球的榛果献给您；我还要从岩石上为您捉下海鸥的雏鸟来。您肯不肯跟我走？

斯丹法诺　请你带着我走，不要再啰哩啰嗦了。——特林鸠罗，国王和我们的同伴们既然全都淹死，这地方便归我们所有了。

——来，给我拿着酒瓶。——特林鸠罗老朋友，我们不久便要再把它装满。

凯列班　（醉呓地唱）再会，主人！再会！再会！

特林鸠罗　一个喧哗的怪物！一个醉酒的怪物！

凯列班　不再筑堰捕鱼；
不再捡柴生火，
硬要听你吩咐；

不刷盘子不洗碗；

班，班，凯——凯列班，换了一个新老板！

自由，哈哈！

哈哈，自由！自由！

哈哈，自由！

斯丹法诺　啊，出色的怪物！带路走呀。（同下）

第三幕

第一场　普洛斯彼罗洞室之前

【腓迪南负木上。

腓迪南　有一类游戏是很吃力的，但兴趣会使人忘记辛苦；有一类卑微的工作是用坚苦卓绝的精神忍受着的，最低陋的事情往往指向最崇高的目标。我这种贱役对于我应该是艰重而可厌的，但我所奉侍的女郎使我生趣勃发，觉得劳苦反而是一种愉快。啊，她的温柔十倍于她父亲的乖愎，而他则浑身都是暴戾！他严厉地吩咐我必须把几千根这样的木头搬过去堆垒起来；我那可爱的姑娘见了我这样劳苦，竟哭了起来，说从来不曾见过像我这种人干这等卑贱的工作。唉！我把工作都忘了。但这些甜蜜的思想给予了我新生的力量，在我干活的当儿，我的思想最活跃。

【米兰达上间普洛斯彼罗潜随其后。

米兰达　唉，请你不要太辛苦了吧！我真希望一阵闪电把那些要你堆垒的木头一起烧掉！请你暂时放下来，坐下歇歇吧。要是这根木头被烧起来的时候，它一定会想到它所给你的劳苦而流泪的。我的父亲正在一心一意地读书；请你休息休息吧，在这三个钟头之内，他是不会出来的。

腓迪南　啊，最亲爱的姑娘，在我还没有把我必须做的工作努力做完之前，太阳就要下去了。

米兰达　要是你肯坐下来，我愿意代你搬一会儿木头，请你给我吧；让我把它搬到那一堆上面去。

腓迪南　怎么可以呢，珍贵的人儿！我宁愿毁损我的筋骨，压折我的背膀，也不愿让你干这种下贱的工作，而我却空着两手坐在一旁。

米兰达　要是这种工作配给你做，当然它也配给我做。而且我做起来心里更舒服一点；因为我是自己甘愿，而你是被迫的。

普洛斯彼罗　（旁白）可怜的孩子，你已经情魔缠身了！你这痛苦的呻吟流露了真情。

米兰达　你瞧上去很疲乏。

腓迪南　不，尊贵的姑娘！当你在我身边的时候，黑夜也变成了清新的早晨。我恳求你告诉我你的名字，好让我把它放进我的祈祷里去。

米兰达　米兰达。——唉！父亲，我已经违背了你的叮嘱，把它说了出来啦！

腓迪南　可赞美的米兰达！真是一切仰慕的最高峰，价值抵得过世界上一切最珍贵的财宝！我的眼睛曾经关注地盼睐过许多女郎，许多次她们那柔婉的声调使我过于敏感的听觉对之倾倒：为了各种不同的美点，我曾经喜欢过各个不同的女子；但是从不曾全心全意地爱上一个，总有一些缺点损害了她那崇高的优美。但是你啊，这样完美而无双，是把每一个人最好的美点集合起来而造成的！

米兰达　我不曾见过一个和我同性的人，除了在镜子里见到自己的面孔以外，我不记得任何女子的相貌；除了你，好友，和我的亲爱的父亲以外，也不曾见过哪一个我可以称为男子的人。我不知道别处地方人们都是生得什么样子，但是凭着我最可宝贵的嫁妆——贞洁起誓：除了你之外，在这世上我不企望任何的伴侣；除了你之外，我的想象也不能再产生出一个可以使我喜爱的形象。但是我的话讲得有些太越出界限，把我父亲的教训全忘记了。

腓迪南　我在我的地位上是一个王子，米兰达；也许竟是一个国王——但我希望我不是！我不能容忍一只苍蝇玷污我的嘴角，更不用说挨受这种搬运木头的苦役了。听我的心灵向你诉告：当我第一眼看见你的时候，我的心就已经飞到你的身边，甘心为你执役，使我成为你的奴隶；只是为了你的缘故，我才肯让自己当这个辛苦的运木的工人。

米兰达　你爱我吗？

腓迪南　天在头上！地在脚下！为我作证这一句妙音。要是我所说的话是真的，愿天地赐给我幸福的结果；如其所说是假，那么请把我命中注定的幸运都转成厄运！超过世间其他一切事物的界限之上，我爱你，珍重你，崇拜你！

米兰达　我是一个傻子，听见了衷心喜欢的话就流起泪来！

普洛斯彼罗　（旁白）一段难得的良缘的会合！上天赐福给他们的后裔吧！

腓迪南　你为什么哭起来了呢？

米兰达　因为我太平凡了，我不敢献给你我所愿意献给你的，更不敢从你那里接受我所渴想得到的。但这是废话；越是掩饰，它越是显露得清楚。去吧，羞怯的狡狯！让单纯而神圣的天真指导我说什么话吧！要是你肯娶我，我愿意做你的妻子；不然的话，我将到死都是你的婢女：你可以拒绝我做你的伴侣；但不论你愿不愿意，我将是你的奴仆。

腓迪南　我的最亲爱的爱人！我永远低首在你的面前。

米兰达　那么你是我的丈夫吗？

腓迪南　是的，我全心愿望着，如同受拘束的人愿望自由一样。握着我的手。

米兰达　这儿是我的手，我的心也跟它在一起。现在我们该分手了，半点钟之后再会吧。

腓迪南　一千个再会吧！（分别下）

普洛斯彼罗　我当然不能比他们自己更为高兴，而且他们是全然不曾预先料到的；但没有别的事可以比这事更使我快活了。我要去读我的书去，因为在晚餐之前，我还有一些事情须得做好。（下）

第二场　岛上的另一处

【凯列班持酒瓶，斯丹法诺、特林鸠罗同上。

斯丹法诺　别对我说；要是酒桶里的酒喝完了，然后我们再喝水；只要还有一滴酒，让我们一直喝酒吧。来，一！二！三！加油干！妖怪奴才，向我祝饮呀！

特林鸠罗　妖怪奴才！这岛上特产的笨货！据说这岛上一共只有五个人，我们已经是三个；要是其余的两个人跟我们一样聪明，我们的江山就不稳了。

斯丹法诺　喝酒呀，妖怪奴才！我叫你喝你就喝。你的眼睛简直呆呆地生牢在你的头上了。

特林鸠罗　眼睛不生在头上倒该生在什么地方？要是他的眼睛生在尾巴上，那才真是个出奇的怪物哩！

斯丹法诺　我的妖怪奴才的舌头已经在白葡萄酒里淹死了；但是我，海水也淹不死我：凭着这太阳起誓，我在一百多英里的海面上游来游去，一直游到了岸边。你得做我的副官，怪物，或是做我的旗手。

特林鸠罗　还是做个副官吧，要是你中意的话；他当不了旗手。

斯丹法诺　我们不想奔跑呢，怪物先生。

特林鸠罗　也不想走路，你还是像条狗那样躺下来吧；一句话也别说。

斯丹法诺　妖精，说一句话吧，如果你是个好妖精。

凯列班　给老爷请安！让我舐您的靴子。我不要服侍他，他是个懦夫。

特林鸠罗　你说谎，一窍不通的怪物！我打得过一个警察呢。嘿，你这条臭鱼！像我今天一样喝了那么多白酒的人，还被说成是个懦夫吗？因为你是一只一半鱼一半妖怪的荒唐东西，你就要撒一个荒唐的谎吗？

凯列班　瞧！他多么疯狂地取笑我！您让他这样说下去吗，老爷？

特林鸠罗　他说“老爷”！谁想得到一个怪物会是这么一个蠢材！

凯列班　喏，喏，又来啦！我请您咬死他。

斯丹法诺　特林鸠罗，好好地堵住你的嘴！如果你要造反，就把你吊死在眼前那株树上！这个可怜的怪物是我的人，不能欺侮人家。

凯列班　谢谢大老爷！您肯不肯再听一次我的条陈？

斯丹法诺　依你所奏；跪下来说吧。我立着，特林鸠罗也立着。

【爱丽儿隐形上。

凯列班　我已经说过，我屈服在一个暴君一个巫师的手下，他用诡计把这岛从我手里夺了去。

爱丽儿　你说谎！

凯列班　你说谎，你这插科打诨的猴子！我希望我勇敢的主人把你杀死。我没有说谎。

斯丹法诺　特林鸠罗，要是你在他讲话的时候再来缠扰，凭着这只手起誓，我要敲掉你的牙齿。

特林鸠罗　怎么？我一句话都没有说。

斯丹法诺　那么别响，不要再多话了。（向凯列班）讲下去。

凯列班　我说，他用妖法占据了这岛，从我手里夺了去；要是老爷肯替我向他报仇——我知道您一定敢，但这家伙绝没有这胆子——

斯丹法诺　自然啰。

凯列班　您就可以做这岛上的主人，我愿意服侍您。

斯丹法诺　用什么方法可以实现这事呢？你能不能把我带到那个人的地方去？

凯列班　可以的，可以的，老爷。我可以趁他睡熟的时候把他交付给您，您就可以用一根钉敲进他的脑袋里去。

爱丽儿　你说谎，你不敢！

凯列班　这个穿花花衣裳的蠢货！这个混蛋！请老爷把他痛打一顿，把他的酒瓶夺过来；他没有酒喝之后，就只好喝海里的咸水了，因为我不愿告诉他清泉在什么地方。

斯丹法诺　特林鸠罗，别再自讨没趣啦！你再敢说一句话打扰这怪物，凭着这只手起誓，我就要不顾情面，把你打成一条鱼干了。

特林鸠罗　什么？我得罪了你什么？我一句话都没有说。让我再离得远一点儿。

斯丹法诺　你不是说他说谎吗？

爱丽儿　你说谎！

斯丹法诺　我说谎吗！吃这一下！（打特林鸠罗）

要是你觉得滋味不错的话，下回再试试看吧。

特林鸠罗　我并没有说你说谎。你头脑昏了，连耳朵也听不清楚了吗？该死的酒瓶！因为喝酒才把你搅得那么昏沉沉的。

愿你的怪物给牛瘟病瘟死，魔鬼把你的手指弯断了去！

凯列班　哈哈哈！

斯丹法诺　现在讲下去吧。——请你再站得远些。

凯列班　狠狠地打他一下子；停一会儿我也要打他。

斯丹法诺　站远些。——来，说吧。

凯列班　我对您说过，他有一个老规矩，一到下午就要睡觉；那时您先把他的书拿了去，就可以捶碎他的脑袋，或者用一根木头敲破他的头颅，或者用一根棍子搠破他的肚肠，或者用您的刀割断他的喉咙。记好，先要把他的书拿到手；因为他一失去了他的书，就是一个跟我差不多的大傻瓜，也没有一个精灵会听他指挥：这些精灵没有一个不像我一样把他恨入骨髓。只要把他的书烧了就是了；他还有些漂亮的家具——他叫作“家具”——预备造了房子之后陈设起来的；但第一应该放在心上的是他那美貌的女儿。他自己说她是一个美艳无双的人；我从来不曾见过一个女人，除了我的老娘西考拉克斯和她之外；可是她比起西考拉克斯来，真不知要好看上多少倍了，正像天地的距离一样。

斯丹法诺　是这样一个出色的姑娘吗？

凯列班　是的，老爷；我可以担保一句，她跟您睡在一床是再合适也没有的啦，她会给您生下俊壮的小子来。

斯丹法诺　怪物，我一定要把这人杀死；他的女儿和我做国王和王后，上帝保佑！特林鸠罗和你做总督。你赞成不赞成这计策，特林鸠罗？

特林鸠罗　好极了。

斯丹法诺　让我握你的手。我很抱歉打了你；可是你活着的时候，总以少开口为妙。

凯列班　在这半点钟之内他就要入睡；您愿不愿就在这时候杀了他？

斯丹法诺　好的，凭着我的名誉起誓。

爱丽儿　我要告诉主人去。

凯列班　您使我高兴得很，我心里充满了快乐。让我们畅快一下。您肯不肯把您刚才教给我的轮唱曲唱起来？

斯丹法诺　准你所奏，怪物；凡是合乎道理的事我都可以答应。来啊，特林鸠罗，让我们唱歌。（唱）

嘲弄他们，讥讽他们，
讥讽他们，嘲弄他们，
思想多么自由！

凯列班　这曲子不对。

【爱丽儿击鼓吹箫，依曲调而奏。

斯丹法诺　这是什么声音？

特林鸠罗　这是我们的歌的曲子，在空中吹奏着呢。

斯丹法诺　你倘然是一个人，像一个人那样出来吧；你倘然是一个鬼，也随你显出怎样的形状来吧！

特林鸠罗　饶赦我的罪过呀！

斯丹法诺　人一死什么都完了；我不怕你。但是可怜我们吧！

凯列班　您害怕吗？

斯丹法诺　不，怪物，我怕什么？

凯列班　不要怕。这岛上充满了各种声音和悦耳的乐曲，使人听了愉快，不会伤害人。有时成千的叮叮咚咚的乐器在我耳边鸣响。有时在我酣睡醒来的时候，听见了那种歌声，又使我沉沉睡去；那时在梦中便好像云端里开了门，无数珍宝要向我倾倒下来；当我醒来之后，我简直哭了起来，希望重新做一遍这样的梦。

斯丹法诺　这倒是一个可心的国土，可以不费钱白听音乐。

凯列班　但第一您得先杀死普洛斯彼罗。

斯丹法诺　那事我们不久就可以动手；我记住了。

特林鸠罗　这声音渐渐远去；让我们跟着它，然后再干我们的事。

斯丹法诺　领着我们走，怪物；我们跟着你。我很希望见一见这个打鼓的家伙，瞧他的样子奏得倒挺不错。

特林鸠罗　你来吗？我跟着它走了，斯丹法诺。（同下）

第三场　岛上的另一处

【阿隆佐、西巴斯辛、安东尼奥、贡柴罗、阿德里安、弗兰西斯科及余人等上。

贡柴罗　天啊！我走不动啦，大王；我的老骨头在痛。这儿的路一条直一条弯的，完全把人迷昏了！要是您不见怪，我必须休息一下。

阿隆佐　老人家，我不能怪你；我自己也心灰意懒，疲乏得很。坐下来歇歇吧。现在我已经断了念头，不再自己哄自己了。他一定已经淹死了，尽管我们乱摸瞎撞地找寻他；海水也在嘲笑着我们在岸上无益的寻觅。算了吧，让他死了就完了！

安东尼奥　（向西巴斯辛旁白）我很高兴他是这样灰心。别因为一次遭到失败，就放弃了你已决定好的计划。

西巴斯辛　（向安东尼奥旁白）下一次的机会我们一定不要错过。

安东尼奥　（向西巴斯辛旁白）就在今夜吧；他们现在已经走得很疲乏，一定不会，而且也不能，再别那么警觉了。

西巴斯辛　（向安东尼奥旁白）好，今夜吧。不要再说了。

【庄严而奇异的音乐。普洛斯彼罗自上方隐形上。下侧若干奇形怪状的精灵抬了一桌酒席进来；他们围着它跳舞，且做出各种表示敬礼的姿势，邀请国王以次诸人就食后退去。

阿隆佐　这是什么音乐？好朋友们，听啊！

贡柴罗　神奇的甜美的音乐！

阿隆佐　上天保佑我们！这些是什么？

西巴斯辛　一幕活动的傀儡戏？现在我才相信世上有独角的麒麟，阿拉伯有凤凰所栖的树，上面有一只凤凰至今还在南面称王呢。

安东尼奥　麒麟和凤凰我都相信；要是此外还有什么难于置信的东西，都来告诉我好了，我一定会发誓说那是真的。旅行的人绝不会说谎话，足不出门的傻瓜才嗤笑他们。

贡柴罗　要是我现在在那不勒斯，把这事告诉了别人，他们会不会相信我呢？要是我对他们说，我看见岛上的人民是这样这样的——这些当然一定是岛上的人民啰——虽然他们的形状生得很奇怪，然而倒是很有礼貌很和善，在我们人类中也难得见到的。

普洛斯彼罗　（旁白）正直的老人家，你说得不错；因为在你们自己一群人当中，就有几个人比魔鬼还要坏。

阿隆佐　我再不能这样吃惊了；虽然不开口，但他们的那种形状、那种手势、那种音乐，都表演了一幕美妙的哑剧。

普洛斯彼罗　（旁白）且慢称赞吧。

弗兰西斯科　他们消失得很奇怪。

西巴斯辛　不要管他，既然他们把食物留下，我们有肚子就该享用。——您要不要尝尝试试看？

阿隆佐　我可不想吃。

贡柴罗　真的，大王，您无须胆小。当我们还是孩子的时候，谁肯相信有一种山居的人民，喉头长着肉袋，像一头牛一样？谁又肯相信有一种人的头是长在胸膛上的？可是我们现在都相信每个旅行的人都能肯定这种话不是虚假的了。

阿隆佐　好，我要吃，即使这是我的最后一餐有什么关系呢？我最好的日子也已经过去了。贤弟，公爵，陪我们一起来吃吧。

【雷电声起，爱丽儿化女面鸟身的怪鸟上，以翼击桌，筵席顿时消失——用一种特别的机关装置。

爱丽儿 你们是三个有罪的人；操纵着下界一切的天命，使得那贪馋的怒海重又把你们吐了出来，抛在这没有人居住的岛上，你们是不配居住在人类中间的。你们已经发狂了。（阿隆佐、西巴斯辛等拔剑）即使像你们这样勇敢的人，也没有法子免除一死。你们这辈愚人！我和我的同伴们都是运命的使者；你们用风、火熔炼的刀剑不能损害我们身上的一根羽毛，正像把它们砍向呼啸的风、刺向分而复合的水波一样，只显得可笑。我的伙伴们也是刀枪不入的。而且即使它们能够把我们伤害，现在你们也已经没有力量把臂膀举起来了。好生记住吧，我来就是要告诉你们这句话，你们三个人是在米兰把善良的普洛斯彼罗篡逐的恶人，你们把他和他无辜的婴孩放逐在海上，如今你们也受到同样的报应了。为着这件恶事，上天虽然并不把惩罚立刻加在你们身上，却并没有轻轻放过，已经使海洋陆地，以及一切有生之伦，都来和你们作对了。你，阿隆佐，已经丧失了你的儿子；我再向你宣告；活地狱无穷的痛苦——一切死状合在一起也没有那么惨，将要一步步临到你生命的途程中；除非痛悔前非，以后洗心革面，做一个清白的人，否则在这荒岛上面，天谴已经迫在眼前了！

【爱丽儿在雷鸣中隐去，柔和的乐声复起；精灵们重上，跳舞且做揶揄状，把空桌抬下。

普洛斯彼罗 （旁白）你把这怪鸟扮演得很好，我的爱丽儿，这一桌酒席你也席卷得妙，我叫你说的话你一句也没有漏去；就是那些小精灵也都是生龙活虎，各自非常出力。我的神通已经显出力量，我这些仇人已经惊惶得不能动弹；他们都已经在我的权力之下了。现在我要在这种情形下面离开他们，去探视他们以为已经淹死了的年轻的腓迪南和他的也是我的亲爱的人儿。（自上方下）

贡柴罗 凭着神圣的名义，大王，为什么您这样呆呆地站着？

阿隆佐 啊，那真是可怕！可怕！我觉得海潮在那儿这样告诉我；风在那儿把它唱进我的耳中；那深沉可怕、像管风琴似的雷鸣在向我震荡出普洛斯彼罗的名字，它用洪亮的低音宣布了我的罪恶。这样看来，我的孩子一定是葬身在海底的软泥之下了；我要到深不可测的海底去寻找他，跟他睡在一块儿！（下）

西巴斯辛 要是这些鬼怪一个一个地来，我可以打得过他们。

安东尼奥 让我助你一臂之力。（西巴斯辛和安东尼奥下）

贡柴罗 这三个人都有些不顾死活的神气。他们重大的罪恶像隔了好久才发作的毒药一样，现在已经在开始咬啮他们的灵魂了。你们是比较善于临机应变的，请快快追上去，阻止他们不要做出什么疯狂的举动来。

阿德里安 你们跟我来吧。（同下）

第四幕

第一场　普洛斯彼罗洞室之前

【普洛斯彼罗、腓迪南、米兰达上。

普洛斯彼罗　要是我曾经给你太严厉的惩罚，你也已经得到补偿了；因为我已经把我生命中的一部分给了你，我是为了她才活着的。现在我再把她交到你的手里；你所受的一切苦恼都不过是我用来试验你的爱情的，而你能异常坚强地忍受它们；在这里我当着天，许给你这个珍贵的赏赐。腓迪南啊，不要笑我这样把她夸奖，你自己将会知道一切的称赞比起她自身的美好来，都是瞠乎其后的。

腓迪南　我绝对相信您的话。

普洛斯彼罗　既然我的给予和你的获得都不是出于贸然，你就可以娶我的女儿。但在一切神圣的仪式没有充分给你许可之前，你不能侵犯她处女的尊严；否则你们的结合将不能得到上天美满的祝福，冷淡的憎恨、白眼的轻蔑和不睦将使你们的姻缘中长满令人嫌恶的恶草。所以小心一点吧，许门[1]的明灯将照引着你们！

---

① 许门（Hymen），希腊罗马神话中司婚姻之神。

腓迪南　我希望的是以后在和如今一样的爱情中享受着平和的日子、美秀的儿女和绵绵的生命，因此即使在最幽冥的暗室中，在最方便的场合，有伺隙而来的魔鬼最强烈的煽惑，也不能使我的廉耻化为肉欲，而轻轻地损毁了举行婚礼那天的无比的欢乐。可是那样的一天来得也太慢了，我觉得不是太阳神的骏马在途中跑垮了，便是黑夜被系禁在冥域了。

普洛斯彼罗　说得很好。坐下来跟她谈话吧，她是属于你的。喂，爱丽儿！我的勤劳的仆人，爱丽儿！

【爱丽儿上。

爱丽儿　我威严的主人有什么吩咐？我在这里。

普洛斯彼罗　你跟你的小伙计们把刚才的事情办得很好；我必须再差你们做一件这样的把戏。去把你手下的小喽啰们召唤到这儿来；叫他们赶快装扮起来；因为我必须在这一对年轻人的面前卖弄卖弄我的法术；我曾经答应过他们，他们也在盼望着。

爱丽儿　即刻吗？

普洛斯彼罗　是的，一眨眼的时间内就得办好。

爱丽儿　你来去还不曾出口，
你呼吸还留着没透，
我们早脚尖儿飞快，
扮鬼脸大伙儿都在，
主人，你爱我不爱？

普洛斯彼罗　我很爱你，我伶俐的爱丽儿！在我没有叫你之前，不要就来。

爱丽儿　好，我知道。（下）

普洛斯彼罗　小心保持你的忠实，不要太恣意调情。血液中的火焰一燃烧起来，最坚强的誓言也就等于草秆。节制一些吧，否则你的誓约就要守不住了！

腓迪南　请您放心，老人家；皎白的处女的冰雪，早已压伏了我胸中的欲火。

普洛斯彼罗　好。——出来吧，我的爱丽儿！不要让精灵们缺少一个，多一个倒不妨。轻轻快快地出来吧！大家不要响，只许静静地看！

（柔和的音乐；假面剧开始。精灵扮伊里斯[1]上 ）

伊里斯 刻瑞斯[2]，最丰饶的女神，我是天上的彩虹，我是天后的使官，天后在云端，传旨请你离开你那繁荣着小麦、大麦、黑麦、燕麦、野豆、豌豆的膏田；离开你那羊群所游息的茂草的山坡，以及饲牧它们的满铺着刍草的平原；离开你那生长着立金花和蒲苇的堤岸，多雨的四月奉着你的命令而把它装饰着的，在那里给清冷的水仙女们备下了洁净的新冠；离开你那为失恋的情郎们所爱好而徘徊其下的金雀花的薮丛；你那牵藤的葡萄园；你那荒瘠埼确的海滨，你所散步游息的所在：请你离开这些地方，到这里的草地上来，和尊严的天后陛下一同游戏；她的孔雀已经轻捷地飞翔起来了，请你来陪驾吧，富有的刻瑞斯。

【刻瑞斯上。

刻瑞斯 万福，你这永远服从着天后命令的，五彩缤纷的使者！你用你橙黄色的翼膀常常洒下甘露似的清新的阵雨在我的花朵上面，用你青色的弓的两端为我林木丛生的地亩和没有灌枝的高原披上了富丽的肩巾：敢问你的王后唤我到这细草原上来，有什么吩咐？

伊里斯 为要庆祝真心的爱情的结合，大量地赐福给这一双有福的恋人。

刻瑞斯 告诉我，天虹，你知不知道维纳斯或她的儿子是否也随侍着天后？自从她们用诡计使我的女儿陷在幽冥的狄斯手中以后，我已经立誓不再见她和她那盲目的小儿的无耻面孔了。[3]

伊里斯 不要担心会碰见她；我遇见她的灵驾由一对对的白鸽拖引

---

① 伊里斯（Iris），希腊罗马神话中诸神之信使，又为虹之女神。

② 刻瑞斯（Ceres），希腊罗马神话中司农事及大地之女神。

③ 狄斯（Dis）即普路同（Pluto），幽冥之主，掠刻瑞斯之女普洛塞庇那为妻；后者即春之女神，每年一次被释返地上。维纳斯之子即小爱神丘匹特，因俗语云爱情是盲目的，故云“盲目的小儿”。

着，正冲破云霄，向帕福斯[1]而去，她的儿子同车陪着她。她们因为这里的这一对男女曾经立誓在许门的火炬未燃着以前不得同衾，因此想要在他们身上干一些无赖的把戏，可是白费了心机；马斯的情妇[2]已经满心暴躁地回去；她那发恼的儿子已经折断了他的箭，发誓以后不再射人，只是跟麻雀们开开玩笑，打算做一个好孩子了。

刻瑞斯　最高贵的王后，伟大的朱诺[3]来了；从她的步履上我辨认得出来。

【朱诺上。

朱诺　我丰饶的贤妹安好？跟我去祝福这一对璧人，让他们一生幸福，产出美好的后裔来。（唱）

富贵尊荣，美满良姻，
百年偕老，子孙盈庭；
幸福朝朝，欢娱暮暮，
朱诺向你们恭贺！

刻瑞斯　（唱）田多落穗，积谷盈仓，
葡萄成簇，摘果满筐；
秋去春来，如心所欲，
刻瑞斯为你们祝福！

腓迪南　这是一个最神奇的幻景，这样迷人而谐美！我能不能猜想这些都是精灵呢？

普洛斯彼罗　是的，这些是我从他们的世界里用法术召唤来表现我一时的空想的精灵。

腓迪南　让我终老在这里吧！有着这样一位人间稀有的神奇而贤哲的父亲，这地方简直是天堂了。

---

① 帕福斯（Paphos），维纳斯神庙所在地，相传她在海中诞生后首临于此。

② 马斯（Mars），希腊罗马神话里的战神，与爱神维纳斯有私情。

③ 朱诺（Juno），希腊罗马神话中的天后。

【朱诺与刻瑞斯作耳语，授命令于伊里斯。

普洛斯彼罗　亲爱的，莫做声！朱诺和刻瑞斯在那儿严肃地耳语，将要有一些另外的事情。嘘！不要开口！否则我们的魔法就要破解了。

伊里斯　戴着蒲苇之冠，眼光永远是那么柔和的、住在蜿蜒的河流中的仙女们啊！离开你们那涡卷的河床，到这青青的草地上来答应朱诺的召唤吧！前来，冷洁的水仙们，伴着我们一同庆祝一段良缘的缔结，不要太迟了。

【若干水仙女上。

伊里斯　你们在八月的日光下蒸晒着的辛苦的刈禾人，离开你们的田亩，到这里来欢乐一番；戴上你们麦秆的帽子，一个一个地来和这些清艳的水仙跳起乡村的舞蹈来吧！

【若干服饰齐整的刈禾人上，和水仙女们一齐作优美的舞蹈；临了时普洛斯彼罗突起发言，在一阵奇异的、幽沉的、杂乱的声音中，众精灵悄然隐去。

普洛斯彼罗　（旁白）我已经忘记了那个畜生凯列班和他的同党想来谋取我生命的奸谋，他们所定的时间已经差不多到了。

（向精灵们）很好！现在完了，去吧！

腓迪南　这可奇怪了，你的父亲在发着很大的脾气。

米兰达　直到今天为止，我从来不曾看见过他狂怒成这样子。

普洛斯彼罗　王子，你瞧上去似乎有点惊疑的神气。高兴起来吧，我儿；我们的狂欢已经终止了。我们的这一些演员，我曾经告诉过你，原是一群精灵；他们都已化成淡烟而消散了。如同这虚无缥缈的幻景一样，入云的楼阁、瑰伟的宫殿、庄严的庙堂，甚至地球自身，以及地球上所有的一切，都将同样消散，就像这一场幻景，连一点烟云的影子都不曾留下。构成我们的料子也就是那梦幻的料子；我们短暂的一生，前后都环绕在酣睡之中。王子，我心中有些昏乱，原谅我不能控制我的弱点；我衰老的头脑有些昏了。不要因为我的年老不中用而不安。假如你们愿意，请回到我的洞里休息一下。我将略作散步，安定安定我焦躁的心境。

【米兰达下。

腓迪南　愿你安静啊！（下）

普洛斯彼罗　赶快来！谢谢你，爱丽儿，来啊！

【爱丽儿上。

爱丽儿　我永远准备着执行你的意志。有什么吩咐？

普洛斯彼罗　精灵，我们必须预备着对付凯列班。

爱丽儿　是的，我的命令者；我在扮演刻瑞斯的时候就想对你说，可是我深恐触怒了你。

普洛斯彼罗　再对我说一次，你把这些恶人安置在什么地方？

爱丽儿　我告诉过你，主人，他们喝得醉醺醺的，勇敢得不得了；他们怒打着风，因为风吹到了他们的脸上，痛击着地面，因为地面吻了他们的脚；但总是不忘记他们的计划。于是我敲起小鼓来；一听见这声音，他们便像狂野的小马一样，耸起了他们的耳朵，睁大了他们的眼睛，掀起了他们的鼻孔，似乎音乐是可以嗅到似的。这样我迷惑了他们的耳朵，使他们像小牛跟从着母牛的叫声一样，跟我走过了一簇簇长着尖齿的野茨，咬人的刺金雀和锐利的荆棘丛，把他们可怜的胫骨刺穿。最后我把他们遗留在离开这里不远的那口满是浮渣的污水池中，水没到了下巴，他们却在那里手舞足蹈，把一池臭水搅得比他们的臭脚还臭。

普洛斯彼罗　干得很好，我的鸟儿。你仍旧隐形前去，把我室内华丽的衣服拿来，好把这些恶贼诱上圈套。

爱丽儿　我去，我去。（下）

普洛斯彼罗　一个魔鬼，一个天生的魔鬼，教养也改不过他的天性来；在他身上我一切好心的努力都全然白费。他的形状随着年纪而一天丑陋似一天，他的心也一天一天腐烂下去。我要把他们狠狠惩治一顿，直至他们因痛苦而呼号。

【爱丽儿携带许多华服等上。

普洛斯彼罗　来，把它们挂在这根绳上。

【普洛斯彼罗与爱丽儿隐身留原处，凯列班、斯丹法诺、特林鸠罗三人浑身淋湿上。

凯列班　请你们脚步放轻些，不要让瞎眼的鼹鼠听见了我们的足声。我们现在已经走近他的洞窟了。

斯丹法诺　怪物，你说你那个不会害人的仙人简直跟我们开了一个不大不小的玩笑。

特林鸠罗　怪物，我满鼻子都是马尿的气味，把我恶心得不得了。

斯丹法诺　我也是这样。你听见吗，怪物？要是我向你一发起恼来，当心点儿——

特林鸠罗　你不过是一个走投无路的怪物罢了。

凯列班　好老爷，不要恼我，耐心些；因为我将要带给您的好处可以抵偿过这场不幸。请你们轻轻地讲话；大家要静得好像在深夜里一样。

特林鸠罗　呃，可是我们的酒瓶也落在池里了。

斯丹法诺　这不单是耻辱和不名誉，简直是无限的损失。

特林鸠罗　这比浑身淋湿更使我痛心；可是，怪物，你却说那是你不会害人的仙人。

斯丹法诺　我一定要去把我的酒瓶捞起来，即使我必须没头没脑钻在水里。

凯列班　我的王爷，请您安静下来。瞧这里，这便是洞口了；不要响，走进去。把那件大好的恶事干起来，这岛便属您所有了；我，您的凯列班，将要永远舐您的脚。

斯丹法诺　让我握你的手；我开始动了杀人的念头了。

特林鸠罗　啊，斯丹法诺大王！大老爷！尊贵的斯丹法诺！瞧这儿有多么好的衣服给您穿呀！

凯列班　让它去，你这蠢货！这些不过是废物罢了。

特林鸠罗　哈哈，怪物！什么是旧衣庄上的货色，我们是看得出来的。啊，斯丹法诺大王！

斯丹法诺　放下那件袍子，特林鸠罗！凭着我这手起誓，那件袍子我要。

特林鸠罗　请大王拿去好了。

凯列班　愿这傻子浑身起水肿！你老是恋恋不舍这种废料有什么意思呢？别去理这些个，让我们先去行刺。要是他醒了，他会使我们从脚心到头顶遍体鳞伤，把我们弄成不知什么样子的。

斯丹法诺　别开口，怪物！——绳太太，这不是我的短外套吗？本来吊在你绳上，现在吊在我身上；短外衣呀，我说，你别“掉”了毛，变个秃头雕才好。

特林鸠罗　妙极妙极！大王高兴的话，让我们横七竖八一齐偷了去！

斯丹法诺　你这句话说得很妙，赏给你这件衣服吧。只要我做这里的国王，聪明人总不会被亏待的。“横七竖八偷了去”是一句绝妙的俏皮话，再赏你一件衣服。

特林鸠罗　怪物，来啊，涂一些胶在你的手指上，把其余的都拿去吧。

凯列班　我什么都不要。我们将要错过了时间，大家要变成蠢鹅，或是额角低得难看的猴子了！

斯丹法诺　怪物，别连手都不动一动；给我把这件衣服拿到我那放着大酒桶的地方去，否则我的国境内不许你立足。去，把这拿去。

特林鸠罗　还有这一件。

斯丹法诺　呃，还有这一件。

【幕内猎人的声音。若干精灵化作猎犬上，将斯丹法诺等三人追逐；普洛斯彼罗和爱丽儿嗾着它们。

普洛斯彼罗　嗨！莽丁，嗨！

爱丽儿　雪狒！那边去，雪狒！

普洛斯彼罗　飞雷！飞雷！那边，铁龙！那边！听，听！

（凯列班、斯丹法诺、特林鸠罗被驱下）去叫我的妖精们用厉害的痉挛磨他们的骨节；叫他们的肌肉像老年人那样抽搐起来，掐得他们满身都是伤痕，比豹子或山猫身上的斑点还多。

爱丽儿　听！他们在呼号呢。

普洛斯彼罗　让他们被痛痛快快地追一下子。此刻我的一切仇人都在我的手掌之中了；不久我的工作便可完毕，你就可以呼吸自由的空气，暂时你先跟我来，帮我一些忙吧。（同下）

第五幕

第一场　普洛斯彼罗洞室之前

【普洛斯彼罗穿法衣上，爱丽儿随上。

普洛斯彼罗　现在我的计划将告完成；我的魔法毫无差失；我的精灵们俯首听命；一切按部就班顺利地过去了。是什么时候了？

爱丽儿　将近六点钟。你曾经说过，主人，在这时候我们的工作应当完毕。

普洛斯彼罗　当我刚兴起这场暴风雨的时候，我曾经这样说过。告诉我，我的精灵，国王和他的从者们怎么样啦？

爱丽儿　按照你的吩咐，他们仍旧照样囚禁在一起，同你离开他们的时候一样，在荫蔽着你洞室的那一列大菩提树底下聚集着这一群囚徒；你要是不把他们释放，他们便一步路也不能移动。国王、他的弟弟和你的弟弟，三个人都疯了；其余的人在为他们悲泣，充满了忧伤和惊骇；尤其是那位你所称为“善良的老大臣贡柴罗”的，他的眼泪一直从他的胡须上淋了下来，就像从茅檐上流下来的冬天的滴水一样。你在他们身上所施的魔术的力量是这么大，要是你现在看见了他们，你的心也一定会软下来。

普洛斯彼罗　你这样想吗，精灵？

爱丽儿　如果我是人类，主人，我会觉得不忍的。

普洛斯彼罗　我的心也将会觉得不忍。你不过是一阵空气罢了，居然也会感觉到他们的痛苦；我是他们的同类，能跟他们一样敏锐地感到一切，和他们有着同样的感情，难道我的心反会比你硬吗？虽然他们给过我这样大的迫害，使我痛心切齿，但是我宁愿压伏我的愤恨而听从我更高尚的理性；道德的行动较之仇恨的行动是可贵得多的。要是他们已经悔过，我唯一的目的也就达到终点，不再对他们更有一点怨恨。去把他们释放了吧，爱丽儿。我要给他们解去我的魔法，唤醒他们的知觉，让他们仍旧恢复本来的面目。

爱丽儿　我去领他们来，主人。（下）

普洛斯彼罗　你们山河林沼的小妖们；踏沙无痕、追逐着退潮时的海神而等他一转身来便又倏然逃去的精灵们；在月下的草地上留下了环舞的圈迹，使羊群不敢走近的小神仙们；以及在半夜中以制造菌蕈为乐事，一听见肃穆的晚钟便雀跃起来的你们：虽然你们不过是些弱小的精灵，但我借着你们的帮助，才能遮暗了中天的太阳，唤起作乱的狂风，在青天碧海之间激起浩荡的战争：我把火给予震雷，用乔武大神的霹雳劈碎了他自己那株粗干的橡树；我使稳固的海岬震动，连根拔起松树和杉柏：因着我法力无边的命令，坟墓中的长眠者也被惊醒，打开了墓门出来。但现在我要捐弃这种狂暴的魔术，仅仅再要求一些微妙的天乐，化导他们的心性，使我能得到我所希望的结果；以后我便将折断我的魔杖，把它埋在幽深的地底，把我的书投向深不可测的海心。

【庄严的音乐。爱丽儿重上；她的后面跟随着神情狂乱的阿隆佐，由贡柴罗随侍；西巴斯辛与安东尼奥也和阿隆佐一样，由阿德里安及弗兰西斯科随侍；他们都步入普密斯彼罗在地上所画的圆圈中，被魔法所禁，呆立不动。普洛斯彼罗看见此情此景，开口说道：

普洛斯彼罗　庄严的音乐是对于昏迷的幻觉的无上安慰，愿它医治好你们那在煎炙着的失去作用的脑筋！站在那儿吧，因为你们已经被魔法所制伏了。圣人一样的贡柴罗，可尊敬的人！我的眼睛一看见了你，便油然堕下同情的眼泪来。魔术的力量在很快地消失，如同晨光悄悄掩袭暮夜，把黑暗消解了一样，他们那开始抬头的知觉已经在驱除那蒙蔽住他们清明的理智的迷糊的烟雾了。啊，善良的贡柴罗！不单是我的真正的救命恩人，也是你所跟随着的君主的一位忠心耿耿的臣子，我要在名义上在实际上重重报答你的好处。你，阿隆佐，对待我们父女的手段未免太残酷了！你的兄弟也是一个帮凶的人。你现在也受到惩罚了，西巴斯辛！你，我骨肉之亲的兄弟，为着野心，忘却了怜悯和天性；在这里又要和西巴斯辛谋弑你们的君王，为着这缘故他的良心的受罚是十分厉害的；我宽恕了你，虽然你的天性是这样刻薄！他们知觉的浪潮已经在渐渐激涨起来，不久便要冲上现在还是一片黄泥的理智的海岸。在他们中间还不曾有一个人看见我，或者会认识我。爱丽儿，给我到我的洞里去把我的帽子和佩剑拿来。（爱丽儿下）我要显出我的本来面目，重新打扮做旧时的米兰公爵的样子。快一些，精灵！你不久就可以自由了。

【爱丽儿重上，唱歌，一面帮助普洛斯彼罗装束。

爱丽儿　（唱）蜂儿吮啜的地方，我也在那儿吮啜；
在一朵莲香花的冠中我躺着休息；
我安然睡去，当夜枭开始它的鸣咽。
骑在蝙蝠背上我快活地飞舞翩翩，
快活地快活地追随着逝去的夏天；
快活地快活地我要如今
向垂在枝头的花底安身。

普洛斯彼罗　啊，这真是我的可爱的爱丽儿！我真舍不得你；但你必须有你的自由。——好了，好了。——你仍旧隐着身子，到国王的船里去：水手们都在舱口下面熟睡着，先去唤醒了船长和水手长之后，把他们引到这里来！快一些。

爱丽儿　我乘风而去，不等到你的脉搏跳了两跳就回来。（下）

贡柴罗　这儿有着一切的迫害、苦难、惊奇和骇愕；求神圣把我们带出这可怕的国土吧！

普洛斯彼罗　请您看清楚，大王，被害的米兰公爵普洛斯彼罗在这里。为要使您相信对您讲话的是一个活着的邦君，让我拥抱您；对于您和您的同伴们，我是竭诚欢迎！

阿隆佐　我不知道你真的是不是他，或者不过是一些欺人的鬼魅，如同我不久以前所遇到的。但是你的脉搏跳得和寻常血肉的人一样；而且自从我一见你之后，那使我发狂的精神上的痛苦已减轻了些。如果这是一件实在发生的事，那定然是一段最稀奇的故事。你的公国我奉还给你，并且恳求你饶恕我的罪恶。——但是普洛斯彼罗怎么还会活着而且在这里呢？

普洛斯彼罗　尊贵的朋友，先让我把您老人家拥抱一下；您的崇高是不可以限量的。

贡柴罗　我不能确定这是真实还是虚无。

普洛斯彼罗　这岛上的一些蜃楼海市曾经欺骗了你，以致使你不敢相信确实的事情。——欢迎啊，我的一切的朋友们！（向西巴斯辛、安东尼奥旁白）但是你们这一对贵人，要是我不客气的话，可以当场证明你们是叛徒，叫你们的王上翻过脸来；可是现在我不想揭发你们。

西巴斯辛　（旁白）魔鬼在他嘴里说话吗？

普洛斯彼罗　不。讲到你，最邪恶的人，称你是兄弟也会玷污了我的齿舌，但我饶恕了你最卑劣的罪恶，一切全不计较了；我单单要向你讨还我的公国，我知道那是你不得不把它交还的。

阿隆佐　如果你是普洛斯彼罗，请告诉我们你遇救的详情，怎么你会在这里遇见我们。在三小时以前，我们的船毁没在这海岸的附近；在这里，最使我想起了心中惨痛的，我失去了我亲爱的儿子腓迪南！

普洛斯彼罗　我听见这消息很悲伤，大王。

阿隆佐　这损失是无可挽回的，忍耐也已经失去了它的效用。

普洛斯彼罗　我觉得您还不曾向忍耐求助。我自己也曾经遭到和您同样的损失，但借着忍耐的慈惠的力量，使我安之若素。

阿隆佐　你也遭到同样的损失！

普洛斯彼罗　对我正是同样重大，而且也是同样新近的事；比之您，我更缺少任何安慰的可能，我所失去的是我的女儿。

阿隆佐　一个女儿吗？天啊！要是他们俩都活着，都在那不勒斯，一个做国王，一个做王后，那将是多么美满！真能这样的话，我宁愿自己长眠在我的孩子现今所在的海底。你的女儿是什么时候失去的？

普洛斯彼罗　就在这次暴风雨中。我看这些贵人由于这次的遭遇，太惊愕了，惶惑得不能相信他们眼睛所见的是真实，他们嘴里所说的是真的言语。但是，不论你们心里怎样迷惘，请你们相信我确实便是普洛斯彼罗，从米兰被放逐出来的公爵；因不可思议的偶然，恰恰在这儿——你们沉舟的地方我登上陆岸，做了岛上的主人。关于这事现在不要再多谈了，因为那是要好多天才讲得完的一部历史，不是一顿饭的时间所能叙述得了，而且也不适宜于我们这初次的相聚。欢迎啊，大王！这洞窟便是我的宫廷，在这里我也有寥寥几个侍从，没有一个外地的臣民。请您向里面探望一下。因为您还给了我的公国，我也要把一件同样好的礼物答谢您；至少也要献出一个奇迹来，使它给予您安慰，正像我的公国安慰了我一样。

【洞门开启，腓迪南与米兰达在内对弈。

米兰达　好人，你在安排着作弄我。

腓迪南　不，我的最亲爱的，即使给我整个的世界我也不愿欺弄你。

米兰达　我说你作弄我；可是就算你并吞了我二十个王国，我还是认为这是一场公正的游戏。

阿隆佐　倘使这不过是这岛上的一场幻景，那么我将要两次失去我亲爱的孩子了。

西巴斯辛　不可思议的奇迹！

腓迪南　海水虽然似乎那样凶暴，然而却是仁慈的；我错怨了它们。（向阿隆佐跪下）

阿隆佐　让一个快乐的父亲所有的祝福拥抱着你！起来，告诉我你是怎么到这里来的。

米兰达　神奇啊！这里有多少好看的人！人类是多么美丽！啊，新奇的世界，有这么出色的人物！

普洛斯彼罗　对于你这是新奇的。

阿隆佐　和你一起玩着的这姑娘是谁？你们的认识顶多也不过三个钟头罢了。她是不是就是把我们拆散了又使我们重新聚合的女神？

腓迪南　父亲，她是凡人，但借着上天的旨意她是属于我的；我选中她的时候，无法征询父亲的意见，而且那时我也不相信我还有一位父亲。她就是这位著名的米兰公爵的女儿；我常常听见有人说起他的名字，但从没有看见过他一面。从他的手里我得到了第二次生命；而现在这位小姐使他成为我的第二个父亲。

阿隆佐　那么我也是她的父亲了；但是，唉，听起来多么使人奇怪，我必须向我的孩子请求宽恕！

普洛斯彼罗　好了，大王，别再说了；让我们不要把过去的不幸重压在我们的记忆上。

贡柴罗　我的心中感激得说不出话来，否则我早就开口了。天上的神明们，请俯视尘寰，把一顶幸福的冠冕降临在这一对少年的头上；因为把我们带到这里来相聚，完全是上天的主意！

阿隆佐　让我跟着你说“阿门”，贡柴罗！

贡柴罗　米兰的主人被逐出米兰，而他的后裔将成为那不勒斯的王族吗？啊，这是超乎寻常喜事的喜事，应当用金字把它铭刻在柱上，好让它传至永久。在一次航程中，克拉莉贝尔在突尼斯获得了她的丈夫；她的兄弟腓迪南又在他迷失的岛上找到了一位妻子；普洛斯彼罗在一座荒岛上收回了他的公国；而我们大家呢，在每个人迷失了本性的时候，重新找着了各人自己。

阿隆佐　（向腓迪南和米兰达）让我握你们的手：谁不希望你们快乐的，让忧伤和悲哀永远占据他的心灵！

贡柴罗　愿如大王所说的，阿门！

【爱丽儿重上，船长及水手长惊愕地随在后面。

贡柴罗　瞧啊，大王！瞧！又有几个我们的人来啦。我曾经预言过，只要陆地上有绞架，这家伙一定不会淹死。喂，你这谩骂的东西！在船上由得你指天骂日，怎么一上了岸响都不响了呢？难道你没有把你的嘴巴带到岸上来吗？说来，有什么消息？

水手长　最好的消息是我们平安地找到了我们的王上和同伴；其次，在三个钟头以前我们还以为已经撞碎了的我们那条船，却正和第一次下水的时候那样结实那样完好而齐整。

爱丽儿　（向普洛斯彼罗旁白）主人，这些都是我去了以后所做的事。

普洛斯彼罗　（向爱丽儿旁白）我足智多谋的精灵！

阿隆佐　这些事情都异乎寻常；它们越来越奇怪了。说，你怎么会到这儿来的？

水手长　大王，要是我自己觉得我是清清楚楚地醒着，也许我会勉强告诉您。可是我们都睡得像死去一般，也不知道怎么一下子都给关闭在舱口底下了。就在不久之前我们听见了各种奇怪的响声——怒号、哀叫、狂呼、铛锒的铁链声以及此外许多可怕的声音，把我们闹醒。立刻我们就自由了，个个都好好儿的；我们看见壮丽的王船丝毫无恙，明明白白在我们的眼前；我们的船长一面看着它，一面手舞足蹈。忽然一下子莫名其妙地，我们就像在梦中一样糊里糊涂地离开了其余的兄弟，被带到这里来了。

爱丽儿　（向普洛斯彼罗旁白）干得好不好？

普洛斯彼罗　（向爱丽儿旁白）出色极了，我的勤劳的精灵！你就要得到自由了。

阿隆佐　这真叫人像堕入五里雾中一样！这种事情一定有一个超自然的

能力在那儿指挥着；愿神明的启迪给我们一些指示吧！

普洛斯彼罗　大王，不要因为这种怪事而使您心里迷惑不宁；不久我们有了空暇，我便可以简简单单地向您解答这种种奇迹，使您觉得这一切的发生，未尝不是可能的事。现在请高兴起来，把什么事都往好的方面着想吧。（*向爱丽儿旁白*）过来，精灵；把凯列班和他的伙伴们放出来，解去他们身上的魔法。

（*爱丽儿下*）怎样，大王？你们的一伙中还缺少几个人，一两个为你们所忘怀了的人物。

【*爱丽儿驱凯列班、斯丹法诺、特林鸠罗上，每人穿着他们所偷得的衣服。*

斯丹法诺　让各人为别人打算，不要顾到自己，[①]因为一切都是命运。勇气啊！出色的怪物，勇气啊！

特林鸠罗　要是装在我头上的眼睛不曾欺骗我，这里的确是很堂皇的样子。

凯列班　塞提柏斯呀！这些才真是出色的精灵！我的主人真是一表非凡！我怕他要责罚我。

西巴斯辛　哈哈！这些是什么东西，安东尼奥大人？可不可以用钱买的？

安东尼奥　大概可以吧；他们中间的一个完全是一条鱼，而且一定很可以卖几个钱。

普洛斯彼罗　各位大人，请瞧一瞧这些家伙身上穿着的东西，就可以知道他们是不是好东西。这个奇丑的恶汉的母亲是一个很有法力的女巫，能够叫月亮都听她的话，能够支配着本来由月亮操纵的潮汐。这三个家伙做贼偷了我的东西；这个魔鬼生下来的杂种又跟那两个东西商量谋害我的生命。那两人你们应当认识，是您的人；这个坏东西我必须承认是属于我的。

凯列班　我免不了要被拧得死去活来。

阿隆佐　这不是我酗酒的膳夫斯丹法诺吗？

---

① 斯丹法诺正酒醉糊涂，语无伦次；按照他的本意，他该是想说："让各人为自己打算，不要顾到别人。"

西巴斯辛　他现在仍然醉着；他从哪儿来的酒呢？

阿隆佐　这是特林鸠罗，看他醉得天旋地转。他们从哪儿喝到了这么多的好酒，把他们的脸染得这样血红呢？你怎么会变成这种样子？

特林鸠罗　自从我离开了你之后，我的骨髓也都浸酥了；我想这股气味可以熏得连苍蝇也不会在我的身上下卵了吧？

西巴斯辛　喂，喂，斯丹法诺！

斯丹法诺　啊！不要碰我！我不是什么斯丹法诺，我不过是一堆动弹不得的烂肉。

普洛斯彼罗　狗才，你要做这岛上的王，是不是？

斯丹法诺　那么我一定是个倒霉的王爷。

阿隆佐　这样奇怪的东西我从来没有看见过。（指凯列班）

普洛斯彼罗　他的行为跟他的形状同样都是天生的下劣。——去，狗才，到我的洞里去；把你的同伴们也带了进去。要是你希望我饶恕的话，把里面打扫得干净点儿。

凯列班　是，是，我就去。从此以后我要聪明一些，学学讨好的法子。我真是一头比六头蠢驴合起来还蠢的蠢货！竟会把这种醉汉当作神明，向这种蠢材叩头膜拜！

普洛斯彼罗　快滚开！

阿隆佐　滚吧，把你们那些衣服仍旧归还到原来寻得的地方去。

西巴斯辛　什么寻得，是偷的呢。（凯列班、斯丹法诺、特林鸠罗同下）

普洛斯彼罗　大王，我请您的大驾和您的随从们到我的洞窟里来；今夜暂时要屈你们在这儿宿一夜。一部分的时间我将消磨在谈话上，我相信那种谈话会使时间很快溜过；我要告诉您我的生涯中的经历，以及一切自从我到这岛上来之后所遭遇的事情。明天早晨我要带着你们上船回到那不勒斯去；我希望我们所疼爱的孩子们的婚礼就在那儿举行；然后我要回到我的米兰，在那儿等待着瞑目长眠的一天。

阿隆佐　我渴想听您讲述您的经历，那一定会使我们的耳朵着迷。

普洛斯彼罗　我将从头到尾向您细讲；并且答应您一路上将会风平浪静，有吉利的顺风吹送，可以赶上已经去远了的您的船队。

（向爱丽儿旁白）爱丽儿，我的小鸟，这事要托你办理；以后你便可以自由地回到空中，从此我们永别了！——请你们过来。

（同下）

收场诗

普洛斯彼罗致辞：

现在我已把我的魔法尽行抛弃，
剩余微弱的力量都属于我自己；
横在我面前的分明有两条道路，
不是终身被符箓把我在此幽锢，
便是凭借你们的力量重返故城。
既然我现今已把我的旧权重握，
饶恕了迫害我的仇人，请再不要
把我永远锢闭在这寂寞的荒岛！
求你们解脱了我灵魂上的系锁，
赖着你们善意殷勤的鼓掌相助；
再烦你们为我吹嘘出一口和风，
好让我们的船只一齐鼓满帆篷。
否则我的计划便落空。我再没有
魔法迷人，再没有精灵为我奔走；
我的结局将要变成不幸的绝望，

除非依托着万能的祈祷的力量，
它能把慈悲的神明的中心刺彻，
赦免了可怜的下民的一切过失。
你们有罪过希望别人不再追究，
愿你们也格外宽大给我以自由！（下）